Eine Verfahrensordnung für Absprachen im Strafverfahren durch den Bundesgerichtshof?

Schriften zum Strafrecht und Strafprozeßrecht

Herausgegeben von Manfred Maiwald

Band 74

PETER LANG
Frankfurt am Main · Berlin · Bern · Bruxelles · New York · Oxford · Wien

Gerwin M. Moldenhauer

Eine Verfahrensordnung für Absprachen im Strafverfahren durch den Bundesgerichtshof?

PETER LANG
Europäischer Verlag der Wissenschaften

Bibliografische Information Der Deutschen Bibliothek
Die Deutsche Bibliothek verzeichnet diese Publikation in der Deutschen Nationalbibliografie; detaillierte bibliografische Daten sind im Internet über <http://dnb.ddb.de> abrufbar.

Zugl.: Göttingen, Univ., Diss., 2003

D 7
ISSN 0938-6181
ISBN 3-631-52279-7

www.peterlang.de

Meinen Eltern und meiner Schwester

Vorwort

Die vorliegende Arbeit wurde im Wintersemester 2003/2004 von der Juristischen Fakultät der Georg-August-Universität Göttingen als Dissertation angenommen. Rechtsprechung und Schrifttum konnten bis Dezember 2003 berücksichtigt werden; neuste Veröffentlichungen freilich nur noch in Form von Hinweisen.

An dieser Stelle möchte ich mich ganz besonders bei meinem verehrten Doktorvater und Lehrer Herrn *Prof. Dr. Manfred Maiwald* bedanken. Er war es, der den Anstoß zu dieser Arbeit gegeben hat, der mir von Anfang an das notwendige Vertrauen entgegengebracht hat und mich während der Arbeit und meiner Mitarbeit am Lehrstuhl stets mit zahlreichen Anregungen und wertvoller Kritik unterstützt hat. Er hat damit maßgeblich zum Fortgang der Arbeit beigetragen. Danken möchte ich ihm auch für die Aufnahme in die „Schriften zum Strafrecht und Strafprozeßrecht".

Ferner möchte ich Herrn *Prof. Dr. Jörg-Martin Jehle* dafür danken, daß er das Zweitgutachten erstellt hat.

Besonderer Dank gilt auch *Dr. Thomas Grützner*, *Dr. Carsten Momsen* und *Dr. Peter Rackow*. Sie hatten stets ein offenes Ohr für Fragen aller Art und haben mir in ihrer jeweils persönlich ganz eigenen Art während der Erstellung der Arbeit mit Rat und Tat zur Seite gestanden. Bedanken möchte ich mich an dieser Stelle auch bei *Stefan Harrendorf* und *Constanze Rübke* für das intensive Korrekturlesen.

Ganz besonders danken möchte ich auch meiner Freundin *Dr. phil. Britta Hannemann*, die mir während der gesamten Zeit der Entstehung der Arbeit zur Seite stand, Launen ertrug und Aufmunterung spendete sowie die Bürde ständigen Korrekturlesens auf sich nahm.

Mein allerherzlichster Dank gilt meinen Eltern und meiner Schwester. Sie haben mich von Anfang an in jeder Hinsicht und in jeder Phase der Arbeit unterstützt und mir stets Rückhalt gegeben. Ohne ihre Unterstützung hätte die Arbeit in der vorliegenden Form nicht entstehen können. Ihnen sei diese Arbeit gewidmet.

Göttingen/Hamburg, im Dezember 2003 *Gerwin M. Moldenhauer*

Inhaltsverzeichnis

Einleitung

„Tausche Geständnis gegen Bewährung". Mit diesen Wörtern läßt sich ein Phänomen schlagkräftig beschreiben, das in den letzten Jahren die deutsche Strafgerichtsbarkeit ebenso wie die strafrechtswissenschaftliche Literatur immer wieder beschäftigt hat und auch weiterhin noch beschäftigt: Die Absprache im Strafprozeß.
Die Absprache ist das Ergebnis eines Aushandelns des Verfahrensergebnisses durch die Beteiligten, wie es in der Zivil- und Verwaltungsgerichtsbarkeit mit dem Prozeßvergleich zum Alltag gehört. Die deutsche Strafprozeßordnung sieht jedoch keinen Prozeßvergleich vor. Der deutsche Strafprozeß, der dieses Phänomen erst seit relativ kurzer Zeit kennt, sieht sich deshalb in Praxis und Theorie vor grundsätzliche Probleme gestellt.

Die Problemhaftigkeit des Phänomens spiegelt sich in den verschiedenen höchstrichterlichen Entscheidungen[1] sowie in einer Fülle von Literatur[2] wieder. Darüber hinaus befaßten sich sowohl der 58. Juristentag in München wie auch der 63. Juristentag in Leipzig mit diesem Thema.[3]
Am 28.08.1997 hat der *4. Senat* des *Bundesgerichtshofes* umfangreich zur Zulässigkeit von Absprachen Stellung bezogen und Grundvoraussetzungen für deren Zulässigkeit herausgearbeitet. Diese Entscheidung wurde in der amtlichen Sammlung des Bundesgerichtshofes in Strafsachen (BGHSt) im 43. Band veröffentlicht[4] und gilt in der Literatur als Grundsatzentscheidung. Der Gesetzgeber hat bereits angekündigt, daß er dazu geneigt ist, den Grundgedanken dieser Entscheidung das Fundament eines formellen Gesetzes zu geben.[5] Hat der *Bundes-*

---

1 Vgl. BGHSt 36, 210; 37, 10, 99, 298; 38, 102; 42, 46; 43, 195; 45, 50, 227, 312.

2 Beispielsweise seien genannt: *Beulke/Satzger*, JuS 1997, 1072ff.; *Braun*, Absprachen im deutschen Strafverfahren; *Cramer*, Absprachen im Strafprozeß, in FS-Rebmann, S. 145ff.; *Deal* (Pseudonym, vgl. *Weider*, Dealen, S. 115) StV 1982, 545ff.; *Denker/Hamm*, Der Vergleich im Strafprozeß; *Eser*, ZStW 104(1992), 316ff. *Janke*, Verständigung und Absprache im Strafverfahren; *Kintzi*, JR 1990, 309ff.; *Küpper/Bode*, Jura 1999, 351ff.; *Niemöller*, StV 1990, 34ff.; *Rieß*, FS-Meyer-Goßner, S. 645ff.; *Rönnau*, Die Absprache im Strafprozeß; *Schünemann*, Gutachten zum 58. deutschen Juristentag; *ders.*, FS-Rieß, S. 525ff.; *ders.* ZStW 114(2002), 1ff.; *Schmidt-Hieber*, Verständigung im Strafverfahren; *Schmitt*, GA 2001, S. 411ff.; *Siolek*, Verständigung in der Hauptverhandlung; *Tscherwinka*, Verständigung in der Hauptverhandlung; *Weider*, Dealen, S. 115ff.; *Weigend*, JZ 1999, 57; *ders.* ZStW 113(2001), 271ff.; *Wolfslast*, NStZ 1990, 409ff.

3 Schon 1986 hat das Ministerium für Justiz, Bundes- und Europaangelegenheiten in Baden-Württemberg ein Symposium in Triberg zu dem Thema „Absprachen im Strafverfahren – ein Handel mit der Gerechtigkeit?" veranstaltet.

4 BGHSt 43, 195.

5 Vgl. das Diskussionspapier der Bundesregierung vom 06.04.2001 zu den Eckpunkten einer Reform des Strafverfahrens, abgedruckt in StV 2001, 314, sowie den Aufsatz der ehemali-

gerichtshof damit faktisch – sukzessive durch weitere Entscheidungen ergänzend – eine Verfahrensordnung für Absprachen aufgestellt? Oder handelt es sich lediglich um prozessuale „Mindeststandards“ für Absprachen?

Anliegen dieser Arbeit ist es zu untersuchen, ob die durch den *Bundesgerichtshof* herausgearbeiteten Zulässigkeitsvoraussetzungen für eine Absprache eine Lösung der Absprachenproblematik insgesamt bieten. Dazu müssen sie, unabhängig von der Frage, ob sie als Verfahrensordnung oder als Mindeststandard anzusehen sind, mit geltendem Recht vereinbar sein. Einleitend sei an dieser Stelle aber schon darauf hingewiesen, daß wegen der Mannigfaltigkeit der Absprachen eine umfassende Lösung der Absprachenproblematik nicht geleistet werden kann. Denn Absprachen können nicht nur den „Tausch“ eines Geständnisses gegen eine Bewährungsstrafe zum Gegenstand haben. Die Möglichkeiten der Justiz sind wesentlich umfangreicher. Es seien beispielsweise eine Strafmaßreduzierung, eine Einstellung von Taten oder das Absehen der Verfolgung eines Teiles einer Tat, eine Zusage zum Strafvollzug oder auch die Zusage der Anwendung von Jugendstrafrecht genannt. Ebenso hat der Angeklagte nicht nur das Geständnis als Möglichkeit, mit dem Gericht in Verhandlungen zu treten, da er beispielsweise auch einen Rechtsmittelverzicht oder das Absehen von Beweisanträgen „leisten“ kann. Die unterschiedlichen „Leistungen“ können prinzipiell beliebig ergänzt und miteinander verbunden werden, so daß dadurch eine Fülle von Absprachenkonstellationen und damit auch eine Fülle von rechtlichen Fragen entstehen.

Hier soll nun aber nicht jede denkbare Absprachenkonstellation auf ihre rechtliche Vereinbarkeit geprüft werden. Es werden die in den Richtlinien des *Bundesgerichtshofes* vorgegebenen Rahmenbedingungen untersucht. Dabei stellen sich zwei grundlegende Probleme.
Zum einen stellt sich die Frage der Vereinbarkeit mit den Prozeßmaximen des Strafverfahrens sowie den verfassungsrechtlichen Garantien zum Schutze des Angeklagten, wobei deren Inhalt und Ausrichtung in der strafprozessualen Wissenschaft gerade jüngst wieder als eine Art möglichen Umbruchs im Strafprozeß diskutiert wird.[6] Damit stellt sich die Frage, inwieweit sich nach geltendem Recht die Wege und Ziele des Strafprozesses verändern oder zumindest uminterpretieren und damit verändernden Gegebenheiten anpassen lassen. Im Rahmen der Beantwortung der Frage gilt es zu berücksichtigen, ob die Stellung des Angeklagten durch solche Absprachen aufgewertet wird, da er gleichsam zum

---

gen Bundesministerin der Justiz, *Däubler-Gmelin*, StV 2001, 359.

[6] So *Eser*, „Funktionswandel strafrechlicher Prozeßmaximen: Auf dem Weg zur ‚Reprivatisierung' des Strafverfahrens, ZStW 104(1994), 361ff.; *Schünemann*, „Wohin treibt der deutsche Strafprozeß?“, ZStW 114(2002), 1ff; *Weigend*, „Unverzichtbares im Strafverfahrensrecht“, ZStW 113(2001), 271ff.

„Verhandlungspartner“ des Richters wird, oder ob es nur eine scheinbare Aufwertung ist, da diese Aufwertung teilweise gerade mit Einbrüchen in solche Prozeßmaximen erkauft wird, die eigentlich dem Angeklagten zugute kommen.

Zum anderen stellt sich aber auch die Frage der Vereinbarkeit mit dem materiellen Recht, hier insbesondere im Hinblick auf die Strafzumessung. Wieviel Strafrabatt darf dem absprachegemäß geständigen Angeklagten eingeräumt werden? Diese Frage beschäftigt schon länger nicht mehr nur die Strafrechtswissenschaft, sondern auch die Öffentlichkeit. Gerade bei Absprachen mit Persönlichkeiten des öffentlichen Lebens wird in den Medien der Vorwurf einer „Klassenjustiz“ diskutiert.[7]

Im Einzelnen wird in der Arbeit so vorgegangen, daß zunächst die Absprachenpraxis in Deutschland dargestellt wird, indem ein Überblick über die Terminologie, die Rechtswirklichkeit und die Gründe für das Auftreten gegeben wird. Sodann soll zum Verständnis der Weg des *Bundesgerichtshofes* zu der Grundsatzentscheidung des *4. Senats* aufgezeigt werden, indem die Rechtsprechung bis zu eben dieser Entscheidung dargestellt wird. Im Anschluß daran wird ein Überblick über die Kritikpunkte an Absprachen aus Sicht der Literatur gegeben, damit die Grundsatzentscheidung und der weitere Weg des *Bundesgerichtshofes* im Kontext der Absprachendiskussion untersucht werden kann. Mit der darauf folgenden Darstellung von Absprachen in anderen Rechtskreisen soll eine Vergleichsbasis geschaffen werden, so daß dann die Lösung durch den *Bundesgerichthof* als solche umfassend rechtlich gewürdigt werden kann.

---

[7] Vgl. beispielsweise DER SPIEGEL, Nr. 33/02, S. 70ff., „Rabatt im Hinterzimmer – Schleichend hat sich ein Zwei-Klassen-Strafrecht etabliert: Kleine Gauner werden verurteilt, die Strafen für große Ganoven hingegen zwischen Staatsanwaltschaft und Verteidigung ausgehandelt. Solche Deals entlasten die Justiz, die Gerechtigkeit aber bleibt oft auf der Strekke.“; vgl. auch *Volk*, der Verteidiger im Steuerstrafprozeß gegen den ehemaligen Tennisprofi Boris Becker war, in der Süddeutschen Zeitung vom 26./27.10.2002, S. 3, „Absprachen und die hehren Werte“.

Kapitel 1: Untersuchungsgegenstand

A. Terminologie

Die Terminologie des zu untersuchenden Vorgangs ist bis heute nicht einheitlich.[8] Es herrscht eine Begriffsvielfalt. In der Rechtsprechung werden überwiegend die Begriffe Absprache[9] und Verständigung[10] verwendet. In der Literatur geht die Begrifflichkeit weiter auseinander.[11] Zu den häufiger verwendeten Beschreibungen zählen (informelle)[12] Absprache[13], Deal[14], gentlemen's-agreement[15], Konsens[16], Vereinbarung[17], Vergleich[18], Verständigung[19] und Vorwegberatung[20].

Einer begrifflichen Klärung haftet das Problem an, daß die zu untersuchenden Verhaltensweisen, wie noch zu zeigen sein wird, in sehr unterschiedlicher Art und Weise in Erscheinung treten und darüber hinaus eine wertungsfreie Auswahl des Begriffs kaum möglich ist.[21] Die Konnotation des jeweils verwendeten Wortes gibt oft schon erste Hinweise über die Einstellung des Benutzers zu der

---

8 Vgl. LR-*Rieß*, Einl. G, Rn. 62.

9 Beispielsweise BVerfG NStZ 1987, 419; BGHSt 45, 51; BGH NJW 2000, 526(525).

10 Beispielsweise BVerfG StV 2000, 3; BGHSt 43, 195.

11 Darstellungen bei: *Braun*, S. 3ff; *Dencker*/Hamm, Vergleich, S. 13; *Janke*, S. 39ff.; *Kremer*, S.1ff; *Rückel* NStZ 1987, 297ff; *Schünemann*, Gutachten, S. 14f.; *Schmidt-Hieber*, Verständigung, Rn. 4; *Siolek*, Verständigung, S. 44ff.; *Tscherwinka*, S. 19; *Zuck*, MDR 1990, 18.

12 *Kühne*, Strafprozeßrecht, Rn. 747.

13 *Braun*, S. 4; *Friehe*, S. 115; *Weider*, Dealen, S. 118; *Roxin*, Strafverfahrensrecht, § 15 Rn. 6. Vgl. auch *Eser* , ZStW 104(1992), 360(376), der den Begriff Absprache verwendet, das Phänomen als solches jedoch übergeordnet als „Reprivatisierung" des Strafverfahrens bezeichnet.

14 *Beulke*, Strafprozeßrecht, Rn. 394ff; *Nestler-Tremel*, KritJ 1989, 448; *Meurer*, NJW 2000, 2936(2944).

15 Zumindest teilweise *Hanack*, StV 1987, 500(501); *Dahs*, NJW 1987, 1318; *ders.*, Handbuch des Strafverteidigers, Rn. 146, sieht diesen Begriff jedoch mittlerweile als veraltert an.

16 Teilweise *Schmidt-Hieber*, StV 1986, 355.

17 *Rückel*, NStZ 1987, 297.

18 *Krehl* in HK-StPO vor §§ 151ff., Rn. 6. Der Titel der Monographie von *Dencker/Hamm* lautet beispielsweise „Der Vergleich im Strafprozeß".

19 *Dahs*, Handbuch des Strafverteidigers., Rn. 146; insbesondere auch *Schmidt-Hieber*, Verständigung, Rn. 4ff.

20 Vgl. *Friehe*, S. 325.

21 So auch *Dencker*/Hamm, Vergleich, S. 37.

Frage der rechtlichen Zulässigkeit. Terminologische Unterschiede stellen zwar kein generelles Problem dar, sie sollten dennoch erläutert werden, um durch begriffliche Klarheit der Arbeit eine einheitliche Linie zu geben.

Die Begriffe Deal, gentlemen's-agreement, Konsens und Vergleich werden in der Literatur überwiegend ohne eine entsprechende Definition verwendet. Gentlemen's-agreement als Bezeichnung erscheint nicht sinnvoll, da dieses „Übereinkommen unter Ehrenmännern" keinerlei rechtliche Wirkungen entfaltet. Bei der Verwendung des Begriffs gentlemen's-agreement besteht aufgrund dieses wertenden Charakters zumindest latent die Gefahr, daß das Ergebnis der Arbeit implizit vorweggenommen wird. Es gilt gerade noch zu untersuchen, inwieweit rechtliche Wirkungen entfaltet werden. Der Begriff des gentlemen's-agreement ist daher abzulehnen.[22]
Ebenso unpassend erscheint der Ausdruck des Deals. Damit würde man die Prozeßbeteiligten zu Dealern machen, was eine negative[23], gesetzesuntreue Wertung impliziert.[24]
Ein Konsens über die Vorgehensweise im Prozeß setzt nach dem sprachlichen Verständnis eine Meinungsübereinstimmung oder auch eine Einwilligung voraus.[25] Eine Meinungsübereinstimmung erfaßt aber wohl wiederum nicht den gesamten Problemkreis. Es kann nur schwerlich davon ausgegangen werden, daß es in jedem Fall zu einer wirklichen Übereinstimmung oder auch Einwilligung aller Beteiligten kommt. Dagegen spricht schon die Tatsache, daß dem Gericht ein ganz anderer Verhandlungsstatus als dem Angeklagten oder dem Verteidiger zukommt, da letzten Endes das Gericht entscheidet, wie das Verfahren beendet wird.[26] Die fehlende Übereinstimmung wird auch nicht durch die Fälle entkräftet, in denen der Angeklagte die Absprache maßgeblich mitbestimmt, etwa weil die Beweislage sehr komplex ist, denn in solchen Fällen mag die Rollenverteilung vertauscht sein, das Ergebnis muß aber dennoch nicht in einer Übereinstimmung liegen. Es kann beispielsweise auch in einem hinnehmbaren Übel liegen. Der Begriff des Konsenses beschreibt die Verfahrensweise im Ergebnis daher nicht angemessen.

---

[22] So mittlerweile auch *Dahs*, Handbuch des Strafverteidigers, Rn. 146.

[23] Ebenso *Braun*, S. 3; *Rückel*, NStZ 1987, 297(298).

[24] Vgl. auch den Vorschlag von *Meyer-Goßner*, StraFo 2003, 401, zum juristischen Sprachgebrauch in diesem Zusammenhang. Mit dem Begriff Absprache bezeichnet er die zulässige, mit dem Begriff des Deals hingegen die unzulässige Verständigung im Strafverfahren.

[25] Vgl. Duden, Die deutsche Rechtschreibung, zu *Konsens*.

[26] Vgl. etwa *Schünemann*, Gutachten, S. 17; a. A. *Schmitt*, GA 2001, 411(414), der den Angeklagten in den überwiegenden Absprachefällen im Vorteil sieht.

Ein Vergleich zeichnet sich im zivil[27]- und verwaltungsrechtlichen[28] Prozeß dadurch aus, daß durch gegenseitiges Nachgeben ein Streit oder eine Ungewißheit beseitigt wird.[29] Eine Entscheidung des Gerichts ist damit entbehrlich. Der Vergleich wird an Stelle einer Entscheidung geschlossen. Im Strafprozeß hingegen würde ein „Vergleich" lediglich zur Entscheidungsfindung beitragen.[30] Es handelt sich daher nicht um einen Vergleich im üblichen Sinne. Es wäre zwar kein grundsätzlicher Widerspruch, wenn einem terminus technicus im Strafrecht eine eigenständige Bedeutung zukommt,[31] um Mißverständnissen vorzubeugen, sollte dieses hier jedoch vermieden werden.

Im Gegensatz zu den bisher erläuterten Begriffen sind diejenigen der Vorwegberatung, Vereinbarung, Verständigung und Absprache durch einige Autoren definiert worden.[32]
So ist eine Vereinbarung nach *Rückel*[33] die einverständliche Zusammenarbeit auf ein bestimmtes Verfahrensende. Es handele sich um einen umfassenden Begriff. Auch wenn man mit dem Begriff der Vereinbarung teilweise ein Rechtsgeschäft assoziiert,[34] erscheint dieser Begriff wertungsneutral.
Eine Verständigung umfaßt nach *Schmidt-Hieber*[35] ein Verhalten von Prozeßbeteiligten, das auf einen gemeinsamen Rechtserfolg gerichtet ist. Eine Verständigung sei gewissermaßen als vorherige Beratung des künftigen Verhaltens zu verstehen.
Dencker[36] sieht als Verständigung hingegen nur eine eindeutige gesetzliche Verfahrensweise wie beispielsweise bei Anwendung des § 153a StPO. Ebenso sieht *Rönnau*[37] die Verständigung, schränkt den Begriff jedoch in Hinblick auf die Bemühungen der Konsenserzielung ein. *Siolek*[38] versteht die Verständigung

---

27 Vgl. § 779 I 1 BGB; Baumbach/Lauterbach/Albers/Hartmann-*Hartmann* ZPO Anh. § 307, Rn. 1ff.
28 Vgl. § 106 VwGO i.V.m. § 779 I 1 BGB; Eyermann-*Geiger* VwGO, § 106, Rn. 5.
29 Bei einem strafrechtlichen Vergleich müßte der strafende Staat damit zumindest auch teilweise seine potentielle Strafgewalt aufgeben, vgl. *Eser*, ZStW 104(1992), 361(384); *Haas*, GS-Keller, S. 45(65).
30 Dazu auch *Dencker*/Hamm, Vergleich, S. 40.
31 So beispielsweise für den Fahrlässigkeitsbegriff.
32 *Dencker*/Hamm, Vergleich, S. 38ff.; *Rönnau*, Absprache, S. 25; *Rückel*, NStZ 1987, 297; *Schmidt-Hieber*, Verständigung, Rn. 5; *Schünemann*, Gutachten, S. 14f.; *Siolek*, Verständigung, S. 46.
33 *Rückel*, NStZ 1987, 297.
34 Vgl. *Friehe*, S. 115.
35 *Schmidt-Hieber*, Verständigung, Rn. 5.
36 In *Dencker*/Hamm, Vergleich, S. 38ff.
37 *Rönnau*, Absprache, S. 25.
38 *Siolek*, Verständigung, S. 46; ebenso SK-*Schlüchter*, vor § 213, Rn. 26.

neuerdings[39] als Oberbegriff für die einleitend geschilderte Form der Verfahrensgestaltung. *Rückel*[40] wiederum sieht jede Form der Konsenserzielung und Kommunikation, die nicht direkt auf einen Verfahrensabschluß gerichtet sind, als Verständigung. Er differenziert dabei nicht wie *Dencker*, ob es sich um eindeutige gesetzliche Verfahrensweisen handelt oder nicht. Nach *Schünemann*[41] ist die Verständigung eine Einigkeit, die nicht durch unkoordinierte Verzichtsleistungen zustande gekommen ist, und die von grundsätzlich gegensätzlichen Prozeßbeteiligten über das weitere Procedere entsteht. Da bei *Schünemann* weiter zwischen Verständigungskommunikation, Realisierung der Verständigung, Absprache und Antizipation differenziert wird, kann die Verständigung als Oberbegriff aufgefaßt werden.[42]
Am weitesten verbreitet ist der Begriff der Absprache.[43] Nach *Dencker*[44] sind Absprachen Verständigungen mit der Einschränkung, daß Absprachen in der rechtlichen „Grauzone" liegen. *Niemöller*[45] sieht die Absprache als jede Einigung auf ein beiderseits zu befolgendes Verhaltensprogramm, das sich durch gegenseitige Abhängigkeit kennzeichnet, eine quasi vertragliche Vereinbarung ohne rechtliche Bindung. Nach *Schünemann*[46] ist eine Absprache die Zusicherung über die weitere Verfahrensweise im Prozeß. Ähnlich sieht auch *Dahs*[47] eine Absprache als Vorstellung der Prozeßbeteiligten über den Gang und das Ergebnis des Verfahrens, die im Gesprächswege zur Deckung gebracht wird und anschließend dementsprechend prozediert wird. Häufig werden aber – insbesondere in der Rechtsprechung des *Bundesgerichtshofes* – die Begriffe Absprache und Verständigung synonym verwendet.[48]
Es bleibt die Entscheidung zwischen Vereinbarung, Absprache und Verständigung. Sinnvoll erscheint es, die Diskussion auf einen Begriff zu minimieren,[49]

---

39 In DRiZ 1989, 321 vertrat *Siolek* noch die Auffassung, daß die Begriffe Absprache und Verständigung synonym zu verwenden seien.

40 *Rückel*, NStZ, 1987, 297(297).

41 *Schünemann*, Gutachten, S. 14.

42 Vgl. *Schünemann*, Gutachten, S. 15.

43 Vgl. zum Beispiel: *Böttcher/Widmaier* JR 1991, 353; *Eschelbach*, JA 1999, 694; *Hamm*, ZRP 1990, 337; *Küpper/Bode*, Jura 1999, 351; *Niemöller*, StV 1990, 34; *Siolek*, FS-Rieß, S. 563 „mittlerweile einhellig unter dem Begriff ‚Absprache' bekannt"; *Wagner/Rönnau* GA 1990, 387.

44 In *Dencker*/Hamm, Vergleich, S. 40f.

45 *Niemöller*, StV 1990, 34(35).

46 *Schünemann*, Gutachten, S. 15.

47 *Dahs*, NStZ 1988, 153(153f.).

48 So beispielsweise BGHSt 43, 195; *Haas*, NJW 1988 1345; *Küpper/Bode*, Jura 1999, 351(352); *Siolek* DRiZ 1989, 321(321), später jedoch differenzierend, *ders.*, Verständigung, S. 46.

49 Vgl. *Kintzi*, JR 1990, 309(312); *Dencker*/Hamm, Vergleich, S. 19.

da mit der geschilderten Begriffsvielfalt der Arbeit nur schwerlich eine einheitliche Linie gegeben werden kann.
Für den Begriff der Absprache spricht die Quantität der Verwendung in Literatur und Rechtsprechung. Weiter spricht gerade für diesen Terminus der bisher in der Literatur noch nicht berücksichtigte Punkt, daß dieses Phänomen – zumindest zu Beginn[50] – ausschließlich mündlich, also abgesprochen, auftritt. Es handelt sich insofern um eine Ab*sprache*. Nicht ergänzt werden sollte der Begriff jedoch durch „informell", da es – wie noch zu zeigen sein wird – keine „formelle" Absprache in der Strafprozeßordnung gibt.[51] Die Regelung der Begrifflichkeit sollte ohne rechtliche Wertung vorgenommen werden, so daß die Absprachen hier auch nicht lediglich als gesetzlich nicht geregelte Grauzonen zu verstehen sind,[52] da so die Gefahr der Antizipation einer rechtlichen Wertung bestehen würde.
Zusammenfassend kann daher zunächst festgehalten werden, daß für das einleitend geschilderte Phänomen der konsensualen Verfahrensgestaltung hier der Begriff der Absprache zu Grunde gelegt wird.

Dieser Begriff wird nun weiter inhaltlich zu füllen sein. Eine Absprache, wie sie auch der Entscheidung des *4. Senats* zu Gunde lag,[53] ist zunächst einmal eine Verhandlung der Verfahrensbeteiligten über den Umfang des Prozeßgegenstandes, die Rechtsfolgen sowie die Gegenleistung des Angeklagten. Es kann sich dabei aber nicht schon um jegliche Verhandlung während des gesamten Strafverfahrens handeln.

B. Verfahrensstadien und Verfahrensgegenstand

Im folgenden soll eine horizontale Eingrenzung der Absprache vorgenommen werden. Das heißt, es soll geklärt werden, bezüglich welcher Verfahrensstadien die Absprachen untersucht werden sollen. Auftreten können Absprachen grundsätzlich in jedem Prozeßstadium.

I. Ermittlungsverfahren

Es besteht die Möglichkeit einer Absprache zwischen Beschuldigtem/Verteidiger und Staatsanwalt im Ermittlungsverfahren. Die Staatsanwaltschaft ist „Herrin" des Ermittlungsverfahrens. Sie leitet ein Ermittlungsverfahren bei Vorliegen eines Anfangsverdachtes ein und beendet es alternativ gemäß § 170 Abs. 1

---

[50] Die Grundsatzentscheidung des *4. Senats* sieht nunmehr ausschließlich eine Protokollierung der Absprache voraus, vgl. BGHSt 43, 195.
[51] So auch *Zuck*, MDR 1990, 18 (Fn. 10).
[52] So aber *Dencker*/Hamm, Vergleich, S. 19.
[53] BGHSt 43, 195.

StPO mit Erhebung der öffentlichen Klage oder einer Einstellung.[54] Wird das Ermittlungsverfahren nicht mangels Anfangsverdachtes gemäß § 170 Abs. 2 StPO eingestellt,[55] liegen also zureichende tatsächliche Anhaltspunkte für eine verfolgbare strafbare Handlung vor, kann es im Rahmen der gesetzlich normierten Fälle der §§ 153ff. StPO – dem Opportunitätsprinzip – zur Einstellung kommen. Hierbei steht der Staatsanwaltschaft die gesetzlich eingeräumte Möglichkeit einer Absprache zu.[56] Es handelt sich dabei insbesondere um § 153a StPO. Die Staatsanwaltschaft hat die Möglichkeit, mit dem Beschuldigten abzusprechen, unter welchen Auflagen und Weisungen sie das Verfahren einstellt. Ferner kommen Absprachen bezüglich des Erlasses eines Strafbefehls[57] im Sinne der §§ 407ff. StPO – eine spezielle Form der öffentlichen Klageerhebung – und bei Zwangsmaßnahmen[58] in Betracht.

Bei einer solchen Beendigung des Ermittlungsverfahrens kommt es in allen Fällen zu einer gesetzlich geregelten Absprache zwischen den Beteiligten. Diese gesetzliche Regelungen sollen hier nicht näher untersucht werden, da es im Rahmen ihrer Anwendung nicht zu einer Hauptverhandlung und somit nicht zu einer möglichen Disposition zwischen den Beteiligten über die – letztendlich einseitig – verfahrensbeendende Entscheidung des Gerichts kommt. Die vorliegende Untersuchung gilt gerade den Absprachen, die sich auf eine Entscheidung des Gerichts beziehen, die eine Strafsanktion zur Folge haben, also insbesondere Urteile. Auf die Absprachen im Ermittlungsverfahren wird im Rahmen dieser Arbeit nicht näher eingegangen.[59] Sicherlich sind auch Absprachen im Ermittlungsverfahren denkbar, die sich auf eine verfahrensbeendende Entscheidung des Gerichts beziehen können und somit auch – zumindest mittelbar – Einfluß auf die Sanktion des Gerichts haben. Hierbei handelt es sich insbesondere um die gesetzlich geregelten Fälle der Verfahrenseinstellung nach §§ 153ff. StPO, die aber schon aus den oben genannten Gründen auszuklammern sind.
Ferner sind Absprachen denkbar, die sich zunächst auf eine Haftbeschwerde oder Haftprüfung beziehen und dann bis in die Hauptverhandlung ausstrahlen. Hier fehlt es an einer gesetzlichen Regelung für die Verständigung. Denkbar ist beispielsweise der Fall, daß der Beschuldigte im Rahmen des Ermittlungsver-

---

54 *Meyer-Goßner*, Einl., Rn. 60.

55 Zu Absprachen über eine etwaige Einstellung gemäß § 170 Abs. 2 S. 1 StPO siehe *Friehe*, S. 310ff.

56 *Schmidt-Hieber*, Verständigung, Rn. 39ff.

57 Dazu *Schmidt-Hieber*, Verständigung, Rn. 74ff.

58 *Schmidt-Hieber*, Verständigung, Rn. 90ff., der in dem Übermaßverbot eine Verpflichtung von Staatsanwaltschaft und Gericht sieht, etwaige Angebote des Beschuldigten bezüglich einer Absprache zu prüfen, vgl. a.a.O., Rn. 95.

59 Siehe zu Absprachen im Ermittlungsverfahren: *Schmidt-Hieber*, Verständigung, Rn. 23ff.

fahrens anwaltlich vertreten ist und sich der Anwalt mit dem Haftrichter in der Form verständigt, daß ein (Teil-)Geständnis für Haftverschonung und Strafnachlaß ausgehandelt wird. Solche gesetzlich nicht geregelten Absprachen sind ihrer Struktur nach der Absprache im Hauptverfahren ähnlich. Die eigentlichen absprachegemäßen „Leistungen", also Geständnis und Strafnachlaß, werden aber erst in der Hauptverhandlung ausgetauscht, so daß sie im Rahmen dieser Arbeit als Absprachen in der Hauptverhandlung gewertet werden sollen.

II. Zwischenverfahren

Das Zwischenverfahren wird gemäß § 170 Abs. 1 StPO mit der Erhebung der öffentlichen Klage eingeleitet und endet mit der Eröffnung der Hauptverhandlung oder der vorläufigen Einstellung, § 199 Abs. 1 StPO. Sofern Absprachen im Zwischenverfahren überhaupt stattfinden[60], beziehen sich diese wiederum entweder nicht auf eine verfahrensbeendende Entscheidung des Gerichts und sind schon von daher nicht Gegenstand der Untersuchung, oder es werden aber die eigentlichen „Leistungen" später innerhalb der Hauptverhandlung ausgetauscht, so daß auch diese Absprachen als solche innerhalb der Hauptverhandlung gewertet werden sollen.

III. Hauptverfahren

Das Hauptverfahren beginnt mit dem Erlaß des Eröffnungsbeschlusses. Absprachen können dabei in verschiedenen Variationen auftreten. Es können zunächst nach ihrem Bezug zu Prozeßhandlungen[61] zwei Gruppen unterschieden werden – solche mit und solche ohne Bezug zu Prozeßhandlungen.

Fehlt es an einem solchen Bezug, so betreffen die Absprachen gewöhnlich den organisatorischen Ablauf des Verfahrens. Es kann daher beispielsweise zu Absprachen über die Terminplanung, die Pausenregelung, die Reihenfolge der Zeugenladung, die Dauer der Hauptverhandlung oder einfach auch über die Möglichkeit der Öffnung eines Fensters kommen.[62] Solche Absprachen haben üblicherweise keine rechtliche Relevanz. Sie stellen hier kein Problem dar.

Es bleiben die Absprachen zu untersuchen, die sich auf Prozeßhandlungen beziehen. Da der Begriff der Prozeßhandlung sehr weit gefaßt ist,[63] gilt es, diese

---

[60] Im Normalfall machen Angeschuldigter/Verteidiger kaum von der Möglichkeit Gebrauch, auf die Meinungsbildung des Gerichts im Zwischenverfahren Einfluß zu nehmen (§ 201 StPO). Erörterungen über eine etwaige Einstellung, einen Strafbefehl oder den Gang des Verfahrens zwischen dem Verteidiger und dem Richter erscheinen als selten, aber dennoch möglich. Vgl. *Schmidt-Hieber*, Verständigung, Rn. 137ff.

[61] Der Begriff der Prozeßhandlung ist umstritten. Nach allgemeiner Ansicht werden als Prozeßhandlungen zumindest Erklärungen verstanden, die willensgemäß eine Rechtsfolge im Prozeß auslösen, vgl. *Roxin*, Strafverfahrensrecht, § 22 Rn. 1ff.

[62] Vgl. *Baumann*, NStZ 1987, 157(158); *Braun*, S. 7; *Siolek*, Verständigung, S. 47.

[63] Siehe oben Fn. 61.

Gruppe näher einzugrenzen. Ein weiterer Gesichtspunkt der Untergliederung kann die Auswirkung der Absprache auf die verfahrensbeendende Entscheidung des Gerichts sein. Die Absprache kann sich unmittelbar oder lediglich mittelbar auf ein Urteil oder aber auch einen Beschluß auswirken. Das hängt von dem jeweiligen Gegenstand der Absprache ab. Hier bietet sich eine Unterteilung in den Umfang des Prozeßgegenstandes und den Rechtsfolgenbereich an.[64]

1. Umfang des Prozeßgegenstandes

In §§ 2ff., 154f., 207ff., 266 StPO bestehen gesetzliche Regelungen bezüglich des Umfangs des Prozeßgegenstandes. Dieser kann durch eine Absprache aus Sicht des Angeklagten negativ oder positiv verändert werden. So muß der Angeklagte gemäß § 266 Abs. 1 StPO ausdrücklich seine Zustimmung für den Fall erklären, daß der Staatsanwalt die Anklage in der Hauptverhandlung auf weitere Straftaten erstreckt und das Gericht diese in das Verfahren einbeziehen will. Diese Einbeziehung wird für den Angeklagten kaum von Vorteil sein und bietet ihm somit keine entsprechende Verhandlungsbasis.

Problematisch könnte aber eine Abtrennung von bestimmten Taten oder Teilen von Taten aus einem Verfahren gemäß §§ 154ff. StPO sein. Denkbar wäre eine Absprache in der Form, daß das Gericht eine Rücknahme oder Nichtstellung eines Beweisantrages mit einer solchen Abtrennung honoriert. Denkbar ist auch ein Geständnis oder Rechtsmittelverzicht des Angeklagten aufgrund einer Verfahrensbeschränkung durch das Gericht gemäß § 154 Abs. 2 StPO.[65]

Absprachen bezüglich des Umfangs des Prozeßgegenstandes sind demnach durchaus vorstellbar. Dabei hat der Angeklagte je nach Ausprägung seiner Verhandlungsmasse die Möglichkeit, auf die Entscheidung des Gerichts Einfluß zu nehmen. Damit wirkt sich die Absprache mittelbar auf die Entscheidung des Gerichts aus. Ihre Zulässigkeit gilt es im Rahmen der Arbeit zu klären.

2. Rechtsfolgenbereich

Als wesentlich problematischer werden jedoch Absprachen eingeschätzt, die sich unmittelbar auf das Urteil oder den Einstellungsbeschluß des Gerichts auswirken.[66] Hier sind zum einen die Fälle der gesetzlich geregelten Absprachen der §§ 153ff. StPO zu nennen. Das Opportunitätsprinzip aus den §§ 153ff. StPO ist nicht unumstritten,[67] wobei sich die neuere Diskussion auf § 153a StPO bezieht.[68] Auch wenn der Streit nicht die Zulässigkeit der Verständigung im Rahmen der §§ 153ff. StPO zum Gegenstand hat,[69] so weist er gewisse Parallelen

---

[64] Vgl. *Kremer*, S. 8f.; *Rönnau*, Absprache, S. 32.
[65] Vgl. beispielsweise BGH NStZ 2000, 96f.
[66] Vgl. *Siolek*, Verständigung, S. 50ff.
[67] Vgl. *Marquardt*, S. 150ff.
[68] Vgl. *Hirsch*, ZStW 92(1980), 218(221, 226ff.); LR-*Rieß*, § 153 Rn. 4.
[69] LR-*Rieß*, § 153, Rn. 4.

zur Absprachenproblematik auf. Gravierender Unterschied zur Absprachenpraxis besteht jedoch insofern, als dort eine gesetzliche Regelung existiert.

Das Problem liegt bei Absprachen, die sich nicht im gesetzlich geregelten Raum befinden. Möglichkeiten der Absprache sehen so aus, daß auf der einen Seite dem Angeklagten ein Geständnis, eine Rücknahme beziehungsweise ein Verzicht auf Beweisanträge und Rechtsmittel als Verhandlungsmasse zur Verfügung stehen, demgegenüber auf der anderen Seite vor allem Strafmilderung des Gerichts und Rechtsmittelverzicht der Staatsanwaltschaft. Alternativ zur Strafmilderung kommt auch eine Strafaussetzung zur Bewährung oder eine geringere Anzahl von Tagessätzen in Betracht.[70] Die Möglichkeiten können aber aufgrund der Flexibilität einer Absprache in verschiedener Form variiert und ergänzt werden, so daß trotz der häufig in Erscheinung tretenden Form der Urteilsabsprache[71], Geständnis gegen Bewährungsstrafe, nicht generell von einem bestimmten Typus der Absprache gesprochen werden kann.

IV. Zusammenfassung

Es kann festgestellt werden, daß Absprachen regelmäßig die Rechtsfolgen betreffen, sei es direkt oder indirekt über den Umfang des Prozeßgegenstandes. Hier sollen die Absprachen untersucht werden, die im Hauptverfahren zwischen den Prozeßbeteiligten getroffen werden und eine Auswirkung auf die gerichtliche Entscheidung haben, wobei es grundsätzlich zu einem Urteil kommen wird, aber nicht muß, da auch ein abgesprochener Beschluß denkbar ist. Die anfangs herausgearbeitete Definition kann daher wie folgt ergänzt werden: Absprachen im Rahmen dieser Arbeit sind Verhandlungen der Verfahrensbeteiligten über den Umfang des Prozeßgegenstandes, die Rechtsfolgen der Hauptverhandlung sowie die Gegenleistung des Angeklagten.

C. Rechtswirklichkeit

Die Erfassung der tatsächlichen Situation von Absprachen stellt ein Problem dar. Generell ist die Phänomenologie der Strafrechtspraxis kaum empirisch aufgearbeitet.[72] So gibt es auch nur eine geringe Anzahl an Studien zur Absprachenpraxis im Strafverfahren. Hinzu kommt, daß eine Erfassung hier insbesondere problematisch ist, denn in der Regel erlangen nur gescheiterte Absprachen Aufmerksamkeit. Es läßt sich für Außenstehende nur sehr schwierig eruieren, ob ein bestimmtes Urteil aufgrund einer zuvor ergangenen Absprache gefällt

---

[70] *Braun*, S. 6, *Rönnau*, Absprache, S. 33; *Schünemann*, Gutachten, S. 15f.
[71] Vgl. LR-*Rieß*, Einl. G, Rn. 59; *Niemöller*, StV 1990, 35.
[72] *Küpper/Bode*, Jura 1999, 351(355).

worden ist. So zieht *Niemöller*[73] pointiert den Vergleich zur Ehe, und stellt heraus, daß der Familienrichter auch nur die gescheiterten Ehen kennenlerne. Das Revisionsgericht lernt danach überwiegend auch nur „gescheiterte" Absprachen kennen. Studien zu Absprachen gibt es von *Hassemann/Hippler*[74], *Lüdemann/Bu mann*[75], *Schünemann*[76] und *Siolek*[77].

Die Untersuchung von *Hassemer/Hippler* aus dem Jahre 1986 gehört zu den Anfängen der Erhebungen zu diesem Thema. Durch sogenannte Leitfadeninterviews[78] wurde versucht, einen vorläufigen Überblick über Vorkommen und Ausgestaltung von Absprachen zu erlangen. Befragt wurden 7 Richter, 10 Staatsanwälte und 6 Strafverteidiger. Dabei gaben nur 4 der Befragten an, daß Absprachen keinen Eingang in die Praxis der Gerichte gefunden hätten. Hingegen gaben die restlichen 19 Befragten an, daß Absprachen in ihrem Bereich vorgekommen seien.[79] Weiter wurde versucht zu eruieren, welche rechtliche Konstellation die Absprachenbereitschaft der Beteiligten fördert. Dabei stellte sich aus den Interviews heraus, daß Wirtschaftsstrafsachen für Absprachen prädestiniert seien; es kämen aber auch Verkehrs- und BtM-Delikte sowie Verfahren vor dem Jugendrichter in Betracht.[80] Als Gründe für Absprachen wurden einstimmig Terminnot und Arbeitsbelastung genannt.[81]

Bei der Studie von *Lüdemann/Bußmann* aus dem Jahre 1989 handelt es sich ebenfalls um eine Befragung von Richtern, Staats- und Rechtsanwälten. Die Studie vergleicht die Absprachenpraxis bei Wirtschaftsstrafverfahren mit sonstigen Strafverfahren („allgemeine Kriminalität").[82] Daraus geht hervor, daß sich die Beteiligten von Absprachen bei Wirtschaftsstrafverfahren mehr versprechen als bei sonstigen Verfahren.[83] Als Gründe für die Absprachenpraxis werden sowohl bei den Wirtschaftsstrafverfahren wie auch bei den sonstigen Verfahren Zeitmangel, schwierige Sachverhalte und unzureichende personelle Ausstattung genannt.[84] Als grundlegende Basis für eine Absprache geben *Lü-*

---

73 *Niemöller*, StV 1990, 34.
74 Informelle Absprachen in der Praxis des deutschen Strafverfahrens, StV 1986, 360ff.
75 Diversionschancen der Mächtigen? Eine empirische Studie über Absprachen im Strafprozeß, KrimJ 1989, 54ff.
76 Gutachten, S. 18.
77 *Siolek*, Verständigung, S. 30ff. vgl. auch *ders.*, DRiZ 1993, 422(423).
78 Siehe dazu *Hassemer/Hippler*, StV 1986, 360(360) mit weiteren Nachweisen.
79 A.a.O. S. 361.
80 A.a.O. S. 361.
81 A.a.O. S. 361.
82 *Lüdemann/Bußmann*, KrimJ 1989, 54(55).
83 A.a.O. S. 61.
84 A.a.O. S. 57.

demann/Bußmann[85] gegenseitiges Vertrauen an. Nach der Befragung sind Gegenstand von Absprachen häufig (Teil-)Geständnis, geringeres Strafmaß, Haftverschonung, (Teil-)Einstellungen, Beschränkungen des Prozeßstoffes, Abkürzung der Beweisaufnahme, Schadenswiedergutmachung, Verzicht auf weitere Beweisanträge sowie Rechtsmittelverzicht.[86]

Schünemann bezieht in seinem Gutachten zum 58. Juristentag von 1990 in München auch Stellung zur Rechtswirklichkeit. Nach seiner Erkenntnis kommen verfahrenserledigende Absprachen in ungefähr 20-30 % aller Fälle vor.[87] Es konnte dabei weder eine lokale Differenzierung der Absprachepraxis noch eine solche bezüglich der Art des gerichtlichen Spruchkörpers festgestellt werden.[88] Auch das Gutachten geht davon aus, daß die Häufigkeit der Absprachenbereitschaft bei Wirtschaftsstrafsachen sowie bei der Massen- und Bagatellkriminalität – als Beispiele werden Ladendiebstahl und Verkehrsstrafsachen genannt – höher liegt, während sie bei schweren Gewaltdelikten und bei Staatsschutzdelikten deutlich geringer ist.[89] Mittlerweile „schätzt" *Schünemann* die Häufigkeit von Absprachen sogar auf die Hälfte aller Verfahren.[90]

Die bisher umfangreichste Untersuchung zur Rechtswirklichkeit der Absprachenpraxis stammt von *Siolek* aus dem Jahre 1993.[91] Dort wurde in einem Zeitraum von 6 Jahren unter anderem eruiert, wie viele einzelne Verfahren von Absprachen im Bereich aller Wirtschaftsstrafkammern am Landgericht *Hildesheim* geprägt wurden und welche Umstände prozeßgestaltend mitgewirkt haben.[92] Es stellte sich dabei heraus, daß es in den 113 ausgewerteten Verfahren in 56 Fällen zu einer Absprache kam.[93] Zwischen den einzelnen Kammern und in den einzelnen Jahren (1985-1990) wurden teilweise erhebliche Unterschiede festgestellt.[94] Nach dieser Untersuchung steht jedoch nicht die Überlastung als Ursache für die Absprachenpraxis im Vordergrund. Als Gründe wurden ein unvertretbar hoher Kosten- und Ermittlungsaufwand, der Prozeßumfang sowie die Schwierigkeit der Beweisaufnahme, Verfahrensbeschleunigung, eine frühe end-

---

85 A.a.O. S. 57.
86 A.a.O. S. 55.
87 *Schünemann*, Gutachten, S.18.
88 A.a.O. B 18.
89 A.a.O B 18/19.
90 *Schünemann*, ZStW 114(2002), 1(27) allerdings ohne empirischen Nachweis.
91 *Siolek*, Verständigung, S. 30ff.
92 *Siolek*, Verständigung, S. 30.
93 *Siolek*, Verständigung,. S. 36.
94 So hat eine Kammer in den Jahren 1985-1988 Absprachen überhaupt gemieden, aber in 1989 alle 3 Verfahren der erstinstanzlichen Sachen einvernehmlich erledigt, *Siolek*, Verständigung, S. 32.

gültige Erledigung, sowie schließlich die Möglichkeit der „menschlichen" Verfahrensgestaltung genannt.[95] Ein Teil der von *Siolek* genannten Gründe, wie beispielsweise Kosten- und Ermittlungsaufwand, dürften aber als Parameter einer Überlastung zu sehen sein.

Aufgrund ihrer unterschiedlichen Erfassungsmethoden können die Untersuchungen nur bedingt miteinander verglichen werden. Auch wenn sie beispielsweise bezüglich der Häufigkeit von Absprachen nicht zu den selben Ergebnissen kommen, sind die Abweichungen zwischen den einzelnen Untersuchungen bezüglich des Auftretens von Absprachen aber auch nicht erheblich. Als Kernaussage kann zusammenfassend festgehalten werden, daß Absprachen fester Bestandteil der Gerichtspraxis geworden sind.[96] Für eine solche Feststellung spricht neben diesen Untersuchungen auch die von verschiedenen Generalstaatsanwaltschaften erlassenen Richtlinien, in der Form von sogenannten „Hinweise zu Verständigungen".[97]
Aus rechtstatsächlicher Sicht zeigen sich Besonderheiten bezüglich des Verhältnisses von Absprachen zu dem Gegenstand des jeweiligen Prozesses. Die Häufigkeit von Absprachen läßt sich deliktspezifisch ordnen. Es besteht Einigkeit in der Literatur darüber, daß der relativ größte Absprachenanteil bei der Wirtschaftskriminalität[98] liegt.[99] So beschäftigt sich beispielsweise die Untersuchung von *Siolek* ausschließlich mit Verfahren vor den Wirtschaftsstrafkammern des Landgerichts *Hildesheim.*[100] Als weitere absprachespezifische Delikte werden BtM-Verstöße, Umweltkriminalität und Verkehrsstrafsachen genannt.[101] Ebenso wird eine generelle Häufigkeit von Absprachen bei Massen- und Baga-

---

95 *Siolek*, Verständigung, S. 39/40.

96 Zu diesem Ergebnis kommt auch *Braun*, S. 19.

97 Siehe für Hessen beispielsweise StV 1992, 347.

98 Bezüglich des Begriffs der Wirtschaftskriminalität besteht im Schrifttum weder Einigkeit noch eine universelle Definition. Nach überwiegendem Verständnis reicht für die Annahme ein Bezug zur Wirtschaft aus, der täterbezogen oder tatbezogen sein kann, und ein besonders sozialschädliches Verhalten, vgl. *Kaiser*, Kriminologie, § 74, Rn. 1; *Göppinger*, Kriminologie, S. 541f. Für den Täterbezug ist die Einteilung von *Sutherland*, white collar crime, S. 3ff., grundlegend. *Sutherland* prägte den Begriff „white collar crime". Damit waren Täter gemeint, die gerade nicht dem Klischee eines typischen Kriminellen entsprachen. Wirtschaftskriminelle zeichnen sich danach unter anderem durch einen hohen sozialen Status aus. Ein Tatbezug besteht grundsätzlich bei den traditionellen Vermögenstatbeständen des StGB, wie beispielsweise bei den §§ 263ff. StGB, aber auch bei den Nebengesetzen, so etwa §§ 369ff. AO.

99 Vgl. etwa *Hassemer/Hippler*, StV 1986, 360(361); *Schünemann*, Gutachten, S. 18. Kritisch *Gieg*, in Hdb. Wirtschafts- und Steuerstrafrecht, Kap. 24, Rn. 136.

100 *Siolek*, Verständigung, S. 30ff.

101 Vgl. *Dencker*/Hamm, Vergleich, S. 62; *Hassemer/Hippler*, StV 1986, 360(361); *Janke*, S. 20; *Tscherwinka*, S. 43; Tröndle/*Fischer*, § 46, Rn, 107.

tellkriminalität festgestellt.[102] Nicht zuletzt zeigt aber die höchstrichterliche Rechtsprechung,[103] daß es auch bei schwerer Gewaltkriminalität zu Absprachen kommen kann.

Zeitlich läßt sich die Entstehung der Absprachenpraxis nicht genau auf ein Datum fixieren. Anhand der Aufmerksamkeit durch die Literatur und aufgrund verschiedener gerichtlicher Entscheidungen kann jedoch davon ausgegangen werden,[104] daß Absprachen, wie sie hier untersucht werden, erstmals Anfang[105] bis Mitte der 70er Jahre vereinzelt in Erscheinung getreten sind, und erst seit den 80er Jahren vermehrt auftreten.[106]

D. Gründe für das Auftreten von Absprachen

Weiter sollen die Gründe für das Auftreten von Absprachen aufgezeigt werden. Dies erscheint für ein umfassendes Verständnis der Absprachen sowie für deren spätere Bewertung notwendig. Die Gründe für das Auftreten von Absprachen können nur schwerlich isoliert von der jeweiligen Intention der einzelnen Beteiligten am Prozeß gesehen werden. Daher werden die Gründe des Gerichts, der Staatsanwaltschaft, des Verteidigers und des Angeklagten separat dargestellt.

I. Gründe des Gerichts

Die Beweggründe des Gerichts für eine Absprache wurden teilweise schon in den oben genannten Untersuchungen erwähnt. Als primäre Ursache wird weitestgehend die Überlastung der Gerichte genannt.[107] Die Überlastung alleine ist aber für eine Begründung zu pauschal und läßt sich detaillierter untersuchen. Teilweise ist die Überlastung des Gerichts das Ergebnis einer Verteidigerstrategie. So wird bewußt unter Ausschöpfung aller Mittel der Strafprozeßordnung eine Verzögerung des Prozesses provoziert. Diese üblicherweise als „Konfliktverteidigung" bezeichnete Methode[108] gipfelt darin, daß – bei fehlender Mög-

---

102 So *Dencker*/Hamm, Vergleich, S. 62.

103 Der Grundsatzentscheidung BGHSt 43, 195 lag beispielsweise ein schwerer Raub zu Grunde.

104 *Schünemann*, Gutachten, S. 16, sowie *ders.*, FS-Rieß, S. 525(526) fixiert den Zeitraum aufgrund der intensiver betriebenen Wirtschaftsstrafverfahren, der im gleichen Zeitraum immer mehr zunehmenden BtM-Verfahren und dem 1974 (EGStGB vom 2.03.1974, BGBl I 469) eingeführten § 153a StPO.

105 So auch *Rudolph*, DRiZ 1992, 6(9).

106 Vgl. auch *Weigend*, FG-Wiss.-50-Jahre BGH, S. 1011.

107 Dencker/*Hamm*, Vergleich, S. 123; *Eser*, ZStW 104(1992), 360(371f.); *Janke*, S. 22ff.; *Rönnau*, Absprache, S. 42; *Rudolph*, DRiZ 1992, 6(9); *Schünemann*, Gutachten, S. 27ff. *Tscherwinka*, S. 21ff.; a. A. *Siolek*, Verständigung, S. 39, der für das LG *Hildesheim* der Überlastung nur eine untergeordnete Rolle für das Auftreten von Absprachen beimißt.

108 So beispielsweise *Dahs*, Handbuch des Strafverteidigers, Rn. 66, 413.

lichkeit den Prozeß völlig zum „Platzen“ oder in die absolute Verjährung zu bringen – versucht wird, das Gericht in eine Situation zu bringen, in der es mit Absprachevehandlungen beginnt oder zumindest einer Bereitschaft der Verteidigung dazu nicht abgeneigt ist.[109] Die Absprache wird dann als Möglichkeit des Gerichts gesehen, den Prozeß nicht „platzen zu lassen“. Es entsteht eine Belastung durch Zunahme der Hauptverhandlungs*dauer*.[110] Eine weitere Belastung entsteht durch die Zunahme der Verfahren.[111] Zwar ist auch die Zahl der Richterstellen gestiegen, ob dies jedoch proportional zur Mehrbelastung geschehen ist, kann nicht mit Sicherheit festgestellt werden.[112] Für den Zeitraum Ende der 70er und Anfang der 80er Jahre, also kurz nach dem vermehrten Auftreten von Absprachen, spricht *Schünemann* wegen der Zunahme der Verfahrenszahl und der Zunahme der Hauptverhandlungsdauer pro Verfahren schlagwortartig von einem exponentiellen Wachstum der Geschäftsbelastung in Strafsachen, die nicht durch die lineare Vermehrung von Richter- und Staatsanwaltsstellen allein, sondern nur in Verbindung mit einer ebenfalls wachsenden Bevorzugung summarischer Erledigungsformen, aufgefangen werden könne.[113]

Die Überlastung der Gerichte ist ein Grund für Absprachen, da diese entlastende Wirkung haben. So können durch eine Absprache beispielsweise umfangrei-

---

[109] *Pförtner*, Betrifft Justiz 1987, 363, gibt dieser „Verteidigungsstrategie“ mit „Frankfurter Verteidigung“ bereits einen Namen; vgl. auch *Nestler-Tremel*, DRiZ 1988, 289.

[110] So ist beispielsweise die Dauer der Verfahren vor den Strafgerichten in den Jahren 1992-95 bis auf die Wirtschaftsstrafkammer angestiegen. Vor dem Strafrichter ist die durchschnittliche Dauer vom Tag des Eingangs bis zur Erledigung rückläufig. Ansonsten ist die Verfahrensdauer gestiegen, vor dem Strafrichter beispielsweise von 3,9 Tage auf 4,5 Tage (Quelle: DRiZ 1998, 15(16); BT-Drs. 13/7992). Zu einer vergleichbaren Bewertung kommen auch *Schünemann,* Gutachten, S. 29, für die Jahre 1981-86 sowie *Eser*, ZStW 104(1992), 361(371). Detaillierter Nachweis zur Verfahrensdauer auch bei *Gössel*, Gutachten zum 60. deutschen Juristentag, C 8ff.

[111] Zu diesem Ergebnis kommt *Schünemann*, Gutachten, S. 28, für den Zeitraum der 70er und frühen 80er Jahre. Ein empirischer Nachweis ist aber nicht ohne Schwierigkeiten. Zumindest die Neuzugänge vor dem Landgerichten in erster Instanz in Strafsachen sind aber beispielsweise von 12.972 (1981) auf 13.841 (1988) angestiegen, Statistisches Bundesamt, Jahrbuch Rechtspflege, FS 10, Reihe 1, 1981 bzw. 1988. Es wird das Zahlenmaterial aus den 80er Jahren zu Grunde gelegt, da dort die Entstehung von Absprachen gesehen wird. Vgl. oben S. 31.

[112] *Schünemann*, Gutachten, S. 28, geht für den Zeitraum der 70er und frühen 80er Jahre davon aus. Ein empirischer Nachweis der Zunahme bereitet aber erhebliche Schwierigkeiten. So sind die Richterstellen im richterlichen Dienst bei den ordentlichen Gerichten zwar von 5.920 (1981) auf 6.110 (1988) angestiegen. Jedoch ist beispielsweise eine Differenzierung zwischen Zivil- und Strafgerichtsbarkeit aus der Rechtspflegestatistik des Statistischen Bundesamtes nicht ersichtlich, Statistisches Bundesamt, Jahrbuch Rechtspflege, FS 10, Reihe 2, 1981 bzw. 1988.

[113] *Schünemann*, Gutachten, S. 28ff.

che Zeugenvernehmungen wegfallen,[114] da sich der Angeklagte unter Umständen zu einem Geständnis bereit erklärt oder aber auch von Beweisanträgen absieht. Damit wird dem Gericht auch die Last der Beweisschwierigkeiten und des Entscheidungsdrucks genommen.[115]

Ob eine solche Arbeitsentlastung mit Prozeßgrundsätzen, wie beispielsweise der Erforschung der materiellen Wahrheit, kollidiert, gilt noch zu klären. Ebenso gilt zu klären, inwieweit das Gericht auf eine Absprache hinwirken darf.[116]
Als weiterer Grund für die vorherrschende Absprachenpraxis der Gerichte kommt das prozessuale Gebot der Beschleunigung in Betracht. Eine generelle Regelung für ein Beschleunigungsgebot existiert in der Strafprozeßordnung nicht. Es wird aus dem Rechtsstaatsprinzip[117], Art. 6 Abs. 1 MRK[118] sowie einer Reihe von Einzelvorschriften,[119] hergeleitet. Das Beschleunigungsgebot dient sowohl dem Interesse des Beschuldigten[120] als auch dem öffentlichen Interesse.[121] Aus dem Beschleunigungsgebot ergibt sich, daß ein Verfahren möglichst rasch und ohne unnötige Verzögerung durchgeführt werden soll. Verzögerungen können aufgrund des engen Terminplanes folgenreiche Kettenreaktionen mit gravierenden Konsequenzen – auch für andere Prozesse – auslösen.[122] Ebenso kann durch Verzögerungen die Qualität der Beweismittel eingeschränkt werden, da die Erinnerungskraft nachlassen kann.[123] Wie bereits gezeigt, wird durch eine Absprache der Prozeß verkürzt, somit wird die Absprache dem Beschleunigungsgebot gerecht.
Ein weiteres Argument aus der gerichtlichen Praxis für die Absprachen ist die Bestandskraft des Urteils.[124] Diese ergibt sich aus der Tatsache, daß ein Teil der

114 *Tscherwinka*, S. 27f.
115 *Schünemann*, Gutachten, S. 32.
116 Vgl. auch dazu auch *Weider*, StraFo 2003, 406, „Der aufgezwungene Deal".
117 *Roxin*, Strafverfahrensrecht, § 16 Rn. 3.
118 EMRK-*Miehlsen/Vogler*, Art 6 Rn. 309.
119 Beispielsweise §§ 115, 128, 129, 163 Abs. 1 S. 1, 222a, 222b StPO.
120 *Meyer-Goßner*, Einl., Rn. 160 sieht es als Teil des Fürsorgegebotes bzw. des fairen Verfahrens.
121 BGHSt 26, 228(232).
122 Angefangen von der Umterminierung, also eine erneute Ladung der Zeugen und Termin absprachen mit dem/den Verteidiger(n) und gegebenenfalls mit etwaigen Beisitzern, über eine möglicherweise eintretende Verschlechterung des Beweiswertes von Beweismitteln, etwa von Zeugen, bei denen wegen der zeitlichen Verzögerung Erinnerungsschwierigkeiten auftreten, bis hin zu Problemen mit etwaiger Untersuchungshaft, so etwa die Haftprüfung nach 6 Monaten durch das OLG gemäß §§ 121f. StPO, oder gar einer absoluten Verjährung. Vgl. zu dem Problemkreis *Kintzi*, DRiZ 1994, 325(325f.).
123 *Roxin*, Strafverfahrensrecht, § 16, Rn. 3.
124 Vgl. *Weigend*, FG-Wiss.-50-Jahre BGH, S. 1011(1012)

Absprachen unter anderem mit dem Verzicht auf Rechtsmittel[125] verbunden werden. Damit einher geht auch die Möglichkeit der erleichterten Urteilsbegründung gemäß § 267 Abs. 4 StPO.[126] Schließlich ist die Bestandskraft eines Urteils für das Gericht und damit für den Werdegang des einzelnen Richters für etwaige gerichtsinterne Beurteilungen von Vorteil.[127]

Zusammenfassend läßt sich festhalten, daß mit der Überlastung, dem Beschleunigungsgebot und der Bestandskraft unterschiedliche Gründe für das Gericht zur Teilnahme an einer Absprache bestehen. Dabei wird die Gewichtung der Gründe sehr vom Einzelfall abhängen, wobei die Überlastung aber wohl den Löwenanteil des Motivbündels bildet.

II. Gründe der Staatsanwaltschaft

Die Gründe für die Staatsanwaltschaft sind mit denen des Gerichts weitgehend identisch.[128] So stehen auch hier eine Überlastung und die aus Absprachen resultierende Arbeitsentlastung im Vordergrund. Aber auch für die Staatsanwaltschaft gilt das Beschleunigungsgebot,[129] und es sind ebenso persönliche Motive denkbar.[130]

III. Gründe des Verteidigers

Für den Verteidiger könnte man zunächst in Erwägung ziehen, ob ein durch Absprache verkürztes Verfahren schon aufgrund der geringeren Einnahmen, die der geringeren Anzahl von Verhandlungstagen immanent sind,[131] möglicherweise unvorteilhaft ist. Weiter wird dazu angeführt, daß mit einer Absprache auch häufig ein Rechtsmittelverzicht einhergehe, und sich der Verteidiger damit die Möglichkeit der Einnahmen gemäß §§ 85, 86 BRAGO für Rechtsmittel ab-

---

[125] BGH NJW 2000, 526; *Deal*, StV 1982, 545(552); *Rönnau*, Absprache, S. 49; *Schmidt-Hieber*, Verständigung, Rn. 238.

[126] *Meyer-Goßner*, § 267, Rn. 24; vgl. auch *Weigend*, FG-Wiss.-50-Jahre BGH, S. 1011(1012).

[127] So *Schünemann*, Gutachten, S. 32.

[128] Ebenso *Rönnau*, Absprache, S. 42ff.; *Schünemann*, Gutachten, S. 33; *Tscherwinka*, S. 29.

[129] Der Grundsatz der Beschleunigung könnte nicht ohne Unterstützung seitens der Staatsanwaltschaft gewährleistet werden, da es gerade wesentlich auf ihre Mitwirkung ankommt.

[130] Die persönlichen Motive können sehr unterschiedlicher Art sein. Denkbar wäre beispielsweise ebenso ein ausgeprägtes Freizeitbedürfnis wie eine massive Arbeitsüberlastung des sachbearbeitenden Staatsanwaltes. Denkbar ist aber auch eine politisch oder gesellschaftlich motivierte Absprachenbereitschaft.

[131] Gem. § 83 Abs. 2 S. 1 BRAGO wird das Honorar des Verteidigers nach Tagen bestimmt. Es erscheint daher zunächst derjenige Verteidiger ein höheres Honorar zu erhalten, der seinen Mandanten an mehreren Verhandlungstagen im Gerichtssaal verteidigt. Eine Tätigkeit außerhalb der Hauptverhandlung wird gem. § 84 Abs. 1 BRAGO lediglich zur Hälfte vergütet.

schneide.[132] Gegen eine Zurückhaltung der Verteidiger aus finanziellen Aspekten wendet zunächst *Schünemann* zutreffend ein, daß Beschuldigte gerade im Bereich der Absprachen zu attraktiven Honorarvereinbarungen bereit seien.[133] Wie *Rönnau* ergänzt, liege diese Vereinbarung nahe, da die Absprachenpraxis überwiegend in Verfahren wie beispielsweise Wirtschafts- und Steuerstrafsachen praktiziert werde, und es sich dabei häufig um wohlhabende Mandanten handele.[134]
Einen weiteren Grund wird in der kontrollierenden Funktion des Verteidigers gesehen. Demnach ist der Verteidiger bei einer Absprache nicht wie bei der Urteilsfindung passiver Außenseiter, sondern gleichberechtigter Partner, der das (End)Ergebnis mitgestaltet.[135] Die Vermutung liegt nahe, daß eine im Sinne des Angeklagten erfolgreiche Absprache dem Verteidiger – wenn auch möglicherweise zunächst nur mittelbar – mehr Nutzen bringt, als eventuelle Honorareinbußen wegen der geringeren Zahl der Hauptverhandlungstage. Man stelle sich beispielsweise den Prestigegewinn für den Verteidiger bei einer erfolgreichen Absprache vor, die großes Aufsehen in den Medien erregt hat.[136] Es kann daher kein Widerspruch zwischen der Absprachenpraxis und den Interessen des Verteidigers festgestellt werden.

IV. Gründe des Angeklagten

Überragender Grund für eine Absprache wird aus Sicht des Angeklagten die Möglichkeit einer Strafmilderung und der damit gegebenenfalls einhergehenden Möglichkeit einer Strafaussetzung zur Bewährung sein.
Daneben kommen aber auch untergeordnete Gründe wie die geringere psychische Belastung durch eine absprachegemäß verkürzte Hauptverhandlung oder

---

132 *Janke*, S. 34. Insofern wäre der Gesetzgebungsvorschlag von *Wagner/Rönnau*, GA 1990, 387(391), der die Einführung eines § 86a BRAGO regelt, der bei Absprachen eine Gebühr pro Kalendertag vorsieht (auch bei gescheiterten Absprachen!) die satirische Lösung des Konflikts. Wie *Wagner*, FS-Gössel, S. 585 später mitteilte, handelte es sich bei dem Gesetzesvorschlag – insbesondere bei § 86a BRAGO – um den Höhepunkt des satirischen Charakters der vorgeschlagenen Regelung. Daher ist die „Neuregelung des § 86a BRAGO" von *Wagner/Rönnau* gerade als Argument für die folgenden Ausführungen zu verstehen.

133 *Schünemann*, NJW 1989, 1895(1900f.)

134 *Rönnau*, Absprache, S. 56, sogar die Vereinbarungen von Erfolgshonoraren stehe nicht grundsätzlich im Widerspruch zum anwaltlichen Standesrecht.

135 *Weigend*, JZ 1990, 774(775), *ders.*, FG-Wiss.-50-Jahre BGH, S. 1011(1012). Vgl. auch die „Standortbestimmung eines Strafverteidigers" von *Gatzweiler*, NJW 1989, 1903(1905).

136 So ist beispielsweise eine Absprache in dem Steuerstrafverfahren gegen den ehemaligen Tennisprofi Boris Becker diskutiert worden. Vgl. auch *Volk*, in der Süddeutsche Zeitung vom 26/27.10.2002, S. 3; zu in den Medien diskutierten Absprachen vgl. auch DER SPIEGEL, Nr. 33/02, S. 70ff.

eine geringere Stigmatisierung in der Öffentlichkeit bei einem „mitgestalteten" Urteil in Betracht.[137] Dabei werden die Faktoren regelmäßig zusammentreffen, da der Angeklagte nur bei einem entsprechenden Sanktionennachlaß Absprachebereitschaft zeigen wird, und mit einer Absprache stets die Hauptverhandlung verkürzt werden wird, da aus Sicht des Gerichts darin gerade der Sinn und Zweck einer Absprache liegt. Es kann schon an dieser Stelle angemerkt werden, daß die Gründe des Angeklagten für das Eingehen einer Absprache speziell vom Einzelfall abhängen werden. Denn derjenige Angeklagte, der die ihm vorgeworfene Tat wirklich begangen hat, dabei aber gleichzeitig über ausreichende Ressourcen verfügt, um die Beweislage so zu mystifizieren, daß er für die Erleichterung des Verfahrens, insbesondere durch Ablegen eines Geständnisses, einen Bonus vom Gericht erhält, hat einen deutlichen Vorteil gegenüber demjenigen Angeklagten, der zwar dieselbe Tat begangen hat, bei dem aber die Beweislage eindeutig ist, sei es, daß er keine entsprechenden Ressourcen zur Mystifizierung der Beweislage hat, sei es, daß andere Beweismittel präsent sind.[138] Ökonomisch ausgedrückt ist wegen der geringereren Nachfrage seitens des Gerichts der „Preis" des letzteren Geständnisses wesentlich geringer, so daß die Gefahr besteht, daß der Angeklagte mit weniger „Verhandlungsmasse" einen geringeren Sanktionsbonus erhält.

Entscheidend für den Angeklagten wird daher letztendlich immer die konkrete „Verhandlungsmasse" sein. Erst wenn diese ausreichend ist, kommt für ihn sinnvoll eine Absprache in Betracht.

---

137 Dencker/*Hamm*, Vergleich, S. 124; *Eser*, ZStW 104(1992), 360(378); Ausdrucksvoll auch der Titel der Monographie von *Feeley*, „The process is the punishment".

138 Vgl. *Weigend*, FG-Wiss.- 50-Jahre BGH, S. 1011(1012).

Kapitel 2:
Absprachenpraxis in Rechtsprechung und Literatur vor der Entscheidung BGHSt 43, 195

Wie bereits eingangs angedeutet, ist die Absprachenpraxis heftigst umstritten. Sowohl für ein Verständnis der Grundsatzentscheidung des *4. Senats* vom 28.08.1997 als auch für den Gesamtkomplex „Verfahrensordnung für Absprachen durch den *Bundesgerichtshof*" gilt es zunächst, sich einen Überblick bezüglich der Diskussion über die Zulässigkeit von Absprachen zu verschaffen.
Die im Zusammenhang mit Absprachen im Strafverfahren stehenden rechtlichen Probleme wurden zunächst in der Rechtsprechung nur vereinzelt diskutiert. Jeder Entscheidung lag eine konkrete Absprache zu Grunde, die wegen eines speziellen Problempunktes angegriffen wurde. Die Entscheidung des *4. Senats* kann daher als Versuch angesehen werden, die einzelnen durch vorherige Entscheidungen geschaffenen Mosaiksteine der Rechtsprechung des *Bundesgerichtshofes* zu einem Gesamtbild „Verfahrensordnung für Absprachen" zusammenzusetzen.
Es ist von daher naheliegend einen historischen Überblick über die Absprachendiskussion zu geben. Zunächst soll ausschließlich der Zeitraum bis zur Entscheidung des *4. Senats* dargestellt werden. Sodann soll eben die Grundsatzentscheidung des *4. Senats* dargestellt und schließlich unter Berücksichtigung der darauf folgender Entscheidungen des *Bundesgerichtshofes* im Gesamtkontext gewürdigt und gegebenenfalls ergänzt werden. Bei der Darstellung der Absprachenpraxis kann zwischen Rechtsprechung einerseits und Rechtswissenschaft andererseits differenziert werden.

A. Rechtsprechung

An dieser Stelle sollen in historisch-chronologisch geordneter Übersicht[139] die von der Rechtsprechung diskutierten und entschiedenen Zulässigkeitsvoraussetzungen von Absprachen herausgebildet werden. Es wird dabei die höchstrichterliche Rechtsprechung zu Grunde gelegt. Grund dafür ist unter anderem, daß eine rechtliche Würdigung von Absprachen seitens der Rechtsprechung in Revisionsverfahren stattfindet und damit in höherer Instanz zu finden ist. Allerdings liegt es auch in der Natur von Absprachen, daß sich die höchstrichterliche Rechtsprechung nur sehr selten mit deren Problematik zu befassen hatte.[140] In der Regel handelte es sich dann um gescheiterte oder sonst „pathologische" Absprachen.[141]

---

[139] Vgl. auch die Darstellung bei *Weider*, Dealen, S. 123ff.

[140] *Siolek*, FS-Rieß, S. 563(565).

[141] LR-*Rieß*, Einl. G, Rn. 64; *Niemöller*, StV 1990, 34 „nur gescheiterte Ehen kommen vor

I. Verfassungsrechtliche Rechtsprechung

Aus der verfassungsrechtlichen Rechtsprechung gibt es eine Entscheidung, die immer wieder in der Absprachendiskussion auftaucht.[142] In einem Kammerbeschluß hat das *Bundesverfassungsgericht* am 27.01.1987 als erstes höchstrichterlich Absprachen im Strafverfahren für grundsätzlich zulässig erachtet.[143]

Das *Bundesverfassungsgericht* war im Rahmen einer Verfassungsbeschwerde angerufen worden, da beim Beschwerdeführer verfassungsrechtliche Bedenken hinsichtlich einer von ihm initiierten und außerhalb der Hauptverhandlung durchgeführten Absprache bestanden. Gegenstand der Absprache, die zwischen Gericht, Staatsanwaltschaft und Verteidigung stattgefunden hatte, war der Rechtsfolgenausspruch, ein vom Angeklagten, also vom Beschwerdeführer, in Aussicht gestelltes Geständnis und ein Absehen von Strafverfolgung hinsichtlich des Verdachts weiterer Taten.

Die Verfassungsbeschwerde gegen das Urteil des Landgerichts und die Revisionsentscheidung des *Bundesgerichtshofes* wurde mangels hinreichender Aussicht auf Erfolg nicht zur Entscheidung angenommen.[144] Grundgesetzlicher Prüfungsmaßstab der *Kammer* des *II. Senats* des *Bundesverfassungsgerichts* war primär das Recht des Angeklagten auf ein faires, rechtsstaatliches Verfahren, Art. 2 Abs. 1 in Verbindung mit Art 20 Abs. 3 GG.[145] Dies ergebe sich aus dem Grundsatz der Rechtsstaatlichkeit, der von der Idee der Gerechtigkeit geprägt sei und an der sich jedwede Rechtspflege messen lassen müsse.[146] Die verfassungsrechtliche Pflicht des Staates, eine funktionstüchtige Strafrechtspflege zu gewährleisten, umfasse die Pflicht, die Durchführung eingeleiteter Strafverfahren sicher zustellen. Darauf könne und dürfe er nicht nach seinem Belieben (durch Absprachen) generell oder im Einzelfall verzichten.[147] Weiter sei die Sicherstellung einer Verfolgung, Aburteilung und gerechten Bestrafung von Straftätern im Rahmen der geltenden Gesetze elementar zur Verwirklichung des Rechtsstaates.[148] Für den Strafprozeß bedeute dieses die Erforschung des wahren Sachverhalts, ohne den das materielle Schuldprinzip nicht verwirklicht wer-

---

Gericht"; *Siolek*, FS-Rieß, S. 563(565).

142 Interessanterweise wird diese Entscheidung sowohl von den Befürworten als auch von den Gegnern von Absprachen herangezogen.

143 Kammerbeschluß des BVerfG vom 27.01.1987 – 2 BvR 1133/86 = NJW 1987, 2662 = NStZ 1987, 419 = wistra 1987, 139.

144 BVerfG NStZ 1987, 419.

145 BVerfG NStZ 1987, 419; vgl. auch *Küpper/Bode*, Jura 1999, 393; *Zschockelt*, NStZ 1991, 306.

146 Vgl. BVerfGE 33, 367(383); 70, 297(308).

147 BVerfG NStZ 1987, 419.

148 Vgl. BVerfGE 46, 214(222f.).

den könne.[149] Die *Kammer* sah diese Grundsätze nicht generell bei einer Absprache verletzt. Sie schließt aber aus, daß durch Absprachen die Handhabung der richterlichen Aufklärungspflicht, die rechtliche Subsumtion und die Grundsätze der Stoffbenutzung ins Belieben oder zur freien Disposition der Beteiligten und des Gerichts gestellt werden dürfen. Der „Vergleich im Gewande des Urteils" und ein „Handel mit Gerechtigkeit" wurden untersagt.[150] Die im Rahmen einer Absprache in Betracht kommende geständnisbedingte Strafmilderung dürfe den „Boden des schuldangemessenen Strafens" nicht verlassen.[151] Schließlich folge aus den oben genannten Grundsätzen auch, daß die Freiheit der Willensentschließung und Willensbetätigung des Angeklagten geschützt sei, was auch in § 136a StPO Ausdruck finde.[152]

Die *Kammer* konnte nicht feststellen, daß das Landgericht durch die Absprache diese Maßstäbe außer acht gelassen hatte. Nach ihrer Ansicht wurden Sachverhaltsaufklärung und Schuldgrundsatz gewahrt. Die Beweisaufnahme stand nach langdauernder Hauptverhandlung kurz vor ihrem Abschluß.[153] Angesichts der Feststellung zu den Taten und zur Person des Angeklagten erschien die Höhe der Strafe im Rahmen des Schuldangemessenen. Beeinträchtigungen der Willensentschließungsfreiheit waren nicht ersichtlich, zumal der Beschwerdeführer (Angeklagte) selbst vorgetragen hatte, daß er seine Situation für ausweglos gehalten habe und er deshalb eine Absprache initiiert habe und nicht etwa das Gericht ihn zu einer solchen gedrängt hätte.
Eine etwaige Verletzung der richterlichen Aufklärungspflicht im Sinne von § 244 Abs. 2 StPO durch die möglicherweise nicht vollständig durchgeführte Beweisaufnahme war nicht Gegenstand der verfassungsgerichtlichen Überprüfung, da der Beschwerdeführer diese weder mit der Revision gerügt, noch zur Grundlage eines Ablehnungsgesuchs gemacht hatte, und damit der Rechtsweg nicht gem. § 90 Abs. 2 S. 1 BVerfGG erschöpft war.[154] Der Rechtsmittelverzicht wurde schließlich seitens des Verteidigers in Aussicht gestellt, demnach nicht etwa vom Gericht „gefordert".[155]
Es sind keine weiteren Entscheidungen des *Bundesverfassungsgerichts* bis zur Grundsatzentscheidung des *4. Senats* zur Absprachenpraxis ergangen.[156] Es

[149] Vgl. BVerfGE 57, 250(275).
[150] BVerfG NStZ 1987, 419.
[151] BVerfG a.a.O.
[152] BVerfG a.a.O.
[153] Es handelt sich insoweit um eine eher untypische Absprache, da der primär angestrebte Zweck – die Verfahrensverkürzung – zu einem späten Zeitpunkt der Beweisaufnahme nur noch bedingt, etwa beim Abfassen der Urteilsgründe, erreicht werden kann.
[154] Vgl. auch *Küpper/Bode*, Jura 1999, 393.
[155] BVerfG NStZ 1987, 419(420).
[156] Vgl. aber BVerfG StV 2000, 3. Dabei handelt es sich um einen Nichtannahmebeschluß der

kann somit festgehalten werden, daß die Zulässigkeit von Absprachen durch das *Bundesverfassungsgericht* nicht umfassend untersucht worden ist.[157] Es wurden lediglich die Grenzen der Zulässigkeit aufgezeigt. Diese liegen nach Ansicht der *Kammer* insbesondere im fairen Verfahren, dem Prinzip der materiellen Wahrheit, dem Prinzip der schuldangemessenen Strafe und § 136a StPO.
Bei der Bewertung der Entscheidung des *Bundesverfassungsgerichts* darf nicht außer acht gelassen werden, daß die der Entscheidung zu Grunde gelegene Absprache zumindest zwei nicht unwesentliche Besonderheiten aufweist: Zum einen war der Zeitpunkt der Absprache mit Abschluß der Beweisaufnahme relativ spät, zum anderen haben weder Staatsanwaltschaft noch Gericht die Absprache initiiert, sondern der Angeklagte selbst.

II. Ordentliche Gerichtsbarkeit

Der *Bundesgerichtshof* entwickelte über Jahre hinweg seine Grundsätze für Absprachen.[158] Dabei war er zunächst vorwiegend mittelbar über die Rüge fehlerhafter Zurückweisung von Richterablehnungen mit Absprachen im Strafverfahren befaßt.[159]

1. Anfangs nur punktuelle Aussagen

So hat der *2. Senat* in einer der – soweit ersichtlich – ersten Absprachenentscheidungen 1984 über eine mögliche Befangenheit im Sinne von § 24 Abs. 2 StPO wegen einer Zusage bezüglich des zu erwartenden Strafmaßes vom Instanzgericht verhandelt.[160]

> Zwei Richter hatten dem Vertreter der Staatsanwaltschaft außerhalb der Hauptverhandlung nahegelegt, seinen Beweisantrag, den er als Gegenbeweis zu einem vom Angeklagten gestellten Beweisantrag gestellt hatte, zurückzunehmen. In diesem Gespräch teilten die Richter nur dem Staatsanwalt, also sowohl ohne Beteiligung des Verteidigers als auch des Angeklagten, mit, daß sie beabsichtigten, den Beweisantrag des Angeklagten abzulehnen. Ferner teilten sie dem Staatsanwalt im Rahmen der Absprache noch das in Erwägung gezogene Strafmaß mit.

---

2. Kammer des *II. Senats*, dazu unten, S. 134

[157] Zu dem Ergebnis kommt auch *Schünemann*, StV 1993, 657 (660), der zu Recht auf die Gefahr einer Überbewertung der Entscheidung von den Befürwortern von Absprachen hinweist, da die Entscheidung zum einen „nur" ein Kammerbeschluß ist, und nicht etwa eine Senatsentscheidung, und zum anderen nur rechtstaatliche Mindeststandards aufzählt, die *Kammer* damit aber keineswegs eine Grundsatzentscheidung über die Vereinbarkeit der von Absprachen getroffen hat.

[158] BGH StV 1984, 449; BGH NStZ 1985, 37; BGH StV 1984, 449(450); BGHSt 36, 210; 37, 99; 37, 298; 38, 102; 40, 287; 42, 46; 42, 191.

[159] *Zschockelt*, NStZ 1991, 305(306).

[160] BGH Urteil vom 5.9.1984 – 2 StR 347/84 = StV 1984, 449 = NStZ 1985, 37.

Der *2. Senat* hielt es für grundsätzlich möglich, daß ein Richter zwecks Förderung des Verfahrens mit Prozeßbeteiligten auch außerhalb der Hauptverhandlung „Fühlung“ aufnehme und sie zu einer bestimmten Prozeßhandlung anrege.[161] Dabei sind aber die Grenzen der sachlichen Rechtfertigung und der gebotenen Zurückhaltung zu bewahren. Grundsätzliche Anforderungen für solche Gespräche nannte der *2. Senat* nicht. Im zu entscheidenden Fall wurde die Besorgnis der Befangenheit angenommen, da eine Zusage bezüglich der Strafbemessung während des Prozeßstadiums der Beweisaufnahme und nur von Teilen des Gerichts gemacht wurde.

Der *3. Senat* hat vier Jahre später, 1988, in einem Urteil die generelle Zulässigkeit einer Kontaktaufnahme des Gerichts zu Verfahrensbeteiligten außerhalb der Hauptverhandlung bestätigt und damit die Möglichkeit von Absprachen bekräftigt.[162]

Die erste Entscheidung aus der amtlichen Sammlung des *Bundesgerichtshofes* in Strafsachen (BGHSt) stammt aus dem Jahre 1989.[163] Der *2. Senat* verhandelte über die Strafmaßzusicherung bei einer Absprache und machte Aussagen zu Hinweispflichten des Gerichts. Damit legte der *2. Senat* schon damals zumindest mittelbar den Grundstein für eine partielle Verbindlichkeit von Absprachen, die – wie noch zu zeigen sein wird – immense Probleme mit sich bringt und die Absprachendiskussion immer noch beschäftigt.

> In dem zu entscheidenden Fall hatte der vorsitzende Richter der Verteidigung im Rahmen einer Absprache zugesichert, sich an den dem Gericht und der Verteidigung bekannten Strafantrag der Staatsanwaltschaft zu halten. Im Urteil hielt sich das Gericht jedoch nicht an die Absprache, denn es verhängte höhere Strafen als von der Staatsanwaltschaft plädiert.

Nach Ansicht des *2. Senats* ist eine solche Zusicherung des Vorsitzenden nicht schon offensichtlich rechtswidrig und die Verteidigung durfte auch auf ihre Gültigkeit vertrauen.[164] Der *2. Senat* hat die Strafaussprüche aufgehoben und aus dem Gebot des fairen Verfahrens die Pflicht zur Erteilung eines Hinweises aufgestellt,[165] um die geweckte Erwartung zu beseitigen und der Verteidigung Gelegenheit zu geben, sich darauf einzustellen.[166] Interessant für die Absprachenpraxis ist an dieser Entscheidung, daß den Absprachen ein Vertrauenstat-

---

161 BGH StV 1984, 449(450).
162 BGH Urteil vom 11.5.1988 – 3 StR 566/87 = StV 1988, 417.
163 BGHSt 36, 210 = NStZ 1989, 438.
164 BGHSt 36, 210(215).
165 Erforderlichenfalls unter Wiedereintritt in die Verhandlung, BGHSt 36, 210(216).
166 BGHSt 36, 210(216).

bestand zugesprochen wird, so daß bei einem Abweichen von der Absprache durch das Gericht dieses besagten Hinweis geben muß.[167] Generelle Aussagen zu Zulässigkeitsvoraussetzungen von Absprachen wurden jedoch auch an dieser Stelle nicht gemacht. Dies wurde auch nicht durch die nur kurze Zeit später ergangene Entscheidung des *2. Senats* geändert,[168] der wohl eine Absprache zu Grunde lag,[169] wegen der sich der *2. Senat* aber nicht zu einer Stellungnahme über deren rechtlicher Zulässigkeit veranlaßt sah.

Die Vielfältigkeit der Absprachemöglichkeiten zeigt sich unter anderem in der darauffolgenden Entscheidung des *3. Senats* aus dem Jahre 1990.[170]

> In dem Urteil ging es um eine Zusage der Staatsanwaltschaft, eine bestimmte Tat gemäß § 154 Abs. 1 StPO nicht zu verfolgen, sofern der Beschuldigte[171] sein Rechtsmittel unter Hinnahme einer empfindlichen Strafe in einer anderen Sache zurücknehme. Der damalige Sachbearbeiter der Staatsanwaltschaft hielt sich an die Zusage, sein Nachfolger hingegen nicht. Entgegen vorherigen Zusage wurde Anklage erhoben. Der Angeklagte wurde daraufhin zwar vom Tatgericht verurteilt, jedoch wurde ihm wegen des Scheiterns der Absprache eine wesentliche Strafmilderung zugebilligt. Eine gegen die Strafmilderung angestrebte Revision der Staatsanwaltschaft war erfolglos.

Der *3. Senat* nahm nicht grundsätzlich zur Zulässigkeit von Absprachen Stellung, traf aber Feststellungen, wie eine solche fehlgeschlagene Absprache zu behandeln ist. Danach bringe diese fehlgeschlagene Absprache weder einen Strafklageverbrauch noch ein sonstiges Prozeßhindernis mit sich, wohl aber einen Verstoß gegen den fair-trial-Grundsatz.[172] Bei einer Verurteilung sei ein solcher Verstoß dann ganz wesentlich bei der Strafzumessung zu berücksichtigen.[173]

---

[167] Kritisch äußert sich dazu *Strate*, NStZ 1989, 439f., „wegen dieses Vertrauenstatbestandes werde es in Zukunft kein Vorsitzender wagen, mit den Verfahrensbeteiligten ein offenes Wort über die vorläufigen Ergebnisse der Hauptverhandlung zu führen".

[168] BGH Urteil vom 8.3.1990 – 2 StR 367/89 = NJW 1990, 1921. Diese Entscheidung ist nur bezüglich der Sachrüge in BGHSt 36, 373 abgedruckt – was wohl auch ihre rechtliche Bedeutung in Bezug zur Absprachenproblematik wiederspiegelt. Vgl. auch *Zschockelt*, NStZ 1991, 305(307).

[169] So *Zschockelt*, NStZ 1991, 305(307).

[170] BGHSt 37, 10.

[171] Die Absprache wurde entgegen des hier eingegrenzten Verfahrensstadiums schon im Ermittlungsverfahren durchgeführt. Sie wäre aber grundsätzlich auch im Hauptverfahren denkbar (vgl. auch § 154 Abs. 2 StPO) und ist für die Absprachendiskussion, insbesondere hinsichtlich der Zulässigkeit eines absprachegemäßen Rechtsmittelverzichts, von Bedeutung.

[172] BGHSt 37, 10(12f.).

[173] BGHSt 37, 10(14).

Noch im selben Jahr beschäftigte sich ebenfalls der *3. Senat* mit einem weiteren Problemkreis bei Absprachen, indem er über die Frage der Befangenheit des absprachenbeteiligten Richters zu entscheiden hatte.[174]

Im verhandelten Fall hatte sich ein Richter über die zu erwartende Sanktion im Falle eines Geständnisses mit einem von zwei Angeklagten außerhalb der Hauptverhandlung verständigt.

Der *3. Senat* stellte fest, daß bei einem Interessenwiderstreit zwischen mehreren Mitangeklagten eine fehlende Einbeziehung aller Angeklagten in die informellen Gespräche die Besorgnis der Befangenheit im Sinne des § 24 Abs. 2 StPO auslöse, da bei fehlender Unterrichtung eines nicht anwesenden Angeklagten die Möglichkeit bestehen könne, daß die Richter durch Bindung an etwaige Absprachen die Freiheit der Verhandlungsführung verlieren würden.[175] Auch in dieser Entscheidung hielt es der *3. Senat* nicht für erforderlich, generelle rechtliche Anforderungen der Absprache zu prüfen.[176]

Als Zwischenergebnis läßt sich an dieser Stelle festhalten, daß der *Bundesgerichtshof* durch die Absprache einen Vertrauenstatbestand begründet sieht. Dies zeigt sich zum einen daran, daß er eine Hinweispflicht bei Abkehr von der ursprünglich gemachten absprachegemäßen Aussage verlangt, und zum anderen, daß bei dem Scheitern einer Absprache auf Grund eben dieses Vertrauenstatbestandes dem Angeklagten eine wesentliche Strafmilderung zugebilligt werden kann. Weiter wurden die rechtlichen Grenzen zur Befangenheit bei Absprachen aufgezeigt. Dennoch wäre es verfrüht, zu diesem Zeitpunkt die generelle Zulässigkeit von Absprachen aus der Rechtsprechung des *Bundesgerichtshofes* abzuleiten.[177] Die instanzgerichtliche Rechtsprechung mag dies zwar gerade wegen dieser Entscheidungen des *Bundesgerichtshofes* – und wegen der eingangs genannten Entscheidung des *Bundesverfassungsgerichts* – angenommen haben,[178] jedoch wiegen einzelne Äußerungen, wie beispielsweise die ausdrückliche Feststellung des *2. Senats* zur Absprachenpraxis, es handele sich um eine Einzelfallentscheidung, für die es nicht darauf ankomme, wie die grundsätzliche Zulässigkeit einer Absprache zu beurteilen wäre,[179] zu schwer, um von einer grundsätzlichen Anerkennung zu sprechen. Kritische Ansätze zur Absprachenpraxis wurden in der Rechtsprechung jedoch gerne heruntergespielt.

---

174 BGHSt 37, 99.
175 BGHSt 37, 99(104).
176 BGHSt 37, 99(103).
177 So auch *Friehe*, S. 335.
178 Für diese Interpretation spricht das vermehrte Auftreten von Absprachen auch in der Rechtsprechung des *Bundesgerichtshofes*.
179 BGHSt 36, 210(214).

2. Abkehr von der Absprachenpraxis? BGHSt 37, 298

Die Situation änderte sich, wenn auch nur vorübergehend, mit einer Entscheidung des *3. Senats* aus dem Jahre 1991.[180] In der Sache ging es wiederum um die Besorgnis der Befangenheit. Doch diesmal lösten die im Rahmen eines obiter dictum gemachten Äußerungen des *3. Senats* zeitweise große Unsicherheit in der Absprachenpraxis aus.[181] Grund dafür war, daß die Entscheidung wohl zutreffend als Absage an Teile der bisherige Absprachenpraxis gedeutet wurde.[182]

> Gegenstand der Entscheidung war eine informelle Zusage des Gerichts über das Strafmaß ohne Einbeziehung der Staatsanwaltschaft. Das LG *Darmstadt* hatte eine umfangreiche Wirtschaftsstrafsache – man rechnete mit mindestens 8 Monaten Verhandlungsdauer[183] – zu entscheiden. Einen Monat vor Beginn der Hauptverhandlung kam es zu Gesprächen des vorsitzenden Richters des LG zunächst mit der Verteidigung und dann mit der Staatsanwaltschaft. Gegenstand der Gespräche war das für den Fall eines Geständnisses zu erwartende Strafmaß. Der vorsitzende Richter stellte gegenüber der Verteidigung ein Strafmaß von vier Jahren Freiheitsstrafe in Aussicht. Das Strafmaß wurde unter Vorbehalt angekündigt, da lediglich eine vorläufige Beurteilung auf Basis der Aktenlage zugrunde lag. Absprachegemäß legte der Angeklagte am ersten Hauptverhandlungstag ein Geständnis ab. Dem LG hätte dieses Geständnis als Entscheidungsgrundlage genügt, die Staatsanwaltschaft bestand aber auf einer Beweisaufnahme, § 245 StPO. Nach drei Monaten Verhandlungsdauer wurde der Angeklagte zu vier Jahren und zwei Monaten Freiheitsstrafe verurteilt.

Nach Ansicht des *3. Senats* liegt ein Grund im Sinne des § 24 Abs. 2 StPO vor, der geeignet ist, Mißtrauen gegen die Unparteilichkeit eines Richters zu rechtfertigen, wenn in einer Absprache vor der Hauptverhandlung ohne Anwesenheit der anderen Verfahrensbeteiligten, hier der Staatsanwaltschaft, seitens des Gerichts dem Verteidiger konkret, wenn auch nach außen hin nicht verbindlich, erklärt wird, welche Strafe bei einem Geständnis des Angeklagten in Betracht kommt.[184] Der *3. Senat* machte im Rahmen seines obiter dictum grundsätzliche Ausführungen zur Rechtmäßigkeit von dem Inaussicht-Stellen einer bestimmten

---

[180] BGHSt, 37, 298 = StV 1991, 194.

[181] *Herrmann*, JuS 1999, 1162(1163); *Böttcher/Widmaier*, JR 1991, 353(353); *Kintzi*, DRiZ 1992, 245(245) spricht von einem „Blitz aus heiterem Himmel"; vgl. auch *Weigend*, FG-Wiss.-50-Jahre BGH, S. 1011(1028).

[182] Vgl. *Weider*, StV 1991, 241; *ders.*, Dealen, S. 124; *Eser*, ZStW 104(1992), 361(374); *Zschockelt*, NStZ 1991, 305(309) „[...] das bedeutet wohl, daß Urteilsabsprachen im engeren Sinn (die bestimmte milde Strafe im Austausch gegen Geständnis, Schadenswiedergutmachung, Unterlassen von Beweisanträgen) [...] nach der zur Zeit geltenden Strafprozeßordnung unzulässig sind."

[183] *Böttcher/Widmaier*, JR 1991, 353.

[184] BGHSt 37, 298(303).

Strafhöhe.[185] Absprachen, die ohne Mitwirkung aller Prozeßbeteiligten einschließlich des Angeklagten und der Schöffen getroffen werden, und die ferner das Strafmaß bei einem bestimmten Verhalten des Angeklagten regeln, würden danach den geltenden Verfahrensvorschriften widersprechen.[186] Bei Absprachen müßten daher alle Verfahrensbeteiligten anwesend sein. So könne jeder nicht hinzugezogene zu Recht befürchten, daß der Richter im Sinne der dem anderen Verfahrensbeteiligten genannten Strafe voreingenommen sei.[187] Nach außen gegebene Hinweise auf eine Unverbindlichkeit würden daran nichts ändern.[188]
Der *3. Senat* kommt daher zu der niederschmetternden Aussage, daß „es kein rechtsstaatliches Verfahren bei Absprachen zu dem Prozeßergebnis gibt".[189] Diese an Eindeutigkeit nichts zu verbergende Formulierung ist vielfach auf Kritik gestoßen.[190]

3. Rückkehr zur bisherigen Absprachenpraxis?

Die Unsicherheit in der Absprachenpraxis war nicht von langer Dauer, da noch im selben Jahr eine Entscheidung des *2. Senats* erging,[191] die die zuvor ergangene Entscheidung des *3. Senats* ignorierte und eine überwiegend absprachenfreundliche Tendenz hatte, da der *2. Senat* nunmehr erklärte, daß eine Absprache „unter Umständen zweckmäßig oder gar notwendig" sein könne.[192] Damit wurde dem *2. Senat* – und im Ergebnis somit auch dem *Bundesgerichtshof* – ein großzügigerer Umgang mit der Zulässigkeit von Absprachen entnommen, da die Aussage nur wenig sinnvoll wäre, wenn der *2. Senat* eine grundsätzlich ablehnende Haltung gegen Absprachen hätte.[193] Diese Entscheidung des *2. Senats* wird auch als früher Wegbereiter der späteren Grundsatzentscheidung des *4. Senats* gesehen.[194]

In der Entscheidung beschäftigte sich der *2. Senat* ebenso mit dem Problem des Umfangs der Beteiligung bei einer Absprache, die das Inaussicht-Stellen eines bestimmten Strafrahmens zum Gegenstand hat. Auf Anfrage des Verteidigers

---

185 BGHSt a.a.O.

186 BGHSt 37, 298(304).

187 BGHSt a.a.O.

188 BGHSt a.a.O.

189 BGHSt 37, 298(305).

190 *Böttcher/Widmaier*, JR 1991, 353(354) bezeichnen die Formulierung als „harsch". Die Strafrechtskommission des Deutschen Richterbundes stellte heraus, daß der *3. Senat* keine glückliche Hand bewiesen habe, vgl. *Kintzi*, DRiZ 1992, 245(246).

191 BGHSt 38, 102 = NJW 1992, 519 = StV 1992, 50 = NStZ 1992, 139.

192 BGHSt 38, 102(104).

193 So *Hassemer*, JuS 1992, 527; vgl. auch *Herrmann*, JuS 1999, 1162(1163) und *Weigend*, FG-Wiss.-50-Jahre BGH, S. 1011(1019).

194 So *Gieg*, in Hdb. Wirtschafts- und Steuerstrafrecht, Kap. 24, Rn. 149.

hatte das Gericht nach vorangegangener Beratung lediglich diesem mitgeteilt, wie hoch die Strafe im Falle eines Geständnisses ausfallen würde.

Der *2. Senat* hält es nicht für erforderlich, daß grundsätzlich bei Absprachehandlungen alle Verfahrensbeteiligten anwesend sein müssen.[195] Verfahrenserhebliche Aussagen könne das Gericht allerdings nur treffen, sofern es den anderen Verfahrensbeteiligten durch Hinweis auf die zur Erörterung stehende Frage Gelegenheit zur Äußerung gebe. Geschieht dieses nicht, sei darin ein Verstoß gegen § 33 StPO zu sehen.[196]

1994 hat ebenfalls der *2. Senat*[197] im Rahmen einer Entscheidung über die Zulässigkeit von Hilfsbeweisanträgen[198] Feststellungen über unzulässige Verknüpfungen von Absprachen getroffen.

In dem vorgelegten Fall ging es um Hilfsbeweisanträge der Verteidigung, die sich nach der zu beweisenden Behauptung gegen den Schuldspruch richteten. Die Verteidigung hatte Hilfsbeweisanträge für den Fall gestellt, daß die Strafkammer den Angeklagten zu einer Freiheitsstrafe ohne Bewährung verurteile, neben einer Freiheitsstrafe eine zusätzliche Geldstrafe verhänge, Vermögenswerte für verfallen erkläre oder eine „Geldauflage als Bewährungsauflage" anordne. Die Beweisbehauptungen aus dem Hilfsbeweisantrag betrafen Tatsachen, die darauf hätten hindeuten könnten, daß die Voraussetzung einer Verurteilung wegen Bestechlichkeit nicht vorlagen. Das Tatgericht führte die Beweiserhebung nicht durch und äußerte hinsichtlich der Verknüpfung des Hilfsbeweisantrags mit der Anordnung von Bewährungsauflagen Zweifel an der Zulässigkeit des Antrags.

Der *2. Senat* erblickte in den Hilfsbeweisanträgen ein „Angebot" für eine mögliche Absprache.[199] Er stellte heraus, daß eine rechtmäßige Absprache nicht ein Synallagma in der Form zum Gegenstand haben könne, daß die Verteidigung auf ein mögliches Beweisantragsrecht verzichte, wenn das Gericht der in der Antragsbedingung bezeichneten Rechtsfolge entspräche. Der *2. Senat* kam damit zu dem Ergebnis, daß es sich um einen Mißbrauch des Beweisantragsrechts

---

[195] BGHSt 38, 102(104).
[196] BGHSt 38, 102(105).
[197] BGHSt 40, 287.
[198] Ein Hilfsbeweisantrag ist eine Form des Beweisantrags im Sinne des § 244 StPO. Er ist mit der Option verknüpft, daß sich das Gericht bei der Beratung für einen bestimmten Urteilsausspruch oder ein bestimmtes Begründungselement des Urteils entscheiden will. Er kommt daher erst zum Tragen, wenn das Gericht die zu beweisende Tatsache in Frage stellt. vgl. LR-*Gollwitzer*, § 244 Rn. 161ff. Der Hilfsbeweisantrag wird teilweise dazu mißbraucht, das Gericht zu einer Absprache zu motivieren, *Herdegen*, NStZ 1995, 202(203).
[199] BGHSt 40, 287(290).

handele.[200] Denn ein Einsatz des Beweisantragsrechts, der primär die Intention zur Bereitschaft einer Absprache wecken soll, ist zweckwidrig und kann damit nur als Mißbrauch gesehen werden. Beweismittel sollen gerade dazu dienen, die Wahrheit zu erforschen, und nicht, wie es hier der Fall gewesen ist, dazu dienen, eine Bereitschaft beim Gericht zu wecken, den Sachverhalt absprachegemäß nicht weiter zu erforschen.

Ebenso mit einer zweckwidrigen Verknüpfung bei einer Absprache beschäftigte sich der *3. Senat*[201] in einem Beschluß aus dem Jahre 1995. Der *3. Senat* hat ein vom Landgericht *Chemnitz* beendetes Verfahren wieder in den vorherigen Stand eingesetzt.

> Dem landgerichtlichen Urteil lag eine Absprache zu Grunde, im Rahmen derer der Angeklagte als Gegenleistung für ein Geständnis und einen Rechtsmittelverzicht eine Strafmilderung und eine Zusage von Seiten des Gerichts zum Strafvollzug bekommen hatte. Die Richterin hatte dazu eigens mit dem Leiter der zuständigen JVA telefoniert, da der Angeklagte ein wesentliches Interesse zeigte, in der Vollzugsanstalt in der Nähe seiner Freundin und seines Kindes zu bleiben.

Der *3. Senat* sah angesichts des Falles keine Notwendigkeit, grundsätzlich zur Zulässigkeit von Urteilsabsprachen und damit auch zur Vereinbarkeit von Rechtsmittelverzicht und Absprache Stellung zu beziehen. Der Rechtsmittelverzicht sei nämlich jedenfalls dann unwirksam, wenn er mit Zusagen zur Strafvollstreckung verknüpft sei.[202] Dabei hat der *3. Senat* auch Zusagen zum Strafvollzug für stets unzulässig erachtet. So habe das Tatgericht oder dessen Vorsitzender, auch nach Rücksprache mit einem Leiter einer JVA, weder Erklärungen noch Empfehlungen zum Strafvollzug abzugeben.[203] Hinzu kommt, daß der Rechtsmittelverzicht darüber hinaus mit einer Strafmilderung verknüpft worden ist. Deswegen ist durch die Absprache „die Freiheit der Willensentschließung und der Willensbetätigung des Angeklagten durch das Verhalten des Vorsitzenden in rechtsstaatlich bedenklicher Erheblichkeit beeinträchtigt worden."[204]

Der *5. Senat* des *Bundesgerichtshofs* hat im Jahre 1996 über das Problem der Befangenheit wegen mangelnden rechtlichen Gehörs verhandelt.[205] Der zu-

---

[200] BGHSt a.a.O. so für diesen Fall auch *Herdegen*, NStZ 1995, 202(203) und *Kudlich*, JuS 1997, 507(511).
[201] BGH Beschluß vom 26.04.1995 – 3 StR 600/94 = NJW 1995, 2568 = NStZ 1995, 556 = StV 1995, 395.
[202] BGH NStZ 1995, 556.
[203] BGH a. a. O.
[204] BGH a. a. O., vgl. auch BVerfG, wistra 1987, 139.
[205] BGHSt 42, 46 = NJW 1996, 1763 = NStZ 1996, 448 = JR 1997, 77.

grundeliegende Fall ähnelt der Entscheidung des *3. Senats* aus dem Jahr 1991,[206] denn auch dort ging es um das Problem, daß die Staatsanwaltschaft bei der Absprache nicht mit einbezogen wurde.
Der *5. Senat* schließt sich der Kritik an der Entscheidung des *3. Senats* an,[207] indem er hinsichtlich der Bedenken der Befangenheit im Sinne des § 24 Abs. 2 StPO und auch bezüglich der Anforderungen einer Anhörung im Sinne des § 33 StPO eine grundsätzlich abweichende Auffassung zum *3. Senat* vertritt.[208] Absprachenorientierte Rechtsgespräche, denen ein Bemühen zur Verfahrensförderung zu Grunde liegt, sind prinzipiell sachgerecht und Aufgabe des Gerichts, auch wenn sie nicht mit allen Verfahrensbeteiligten geführt werden.[209] Sie bieten keine Besorgnis der Befangenheit, wobei grundsätzliche Anforderungen, wie beispielsweise das Gebot der Fairneß, zu beachten sind.[210] Eine Erklärung des Richters über die von ihm gehegte Straferwartung im Falle eines Geständnisses stellt nach Ansicht des *5. Senats* nur eine Wissenserklärung dar. Der *5. Senat* weist darauf hin, daß Wissenserklärungen des Gerichts noch nicht den Anforderungen des § 33 StPO unterfallen.[211] Einer Wissenserklärung des Gerichts im Rahmen einer Absprache gegenüber nur einem Verfahrensbeteiligten muß demnach keine Anhörung folgen und sie löst auch keine Befangenheit aus. Eine Absprache ist demnach lediglich eine unverbindliche Prognose.
Der *5. Senat* nahm auch klärend zu der Frage Stellung, ob der Öffentlichkeitsgrundsatz gemäß § 169 GVG durch eine Absprache zwischen den Verfahrensbeteiligten außerhalb der Hauptverhandlung verletzt sei. Nach Meinung des *5. Senats* sei dies schon deshalb zu verneinen, da die Absprache gerade kein Vorgang der Hauptverhandlung im Sinne der §§ 226 bis 275 StPO zum Gegenstand habe.[212] Diese restriktive Handhabung des Öffentlichkeitsgrundsatzes durch den *5. Senat* ist auf Kritik gestoßen, da damit dem allgemeinen Bestreben, den Verständigungen mehr Öffentlichkeit und somit mehr Transparenz zu verleihen, nicht entsprochen wurde.[213]

---

206 Siehe oben, S. 44.
207 *Fahl*, JA 1997, 272(274).
208 Inwieweit der *5. Senat* von den Meinungen der anderen *Senate* abweicht, was gegebenenfalls Anlaß zu einem Anfrageverfahren gegeben hätte, wird letztendlich nicht deutlich, vgl. *Kintzi*, JR 1997, 78, was auch so einfache Erklärungen wie die räumliche Trennung (der *5. Senat* befindet sich nicht wie alle anderen Strafsenate des BGH in Karlsruhe, sondern in Leipzig, bzw. damals noch in Berlin) und den daraus resultierenden fehlenden Meinungsaustausch haben mag, vgl. *Zschockelt*, NStZ 1996, 449.
209 BGHSt 42, 46(48f.).
210 BGHSt 42, 46(48).
211 BGHSt 42, 46(49f.).
212 BGHSt 42, 46(47).
213 So *Fahl*, JA 1997, 272(274); *Kintzi*, JR 1997, 78(79); *Zschockelt*, NStZ 1996, 449.

Ebenfalls der *5. Senat* hatte sich im selben Jahr (1996) noch mit der Besonderheit einer fehlgeschlagenen Absprache zu beschäftigen.[214] Dabei ging es nicht um das wohl häufigere Problem, daß sich ein Beteiligter nicht an die Absprache hält, sondern um einen „versteckten Dissens" im Rahmen einer Absprache.

> Der Vorsitzende der Strafkammer des Landgerichts als Tatgericht regte unter Anwesenheit der Verteidiger, der Angeklagten und des Vertreters der Staatsanwaltschaft eine Absprache an, indem er die Frage stellte, ob und unter welchen Voraussetzungen die Angeklagten, die bis dahin die Tatbegehung bestritten oder sich nicht zur Sache eingelassen hatten, ein Geständnis ablegen würden. Die Verteidiger und der Vorsitzende gingen nach dem Gespräch von einer Einigung aller Beteiligten dahingehend aus, daß im Falle eines Geständnisses eine Freiheitsstrafe von jeweils acht Jahren und zusätzlich eine Einstellung nach § 154 StPO für alle sonstigen Verfahren in Betracht käme. Die Staatsanwaltschaft sah die Absprache jedoch nur bezogen auf Einstellungen von Straftaten, die Gegenstand des Verfahrens waren. Nachdem dieser Dissens festgestellt worden war, sah die Strafkammer von einer Verwertung der Geständnisse ab, kam aber nicht dem Antrag der Verteidigung nach, das Verfahren nunmehr wegen eines Prozeßhindernisses[215] einzustellen. Dagegen wendete sich unter anderem die Revision der Verteidigung.

Der *5. Senat* verwarf die Revision. Er sah in dem Dissens kein auf dem Fairneßgrundsatz basierendes Prozeßhindernis.[216] Er hielt ein Beweisverwertungsverbot für ausreichend, um den status quo ante wiederherzustellen, und nahm daher auch keinen Verstoß gegen den Grundsatz des fairen Verfahrens an, wobei er diese Form der Absprachenpraxis wegen ihrer „offensichtlichen Anfälligkeit für Mißverständnisse nicht für unbedenklich" hält.[217] Das Scheitern einer Absprache als solche führt zwar nicht zu einem eigenständigen Strafmilde-

---

214 BGHSt 42, 191.

215 Die Verteidigung regte eine Einstellung gemäß § 260 Abs. 3 StPO an, da ihrer Ansicht nach eine gescheiterte Absprache, die ein Geständnis zum Gegenstand hat, ein Verstoß gegen den Grundsatz eines fairen Verfahrens darstelle und damit ein Prozeßhindernis vorliege. Vgl. Anmerkung von *Beulke/Satzger*, JuS 1997, 1072(1074), die ebenso wie der *BGH* und das LG *Berlin* kein Prozeßhindernis bei einer gescheiterten Absprache sehen. Konsequent wird angeführt, daß der Fairneßgrundsatz gerade nicht vor, sondern in einem Verfahren schützen soll. Daher kann ein Verstoß gegen selbigen kein Prozeßhindernis darstellen. Ein Beweisverwertungsverbot reiche für die Wiederherstellung des status quo ante aus, *Beulke/Satzger*, a.a.O., 1076.

216 BGHSt 42, 191(193).

217 BGHSt a.a.O.; ebenso seien die Schöffen nicht schon deswegen befangen, weil sie das Geständnis der Angeklagten gehört hätten, denn der Umstand, daß Laienrichtern Beweisergebnisse präsentiert werden, die sich in einem späteren Zeitpunkt der Verhandlung als unverwertbar darstellen, rechtfertigt kein Mißtrauen des Angeklagten gegen die Unparteilichkeit dieser Richter.

rungsgrund. Es besteht aber trotz des Verwertungsverbots des Geständnisses die Möglichkeit einer Strafmilderung wegen selbigen.[218]

Nur knapp zwei Monate vor der Grundsatzentscheidung des *4. Senats* erging ein Beschluß des *2. Senats* zur Wirksamkeit einer Absprache über einen Rechtsmittelverzicht.[219] Der *2. Senat* sah den Rechtsmittelverzicht losgelöst von der Absprache und stellte in seinem Beschluß heraus, daß ein Rechtsmittelverzicht nicht deshalb unwirksam sei, weil er Gegenstand einer außerhalb der Verhandlung getroffenen Absprache gewesen sei. Dies mag verwundern, wenn man sich den zugrunde liegenden Sachverhalt vergegenwärtigt.

Es handelte sich dabei um eine Absprache, die vorsah, daß eine Gesamtfreiheitsstrafe von nicht mehr als vier Jahren bei Abgabe eines Rechtsmittelverzichts verhängt werden würde. Das Gericht hat somit absprachegemäß Strafmaß und Rechtsmittelverzicht miteinander verknüpft.

Eine Verknüpfung von Rechtsmittelverzicht und Strafhöhe führte nach Ansicht des *2. Senats* jedoch nicht zur Unwirksamkeit des Rechtsmittelverzichts.[220] Ein Rechtsmittelverzicht könne vielmehr nur dann unwirksam sein, wenn „diejenigen Gründe, die – allgemein oder im Einzelfall – der Zulässigkeit einer solchen Absprache entgegenstehen, zugleich auch zur rechtlichen Mißbilligung des abgesprochenen Rechtsmittelverzichts führen würden".[221]

4. Zusammenfassung

Es kann zusammenfassend festgehalten werden, daß nach Auffassung der Rechtsprechung des *Bundesgerichtshofes* Absprachen nicht ausdrücklich für unzulässig erklärt wurden. Im Gegenteil, die überwiegende Ansicht geht von einer grundsätzlichen Zulässigkeit aus. Die Voraussetzungen für diese Zulässigkeit versucht der *Bundesgerichtshof* seit Ende der 80er Jahre anhand sehr unterschiedlich gelagerter Einzelfälle zu lösen. Dabei muß dem *Bundesgerichtshof* zu Gute gehalten werden, daß ihm eigentlich das „Handwerkszeug",

---

218 BGHSt, 42, 191(194f.); kritisch dazu *Beulke/Satzger*, JuS 1997, 1072(1078), die eine fehlgeschlagene Absprache zwar ebenso nicht als eigenständigen Strafmilderungsgrund auffassen, darüber hinaus aber bei einem prozeßtaktisch motivierten Geständnis – was sie in dem der Entscheidung zugrunde liegenden Fall bejahen, da die Angeklagten nach Feststellung des Dissens ihre Geständnisse nicht wiederholt haben (was bei Reue oder Schuldeinsicht naheliegend gewesen wäre) – entgegen der Ansicht des *5. Senats* keine Strafmilderung gewähren wollen, da durch das Verwertungsverbot bereits eine vollständige Korrektur des Fehlers, hier des Dissens, erreicht ist und es damit keine weiteren Korrektur im Rahmen der Strafmilderung bedürfe.

219 BGH Beschluß vom 20.06.1997 – 2 StR 275/97 = NStZ 1997, 611 = NJW 1997, 2691.

220 Vgl. zu dieser Problematik auch unten, S. 204ff.

221 BGH NJW 1997, 2691(2692).

nämlich ein Normprogramm, dafür fehlt.[222] Er war daher darauf angewiesen, die ihm vorgelegten Einzelfragen mit Hilfe der allgemeinen Grundsätze des Verfahrensrechtes zu lösen. Aber selbst diese Grundsätze konnten dabei nur eingeschränkt weiterhelfen, da die Absprachen zum Teil gerade auf dessen Entziehung angelegt waren, so beispielsweise beim Öffentlichkeitsgrundsatz. Hinzu kommt noch, daß der *Bundesgerichtshof* bis dato[223] ausschließlich mit „kranken" Absprachen zu tun hatte, also Absprachen, bei denen beispielsweise gar kein Konsens zu Stande kam oder jedenfalls nicht bis zum Ende des Verfahrens anhielt.

Es kam daher – wenn überhaupt – nur zu einer punktuellen Klärung der Frage der Zulässigkeit, und zwar in Bezug auf eine etwaige Befangenheit, beziehungsweise auf die Zusicherung eines bestimmten Strafmaßes, der fehlenden Bindungswirkung (lediglich Prognose), hinsichtlich der Vereinbarkeit mit den Grundsätzen eines fairen Verfahrens und dem Öffentlichkeitsgrundsatz. In diesem Zusammenhang mangelt es aber an einer einheitlichen Linie, da sich die Rechtsprechung zum Teil zwischen den verschiedenen Senaten unterscheidet.

Erst im Lichte dieser uneinheitlichen Linie wird deutlich, vor welch schwieriger Aufgabe der *4. Senat* bei seinem Versuch stand, eine rechtsstaatlich akzeptable Regelung für Absprachen zu entwerfen.[224] Ob ihm dies gelungen ist, und ob die Entscheidung nun das Fundament einer Verfahrensordnung für Absprachen im Strafverfahren ist, ja ob der *4. Senat* insoweit erfolgreich die eigentliche Aufgabe des Gesetzgebers in die Hand genommen hat, oder ob es der Versuch geblieben ist, das Unmögliche möglich zu machen, mithin die Quadratur des Kreises, gilt zu klären.[225]

B. Absprachenpraxis in der Literatur

Parallel zur Rechtsprechung des *Bundesgerichtshofes* entstand ein heftiger Streit in der Literatur über die Frage der Zulässigkeit sowie der Art und Weise der Durchführung von Absprachen im Strafverfahren.[226] Das Schrifttum ist da-

---

222 Vgl. *Weigend*, FG-Wiss.-50-Jahre BGH, S. 1011(1017).

223 Anders die spätere Grundsatzentscheidung des *4. Senat* in BGHSt 43, 195.

224 *Weigend*, FG-Wiss.-50-Jahre BGH, S. 1011(1028).

225 Dazu siehe Kapitel 4, S. 129ff.

226 Es seien aus der Literatur aus der Zeit vor der Grundsatzentscheidung beispielsweise nur genannt: *Beulke/Satzger*, JuS 1997, 1072ff.; *Braun*, Die Absprache im deutschen Strafverfahren; *Cramer*, Absprachen im Strafprozeß, in FS-Rebmann, S. 145ff.; *Deal*, StV 1982, 545ff.; *Dencker/Hamm*, Der Vergleich im Strafprozeß; *Gerlach*, Absprachen im Strafverfahren; *Janke*, Verständigung und Absprachen im Strafverfahren; *Kremer*, Absprachen zwischen Gericht und Verfahrensbeteiligten im Strafprozeß, *Kintzi*, JR 1990, 309ff.; *Niemöller*, StV 1990, 34ff.; *Rönnau*, Die Absprache im Strafprozeß; *Schünemann*, Gutachten zum 58. deutschen Juristentag; *ders.* in FS-Baumann, S. 361ff.; *Schmidt-Hieber*, Verstän-

her entsprechend umfangreich. Es soll an dieser Stelle eine Darstellung der Kritikpunkte bezüglich einer Absprache aus Sicht des Schrifttums gegeben werden. Bei einer Prüfung der Zulässigkeit von Absprachen besteht das nicht zu unterschätzende Problem, daß konkrete Aussagen nur bei differenzierter Betrachtung des jeweiligen Einzelfalles vorgenommen werden können. Während sich die Rechtsprechung bis dahin jeweils mit einem konkreten Problempunkt einer bestimmten Absprache befaßt hat, bestand in der Literatur überwiegend das Bestreben, sämtliche Problempunkte offenzulegen. Dabei besteht jedoch die Schwierigkeit, daß es *die* Absprache schlechthin nicht gibt. Aufgrund der Vielfältigkeit von möglichen Absprachekonstellationen wächst eine Untersuchung sämtlicher Problempunkte schnell „ins Uferlose". Hier sollen deshalb nicht Absprachen in jeder möglichen Konstellation auf ihre Vereinbarkeit mit den durch die Literatur geforderten Voraussetzungen untersucht werden; vielmehr soll versucht werden, eine Darstellung der grundlegenden Strömungen der Kritik an der Absprachenpraxis aufzuzeigen. Grundsätzlich ist dabei aber von der Absprachenform „Strafmilderung gegen Abgabe eines Geständnisses" auszugehen, wie sie im übrigen auch der Grundsatzentscheidung des *4. Senats* zu Grunde lag.[227] Im Rahmen der Darstellung wird es aber teilweise auch um andere Absprachekonstellationen gehen. In einem solchen Fall wird darauf hingewiesen.

Die Darstellung wird an Hand der einzelnen Verfahrensprinzipien vorgenommen, bei denen eine Verletzung durch eine Absprache diskutiert wird. Dabei kann zwischen Kritik bezüglich einer Verletzung von übergeordneten verfassungsrechtlichen Grundsätzen und solcher aufgrund von Verstößen gegen die Strafprozeßordnung differenziert werden.

I. Kritik aus verfassungsrechtlicher Sicht

1. Der Grundsatz des fairen Verfahrens

Zum Teil[228] wird in der Absprachenpraxis eine Verletzung des verfassungsrechtlich gewährten Grundsatzes des fairen Verfahrens[229] gesehen. Der Grundsatz des fairen Verfahrens wird durch das Rechtsstaatsprinzip des Art. 20 Abs. 3 GG in Verbindung mit dem allgemeinen Freiheitsrecht aus Art. 2 Abs. 1 GG gewährleistet,[230] und durch Art. 6 Abs. 1 S. 1 MRK konkretisiert.[231] Eine allge-

---

digung im Strafverfahren; *Siolek*, Verständigung in der Hauptverhandlung; *Schumann*, Handel mit der Gerechtigkeit, *Tscherwinka*, Absprachen im Strafprozeß; *Wolfslast*, NStZ 1990, 409ff.

227 Vgl. BGHSt, 43, 195 sowie Kapitel 4, S. 129ff.

228 So *Braun*, S. 75; *Janke*, S. 200; *Schünemann*, Gutachten, S. 115ff.

229 Die Begriffe „fair-trial-Grundsatz" sowie „Fairneßgrundsatz" und „faires Verfahren" sind synonym zu verstehen.

230 BVerfGE 63, 380(390); 66, 313(318); *Meyer-Goßner*, Einl., Rn. 19; *Roxin*, Strafverfahrensrecht, § 11 Rn. 9f.

mein gültige Definition des fairen Verfahrens ist schwierig.[232] Im wesentlichen ist der Grundsatz des fairen Verfahrens im Strafprozeß durch einzelne Fallgruppen zu einem Gefüge gereift. Bei der Absprachendiskussion kommt ihm ein besonderer Stellenwert zu.

Er wird als allgemeiner, übergeordneter Verfahrensgrundsatz verstanden,[233] so daß etwaige Verstöße gegen Normen der Strafprozeßordnung gleichzeitig ein Verstoß gegen den Grundsatz des fairen Verfahrens darstellen können.

Im Rahmen einer Absprache wird die Verletzung des Fairneßgrundsatzes dann angenommen, wenn das Gericht den Angeklagten bei den Abspracheverhandlungen durch das Inaussicht-Stellen einer Strafmilderung zu einem Geständnis „überredet".[234] Darunter soll beispielsweise eine Absprache fallen, bei der das Gericht vage die Möglichkeit einer Strafmilderung bei Abgabe eines Geständnisses durch den Angeklagten in Aussicht stellt.[235] Es könne dann aufgrund einer etwaig fehlenden Möglichkeit der Rücknahme des abgelegten Geständnisses nicht mehr von einer dem Fairneßgrundsatz immanenten „Waffengleichheit"[236] gesprochen werden, da das Gericht einseitig begünstigt ist, und es an jeglicher Ausbalancierung der Prozeßsituation fehle.[237]

Ebenso soll bei einer Absprache die Möglichkeit bestehen, daß durch Nichteinhaltung derselben gegen den Fairneßgrundsatz verstoßen wird. In diesem Zusammenhang spielt auch eine Rolle, in wieweit eine Absprache verbindlich ist.

Über den Fairneßgrundsatz wird teilweise eine (beschränkt) verbindliche Wirkung[238] von Absprachen konstruiert.[239] Die Absprache schaffe ein Vertrauens-

---

[231] EMRK-*Miehlsen/Vogler*, Art. 6, Rn. 341ff.; Frowein/*Peukert*, Art. 6, Rn. 71ff. Die rechtliche Einordnung der MRK ist nicht unumstritten. So wird sie teilweise als dem Grundgesetz übergeordnet beziehungsweise gleichgeordnet verstanden, vgl. zu der Problematik *Geppert*, Jura 1992, 597(598). Die überwiegende Ansicht sieht darin jedoch ein Gesetz im Rang eines einfachen Bundesgesetztes, so beispielsweise BVerfGE 10, 271(274); BGHSt 21,81(84); *Meyer-Goßner*, MRK vor Art. 1, Rn. 3, Maunz/Dürig-*Dürig*, Art. 1 Abs. II, Rn. 58. Unumstritten bekräftigt Art 6 Abs. 1 S. 1 MRK den Grundsatz des fairen Verfahrens. In seiner Verletzung liegt daher auch ein Verfassungsverstoß, so daß die Rechtsnatur von Art 6 Abs. 1 S. 1 MRK hier nicht geklärt zu werden braucht.

[232] Vgl. aber *Bottke*, GS-Zipf, S. 451(463).

[233] *Meyer-Goßner*, Einl., Rn. 19; *Roxin*, Strafverfahrensrecht, § 11, Rn. 9f.

[234] Vgl. *Schünemann*, Gutachten, S. 115, der darauf hinweist, daß darin auch ein Verstoß gegen § 136a StPO läge.

[235] So *Braun*, S. 75; *Janke*, S. 200.

[236] Waffengleichheit kann aufgrund der Verfahrensstruktur der Strafprozeßordnung keine Gleichheit der Rechte bedeuten, sondern ist als Ausbalancierung von den Rechten der Prozeßsubjekte unter Berücksichtigung der Verschiedenartigkeit der Prozeßrollen zu verstehen, vgl. *Meyer-Goßner*, Einl., Rn. 88; *Roxin*, Strafverfahrensrecht, § 11, Rn. 13.

[237] Vgl. auch *Siolek*, Verständigung, S. 140f., unter dem zutreffenden Hinweis, daß diese Aussage noch im Rahmen einer Verbindlichkeitsprüfung von Absprachen geklärt werden muß.

[238] Sogenannte Bindungswirkung. Diese wird insbesondere in Bezug auf den Unmittelbar-

tatbestand, von dem das Gericht nicht ohne Grund und Mitteilung an den Angeklagten abweichen dürfe.[240] Weicht das Gericht dennoch ab, so könne ein Verstoß gegen den Fairneßgrundsatz vorliegen.

2. Gerichtliche Fürsorgepflicht

Weiter wird die Möglichkeit einer Verletzung der für das Gericht gegenüber dem Angeklagten bestehenden prozessualen Fürsorgepflicht[241] vertreten. Über das Bestehen einer Fürsorgepflicht des Gerichts bezüglich des Angeklagten besteht keine Einigkeit.[242] Gesetzlich sind an einzelnen Stellen der Strafprozeßordnung Fürsorgepflichten gegenüber dem Angeklagten normiert,[243] eine Generalklausel besteht hingegen nicht.[244] Teilweise wird eine allgemeine Fürsorgepflicht des Gerichts neben den gesetzlich normierten Fällen abgelehnt.[245] Bei den Befürworten[246] einer übergeordneten Fürsorgepflicht besteht keine Einigkeit über deren Herleitung. Möglichkeiten der Herleitung werden in dem Grundsatz des fairen Verfahrens[247] beziehungsweise Art. 6 Abs. 1 MRK[248], dem Rechtsstaatsprinzip[249], dem Grundsatz des Vertrauensschutzes, dem Recht auf Verteidigung und der allgemeinen Rechtspflicht das Verfahren justizförmig, pfleglich und zweckvoll zu gestalten, gesehen.[250] Ein Verstoß gegen die Fürsorgepflicht wird dann angenommen, wenn das Gericht den Angeklagten nicht über die möglichen Gefahren von Abspracheverhandlungen, insbesondere die des Scheiterns, aufklärt; das Gericht käme dann seiner – aus der Fürsorgepflicht resultierenden – Hinweispflicht nicht nach.[251] Weiter wird ein Verstoß der Fürsorgepflicht bei sogenannten Überraschungsentscheidungen angenommen.[252] Diese zeichnen sich dadurch aus, daß beispielsweise dem Hinweis des Gerichts, im Falle eines Geständnisses lediglich eine zur Bewährung auszusetzende Frei-

---

keitsgrundsatz problematisch. Vgl. dazu unten S. 74ff.

239 Vgl. *Rönnau*, Absprache, S. 209; *Jähnke*, Triberg-Symposium, S. 151.

240 *Rönnau*, Absprache, S. 209.

241 Kritisch zu dem Begriff der Fürsorgepflicht *Maiwald*, FS-Lange, S. 745(764), aufgrund der Stellung des Angeklagten als Prozeß*subjekt* sei auch hierfür der Begriff des „fair trial“ vorzugswürdig.

242 Vgl. *Hübner*, S 3ff.; *Plötz*, S. 31ff.

243 Vgl. beispielsweise §§ 35a, 265 Abs. 1 StPO.

244 *Maiwald*, FS-Lange, S. 745(746f.).

245 Vgl. die Darstellung bei *Hübner*, S. 10ff.

246 Beispielsweise *Hübner*, S. 252; *Meyer-Goßner*, Einl., Rn. 156; *Plötz*, S. 25, 200, 335; *Siolek*, Verständigung, S. 141ff.

247 Vgl. *Braun*, S. 73; *Siolek*, Verständigung, S. 141.

248 Vgl. *Hübner*, S. 247ff.

249 Vgl. KK-*Pfeiffer*, Einl., Rn. 32.

250 So *Meyer-Goßner*, Einl., Rn. 156.

251 So wohl *Siolek*, Verständigung, S. 143.

252 *Siolek*, Verständigung, S. 146f.

heitsstrafe verhängen zu wollen, nicht entsprochen wird. Die Fürsorgepflicht soll weiter auch Willensmängeln bei Prozeßhandlungen entgegenwirken.[253] Dazu werden die Möglichkeiten gezählt, daß der Angeklagte sich eine falsche Vorstellung vom Umfang seines Schuldeingeständnisses macht oder ein Irrtum des Angeklagten über den Umfang der durch die Absprache erledigten Verfahren vorliegt.[254]

3. Der Gleichheitsgrundsatz

In der Literatur wird auch die Möglichkeit der Verletzung des Gleichheitsgrundsatzes diskutiert und zum Teil bejaht.[255] Der Gleichheitsgrundsatz des Art. 3 Abs. 1 GG gewährleistet, daß wesentlich Gleiches rechtlich gleich zu behandeln ist und wesentlich Ungleiches rechtlich nicht gleich zu behandeln ist, sofern kein sachlicher Grund vorliegt.[256] In Bezug auf Absprachen wird eine Verletzung des Gleichheitssatzes in seiner Ausprägung als Rechtsanwendungsgleichheit[257] erörtert.[258] Die Rechtsanwendungsgleichheit verwehrt nach verfassungsgerichtlicher Ansicht den Gerichten, bestehendes Recht zu Gunsten oder zu Lasten einzelner Personen nicht anzuwenden.[259] Ein Verstoß könnte zum einen darin liegen, daß gleiches strafbares Verhalten nicht gleich behandelt wird. Berücksichtigt man die im Rahmen der Rechtswirklichkeit dargestellte These, daß Absprachen häufig bei Wirtschafts-, BtM- und Umweltkriminalität in Erscheinung treten, bei Gewaltkriminalität hingegen nur in geringerem Umfang, so ist es nur die Weiterentwicklung dieser These, wenn gegen Absprachen angeführt wird, daß Angeklagte im Rahmen einer Absprache zum Teil in gesellschaftlich höheren Schichten angesiedelt seien als Angeklagte, bei denen es nicht zu Absprachen komme,[260] und es daher auch zu einer Bevorteilung von „Wohlstandskriminellen" und somit zum Verstoß gegen Art. 3 Abs. 1 GG komme.[261]

Zum anderen könnten gleich gelagerte Fälle nicht gleich behandelt werden, da keine Kooperationsbereitschaft der beteiligten Justizorgane besteht.[262] In Extremfällen könnte der gleichgelagerte Fall vor demselben Gericht das eine Mal durch eine Absprache erledigt, das andere Mal aufgrund einer anderen Zusam-

---

[253] SK-*Rogall*, Vor § 133, Rn. 116; *Siolek*, Verständigung, S. 147f.

[254] Vgl. *Siolek*, Verständigung, S. 147.

[255] AK-*Schöch*, Vorbem. § 151, Rn. 17; *Küpper/Bode*, Jura 1999, 351(357); *Günter*, DRiZ 1989, 151f.

[256] Vgl. *Schmidt-Bleibtreu/Klein*, Art. 3, Rn. 13ff.; *Pieroth/Schlink*, Grundrechte, Rn. 428ff.

[257] Vgl. BVerfGE 66, 331.

[258] Vgl. *Janke*, S. 139.

[259] BVerfGE 66, 331(335f.).

[260] So beispielsweise *Lüdemann/Bußmann*, KrimJ 1989, 54(55).

[261] *Eser*, ZStW 104(1992), 361(373).

[262] AK-*Schöch* Vorbem. § 151, Rn. 17.

mensetzung von Richter(n), Staatsanwalt und Verteidiger streitig verhandelt werden. In beiden Fällen stellt sich das Problem, inwieweit die Ungleichbehandlung auf Willkür zurückzuführen ist, was jedoch an dieser Stelle nicht näher vertieft werden soll, von der Literatur jedoch zumindest als Kritikpunkt genannt wird.[263] Ein weiteres Problem in diesem Zusammenhang liegt in der Frage, ob der Angeklagte einen „Anspruch" auf Abschluß einer Absprache hat.

4. Der Richtervorbehalt

Ebenso wird ein Verstoß gegen den Richtervorbehalt diskutiert.[264] Gemäß Art. 92 Abs. 1 GG ist die Ausübung staatlicher Strafgewalt ausnahmslos von Richtern vorzunehmen.[265] Ein Verstoß wird angenommen, wenn das Urteil nicht mehr allein das Ergebnis richterlicher Rechtsprechung ist, sondern vielmehr das eines Verhandelns mit Vetorecht von Staatsanwaltschaft und Verteidigung.[266] Das Urteil beruhe dann nicht mehr auf der gesetzlich vorgesehenen richterlichen Kognition und Überzeugungsbildung.[267] Als maßgebliches Abgrenzungskriterium wird die Einflußnahme von anderen Beteiligten neben den Richtern auf die Urteilsfindung gesehen.[268] Vereinfacht wiedergegeben wird mit zunehmendem Einfluß auf das Urteil und mit zunehmender Verbindlichkeit der Absprache auch ein Verstoß gegen Art. 92 Abs. 1 GG angenommen.[269]

5. Garantie des gesetzlichen Richters

Auch wird die Frage diskutiert, ob eine Absprache gegen die Garantie des gesetzlichen Richters verstößt.[270] Nach Art. 101 Abs. 1 S. 2 GG, § 16 S. 2 GVG darf niemand seinem gesetzlichen Richter entzogen werden. Die Vorschrift des Art. 101 Abs. 1 S. 2 GG hat grundrechtsähnlichen Charakter[271] und wird als Ausprägung des Gleichheitssatzes aus Art. 3 Abs. 1 GG gesehen.[272] Sie ist verletzt, wenn eine objektiv willkürliche Richterentziehung, also eine Maßnahme, die auf unsachlichen, sich von den gesetzlichen Maßstäben völlig entfernenden Erwägungen beruht, und unter keinem Gesichtspunkt mehr vertretbar er-

---

263 Vgl. AK-*Schöch*, Vorbem. § 151, Rn. 17; *Eser*, ZStW 104(1992), 361(373); *Günter*, DRiZ 1989, 150(151); *Hassemer*, JuS 1989, 890(892); *Küpper/Bode*, Jura 1999, 351(357).

264 Vgl. KK-*Pfeiffer*, Einl., Rn. 29c; *Dencker*/Hamm, Vergleich, S. 52; *Rönnau*, Absprache, S. 204; *Siolek*, DRiZ 1989, 321(326).

265 Zumindest seit BVerfGE 22, 49(73ff.) wird Art. 92 Abs. 1 GG als Richtervorbehalt verstanden, vgl. auch Maunz/Dürig-*Herzog*, Art. 92 Rn. 47.

266 So *Callies*, NJW 1989, 1338(1341); *Dencker*/Hamm, Vergleich, S. 52f.; *Siolek*, DRiZ 1989, 321(326).

267 KK-*Pfeiffer*, Einl., Rn. 29c; *Ranft*, Strafprozeßrecht, Rn. 1242.

268 *Rönnau*, Absprache, S. 204.

269 Zur Verbindlichkeit siehe auch S. 74ff.

270 Vgl. AK-*Schöch*, Vorbem. § 151, Rn. 17; *Küpper/Bode*, Jura 1999, 351(358).

271 Art. 93 Abs. 1 Nr. 4a GG, §§ 90ff. BVerfGG.

272 Vgl. Maunz/Dürig-*Maunz*, Art. 101, Rn. 14.

scheint.[273] Dies wird teilweise dann angenommen, wenn im Rahmen einer Absprache nicht alle Richter eines Spruchkörpers beteiligt sind, sondern beispielsweise nur der vorsitzende Richter allein mit den Absprachebeteiligten verhandelt.[274] In der Absprachendiskussion spielt eine etwaige Verletzung der Garantie des gesetzlichen Richters aber eher eine untergeordnete Rolle.

6. Die Unschuldsvermutung

Einen großen Stellenwert nimmt die Verletzung der Unschuldsvermutung durch Absprachen in der Literatur ein. Die Unschuldsvermutung ist in ihren Einzelheiten umstritten.[275] Nach überwiegender Ansicht wird sie aus dem Rechtsstaatsprinzip des Art. 20 Abs. 3 GG[276] und Art. 6 Abs. 2 MRK hergeleitet.[277] Nach ihr ist eine Person als unschuldig zu behandeln, bis ihr in einem gesetzlich geregelten Verfahren ihre Schuld nachgewiesen ist. Eine Verletzung des Grundsatzes der Unschuldsvermutung wird in mehrfacher Hinsicht vertreten.[278]

Zum einen wird schon in der Ausgangssituation einer Absprache ein Verstoß gegen die Unschuldsvermutung gesehen.[279] Das Gericht bringe bei einer Initiierung einer Absprache, die auf ein Geständnis im Austausch gegen eine Strafmilderung gerichtet sei – da nur für einen Schuldigen eine solche Absprache einen Sinn mache – zum Ausdruck, daß es den Angeklagten auch für schuldig halte. Der Richter macht sich nicht im Rahmen der entwickelnden Beweissituation ein Bild von der Schuld des Angeklagten, sondern setze die Schuld als Ausgangspunkt für die Absprache voraus.[280] In der Aufnahme der Abspracheverhandlungen seitens des Gerichts wird also eine Quasischuldunterstellung gesehen. *Dencker*[281] verlangt daher bei Absprachen eine Umkehr des Grundsatzes der Unschuldsvermutung in einen der Schuldvermutung.

---

[273] Vgl. BVerfGE 19, 38 (43); 87, 282; KK-*Pfeiffer*, Einl., Rn. 25; KMR-*Sax*, Einl. III, Rn. 2; Maunz/Dürig-*Maunz*, Art. 101, Rn. 14.

[274] So *Küpper/Bode*, Jura 1999, 351(358) mit weiteren Nachweisen.

[275] Vgl. beispielsweise *Roxin*, Strafverfahrensrecht, § 11 Rn. 4 mit weiteren Nachweisen.

[276] BVerfGE 19, 342(347); 22, 254(265).

[277] Vgl. *Meyer-Goßner*, A 4 MRK, Rn. 12; *Kühl*, Unschuldsvermutung, S. 9ff.; EMRK-*Miehlsen/Vogler*, Art. 6, Rn. 383, 397f.; Frowein/*Peukert*, Art. 6, Rn. 156.

[278] Nicht dargestellt wird die Diskussion zur Unschuldsvermutung und verfahrensbeendenden Maßnahmen gemäß § 153a StPO, da diese nicht Gegenstand dieser Untersuchung sind.

[279] *Braun*, S. 60, 62; *Hassemer*, JuS 1989, 890(892); *Kremer*, S. 142; *Nestler-Tremel*, DRiZ 1988, (288) 294; *Rönnau*, Absprache, S. 176; *Schünemann*, Gutachten, S. 96ff., differenziert jedoch nach der jeweiligen „Schuldspruchreife"; *Weigend*, JZ 1990, 774(777); a. A. *Tscherwinka*, S. 107.

[280] *Braun*, S. 60, 62; *Rönnau*, Absprache, S. 176.

[281] In *Dencker*/Hamm, Vergleich, S. 53.

Zum anderen wird eine Verletzung der Unschuldsvermutung gesehen, wenn aufgrund der Absprache in der Hauptverhandlung keine ausreichende Sachaufklärung verfolgt wird.[282] Bei einer daraus resultierenden verkürzten Beweisaufnahme werde dem „in dubio pro reo Grundsatz" der Boden entzogen.
Der Grundsatz „in dubio pro reo" wird aus der Unschuldsvermutung hergeleitet[283] und besagt, daß beim Gericht bestehende Zweifel über die Schuld des Angeklagten stets zu dessen Gunsten bewertet werden müßten. Diese kämen gegebenenfalls erst nach abgeschlossener Sachaufklärung zum Zuge, um ein eindeutiges Ergebnis zu erlangen.[284] Bei einer Absprache, die zugunsten einer Verfahrenserledigung Zweifel an der Tat- und/oder Schuldfrage unberücksichtigt läßt, würde der Angeklagte auf einer teilweisen Vermutung für seine Schuld verurteilt werden. Es würde also gar nicht erst zur Anwendung des „in dubio pro reo Grundsatzes" kommen.

In der Konsequenz daraus wird bei der Beurteilung eines Verstoßes gegen die Unschuldsvermutung zum Teil auf den Zeitpunkt der Absprache abgestellt.[285] Abspracheverhandlungen zu einem frühen Zeitpunkt, also etwa bis zur Einlassung zur Sache des Angeklagten, könnten nur an den bestehenden Tatverdacht anknüpfen und seien von einer objektiven Verdachtsklärung weit entfernt. Bei Abspracheverhandlungen zu einem späteren Zeitpunkt, wenn also etwa im Laufe der Beweisaufnahme der sich zunächst nicht zur Sache äußernde Angeklagte seine Einstellung ändert und die bisherigen Beweisergebnisse bestätigt und dadurch weitere Beweiserhebungen überflüssig werden, stelle sich das Problem einer unzulässigen Einwirkung auf die Unschuldsvermutung nicht.[286]

7. Anspruch auf rechtliches Gehör

Teile in der Literatur sehen in einer Absprache die Möglichkeit eines Verstoßes gegen den verfassungsrechtlich gewährten Anspruch auf rechtliches Gehör.[287] Art. 103 Abs. 1 GG gewährleistet, daß der Beschuldigte im Strafverfahren Gelegenheit erhält, sich zu dem einer Entscheidung zugrunde liegenden Sachverhalt grundsätzlich vor deren Erlaß zu äußern und damit das Gericht in seiner Willensbildung zu beeinflussen.[288] Der Beschuldigte muß zu allen Tatsachen und Beweisergebnissen der gerichtlichen Entscheidung Stellung nehmen können.[289]

---

[282] *Siolek*, Verständigung, S. 122.
[283] *Roxin*, Strafverfahrensrecht, § 11, Rn. 3.
[284] *Rönnau*, Absprache, S. 176.
[285] Vgl. *Siolek*, Verständigung. S. 125ff.
[286] *Siolek*, Verständigung, S. 127.
[287] So beispielsweise *Rönnau*, Absprache, S. 200f.
[288] BVerfGE 63, 45(59).
[289] Ständige Rechtsprechung des *Bundesverfassungsgerichts*, vgl. beispielsweise BVerfGE

Nach einer Ansicht wird dem Beschuldigten genau diese Möglichkeit genommen, da ihm in vielen Fällen einer Absprache nur die Möglichkeit einer Bestätigung des ihm vom Verteidiger präsentierten Absprachеergebnisses bleibt.[290] Der Beschuldigte kann daher häufig aufgrund seiner fehlenden Anwesenheit bei einer Absprache schon nicht „gehört" werden.
Diskutiert wird aber auch ob sich aus Art 103 Abs. 1 GG ein Anspruch auf ein Rechtsgespräch ergeben kann.[291] Dies könnte insofern von Bedeutung sein, als sich daraus ein Anspruch auf Abspracheverhandlungen ergeben könnte und eine ablehnende Haltung des Gerichts somit einen Verfassungsverstoß darstellen würde. Art 103 Abs. 1 GG verpflichtet das Gericht jedoch nicht ein Rechtsgespräch zu führen[292], und damit auch nicht in Abspracheverhandlungen zu treten.

8. Nemo tenetur accusare(prodere) seipsum[293]

In der Absprachenpraxis wird auch eine Verletzung des sogenannten Nemo-tenetur-Grundsatzes gesehen.[294] Dabei wird § 136a StPO[295] im Verhältnis zum Nemo-tenetur-Grundsatz als lex spezialis[296] oder als zusätzliche Sicherung[297] gesehen.
Der Nemo-tenetur-Grundsatz besagt, daß sich niemand selbst beschuldigen muß. Der Angeklagte ist daher nicht verpflichtet, an seiner Verurteilung mitzuwirken.[298] Diese Aussagefreiheit gehört zu den anerkannten rechtsstaatlichen Prinzipien des Strafverfahrens und ist Ausdruck der Achtung der Menschwürde aus Art. 2 in Verbindung mit Art. 1 Abs. 1 GG sowie des Rechtsstaatsprinzip aus Art. 20 Abs. 3 GG.[299] Sie schützt das Persönlichkeitsrecht des Beschuldig-

---

290 *Rönnau*, S. 200; *Schünemann*, NJW 1989, 1895(1901), stellt dar, daß beispielsweise die Hälfte der Verteidiger alleine über die Aufnahme von Abspracheverhandlungen entscheiden. Nur 40% der Verteidiger sollen ihre Mandanten im vollen Umfang über das Ergebnis der Absprache unterrichten. 9% sollen ihren Mandaten gar keine Auskunft über die Absprache gegen.

291 Vgl. dazu Maunz/Dürig-*Schmid-Aßmann* Art. 103 Abs. 1, Rn. 78; auch schon *Dahs*, Rechtliches Gehör, S. 23ff.

292 BVerfGE 31, 364(370); 54, 110(117); BK-*Rüping*, Art 103 Abs. I, Rn. 45; *Frohn*, GA 1984, 554(556); Maunz/Dürig-*Schmidt-Aßmann*, Art. 103 Abs. 1, Rn. 78.

293 Zur geschichtlichen Tradition von „nemo tenetur prodere seipsum" vgl. *Rogall*, Beschuldigter als Beweismittel, S. 67ff.

294 *Dencker*/Hamm, Vergleich, S. 54; *Hassemer*, JuS 1989, 890(892); KK-*Pfeiffer*, Einl., Rn. 29d.

295 Vgl. dazu unten S. 78ff.

296 *Schünemann*, Gutachten, S. 98.

297 *Rönnau*, Absprache, S. 181.

298 KK-*Pfeiffer*, Einl., Rn. 89.

299 Vgl. BVerfGE 38, 105(113); 56, 37(43); BGHSt 1, 39(40); 14, 358(364); *Beulke*, Strafprozeßrecht, Rn. 125; *Rogall*, Beschuldigter als Beweismittel, S. 104, 129ff.; differenzierend *Böse*, GA 2002, 98(99ff., 108ff.). Für das innerstaatliche Recht ergibt sich das Verbot des Selbstbelastungszwangs aus Art. 14 Abs. 3 IPBR, vgl. SK-*Rogall*, Vor § 133, Rn. 131.

ten und ist notwendiger Bestandteil eines fairen Verfahrens.[300] Eine Verletzung des Nemo-tenetur-Grundsatzes wird in einem Inaussicht-Stellen einer Strafmilderung bei Abgabe eines Geständnisses gesehen. Denn darin liege eine unzulässige Androhung einer ungemilderten Strafe für die Ausübung eines Schweigerechts.[301]
Dies wird aber teilweise nur dann angenommen, wenn der auf den Angeklagten ausgeübte Druck so groß ist, daß er seine Lage für aussichtslos hält und ihm eine andere Lösung als das Eingehen einer Absprache nicht mehr möglich erscheint.[302] Ein anderer Extremfall sei die Unschuld des Angeklagten.[303] Dann sei er nämlich bezogen auf eine Absprache verhandlungsunfähig, da das Ergebnis in diesem Fall nur Freispruch sein könne. Bei Absprachen in eine andere Richtung als die des Freispruchs würde der Angeklagte sich selbst anklagen.

9. Zwischenergebnis

An dieser Stelle kann schon festgehalten werden, daß sich ganz unterschiedliche Problempunkte bei strafprozessualen Absprachen aus verfassungsrechtlicher Sicht zeigen. Zum Teil werden Verstöße nur bei einigen extremen Absprachekonstellationen in Betracht kommen. Dies gilt aber nicht für den fair-trial-Grundsatz, die Unschuldsvermutung und den Nemo-tenetur-Grundsatz. Hierbei zeigen sich schon im Rahmen dieser ersten Darstellung grundlegende Probleme. Um so mehr wird deutlich, vor welchem Problem der *4. Senat* stand, eine „allgemeine Verfahrensordnung für Absprachen“ aufzustellen.

II. Kritik aus Sicht der Strafprozeßordnung

Die Kritik der Literatur bezüglich der Absprachenpraxis aus Sicht der Strafprozeßordnung bezieht sich im Wesentlichen auf Verstöße gegen die Verfahrensgrundsätze der Strafprozeßordnung und § 136a StPO.

1. Das Legalitätsprinzip

Einer der Schwerpunkte stellt dabei die Vereinbarkeit mit dem Legalitätsprinzip dar. Das Legalitätsprinzip wird allgemein unmittelbar aus § 152 Abs. 2 StPO hergeleitet.[304] Es verpflichtet die Staatsanwaltschaft[305] wegen aller verfolgbaren

---

300 Vgl. BGHSt 38, 214(220); insoweit auch durch Art. 6 Abs. 1 S. 1 MRK geschützt, vgl. SK-*Rogall*, vor § 133,Rn. 131.

301 Vgl. *Rönnau*, Absprache, S. 198; *Schünemann*, Gutachten, S. 99, 148, der jedoch darin eine Verletzung des § 136a Abs. 1 S. 3 StPO sieht und damit auch weder Raum noch Bedürfnis für die Anwendung des Nemo-tenetur-Grundsatzes sieht.

302 *Janke*, S. 161.

303 *Hassemer*, JuS 1989, 890(892).

304 Vgl. LR-*Rieß*, Einl. H, Rn. 23.

305 Ob das Legalitätsprinzip auch das Gericht verpflichtet, ist im Wesentlichen eine termino-

Straftaten einzuschreiten, sofern zureichende tatsächliche Anhaltspunkte vorliegen.[306] Das Legalitätsprinzip gebietet also einen Verfolgungszwang gegen jeden ohne Ansehen seiner Person.[307] Insoweit stellt es auch eine Konkretisierung des Willkürverbots aus Art. 3 Abs. 1 GG dar.[308] Neben der Absprache im Einzelfall hängt die Beurteilung einer Verletzung des Legalitätsprinzips sehr eng mit dessen Verständnis zusammen.[309]

Ein Verstoß wird angenommen, wenn ein Verbrechen im Rahmen einer Absprache in ein Vergehen „umdefiniert" wird.[310] Kommt es beispielsweise während der Hauptverhandlung im Rahmen von Rechtsgesprächen zu einer Einigung in der Form, daß anstelle eines versuchten Totschlags (§§ 212, 12 Abs. 1, 22, 23 Abs. 1 StGB) lediglich eine gefährliche Körperverletzung (§§ 223, 224 StGB) anzunehmen sei, und somit die Möglichkeit einer Einstellung des Verfahrens gemäß § 153a Abs. 2 StPO vorgenommen werden könne, liege die Intention der Absprache auf der Umgehung des staatlichen Strafanspruchs und verstoße damit gegen das Legalitätsprinzip.

Zum Teil wird eine Verletzung des Legalitätsprinzips darüber hinaus auch in anderen Fällen angenommen.[311] Ein Verstoß wird darin gesehen, daß eine Absprache gerade seine eigentliche Basis nicht im Gesetz finde, sondern auf einem Konsens beruhe.[312] Nicht die Verbote und Gebote des materiellen Strafrechts, sondern die Chancen, den Beschuldigten zu einem Vergleich zu bringen, steu-

---

logische Frage, vgl. LR-*Rieß*, § 153, Rn. 16 mit weiteren Nachweisen.

306 Ein Problem könnte sich aus der teilweise umstrittenen zeitlichen Geltung des Legalitätsprinzips ergeben. Es wird zum einen die Ansicht vertreten, das Legalitätsprinzip gelte ausschließlich im Ermittlungsverfahren, so beispielsweise *Meyer-Goßner*, § 152, Rn. 2; KK-*Schoreit*, § 152, Rn. 6., andere sehen aber auch die Hauptverhandlung vom Legalitätsprinzip erfaßt, so beispielsweise *Geppert*, GA 1979, 281(300); *Gössel*, FS-Dünnebier, S. 121(130). Wie erläutert sollen Absprachen untersucht werden, die in der Hauptverhandlung vorgenommen werden, so daß es einer Klärung der Frage bedarf. Betrachtet man den Sinn und Zweck des Legalitätsprinzips, die Verwirklichung des materiellen Strafrechts, so wird deutlich, daß die Staatsanwaltschaft auch im gerichtlichen Verfahren verpflichtet ist, diesen Zweck (weiter) zu verfolgen, so bereits *Kleinknecht*, FS-Bruns, S. 475(476). Das Legalitätsprinzip muß daher auch in der Hauptverhandlung gelten.

307 Vgl. *Meyer-Goßner*, § 152, Rn. 2.

308 Vgl. KK-*Pfeiffer*, Einl., Rn. 5.

309 So weist unter anderem *Kintzi*, JR 1990, 309(314) darauf hin, daß unter der Herrschaft der absoluten Straftheorien und des tatbezogenen Vergeltungsstrafrechts Einschränkungen eines Verfolgungszwangs systemfremd gewesen seien. Die Begründung des Legalitätsprinzips habe (aber) im gesellschaftlichen und sozialen Wandel zu einer Neulegitimierung geführt.

310 *Küpper/Bode*, Jura 1999, 351(360); *Kremer*, S. 108; *Weigend* JZ 1990, 774(777); *Schünemann*, Gutachten, S. 93; ähnlich auch *Siolek*, Verständigung, S. 111.

311 AK-*Schöch*, Vorbem. § 151, Rn. 17; *Dencker*/Hamm, Vergleich, S. 52; KK-*Schoreit*, § 152, Rn. 13a.

312 So *Dencker*/Hamm, Vergleich, S. 52.

ern das Verfahren und seinen Ausgang.[313] Zugeständnisse des Gerichts oder der Staatsanwaltschaft seien in gesetzlich nicht vorgesehener Weise durch die „Gegenleistung“ des Angeklagten motiviert.[314] Dadurch werde der Verfolgungs- und Anklagezwang praktisch ausgehebelt.[315] Eine verbreitete Ansicht im Schrifttum[316] sieht neben den Fällen der „Herabstufung“ bei Absprachen jedoch nicht zwingend einen Widerspruch zum Legalitätsprinzip.
Es wird damit argumentiert, daß dem Legalitätsprinzip grundlegende Einschränkungen widerfahren, insbesondere durch das Opportunitätsprinzip; letzteres bildet den Gegensatz zum Legalitätsprinzip.[317] Danach wird die Verfolgung durch die Staatsanwaltschaft aufgrund eines Gesetzes in ihr pflichtgemäßes Ermessen gestellt.[318] Soweit Absprachen dem konkreten Strafbedürfnis gerecht werden, entsprächen sie dem Opportunitätsprinzip – sie sind quasi ein Teil dessen – und es läge schon von daher keine unzulässige Einschränkung des Legalitätsprinzips in ihnen.[319] Das sei jedoch dann nicht mehr der Fall, wenn trotz vorhandener Aufklärungsmöglichkeiten von einer Strafverfolgung abgesehen werde und ein Absehen nicht im Rahmen der §§ 153ff. StPO geschehen sei.[320]
Dagegen wird weiter für eine grundsätzliche Vereinbarkeit von Absprachen mit dem Legalitätsprinzip angeführt, daß das Legalitätsprinzip noch in weiteren Grundsätzen, neben dem Opportunitätsprinzip, Einschränkung finde.[321] Beispielsweise müsse das Legalitätsprinzip auch im Zusammenhang mit dem Gebot der Funktionstüchtigkeit der Strafrechtspflege[322] gesehen werden, und deshalb seien Absprachen – soweit sie dem für die Funktionstüchtigkeit festgesetzten Rahmen entsprechen – eine zulässige Einschränkung des Legalitätsprinzips.[323] Ebenso gelte dieses auch für Verfahrenshindernisse. Soweit Absprachen eine Beschleunigung des Verfahrens herbeiführten, dienten sie daher sogar dem Legalitätsprinzip, welches bei überlanger Verfahrensdauer wegen eines Verfahrenshindernisses völlig leerlaufen könne.[324]
Letzten Endes kommt es im Ergebnis immer darauf ankommen, welches Verständnis dem Legalitätsprinzip zu Grunde gelegt worden ist. Je formaler dieses ist, desto eher wird eine Verletzung durch eine Absprache gesehen.

---

313 *Hassemer*, JuS 1989, 890(892).
314 So *Ranft*, Strafverfahrensrecht, Rn. 1237.
315 Vgl. *Dencker*/Hamm, Vergleich, S. 52.
316 *Braun*, S. 43; *Kremer*, S. 109; *Schünemann*, Gutachten, S. 90f.
317 *Beulke*, Strafprozeßrecht, Rn. 17; *Meyer-Goßner*, § 152, Rn. 7; LR-*Rieß*, Einl. H, Rn. 21.
318 LR-*Rieß*, § 152, Rn. 8.
319 *Tscherwinka*, S. 127f.
320 So *Siolek*, Verständigung, S. 114.
321 Vgl. *Tscherwinka*, S. 128ff.
322 Vgl. dazu BVerfGE 46, 215(222); 49, 24(54); 51, 324(343).
323 *Tscherwinka*, S. 128.
324 *Tscherwinka*, S. 130.

2. Der Amtsermittlungsgrundsatz

Die Vereinbarkeit mit dem Amtsermittlungsgrundsatz[325] stellt ebenso einen Schwerpunkt in der Diskussion um die Zulässigkeit der Absprachenpraxis dar.[326] Gesetzlich ist der Amtsermittlungsgrundsatz in §§ 155 Abs. 2, 244 Abs. 2 StPO geregelt. Er ist beherrschendes Prinzip des Strafverfahrens.[327] Der Amtsermittlungsgrundsatz besagt, daß die Erforschung des Sachverhaltes dem Gericht obliegt und nicht wie im Zivilprozeß zur Disposition der Parteien steht. Es gilt damit das Prinzip der materiellen Wahrheit.

Die Literatur beschäftigt nun die Frage, ob das abgesprochene Urteil, das nicht auf bis zu Ende betriebener inquisitorischer Wahrheitssuche beruht, dennoch dem Prinzip der materiellen Wahrheit entsprechen kann.[328] Auch hier stellt sich wiederum das Problem einer differenzierten Einzelfallbetrachtung. Verneint wird ein Verstoß gegen den Amtsermittlungsgrundsatz generell für Absprachen, die nach Schuldspruchreife[329] getroffen werden.[330] Problematisiert werden deshalb nur Absprachen, die zu einem Zeitpunkt getroffen werden, an dem das Gericht von der Schuld des Angeklagten noch nicht überzeugt ist, also vor Schuldspruchreife. Neben dem Zeitpunkt der Absprache kann noch bezüglich ihres Inhalts unterschieden werden.

a. Begriff des Geständnisses

In diesem Zusammenhang hat das Geständnis eine große und für die Absprachendiskussion eine grundsätzlich überragende Bedeutung.[331] Eine gesetzliche Definition eines Geständnisses in der Strafprozeßordnung oder im Strafgesetzbuch existiert nicht.[332] Der Begriff „Geständnis“ taucht lediglich in den §§ 254,

---

325 Synonym werden auch die Begriffe Instruktions-, Inquisitionsmaxime, Prinzip der materiellen Wahrheit oder Untersuchungsgrundsatz verwendet, vgl. beispielsweise *Roxin*, Strafverfahrensrecht, § 15 Rn. 3.

326 *Schünemann*, Gutachten, S. 80, bezeichnet das Problem der Einhaltung des Amtsermittlungsgrundsatzes bei Absprachen als deren Nagelprobe.

327 AK-*Schöch*, § 155, Rn. 2, § 244 Rn. 25; *Meyer-Goßner*, § 244, Rn. 11; KK-*Schoreit*, § 244, Rn. 18; LR-*Rieß*, Einl. H, Rn. 32; LR-*Gollwitzer*, § 244, Rn. 38ff.

328 So *Volk*, FS-Salger, S. 411(418f.), insbesondere dann, wenn man schon in einem frühen Stadium des Prozesses weiß, daß allseits Rechtsmittelverzicht erklärt wird.

329 Unter Schuldspruchreife wird dabei der Zeitpunkt verstanden, an dem der Sachverhalt bereits erforscht ist und das Gericht von der Schuld des Angeklagten überzeugt sei, vgl. *Schünemann*, Gutachten, S. 81 mit weiteren Nachweisen.

330 *Braun*, S. 49; *Janke*, S. 104f.; *Schünemann*, Gutachten, S. 81; *Siolek*, Verständigung, S. 115; *Schlüchter*, FS-Spendel, S. 737(746) unter dem Hinweis, daß dies (natürlich) nicht zutreffe, sofern die Schuldspruchreife fehlerhaft angenommen worden sei.

331 Zur grundsätzlichen Bedeutung des Geständnisses bei Absprachen: *Rönnau*, Absprache, S. 89ff.; *Schünemann*, Gutachten, S. 110ff. Vgl. auch Kapitel 4, S. 179ff.

332 Etwas anderes gilt jedoch für den Zivilprozeß, vgl. § 288 ZPO, der im Gegensatz zum Strafprozeß aber auch von der Dispositionsmaxime beherrscht wird.

362 Nr. 4 StPO auf. Nach einhelliger Ansicht besteht ein Geständnis aus dem Zugestehen von Tatsachen, die für die Sachentscheidung über den Anklagevorwurf erheblich sein können.[333] Unter einem Geständnis ist aber nicht nur ein Schuldbekenntnis oder ein Gestehen des vollkommenen Tathergangs zu verstehen. Darunter können auch die Einzelheiten fallen, die für die Qualifikation oder Privilegierung eines Tatbestandes bedeutsam sind.[334]
Als Teil der Angeklagtenvernehmung kann das Geständnis ein persönliches Beweismittel darstellen. Es unterliegt dann der freien richterlichen Beweiswürdigung im Sinne des § 261 StPO.[335]

b. Geständnis nicht Gegenstand der Absprache

Bei Absprachen, die kein Geständnis zum Gegenstand haben, wird auch kein Verstoß gegen den Amtsermittlungsgrundsatz gesehen.[336] Es sei beispielsweise an eine Absprache zu denken, die eine Rücknahme eines Beweisantrages zum Gegenstand hat. Dies ist insofern schon unproblematisch, da eine solche Absprache auch nach Schuldspruchreife erfolgen wird, und – vorausgesetzt, daß das Verfahren entsprechend des Amtsermittlungsgrundsatzes durchgeführt worden ist – somit schon kein Verstoß vorliegt.
Denkbar sind aber auch Absprachen vor Schuldspruchreife, die kein Geständnis zum Gegenstand haben. So zum Beispiel eine Absprache über die grundsätzliche Anwendung von Jugendstrafrecht.[337] Wenn nun auf Grundlage des Jugendstrafrechts das Verfahren entsprechend des Amtsermittlungsgrundsatzes durchgeführt wird, ist die Absprache nicht schon im Hinblick auf den Amtsermittlungsgrundsatz unzulässig.[338]

c. Verfahrensverkürzendes Geständnis

Die typische Absprache ist aber das verfahrensverkürzende Geständnis, da insbesondere eine solche Absprache ihrer Intention gerecht wird.[339] Ein verfahrensverkürzendes Geständnis stellt das eigentliche Problem in Bezug auf den Amtsermittlungsgrundsatz dar,[340] denn darin könnte eine Disposition der Betei-

---

[333] RGSt 54, 126(127); *Busam*, S. 21 (im Ermittlungsverfahren); *Dencker*, ZStW 102(1990), 62(68); *Meyer-Goßner*, § 254, Rn. 2; *Moos*, Geständnis, S. 39; *Rönnau*, Absprache, S. 90.
[334] *Moos*, Geständnis, S. 149.
[335] KK-*Engelhardt*, § 261, Rn. 57; *Moos*, Geständnis, S. 95; *Roxin*, Strafverfahrensrecht, § 15 Rn. 19.
[336] *Kremer*, S. 111f.
[337] Vergleichbar dem Fall BGH NJW 2001, 2642.
[338] Wobei darauf hingewiesen sei, daß eine etwaige Vereinbarkeit mit dem Amtsermittlungsgrundsatz nichts an der Unvereinbarkeit mit § 105 JGG ändert. Vgl. dazu Kapitel 4, S. 172ff.
[339] Siehe die Gründe für das Auftreten von Absprachen, S. 31ff.
[340] *Kremer*, S. 112f.

ligten über den Verfahrensgegenstand und somit nur noch eine „formelle" Wahrheit und gerade keine dem Amtsermittlungsgrundsatz gerecht werdende „materielle" Wahrheit liegen.
Eine solche verfahrensverkürzende Absprache kann beispielsweise in der Form in Erscheinung treten, daß ein Geständnis zum Zweck der Verkürzung der Beweisaufnahme abgegeben wird und im Gegenzug Strafmilderung gewährt wird, also die hier grundsätzlich zu Grunde gelegte Absprachekonstellation „Geständnis gegen Strafmilderung" – einer der gängigsten Absprachetypen.[341]
Darin wird in einem Teil der Literatur generell eine Verletzung des Amtsermittlungsgrundsatzes gesehen.[342] Der Weg zur Absprache werde gerade durch eine Verletzung des Amtsermittlungsgrundsatzes gebahnt. Gewissermaßen sei der Absprache daher eine Verletzung des Amtsermittlungsgrundsatzes immanent.[343]
Überwiegend differenziert das Schrifttum[344] bei Absprachen, denen ein Geständnis zu Grunde liegt, noch nach der Art des Geständnisses.

Eine Gruppe bildet das sogenannte „schlanke" Geständnis.[345] Darunter wird ein Geständnis verstanden, in dem lediglich das Ergebnis des Ermittlungsverfahrens in der Hauptverhandlung bestätigt wird.[346] Auch sind Fälle denkbar, in denen der Verteidiger die Angaben des Angeklagten (vor)formuliert hat oder der Verteidiger anstelle des Angeklagten vorträgt. Wesentliches Merkmal ist, daß das Gericht weder vom Verteidiger noch vom Angeklagten qualitative Angaben zum Tatvorgang erhält.

Das Gegenstück bildet das sogenannte „qualifizierte" Geständnis.[347] Es ist durch vollständige, detaillierte und anschauliche Schilderung aller subsumtionsrelevanten Tatsachen gekennzeichnet. Der Angeklagte hat abschließend und überprüfbar seine Schuld dargelegt. Es kann aus dem Geständnis die Gewißheit für

---

341 Vgl. *Schünemann*, Gutachten, S. 80, 110 „Prototyp der Absprache"; *Zierl*, AnwBl 1985, 505 drückt es bildhaft „Tausche Geständnis gegen Bewährung" aus.

342 *Dencker*/Hamm, Vergleich, S. 53; *Weigend*, JZ 1990, 774(777), der jedoch daraufhin weist, daß man der Absprachenpraxis keine Mißachtung des Amtsermittlungsgrundsatzes vorwerfen könne, da die Absprache diesen ja gerade auf einfacherem Wege erreichen wolle.

343 *Dencker*/Hamm, Vergleich, S. 53.

344 So beispielsweise *Braun*, S. 50; *Janke*, S. 105ff.; *Schlüchter*, FS-Spendel, S. 737, (748ff); *Schünemann*, Gutachten, S. 81; wohl auch *Hassemer*, JuS 1989, 890(892).

345 Der Begriff geht auf *Dahs*, NStZ 1988, 153(155) zurück.

346 Vgl. *Braun*, S. 53; *Dahs*, NStZ 1988, 153(155); *Janke*, S. 106; *Kintzi*, JR 1990, 309(315); *Rönnau*, Absprache, S. 147f; *Schünemann*, StV 1993, 657(658); *Schlüchter*, FS-Spendel, S. 737(750), wobei übergeordnet zwischen Vollgeständnis, Geständnis nach Aktenlage und Teilgeständnis differenziert wird.

347 Vgl. *Braun*, S. 50; *Schlüchter*, FS-Spendel. S. 737(748). *Siolek*, Verständigung, S. 116 nennt es „modifiziertes" Geständnis.

dessen Richtigkeit geschöpft werden. Unterstellt das Gericht nun ein „schlankes" Geständnis kritiklos als wahr, wird überwiegend eine Verletzung des Amtsermittlungsgrundsatzes angenommen.[348] Dem Gericht sei es unter Beachtung des Amtsermittlungsgrundsatzes untersagt, als „Gegenleistung" für ein Geständnis des Angeklagten auf eine weitere Wahrheitsermittlung zu verzichten.[349] Bei einem solchen Geständnis werde die Beweisaufnahme in nicht zu akzeptierender Art durch ein Schuldbekenntnis ersetzt.[350]

Ein Teil sieht eine Verletzung erst dann, wenn das Gericht sich mit dem Geständnis begnügt, obwohl konkrete Anhaltspunkte dafür vorliegen, daß es falsch ist.[351] So wird dann auch angenommen, daß für Absprachen weder Sonderrechte noch Sonderpflichten bestünden. Andere Stimmen in der Literatur[352] folgen dem nicht. Sie nehmen an, es bleibe auch bei einem „schlanken" Geständnis der freien Beweiswürdigung des Richters überlassen, ob er ein absprachebedingtes Geständnis für umfassend und glaubwürdig halte.[353] Daher bestehe für den Amtsermittlungsgrundsatz keine absprachespezifische Besonderheit bezüglich eines Geständnisses.[354]

Bei einem „qualifizierten" Geständnis wird überwiegend nicht stets ein Verstoß gegen den Amtsermittlungsgrundsatz gesehen.[355] Es wird aber teilweise als Pflicht des Gerichts gesehen, dieses im Einzelfall auf Schlüssig- und Glaubhaftigkeit zu überprüfen.[356] Eine weitere Beweisaufnahme erübrige sich, wenn kei-

---

[348] So *Braun*, S. 53; *Kintzi*, JR 1990, 309(315); *Küpper/Bode*, JR 1999, 351(360); *Rex*, DRiZ 1991, 30(31) unter Bezugnahme des Gutachtens der Großen Strafrechtskommission des Deutschen Richterbundes; *Rönnau*, Absprache, S. 146f.; *Schlüchter*, FS-Spendel, S. 737(750); *Schünemann*, Gutachten, S. 83.

[349] So *Eser*, ZStW 104(1992), 361(373).

[350] Vgl. *Rönnau*, Absprache, S. 148.

[351] *Janke*, S. 106; *Schmidt-Hieber*, Verständigung, Rn. 178, *ders.*, FS-Wassermann, S. 995(1004) der Aufklärungspflicht werde generell durch ein Geständnis entsprochen, es sei denn, daß konkrete Zweifel an der Glaubhaftigkeit des Geständnisses vorlägen. Nur bei „ernsten Zweifeln" an der Wahrheit und bei sich „aufdrängenden" weiteren Beweisen müsse eine weitere Beweisaufnahme durchgeführt werden. Etwas relativierend jedoch *ders.* NStZ 1988, 302(304), indem das Geständnis nicht als prozessualer Dispositionsakt angesehen werden dürfe und das Gericht *überzeugt* sein müsse, daß das Geständnis der Wahrheit entspräche.

[352] *Tscherwinka*, S. 164, *Widmaier*, Referat L 37.

[353] *Tscherwinka*, S. 164.

[354] So *Widmaier*, Referat L 37.

[355] Vgl. *Gallandi*, NStZ 1987, 420 „aufgrund der teilweise komplexen Sachverhalte kann doch nur eine ‚prozessuale Wahrheit' erforscht werden"; *Schmidt-Hieber*, FS-Wassermann, S. 995(1003); *ders.*, Verständigung, Rn. 178; *ders.* NStZ 1988, 302(304); *Weigend*, JZ 1990, 774(777) sieht darin gerade den Zweck einer Absprache.

[356] Vgl. *Schlüchter*, FS-Spendel, S. 737(7389f); *Schünemann*, Gutachten, S. 82; auch

nerlei Zweifel am Wahrheitsgehalt offenblieben.[357] Es sei aber nicht generell auszuschließen, daß ein „qualifiziertes" Geständnis fehlerhaft sei. So könne der Angeklagte die Intention verfolgen, eine Ermittlung wegen weiterer Delikte zu verhindern. Ferner sei zu beachten, daß der Angeklagte nicht bei allen Delikten den Tatvorwurf erschöpfend und glaubhaft schildern könne. Beispielsweise könne der Angeklagte beim Betrug im Sinne des § 263 StGB bezüglich des beim Getäuschten erregten Irrtums oder dessen Vermögensschaden keine detaillierten Angaben machen.

3. Öffentlichkeitsgrundsatz

Da viele Absprachen nicht im Gerichtssaal, sondern in vertraulichen Gesprächen[358] außerhalb der Hauptverhandlung stattfinden, verwundert die Diskussion bezüglich der Verletzung des Öffentlichkeitsgrundsatzes nicht. Letzterer ist gesetzlich in § 169 GVG normiert. Er besagt, daß jedermann ohne Ansehung seiner Zugehörigkeit zu bestimmten Gruppen der Bevölkerung und ohne Ansehung bestimmter persönlicher Eigenschaften die Möglichkeit haben muß, an der Verhandlung des Gerichts als Zuhörer teilzunehmen.[359] Der Öffentlichkeitsgrundsatz ist Prozeßmaxime[360] in der Hauptverhandlung und steht nicht zur Disposition der Verfahrensbeteiligten.[361] Er soll das öffentliche Vertrauen in die Rechtsprechung festigen.[362] Während damit ursprünglich Kontrolle und Schutz vor Willkür seitens der Staatsmacht gemeint waren, soll mittlerweile das Informationsinteresse der Allgemeinheit im Vordergrund stehen.[363] Darüber wird in dem Öffentlichkeitsgrundsatz eine Gewährleistung der „Prangerwirkung" des Strafverfahrens erblickt, die aus generalpräventiven Gründen durchaus er-

---

Schmidt-Hieber, FS-Wassermann, S. 995(1004); *ders.* Verständigung, Rn. 178; *ders.* NStZ 1988, 302(304), schließt eine Überprüfungspflicht nicht vollkommen aus.

357 *Schünemann*, Gutachten, S. 82.

358 Etwa am Telefon, in der Kantine, im Zimmer des Berichterstatters, auf den Gängen in der Verhandlungspause, vgl. *Gerlach*, S. 84. Der Phantasie ist in diesem Zusammenhang aber wohl keine Grenze gesetzt: So berichtet *Schünemann*, FS-Rieß, S. 525(528), von Absprachen auf der Toilette, in DER SPIEGEL (Nr. 22/02) war zu lesen, daß im Verfahren gegen den Fußballtrainer Christoph Daum auf einer Autobahnraststätte abgesprochen wurde, und *Hübsch*, Triberg-Symposium, S. 74 berichtet von „exklusiven Bordellen" als Orte für die Absprache.

359 BGHSt 28, 341(343ff.); KK-*Diemer*, § 169 GVG, Rn. 6; LR-*Schäfer/Wickern*, § 169 GVG, Rn. 9.

360 Der Öffentlichkeitsgrundsatz ist jedoch kein Verfassungsgrundsatz, vgl. *Katholnigg*, GVG § 169, Rn. 1 mit weiteren Nachweisen.

361 KK-*Diemer*, § 169 GVG, Rn. 1 u. 5; LR-*Schäfer/Wickern*, § 169 GVG, Rn. 57.

362 *Roxin*, Strafverfahrensrecht, § 45, Rn. 2.

363 *Meyer-Goßner*, § 169 GVG, Rn. 1; LR-*Schäfer/Wickern*, vor § 169 GVG, Rn. 2.

wünscht sei.[364] Der Öffentlichkeitsgrundsatz ist prozessual abgesichert, da eine Verletzung gemäß § 338 Nr. 6 StPO einen absoluten Revisionsgrund darstellt.

Da Absprachen in verschiedenen Formen in Erscheinung treten, ist die Diskussion entsprechend vielseitig. Sicher ist lediglich, daß eine Verletzung des Öffentlichkeitsgrundsatzes nur für Absprachen in Betracht kommen kann, die gerade nicht innerhalb der Hauptverhandlung durchgeführt werden.

Zunächst läßt sich eine grobe Differenzierung nach dem Gegenstand der Absprache vornehmen.[365] Auf der einen Seite sind die Absprachen zu nennen, die den Verfahrensablauf betreffen. Dazu zählen auch Anregungen für eine Verfahrensbeschränkung gemäß §§ 154, 154a StPO. Finden derartige Absprachen außerhalb der Hauptverhandlung statt, wird teilweise keine Verletzung des Öffentlichkeitsgrundsatzes angenommen.[366] Viel ist mit dieser groben Differenzierung an dieser Stelle aber nicht gewonnen.
So bleiben auf der anderen Seite diejenigen Absprachen bestehen, die das Verfahrensergebnis und damit die Schuldfrage betreffen. Unter letztere Gruppe fällt auch der Prototyp der Absprache „Geständnis gegen Strafrabatt". Werden solche Absprachen nun außerhalb der Hauptverhandlung getroffen, ist höchst umstritten, ob die Absprache den Öffentlichkeitsgrundsatz verletzt. Dabei stehen sich zunächst zwei Grundpositionen gegenüber:

Nach der einen Auffassung sind Abspracheverhandlungen außerhalb der Hauptverhandlung generell unzulässig.[367] Begründet wird dies damit, daß bei etwaigen Absprachevehandlungen auf dem Gerichtsflur oder im Richterzimmer der Sinn und Zweck des Öffentlichkeitsgrundsatzes umgangen werde, da bei solchen Absprachevehandlungen gerade keine Kontrolle durch die Öffentlichkeit gewährleistet sei. Der Auffassung liegt ein materielles Verständnis des Öffentlichkeitsgrundsatzes zu Grunde. So sei der Aushandlungsvorgang selbst für

---

364 Vgl. dazu *Eser*, ZStW 104(1992), 361(378ff.), Spannungsverhältnis zwischen Verfahrensziel und Prozeßmaxime.

365 Zu der Unterscheidung des Absprachegegenstandes bezüglich des Öffentlichkeitsgrundsatzes siehe *Gerlach*, S. 85f.; *Schmidt-Hieber*, NJW 1982, 1017(1021); *ders.*, Verständigung, Rn. 194;

366 *Cramer*, FS-Rebmann, 145(149); *Gerlach*, S. 85; *Schmidt-Hieber*, Verständigung, Rn. 194ff.; *Hamm*, ZRP 1990, 337(338).

367 *Dencker*/Hamm, Vergleich, S. 52; *Kintzi*, JR 1990, 309(315); *Kremer*, S. 123; *Ranft*, Strafverfahrensrecht, § 48 Rn. 1240, mit der Einschränkung, daß dies zumindest der Fall sei, wenn die Absprache zur Beschränkung des Prozeßstoffes durchgeführt wurde; *Rönnau*, Absprache, S. 169; *Schünemann*, Gutachten, S. 88f.; *Siolek*, Verständigung, S. 158f; *Zuck*, MDR 1990, 18(19). Die extremen Verfechter dieser Ansicht halten auch schon die oben erwähnten Absprachen zur Verfahrensförderung für unzulässig, sofern sie außerhalb der Hauptverhandlung stattfinden.

das spätere Urteil mindestens ebenso wichtig wie dessen Ergebnis.[368] Denn es mache einen Unterschied bei der Beurteilung einer Absprache, ob sich der Angeklagte dem Gewicht der Belastungsmomente nicht entziehen konnte, oder aber ob sein Verteidiger vom Gericht sprichwörtlich „über den Tisch gezogen worden sei“.[369] Dieses könne nur durch Beobachtung der Absprachekommunikation selbst und nicht durch bloße Information über das Ergebnis zuverlässig beurteilt werden. Die Öffentlichkeit müsse die gleiche Informationsbasis wie das Gericht haben.[370] Daher müßten auch Absprecheverhandlungen öffentlich sein.
Weiter wird der Zusammenhang zum Unmittelbarkeitsprinzip[371] angeführt.[372] Denn ein Urteil beruhe gerade nicht „auf dem Inbegriff der Verhandlung“, wenn die Absprache nicht in die Hauptverhandlung mit einbezogen worden sei. Was wegen des Grundsatzes der Unmittelbarkeit in der Hauptverhandlung stattfinden müsse, könne nicht der Kontrolle der Öffentlichkeit entzogen werden.

Die extreme Gegenposition[373] sieht grundsätzlich keinen Verstoß gegen den Öffentlichkeitsgrundsatz. Sie sieht den Öffentlichkeitsgrundsatz rein formal und begründet auf diese Weise, daß alles, was außerhalb der Hauptverhandlung geschehe, gerade nicht öffentlich sei. Absprachen auf dem Gerichtsflur, in der Kantine oder im Richterzimmer seien damit nicht vom Öffentlichkeitsgrundsatz erfaßt. Weiter wird gegen öffentliche Absprecheverhandlungen angeführt, daß das Gericht bei einer solchen Verhandlung aus „seiner Deckung herauskäme“ und sich der Gefahr eines Befangenheitsantrages aussetze.[374]

Eine dritte Gruppe von Autoren[375] wählt einen vermittelnden Lösungsansatz. Ein Verstoß gegen den Öffentlichkeitsgrundsatz kann demnach vermieden werden, wenn die Absprecheverhandlungen zwar außerhalb der Hauptverhandlung stattfinden, dann aber anschließend innerhalb dieser mitgeteilt werden. Dahinter steht der Gedanke, daß die Verletzung des Öffentlichkeitsgrundsatzes durch spätere Offenlegung wieder kompensiert werden kann. Es bestehen dabei Unterschiede, welchen Umfang diese Mitteilung in der Hauptverhandlung haben

---

[368] *Schünemann*, Gutachten, S. 89.
[369] *Schünemann*, a.a.O.
[370] *Schünemann*, a.a.O.
[371] Siehe dazu unten S. 70ff.
[372] Vgl. *Kremer*, S. 122; *Schünemann*, Gutachten, S. 89; *Siolek*, Verständigung, S. 159.
[373] So *Cramer*, FS-Rebmann, S. 145(149); *Dahs*, NJW 1986, 1318 „nur bei einer bewußten Täuschung sei die Öffentlichkeitsmaxime verletzt“; *Jähnke*, Triberg-Symposium, S. 151.
[374] *Widmaier*, StV 1986, 357(359).
[375] *Hanack* StV 1987, 500(503); *Janke*, S. 119ff.; *Schmidt-Hieber*, Verständigung, Rn. 192ff., *ders.* NJW 1982, 1017(1021); *ders.* Triberg Symposium, S. 50(62); *Tscherwinka*, S. 154f.; *Wolfslast*, NStZ 1990, 409(414f.). Ablehnend: *Haas*, NJW 1988, 1345(1351).

muß. Zum Teil wird vertreten, daß nur das Ergebnis der Absprache mitzuteilen sei, da ansonsten das Gericht (wiederum) „aus seiner Deckung" herauskomme.[376] Andere sehen die Verfahrensrelevanz als Abgrenzungskriterium.[377] Einer Mitteilung in der Hauptverhandlung bedürfe es nur, wenn die Absprache das Verfahrensergebnis beeinflussen könne.
Insofern handelt es sich auch hier wiederum um die eingangs dargestellte Differenzierung zwischen Absprachen, die den Verfahrensablauf auf der einen und solche auf der anderen Seite, die das Verfahrensergebnis bereffen. Auch die vermittelnde Ansicht ist auf Kritik gestoßen. So wird der Unterscheidung nach Absprachengegenstand vorgeworfen, daß Absprachen gerade eine Verfahrensrelevanz immanent sei.[378] Weiter wird vorgebracht, daß der Absprachenvorgang damit immer noch vor der Öffentlichkeit verborgen bleibe, der Vorgang aber nach wie vor ebenso erheblich wie dessen Ergebnis sein könne.[379] So sei es beispielsweise für die Strafzumessung von Bedeutung, ob die Wiedergutmachung aus eigenem Antrieb oder erst nach Hinweis des Gerichts erfolgt sei. Auch werden praktische Einwände vorgebracht.[380] So wäre es müßig, wenn etwa an einem Koordinatensystem abgelesen werden sollte, bei welcher Intensität der Verständigungsbemühung und bei welchen Verständigungsinhalten die Öffentlichkeit unterrichtet werden müßte.

Eine von dem bisher Gesagten losgelöste Ansicht nimmt *Braun* ein.[381] Er vertritt eine Konstruktion der Rechtfertigung von einer Verletzung des Öffentlichkeitsgrundsatzes durch Absprachen. Grundsätzlich bejaht er in den meisten Fällen eine Verletzung des Öffentlichkeitsgrundsatzes. Da Absprachen jedoch unter anderem das Interesse einer funktionstüchtigen Rechtspflege und der Verfahrensökonomie verfolgten, sei der Interessenkonflikt zu Lasten des Öffentlichkeitsgrundsatzes zu lösen und eine Verletzung somit gerechtfertigt.

4. Der Unmittelbarkeitsgrundsatz

Wie bereits bei der Darstellung der Problempunkte der Absprachen mit dem Öffentlichkeitsgrundsatz[382] angesprochen, stehen einer Vereinbarkeit von Absprachen mit dem Unmittelbarkeitsgrundsatz Schwierigkeiten entgegen.

---

376 *Widmaier*, StV 1986, 357(359).
377 So *Schmidt-Hieber*, NJW 1982, 1017(1021); ihm folgend: *Janke*, S. 120; *Tscherwinka*, S. 155.
378 *Rönnau*, Absprache, S. 168.
379 Vgl. *Haas*, NJW 1988, 1345(1351); *Siolek*, Verständigung, S. 158f.
380 Siehe *Haas*, NJW 1988, 1345(1351); *Kintzi*, JR 1990, 309(315f.).
381 *Braun*, S. 66.
382 Siehe oben S. 67ff.

Der Unmittelbarkeitsgrundsatz setzt sich aus einer formellen[383] und einer materiellen[384] Komponente zusammen[385] und besagt, daß sich das Gericht einen möglichst direkten und unvermittelten eigenen Eindruck von dem zu beurteilenden Sachverhalt verschaffen soll.[386]

Für die formelle Unmittelbarkeit muß die Entscheidung des Gerichts auf eigener sinnlicher Wahrnehmung der erkennenden Richter basieren.[387] Gemäß § 261 StPO entscheidet das Gericht über die Beweisaufnahme aus der Überzeugung, die aus dem Inbegriff der Verhandlung geschöpft wurde. Der Richter ist insofern freigestellt von jedweder Beweisregel.[388] Aus dem Zusammenhang mit § 226 StPO ergibt sich, daß nur die an der Beweisaufnahme beteiligten und anwesenden Richter zur Entscheidung berufen sind. Die Freiheit des Richters findet jedoch insoweit eine Einschränkung, daß für sämtliche Urteile gemäß §§ 267, 268 StPO eine Begründungspflicht besteht, und alle Urteile im Wege der Berufung oder der Revision überprüft werden können.[389]

Die materielle Unmittelbarkeit besagt, daß möglichst das tatnächste Beweismittel Verwertung finden soll. Gemäß § 250 StPO darf der Beweis einer Tatsache, die auf Wahrnehmung eines Zeugen beruht, nicht durch Verlesung des Protokolls einer früheren Vernehmung ersetzt werden. Es gilt des Weiteren der Grundsatz der persönlichen Vernehmung. Das Gericht darf daher keine Beweissurrogate benutzen.[390]

a. Formelle Unmittelbarkeit

Die Beurteilung der Verletzung der formellen Komponente des Unmittelbarkeitsgrundsatzes wird wiederum von der Art der Absprache und dem Einzel-

---

[383] Es wird auch der Begriff Unmittelbarkeit der Beweiserhebung verwendet, vgl. LR-*Rieß*, Einl. H, Rn.60.

[384] Auch Grundsatz der Beweisnähe.

[385] So *Eb. Schmidt*, Lehrkommentar I, Rn. 444ff.; *Eisenberg*, Beweisecht, Rn. 65; *Geppert*, Unmittelbarkeit, S. 121ff.; LR-*Rieß*, Einl. H, Rn. 60; *Roxin*, Strafverfahrensrecht, § 44, Rn. 2. Die Einteilung ist nicht unumstritten und eine genaue Trennung wohl nicht möglich, vgl. LR-*Rieß*, Einl. H, Rn. 60, jedoch hier auch nicht notwendig, da für einen Verstoß gegen den Unmittelbarkeitsgrundsatz die Verletzung einer Komponente ausreicht.

[386] *Eisenberg*, Beweisrecht, Rn. 65; AK-*Maiwald*, § 261, Rn. 1.

[387] *Eisenberg*, Beweisrecht, Rn. 65; *Eb. Schmidt*, Lehrkommentar I, Rn. 444; *Roxin*, Strafverfahrensrecht, § 44, Rn. 2.

[388] AK-*Maiwald*, § 261, Rn. 1.

[389] Vgl. auch *Fezer*, StV 1995, 95(100), der zutreffend darauf hinweist, daß die Beweiswürdigung insofern nicht frei sei, da dem Richter eine Vielfalt von Beweiswürdigungsregeln, die in Form von Erfahrungssätzen bestehen, vorgegeben sind und auch im Wege der Berufung/Revision überprüft werden können.

[390] *Roxin*, Strafverfahrensrecht, § 44, Rn. 2.

fall abhängig gemacht. Zentraler Maßstab ist dabei jeweils der in § 261 StPO zu Grunde gelegte Gedanke, ob und inwieweit das Gericht seine Überzeugung noch aus dem Inbegriff der Hauptverhandlung geschöpft hat.[391] Dabei spielen die Fragen ein Rolle, wo die Absprache stattgefunden hat, was Gegenstand der Absprache war, wer alles beteiligt war und schließlich ob die Absprache rechtsverbindlichen Charakter haben sollte.

aa. Ort der Absprache

Findet eine Absprache zwischen den Prozeßbeteiligten außerhalb der Hauptverhandlung statt, wird zum Teil angenommen, daß Absprecheverhandlungen den Unmittelbarkeitsgrundsatz unterlaufen und daher gegen ihn verstoßen.[392] Bei einer Absprache, die nicht lediglich die Klärung prozessualer Fragen zum Gegenstand hat, werde die Überzeugung nicht mehr gemäß § 261 StPO aus dem Inbegriff der Verhandlung geschöpft, sondern aus den Absprecheverhandlungen. Dies ergebe sich schon daraus, daß in der Absprecheverhandlung über den Gegenstand der Hauptverhandlung disponiert werde.[393] Der Unmittelbarkeitsgrundsatz verliere zumindest dann seinen Anwendungsbereich, wenn die zentralen Gesichtspunkte außerhalb der Hauptverhandlung besprochen werden.[394] Denn wenn die tatsächliche Basis für den Urteilsspruch in der außerhalb der Hauptverhandlung stattfindenden Absprache liege, diene die Hauptverhandlung nur noch dem äußeren Vollzug der Absprache.[395] Eine Verletzung des Unmittelbarkeitsgrundsatzes sei gewissermaßen „das Wesen der Absprache".[396]

bb. Gegenstand der Absprache

Nun wird aber nicht schon bei jeder Kommunikation außerhalb der Hauptverhandlung eine Verletzung des Unmittelbarkeitsgrundsatzes angenommen. Zur Differenzierung werden wieder die vom Öffentlichkeitsgrundsatz her bekannten Kriterien herangezogen. Entscheidend ist demnach, ob es lediglich um die Klärung von prozessualen Fragen oder aber Gesprächen, die das Verfahrensergeb-

---

391 *Braun*, S. 56.

392 Vgl. *Hassemer*, JuS 1989, 890(892); *Kremer*, S. 171; *Ranft*, Strafprozeßrecht, Rn. 1241; *Rönnau*, Absprache, S. 155, *Braun*, S. 58.

393 So ist für die Wertung eines Geständnisses unter Umständen der Weg zum Geständnis mindestens genauso wichtig wie dessen Ergebnis, vgl. *Schünemann*, Gutachten, S.89.

394 A. A. *Cramer*, FS-Rebmann, S. 145(149): Das Urteil beruht nicht auf der getroffenen Vereinbarung an sich, sondern auf der Würdigung der das Ergebnis der Vereinbarung einschließenden Hauptverhandlung; ähnlich *Siolek*, DRiZ, 1989, 321(328). *Tscherwinka*, S. 146ff., warnt vor einer unnötigen Aufblähung des Unmittelbarkeitsgrundsatzes und sieht einen Wertungswiderspruch zur Behandlung von Absprachen im Ermittlungsverfahren.

395 Vgl. *Ranft*, Strafprozeßrecht, Rn. 1241; SK-*Schlüchter*, vor § 213, Rn. 32; *Weigend*, JZ 1990, 774(777).

396 Vgl. *Schünemann*, Gutachten, S. 84ff.

nis entscheiden, geht.[397] Zu letzteren zählt insbesondere die Initiierung eines Geständnisses oder die Verständigung über den Umfang eines solchen.
Die Klärung prozessualer Fragen außerhalb der Hauptverhandlung sei zulässig, Absprachen über das Verfahrensergebnis, insbesondere die Initiierung eines Geständnisses, seien hingegen unzulässig. Dafür spreche schon die Tatsache, daß für die Beurteilung der Strafzumessung die Art und Weise des Zustandekommens eines Geständnisses von erheblicher Bedeutung sei. Danach darf dann der Prototyp der Absprache, „Geständnis gegen Strafrabatt", nicht außerhalb der Hauptverhandlung stattfinden.

cc. Beteiligungsumfang

Eine weitere Schwierigkeit in Bezug auf eine Verletzung des Unmittelbarkeitsgrundsatzes ist die Frage, wer alles an der Absprache beteiligt werden muß, damit die Absprache nicht gegen den Unmittelbarkeitsgrundsatz verstößt. Findet die Absprache innerhalb der Hauptverhandlung statt, stellt sich das Problem des Beteiligungsumfanges erst gar nicht, denn dort würde eine etwaige Abwesenheit der Prozeßbeteiligten gegen die Strafprozeßordnung verstoßen und einen Revisionsgrund begründen.[398] Außerhalb der Hauptverhandlung ist es jedoch denkbar, daß der Umfang der Beteiligten an einer Absprache grundsätzlich beliebig differieren kann. Dieses Problem ist in der Literatur bekannt.[399]
Eine Verletzung des Unmittelbarkeitsgrundsatzes wird dabei dann angenommen, wenn bei den Abspracheverhandlungen nur ein Teil der Prozeßbeteiligten anwesend ist.[400] Grund dafür ist die Bedeutung des Zustandekommens eines Geständnisses für die Frage der Strafzumessung. Gerade wenn nur ein Teil des Gerichts bei der Absprache anwesend sei, könne der nicht anwesende Teil des Gerichts seine Überzeugung nicht mehr aus dem Inbegriff der Verhandlung schöpfen, weil ihm Elemente der Verhandlung fehlten. So beispielsweise, wenn die Schöffen und gegebenenfalls die beisitzenden Richter nicht an den Gesprächen außerhalb der Hauptverhandlung beteiligt würden.[401]
Es wird auch hier wiederum die Möglichkeit gesehen, den Verstoß gegen den Unmittelbarkeitsgrundsatz durch eine spätere Offenlegung[402] der Absprachever-

---

397 So *Schünemann*, Gutachten, S. 87; ähnlich *Braun*, S. 57. Vergleiche auch oben, S. 67ff.

398 Vgl. § 338 Nr. 1, 5 StPO.

399 Statt vieler *Rönnau*, Absprache, S. 160f.

400 *Schünemann*, Gutachten, S. 84ff.

401 *Schünemann*, Gutachten, S. 89.

402 Ein Problem bezüglich der prozeßordnungsgemäßen Einführung der Absprache sieht *Schünemann*, Gutachten, S. 85ff. Eine Befragung des Angeklagten sei kein probates Mittel, da dieser oft an Absprachen nicht teilnehme oder aus Angst vor Sanktionen falsche Angaben machen könne. Der Verteidiger müsse erst von seiner Schweigepflicht entbunden werden. Eine Zeugenvernehmung des Richters würde gem. § 22 Nr. 5 StPO zum Ausschluß desselben führen.

handlungen in der Hauptverhandlung zu kompensieren. Dabei besteht bezüglich des Umfangs der Offenlegung Uneinigkeit.[403] Teilweise soll es ausreichen, wenn lediglich das Ergebnis mitgeteilt wird.[404] Andere verlangen eine Wiederholung des kompletten Absprachevorgangs.[405]

dd. Rechtscharakter der Absprache

Herzstück der Diskussion um Absprachen und Unmittelbarkeitsgrundsatz ist die Frage, ob eine Absprache verbindlichen Charakter haben kann und darf. In diesem Zusammenhang wird von der Bindungswirkung einer Absprache gesprochen.

Grundsätzlich ist es erst einmal Sache der Beteiligten, welche Wirkung die Absprache entfalten soll.[406] Als unproblematisch werden die Fälle angesehen, in denen die Beteiligten keine Verbindlichkeit zum Ausdruck bringen wollen und auch alle Beteiligten tatsächlich von einer Unverbindlichkeit ausgehen.[407]

Fraglich ist aber, ob eine verbindliche Absprache getroffen werden kann. Dabei ist zwischen der rechtlichen und faktischen Verbindlichkeit zu differenzieren.[408] Nur wenn letztere nicht besteht, kann von einer wirklichen Unverbindlichkeit ausgegangen werden.

(1) Rechtliche Bindungswirkung

Die Möglichkeit, Absprachen zu treffen, die alle Beteiligten rechtlich binden würden und deren Ergebnis später prozessual durchsetzbar wäre, wird von der Literatur einhellig abgelehnt.[409] Dies werde bereits durch den Wortlaut des § 261 StPO deutlich, wonach der Richter seine Überzeugung und damit auch seine Urteilsgrundlage aus dem Inbegriff der Hauptverhandlung schöpfen soll.[410] Weiter werden sowohl Legalitätsprinzip wie auch Amtsermittlungs-

---

403 Diese Diskussion gleicht der bezüglich einer Wahrung des Öffentlichkeitsgrundsatzes (siehe oben S. 67ff.) durch spätere Mitteilung in der Hauptverhandlung, vgl. *Schünemann*, Gutachten, S. 84f.

404 Vgl. beispielsweise *Widmaier*, StV 1986, 357(359).

405 Vgl. beispielsweise *Schünemann*, Gutachten, S. 88f.; *Siolek*, Verständigung, S. 159.

406 Wegen der Vielfältigkeit von Absprachen sind sprachlich schon eine Reihe von Formulierungen denkbar, „wir wollen sehen, was sich machen läßt", „kann es ja mal wohlwollend prüfen", „ich will das nicht völlig ausschließen", „nach vorläufiger Beurteilung", „vorbehaltlich der endgültigen Beratung", vgl. dazu *Janke*, S. 71.

407 *Janke*, S. 70f. „Es geht um das Problem, wie man sich abspricht, ‚verbindlich' oder ‚unverbindlich'."

408 *Rönnau*, Absprache, S. 36.

409 *Bode*, DRiZ 1988, 281(284); *Dencker*/Hamm, Vergleich, S. 32f. „de iure folgenlos"; *Friehe*, S. 316, 327, 626 „Vertrauen gegen Vertrauen"; *Gerlach*, S. 129f.; *Janke*, S. 63ff.; *Kremer*, S. 62; *Rönnau*, Absprache, S. 36; *Schmidt-Hieber*, Verständigung, Rn. 235ff; *Siolek*, Verständigung, S. 168; *Tscherwinka*, S. 74ff.

410 *Baumann*, NStZ 1987, 157(159); *Rönnau*, Absprache, S. 36.

grundsatz gegen eine rechtliche Verbindlichkeit angeführt.[411] Es ist daher nicht möglich, daß das Gericht sich vorzeitig rechtlich verbindlich auf ein bestimmtes Urteil festlegt. Insofern ist § 779 BGB selbst sinngemäß nicht heran zu ziehen.[412]
Legt sich das Gericht dennoch im Rahmen einer Absprache vorher endgültig fest, so wird ein Verstoß gegen die formelle Komponente des Unmittelbarkeitsgrundsatzes angenommen.[413]

(2) Faktische Bindungswirkung
Es wird aber dennoch die Möglichkeit einer Bindungswirkung in Form einer faktischen Bindung der Beteiligten gesehen.[414] Eine faktische Bindungswirkung wird deswegen angenommen, da davon ausgegangen wird, daß sich in der Praxis überwiegend alle Beteiligten zur Vermeidung eines „venire contra factum proprium" an die Absprache halten.[415] Im Rahmen dieser faktischen Bindung gibt es zwischen den verschiedenen Absprachen Abstufungen.
So die auf *Schünemann* zurückgehende Differenzierung zwischen episodaler (labiler) und solider (stabiler) Absichtserklärung des Gerichts.[416] Bei der labilen Absichtserklärung werde nach Antizipation eines zukünftigen Verhaltens des Kommunikationspartners diesem mitgeteilt, wie man darauf nach gegenwärtiger Beurteilung reagieren werden würde, wobei es aber offen bleibe, ob sich nicht schon aufgrund erneuter Überlegung die gegenwärtige Einschätzung verändern werde. Bei der stabilen Absichtserklärung werde die eigene Einschätzung als definitiv hingestellt, jedoch werde ein expliziter oder impliziter objektiver Vorbehalt nach dem Muster einer clausula rebus sic stantibus hinzugefügt. *Dahs* sieht eine Absprache als nicht einklagbares gentlemen's agreement und nimmt – soweit ersichtlich – daraus eine faktische Bindungswirkung an.[417] Die Grundlage der faktischen Bindung einer Absprache soll der fair-trial-Grundsatz bilden. Danach soll es dem Gericht untersagt sein, von seiner einmal gegebenen Pro-

411 Beispielsweise *Friehe*, S. 315.
412 *Janke*, S 63. Vgl. auch *Friehe*, S. 314ff.
413 Vgl. AK-*Schöch*, Vorbem. § 151, Rn. 17; *Cramer*, FS-Rebmann, S. 145(149); *Günter*, DRiZ 1989, 151; *Niemöller*, StV 1990, 34(38); LR-*Gollwitzer*, § 261, Rn. 44; *Schmidt-Hieber*, Verständigung, Rn. 165.
414 *Niemöller*, StV 1990, 34(38); *Schünemann*, Gutachten, S. 122.
415 Vgl. *Dahs*, NJW 1987, 1318 und *Schäfer*, Triberg Symposium, S. 134, die beide aus ihrer eigenen Praxiserfahrung berichten, daß Absprachen ausnahmslos eingehalten würden; vgl. auch *Janke*, S. 77ff.; *Kremer*, S. 64, jeweils mit weiteren Nachweisen aus der Praxis. Im Ergebnis ebenso die Untersuchung von *Schünemann*, NJW 1989, 1895(1897) und *Siolek*, Verständigung, S. 169f.
416 *Schünemann*, Gutachten, S. 74f. Ihm folgend *Friehe*, S. 332.
417 *Dahs*, NJW 1987, 1318, in Anlehnung an *Schmidt-Hieber* (siehe unten Fn. 419), welcher jedoch eine faktische Bindungswirkung gerade vermeiden will. Vgl. auch *Bode*, DRiZ 1988, 281(284); *Hanack*, StV 1987, 500(501).

gnose abzuweichen, sofern keine neuen Umstände eingetreten sind und der Angeklagte nicht hinreichend informiert wurde.[418]

(3) Keine Bindungswirkung

Zum Teil wird eine Bindungswirkung von Absprachen vehement verneint.[419] So ordnet vor allem *Schmidt-Hieber* die Absprache als nicht bindende Zwischenberatung mit Prognosecharakter ein, wie es die Strafprozeßordnung an verschieden Stellen bereits voraussetzt.

Eine faktische Bindungswirkung solle auf der einen Seite unter anderem schon durch einen Hinweis des Gerichts auf die fehlende Bindung vermieden werden, führe auf der anderen Seite aber auch nicht ohne weiteres zur Unzulässigkeit einer Absprache, sofern die faktische Bindungswirkung nicht zu einer Verpflichtung hinsichtlich des Verfahrensergebnisses führe.[420] In der Konsequenz dieser Ansicht kann es auch nicht zur Unzulässigkeit der Absprache wegen einer faktischen Bindungswirkung kommen. Eine zulässige Absprache könne daher erfolgen, wenn die Zusage im Rahmen der Absprache unter ausdrücklicher Betonung der Vorläufigkeit auf der Basis der gegenwärtigen gerichtlichen Einschätzung der Sach- und Rechtslage und unter dem Vorbehalt einer möglichen Änderung im weiteren Verlauf der Hauptverhandlung, abgegeben werde.[421]

Im übrigen wird aber bei Annahme einer faktischen Bindungswirkung – je nach deren Intensität – eine Verletzung des Unmittelbarkeitsgrundsatzes angenommen.[422]

---

418 Vgl. dazu die Darstellungen zum fair trial Grundsatz, S. 52f.

419 *Schmidt-Hieber*, Verständigung, Rn. 165ff.; *ders.* FS-Wassermann, S. 995(1001); *ders.* DRiZ, 1990, 321; *ders.* NJW 1990, 1884f.; folgend: *Gerlach*, S. 102ff.; *Tscherwinka*, S. 74ff.; vgl. aber auch schon *Baumann*, NStZ 1987, 157(160). Als Beispiele für in der Strafprozeßordnung vorgesehene Prognoseerklärungen nennt *Schmidt-Hieber* unter anderem die sachgerechte Behandlung von Beweisanträgen (§ 244Abs. 3 StPO), da eine solche ohne Zwischenberatung nicht möglich sei und die Ablehnung der Anhörung eines weiteren Sachverständigen, wenn das Gericht das Gegenteil der behaupteten Tatsache als bereits erwiesen ansehe (§ 244 Abs. 4 S. 2 StPO), da auch hier eine vorweggenommene Würdigung vorausgesetzt werde. Wegen der damit verbundenen grundsätzlichen Möglichkeit von Prognoseerklärungen wird der Annahme einer Unzulässigkeit von Absprachen auf Grund einer faktischen Bindungswirkung ein Zirkelschluß „par excellence" vorgeworfen, so *Schmidt-Hieber*, NJW 1990, 1884(1885) sowie zustimmend *Gerlach*, S. 132f.

420 *Schmidt-Hieber*, NJW 1990, 1884(1885).

421 *Janke*, S. 170.

422 *Nestler-Tremel*, DRiZ 1988, 288(291ff.); *Schünemann*, Triberg, S. 24ff.; *Siolek*, DRiZ 1989, 321(322); differenzierend: *Küpper/Bode*, Jura 1999, 351(361) eine Verletzung durch eine de facto bindende Absprache besteht nur dann, wenn diese nicht anschließend ausführlich in der Hauptverhandlung behandelt wird. Eine Verletzung ablehnend steht *Cramer*, FS-Rebmann, S. 145(149) gegenüber, denn das Urteil basiere nicht auf der Absprache an sich, sondern auf der Hauptverhandlung und dem regelmäßig dort abgelegten Geständnis. Dagegen wird wiederum eingewandt, daß es sich dabei um eine rein formale Ar-

Schünemann hält beispielsweise zumindest die stabile Absichtserklärung für unzulässig[423] und wendet gegen die Behauptung der Unverbindlichkeit bei einer Absprache ein, daß es sich dabei um „euphemistische Liturgie" handele, die Probleme nicht löse, sondern verschleiere.[424] *Siolek* meint dazu, daß um des Ergebnisses Willen von einer fehlenden Bindungswirkung zu sprechen nichts anderes sei, als eine falsa demonstratio, die bekanntlich nicht schade.[425]

Im Ergebnis bleibt festzuhalten, daß die Literatur einer bindenden Absprache äußerst kritisch gegenüber steht. Während eine rechtliche Bindung generell abgelehnt wird, lehnen die Befürworter von Absprachen – insbesondere *Schmidt-Hieber* – eine faktische Bindung ab, um die Absprache vor der Unzulässigkeit zu „bewahren". Ein großer Teil in der Literatur nimmt jedoch eine faktische Bindung an, und erblickt dann darin einen Verstoß gegen die formelle Unmittelbarkeit.

b. Materielle Unmittelbarkeit

Auch wenn eine Verletzung der materiellen Unmittelbarkeit denkbar wäre,[426] so handelt es sich dabei nicht um ein absprachespezifisches Problem. Es wird daher auch nicht in der Literatur im Rahmen von Absprachen problematisiert.

5. Mündlichkeitsprinzip

Wegen seiner engen Nähe[427] zum Unmittelbarkeits- und Öffentlichkeitsgrundsatz verwundert eine Diskussion der Verletzung des Mündlichkeitsprinzips nicht. Das Mündlichkeitsprinzip der Hauptverhandlung ergibt sich aus §§ 261, 264 StPO.[428] Es besagt, daß nur der mündlich vorgetragene und erörterte Prozeßstoff dem Urteil zugrunde gelegt werden darf. Trotz der grundsätzlichen Trennung[429] der Prinzipien von Unmittelbarkeit und Mündlichkeit besteht bezüglich der Diskussion eines Verstoßes der Absprachenpraxis gegen diese Einheit in der Literatur.[430] Es kann insofern auf die Darstellung der Literatur beim

---

gumentation handele, vgl. *Rönnau*, Absprache, S. 156.

423 *Schünemann*, Gutachten, S. 75, *ders.*, StV 1993, 657(658) mit dem Hinweis, daß der praktische Nutzen einer Absprache damit erheblich abnehmen würde, wenn nur sogenannte labile Absichtserklärungen in Betracht kämen, da sie den Bedürfnissen der Praxis nicht gerecht würden.

424 *Schünemann*, Triberg-Symposium, S. 41.

425 *Siolek*, DRiZ 1989, 321(322).

426 Beispielsweise wäre es denkbar, daß abgesprochen wird aus Zeitgründen einen mittelbaren Zeugen zu vernehmen, obwohl ein unmittelbarer Zeuge dem Gericht zur Verfügung steht.

427 *Eb. Schmidt*, Lehrkommentar I, Rn. 430; KK-*Pfeiffer*, Einl., Rn. 8.

428 *Meyer-Goßner*, § 261 Rn. 7; *Roxin*, Strafverfahrensrecht, § 44, Rn.1.

429 Vgl. *Eb Schmidt*, Lehrkommentar I, Rn. 430.

430 *Braun*, S. 58; *Dencker*/Hamm, Vergleich, S. 52; *Janke*, S. 127; *Küpper/Bode*, Jura 1999, 351(361); *Rönnau*, Absprache, S. 170f.; *Schünemann*, Gutachten, S. 84ff.; *Tscherwinka*, S.

Unmittelbarkeitsgrundsatz verwiesen werden.[431] Weiter wird das Mündlichkeitsprinzip als Voraussetzung für das Öffentlichkeitsprinzip gesehen.[432] Ein Verstoß gegen letzteres indiziere daher auch einen Verstoß gegen das Mündlichkeitsprinzip.[433] Auch insofern besteht Einigkeit. Es kann daher ebenso zur Darstellung des Öffentlichkeitsgrundsatzes verwiesen werden.[434]

6. § 136a StPO

Neben[435] einer Verletzung der allgemeinen Verfahrensgrundsätze wird in der Literatur auch schwerpunktmäßig eine Verletzung des § 136a StPO diskutiert.[436] Gemäß § 136a StPO darf die Freiheit der Willensentschließung und der Willensbetätigung des Beschuldigten nicht beeinträchtigt werden. In § 136a StPO werden eine Reihe unzulässiger Vernehmungsmethoden genannt. Für die Absprachenproblematik werden die Varianten der Täuschung, § 136a Abs. 1 S. 1 Variante 6 StPO, der Drohung mit einer verfahrensrechtlich unzulässigen Maßnahme, § 136a Abs. 1 S. 3 Variante 2 und die des Versprechens eines gesetzlich nicht vorgesehenen Vorteils, § 136a StPO Abs. 1 S. 3 Variante 1, diskutiert.

a. Täuschung

Das Tatbestandsmerkmal der Täuschung wird restriktiv ausgelegt.[437] Dadurch ist nicht schon jede kriminalistische List bei der Vernehmung untersagt[438], wohl aber die bewußte Irreführung des Angeklagten.[439] Als Fälle der Täuschung im

---

141ff.

431 Siehe oben, S. 70ff.

432 *Janke*, S. 126; KK-*Pfeiffer*, Einl., Rn. 8.

433 Vgl. *Janke*, S. 127; *Küpper/Bode*, Jura 1999, 351(361); *Rönnau*, Absprache, S. 170.

434 Siehe oben, S. 67ff.

435 Teilweise wird § 136a StPO als lex specialis zum Nemo-tenetur-Grundsatz gesehen, so beispielweise *Schünemann*, Gutachten, S. 98f. Es kommt dann konsequent zur ausschließlichen Anwendung von § 136a StPO. Dieses Verhältnis muß jedoch nicht zwingend sein. In § 136a StPO ist nicht die Frage geregelt, ob der Angeklagte zur Mitarbeit gezwungen wird, sondern die Art und Weise, wie gegen ihn vorgegangen werden darf, vgl. *Eser*, ZStW 86(1974 Beiheft), 144(147); *Rogall*, Beschuldigter als Beweismittel, S. 105ff; *ders.* im SK, § 136a, Rn. 137. Gegen ein Verhältnis der Spezialität zum Nemo-tenetur-Grundsatz spricht auch die Tatsache, daß § 136a StPO gem. § 69 III StPO auch beim nichttatverdächtigen Zeugen Anwendung findet. Dieser könnte sich im Rahmen seiner Aussage jedoch nicht auf den Nemo-tenetur-Grundsatz berufen.

436 Siehe beispielsweise: *Janke*, S. 162ff.; *Kremer*, S. 129ff.; *Rönnau*, Absprache, S. 189ff.; *Schünemann*, Gutachten, S. 98ff.; *Schmidt-Hieber*, Verständigung, Rn. 242ff.; *Siolek*, Verständigung, S. 176ff.; *Tscherwinka*, S. 132ff.

437 Vgl. schon *Eb. Schmidt*, Lehrkommentar II, § 136a, Rn. 13 sowie *Meyer-Goßner*, § 136a, Rn. 12; LR-*Hanack*, § 136a, Rn. 33; KK-*Boujong*, § 136a, Rn. 19; SK-*Rogall*, § 136a, Rn. 45.

438 KK-*Boujong*, § 136a, Rn. 19.

439 *Meyer-Goßner*, § 136a, Rn. 12.

Rahmen einer Absprache werden eine vorbehaltslose Ankündigung des Gerichts, eine Strafminderung zu gewähren,[440] obwohl es dazu nicht bereit sei, die Schilderung der Aussichtslosigkeit der Situation des Angeklagten wider besseren Wissens oder die Ankündigung nicht vorhandener sicherer Beweismittel für den Fall eines nicht absprachebereiten Angeklagten genannt.[441]
Nach überwiegender Ansicht spielt die Täuschung im Sinne des § 136a Abs. 1 S. 1 Variante 6 StPO bei Absprachen jedoch eine untergeordnete Rolle.[442] Als Grund werden Beweisprobleme angeführt.[443] Dem Gericht werde nur schwer ein Vorsatz für eine absichtliche Täuschung nachzuweisen sein. Ein weiterer Grund soll darin liegen, daß das Ergebnis der Absprache umgesetzt werden muß, um ihr Ziel in Form der Verfahrensverkürzung zu erreichen.[444] Diese Möglichkeit besteht nur, wenn die in Aussicht gestellte Strafmilderung real ist,[445] was bei einer Täuschung aber gerade nicht der Fall ist.

b. Drohung

Eine Drohung im Sinne von § 136a Abs. 1 S. 3 StPO ist das Inaussicht-Stellen einer Maßnahme, auf deren Anordnung der Vernehmende Einfluß zu haben vorgibt.[446] Abzugrenzen ist in diesem Zusammenhang zu Warnungen, Hinweisen und zulässigen Ermahnungen, die keine Drohung im Sinne des § 136a StPO sind.[447] Das Inaussicht-Stellen eines Strafrabattes im Rahmen einer Absprache kann nach Ansicht von Teilen der Literatur eine Drohung darstellen.[448] Denn in einer nur vordergründigen Gewährung einer Vergünstigung liege die implizit verbundene Drohung, denjenigen, der sich nicht kooperativ verhalte, härter zu bestrafen. Die Drohung sei quasi die Kehrseite des Vorteilsversprechens.[449] Damit ist auch schon die bedeutendste[450] Variante der verbotenen Vernehmungsmethoden bei Absprachen angesprochen: Das Versprechen eines gesetzlich nicht vorgesehenen Vorteils im Sinne von § 136 Abs. 1 S. 3 Variante 2 StPO.

---

440 Vgl. *Schmidt-Hieber*, Verständigung, Rn. 244; *Tscherwinka*, S. 139.

441 Vgl. *Janke*, S. 168; *Rönnau*, Absprache, S. 197.

442 Vgl. *Cramer*, FS-Rebmann, S. 145(157); *Kremer*, S. 133; *Janke*, S. 167; *Rönnau*, Absprache, S. 197.

443 Vgl. *Cramer*, FS-Rebmann, S. 145(157); *Janke*, S. 167; *Schmidt-Hieber*, Verständigung, Rn. 244.

444 Vgl. *Kremer*, S. 133.

445 Vgl. *Dencker*/Hamm, Vergleich, S. 97, der überspitzt schlagwortartig zusammenfaßt, daß „Erpressung zum Vergleich gehört, Betrug hingegen nicht".

446 KK-*Boujong*, § 136a, Rn. 30; *Meyer-Goßner*, § 136a, Rn. 21; LR-*Hanack*, § 136a, Rn. 48.

447 KK-*Boujong*, § 136a, Rn. 30; *Meyer-Goßner*, § 136a, Rn. 21.

448 Vgl. *Dencker*/Hamm, Vergleich, S. 44; *Seier*, JZ 1988, 683(688); *Weigend*, JZ, 1990, 774(778). Ähnlich auch *Siolek*, Verständigung, S. 188f.; *ders.* DRiZ 1989, 321(327).

449 *Seier*, JZ 1988, 683(688); vgl. auch *Schünemann*, Gutachten, S. 113.

450 *Gerlach*, S. 74, 202; *Janke*, S. 169.

c. Versprechen eines gesetzlich nicht vorgesehenen Vorteils

Einleitend sei hierzu zunächst gesagt, daß sich bei der Frage, ob Absprachen als Versprechen eines gesetzlich nicht vorgesehen Vorteils zu qualifizieren sind, deutlich der unmittelbare Bezug neben dem Verfahrensrecht auch zum materiellen Recht zeigt. Denn prozessual kann nur das zulässig versprochen werden, was auch materiell-rechtlich zulässig ist. Hier gehen die Ansichten teilweise weit auseinander. Eine pauschale Lösung kann es schon wegen der Vielfalt der Absprachemöglichkeiten nicht geben. An dieser Stelle soll die Diskussion wiederum auf den Prototyp der Absprache „Geständnis gegen Strafrabatt" beschränkt werden.[451] Aus materiell-rechtlicher Sicht stellt sich die grundsätzliche Frage, inwiefern eine Absprache Kriterium der Strafbemessung im Sinne des § 46 StGB sein kann.[452]

Eine Beurteilung hängt unmittelbar mit dem Verständnis der einzelnen Tatbestandsvoraussetzungen des § 136a Abs. 1 S. 3 Variante 2 StPO zusammen, wobei schon diese umstritten sind.

Das Versprechen wird überwiegend als Abgabe einer bindenden Zusage verstanden, auf dessen Einhaltung der Empfänger vertrauen kann.[453] Andere lassen hingegen schon jedes Inaussicht-Stellen eines unzulässigen Vorteils genügen.[454] Diejenigen in der Absprachenliteratur, die das Vorliegen einer bindenden Zusage im Rahmen von Absprachen einheitlich beurteilen, also bei § 136a StPO ebenso wie in Bezug auf § 261 StPO, und eine Bindungswirkung verneinen, kommen mit der herrschenden Auffassung auch nicht zu einem Verstoß gegen § 136a Abs. 1 S. 3 Variante 2 StPO.[455] Es wird aber nicht allgemein so gesehen, daß die Bindungswirkung einheitlich zu beurteilen ist. So kann es für eine Bindungswirkung im Rahmen der bindenden Zusage bei § 136a StPO schon ausreichen, wenn der Angeklagte die Absprache als bindend auffassen mußte.[456]

Es komme dabei aber letztendlich darauf an, wie man sich abgesprochen habe.[457] Für die Konstellationen, in denen das Gericht eine bindende Zusage abgibt, bestehe jedenfalls die Möglichkeit eines Verstoßes gegen § 136a Abs. 1

---

[451] Zu den anderen möglichen Konstellationen siehe Kapitel 4, S. 171ff.

[452] Siehe dazu auch unten, S. 179ff.

[453] *Eb. Schmidt*, Lehrkommentar II, § 136a, Rn. 20; KK-*Boujong*, § 136a, Rn. 32; *Meyer-Goßner*, § 136a, Rn. 23; SK-*Rogall*, § 136a, Rn. 65.

[454] Vgl. *Grünwald*, NJW 1960, 1941; LR-*Hanack*, § 136a, Rn. 50, *Schlüchter*, Strafverfahren, Rn. 93.

[455] So beispielsweise *Cramer*, FS-Rebmann, S. 145(158); *Janke*, S. 170.

[456] *Kremer*, S. 137f.; *Tscherwinka*, S. 136, allerdings klammert er die Fälle der verläßlichen Prognose aus der Gruppe der bindenden Zusagen aus.

[457] *Tscherwinka*, S. 71ff., 136; vgl. auch *Schünemann*, Gutachten, S. 105; wohl auch *Schmidt-Hieber*, Verständigung, Rn. 244; *Gutterer* geht beispielsweise in seiner Mustervereinbarung, S. 26, von einer Bindung des Gerichts hinsichtlich der Rechtsfolge aus, S. 136, und untersucht demzufolge nur diese Fälle.

S. 3 Variante 2 StPO.[458] Dabei kommt es auch hierbei wiederum zur bereits geschilderten Unterscheidung zwischen rechtlicher und faktischer Bindung.[459] Diejenigen, die eine faktische Bindung bejahen, nehmen konsequent auch eine bindende Zusage an. Im Ergebnis kommen die Absprachekritiker damit auch zu einer bindenden Zusage im Sinne von § 136a StPO,[460] da entweder der Angeklagte die Absprache als bindend verstehen durfte[461] oder doch zumindest eine faktisch bindende Zusage des Gerichts bestand. Dabei werden die beiden Konstellationen regelmäßig zusammenfallen, da die faktische Bindung gerade über den fair-trial-Grundsatz begründet wird, und dafür ausreicht, wenn der Angeklagte die Zusage als bindend verstehen durfte.

Weitere Voraussetzung des § 136a Abs. 1 S. 3 Variante 2 StPO ist, daß ein Vorteil versprochen wird. Vorteil ist ein Zustand, der vom Empfänger des Versprechens als günstig empfunden wird.[462] Ein Vorteil für den Angeklagten ist im Normalfall der Absprache immanent. Zu denken sei beispielsweise an eine mildere Strafe beziehungsweise eine Bewährungsstrafe oder eine Einstellung gemäß §§ 153 ff. StPO.[463]

Umstritten ist, was unter „gesetzlich nicht vorgesehenen" zu verstehen ist. Für die überwiegende Meinung in der Literatur genügt jede Gegenleistung für ein bestimmtes Aussageverhalten.[464] Dem stehen diejenigen gegenüber, die einen gesetzlich nicht vorgesehenen Vorteil erst dann annehmen, wenn er nach dem Gesetz überhaupt nicht oder jedenfalls nicht in dem konkreten Fall gewährt werden darf, wenn also ein Gesetzesverstoß vorliegt.[465] Wird ein solcher Zusammenhang für zulässig erachtet, stehe § 136a Abs. 1 S. 3 Variante 2 StPO dem „Handel" mit dem staatlichen Strafanspruch hingegen nicht grundsätzlich entgegen.[466]

Absprachen würden mit der erstgenannten Ansicht schon wegen des Zusammenhangs zwischen der Zusage des Gerichts und dem Aussageverhalten des Angeklagten als Gewährung eines unzulässigen Vorteils eingestuft und damit einen Verstoß gegen § 136a Abs. 1 S. 3 Variante 2 StPO darstellen. In dieser

---

458 Beispielsweise *Schmidt-Hieber*, Verständigung, Rn. 244.
459 *Braun*, S. 7; *Dencker*/Hamm, Vergleich, S. 34; *Rönnau*, Absprache, S. 194; *Siolek*, Verständigung, S. 189.
460 Beispielsweise *Rönnau*, Absprache, S. 194.
461 *Kremer*, S. 137.
462 LR-*Hanack*, § 136, Rn. 51.
463 Beispiele bei *Rönnau*, Absprache, S. 185; *Schmidt-Hieber*, Verständigung, Rn. 243; *Schünemann*, Gutachten, S. 110.
464 Vgl. *Eb. Schmidt*, Lehrkommentar II, Rn. 18; KK-*Boujong*, § 136a, Rn. 32.
465 LR-*Hanack*, § 136a, Rn. 52; SK-*Rogall*, § 136a, Rn. 67.
466 Vgl. LR-*Hanack*, § 136a, Rn. 53, 55.

deutlichen Konsequenz wird ein Verstoß bemerkenswerter Weise jedoch nicht vertreten.[467] Eine Verletzung wird aber zumindest dann gesehen, wenn gegen zwingendes Recht verstoßen wird.[468] Das ist der Fall, wenn Verfahrensgrundsätze oder materielles Recht verletzt sind. Für den Prototyp der Absprache liegt also dann eine Verletzung des § 136a Abs. 1 S. 3 Variante 2 StPO vor, wenn der Strafrabatt nicht (mehr) von § 46 StGB gedeckt ist.

Es sind aber ebenso Absprachen denkbar, die wegen einer Verfahrensverletzung gegen § 136a StPO verstoßen, so beispielsweise bei mangelnder Kompetenz. Das Gericht stellt beispielsweise die Außervollzugssetzung des Haftbefehls bei Abgabe eines Geständnisses in Aussicht, ohne daß ein Geständnis eine Verdunklungsgefahr ausräumt.[469] Ebenso verstoße die bindende Zusicherung, im Falle eines Geständnisses ein bestimmtes Strafmaß zu verhängen, gegen § 136a Abs. 1 S. 3 Variante 2 StPO, da eine endgültige Entscheidung des Gerichts erst nach Abschluß der mündlichen Verhandlung getroffen werden dürfe.[470]

Um der unterschiedlichen Absprachenkonstellationen habhaft zu werden, bildet *Schünemann*[471] mit Gruppen wie speziellen Privilegierungsvorschriften[472], Teileinstellung bei Geständnisablegung[473] und allgemeine Strafmilderung bei Ge-

---

467 Während *Pfeiffer*, in: *Pfeiffer*/Fischer, StPO 1. Aufl., § 136a, Rn. 10, zunächst die verhältnismäßig deutliche Aussage traf, daß „Absprachen weitgehend gegen § 136a StPO verstoßen", hat er seine Aussage mittlerweile relativiert, indem er, in: *Pfeiffer*, StPO 2. Aufl., § 136a, Rn. 10, ein Verstoß „je nach den Umständen im Einzelfall für möglich" hielt, und nunmehr, in: *Pfeiffer*, StPO, § 136, Rn. 10, dazu übergegangen ist, daß „Absprachen, die unsere StPO nicht kennt, nach der Rspr. des BGH als zulässig anerkannt werden, wenn bestimmte Voraussetzungen erfüllt sind und auch kein Verstoß gegen § 136a StPO vorliegt". *Gutterer*, S. 119ff, S. 138, hält den Streit bezüglich des unzulässigen Vorteils für entbehrlich, da Absprachen den Unmittelbarkeitsgrundsatz und den Mündlichkeitsgrundsatz verletzten und damit ein Vorteil vorliege, der sowohl eine Gegenleistung darstelle als auch rechtlich nicht zulässig sei.

468 Vgl. *Seier*, JZ 1988, 683(688).

469 *Schmidt-Hieber*, Verständigung, Rn. 245; *Seier*, JZ 1988, 683(688) es reiche schon aus, wenn dem Angeklagten suggeriert werde, daß beispielsweise der Begriff der Fluchtgefahr i.S.v. § 112 Abs. 1, 2 Nr. 2 StPO ausschließlich von seinem Aussageverhalten abhänge.

470 *Rönnau*, Absprache, S. 196; *Schmidt-Hieber*, Verständigung, Rn. 244 i.V.m. Rn. 167; *Seier*, JZ 1988, 683(688).

471 *Schünemann*, Gutachten, S. 105ff.

472 Als Beispiele dafür werden §§ 153e Abs. 1 S. 2, 154c StPO und §§ 31, 37 BtMG genannt. Eine Absprache im Rahmen einer solchen Privilegierungsvorschrift stelle keinen Verstoß dar, da diese vom Normzweck gedeckt sei, vgl. *Schünemann*, Gutachten, S. 105ff.

473 Bei einer Teileinstellung i.S.d. § 154 StPO bei Ablegung eines Geständnisses fehlt es an einem spezifischen Zusammenhang. Eine Teileinstellung i.S.d. § 154 StPO könne nicht als gesetzlich vorgesehener Vorteil i.S.d. § 136 Abs. 1 S. 3 Variante 2 StPO für ein Geständnis in anderer Sache verstanden werden, vgl. *Schünemann*, Gutachten, S. 109.

ständnisablegung drei Absprachetypen heraus. Übergeordnete Voraussetzung der Gewährung eines gesetzlich nicht vorgesehenen Vorteils für jede der Gruppen ist eine sogenannte „dreifache Konnexität".[474] Damit ist gemeint, daß die Ausfüllung des Spielraums des Strafmaßes überhaupt vorweggenommen werden dürfe, die Ausfüllung auch schon von dem Kenntnisstand des Zeitpunktes der Absprache möglich sein müsse und zwischen dem Normzweck und der Herbeiführung der Aussage Konnexität bestehen müsse. Bei dem Prototyp der verfahrensverkürzenden Absprache fehle es an der dreifachen Konnexität, so daß *Schünemann* von einem Verstoß gegen § 136a StPO ausgeht.[475]

Zusammenfassend kann an dieser Stelle festgehalten werden, daß in einer verfahrensverkürzenden Absprache, die ein „Geständnis gegen Strafrabatt" zum Gegenstand hat, in der Literatur überwiegend ein Verstoß gegen § 136a Abs. 1 S. 1 Variante 2 StPO gesehen wird.

7. Sonderproblem: Rechtsmittelverzicht

Der Verzicht auf Rechtsmittel stellt neben dem Geständnis und dem Nicht-Stellen von Beweisanträgen eine wichtige und wohl auch häufige „Leistung" des Angeklagten im Rahmen einer Absprache dar. Gericht und Staatsanwaltschaft haben ein Interesse an der Abgabe eines Rechtsmittelverzichts des Angeklagten wegen der damit verbundenen Bestandskraft des Urteils.[476] Zusätzlich kommt das Gericht in den Vorzug der erleichterten Urteilsbegründung gemäß § 267 Abs. 4 StPO. Der Prototyp der Absprache könnte quasi in der Form ergänzt werden, daß „ein Geständnis mit anschließendem Rechtsmittelverzicht gegen Strafrabatt" abgegeben wird.

Aus § 302 Abs. 1 S. 1 StPO ergibt sich zunächst die grundsätzliche Möglichkeit, auf die Einlegung eines Rechtsmittels zu verzichten.[477] Vereinzelt wird in der Literatur ein Rechtmittelverzicht im Rahmen einer Absprache nicht nur für zulässig gehalten, sondern auch darüber hinaus für sachdienlich, da die Argumente der Beteiligten in ein endgültiges Verfahrensergebnis einfließen könnten.[478]

---

[474] *Schünemann*, Gutachten, S. 104f.

[475] Bei einem „Geständnis gegen Strafrabatt" fehlt es nach Ansicht *Schünemanns* an der erforderlichen Konnexität, da im Umkehrschluß folgen würde, daß die Wahrnehmung der prozessualen Rechte durch den Angeklagten zur Strafschärfung führen würde, vgl. *Schünemann*, Gutachten, S. 113. Ferner sei es nicht möglich bereits im Rahmen einer Absprache ein numerisch exakt bestimmtes Strafmaß abzugeben, so *Schünemann*, Gutachten, S. 115f. Deshalb liege ein Verstoß gegen § 136a Abs. 1 S. 3 Variante 2 StPO vor.

[476] Vgl. oben S. 34. Das Verfahren ist „endgültig vom Tisch".

[477] *Meyer-Goßner*, § 302, Rn. 13ff.

[478] *Schmidt-Hieber*, Verständigung, Rn. 191.

Der überwiegende Teil der Literatur steht einem absprachegemäß erklärten Rechtsmittelverzicht aber sehr skeptisch gegenüber.[479] Wegen der etwaigen Einflußnahme auf die freie Willensbetätigung steht der absprachegemäße Verzicht auf Rechtsmittel in engem Zusammenhang mit einem Verstoß gegen § 136a StPO, jedoch ohne daß § 136a StPO Anwendung auf die Abgabe des Rechtsmittelverzichts findet.[480] Dies ergibt sich daraus, daß es sich bei dem Rechtsmittelverzicht um eine Prozeßerklärung handelt und damit um eine Willenserklärung,[481] die Regelung des § 136a StPO hingegen Wissenserklärungen erfaßt und sich ausschließlich auf Vernehmungen bezieht.[482]

Zunächst einmal besteht insoweit wohl grundlegende Einigkeit darüber, daß eine Absprache „Rechtsmittelverzicht gegen Strafmilderung" unzulässig ist, da ein vorab erklärter Rechtsmittelverzicht unter keinen Umständen als Strafmilderungsgrund dienen kann.[483] Aber auch neben einer Verknüpfung von Rechtsmittelverzicht und Strafmaß werden aus verschiedenen Gründen Bedenken gegen die absprachegemäße Abgabe eines Rechtsmittelverzichts geäußert.

So ist der Angeklagte grundsätzlich einem erheblichen Druck ausgesetzt. Und zwar auch dann, wenn die Rechtsmittelverzichtserklärung in der Absprache nicht verbindlich sein soll,[484] denn neben dem Gericht wird auch ein Interesse des Verteidigers an der Einhaltung des Rechtsmittelverzichts gesehen, weil der Verteidiger ansonsten in anderen Fällen die Möglichkeit einer Absprache zu Gunsten seiner (zukünftigen) Mandanten verbaue.[485] So können die Übergänge von einem Rechtsmittelverzicht, der auf einem freien Willensentschluß des Angeklagten beruht, und einem solchen, in dem der Angeklagte einem psychischen Druck ausgesetzt ist, letztendlich – wenn überhaupt[486] – nur im Einzelfall ent-

---

479 *Baumann*, NStZ 1987, 157(159); Dencker/*Hamm*, Vergleich, S. 114; *Janke*, S. 194 „die Justiz darf sich der Korrektur von etwaigen Fehlern im Rechtsmittelzug auch durch eine Absprache nicht entziehen"; LR-*Rieß*, Einl. G, Rn. 84, 86; *Rönnau*, Absprache, S. 49; *Siolek*, Verständigung, S. 199 „...rechtswidrigen Vereinbarungen die ‚Krone' durch einen Rechtsmittelverzicht aufsetzen"

480 Vgl. LR-*Hanack*, § 302, Rn. 48; SK-*Frisch*, § 302, Rn. 31. Teilweise wird aber eine analoge Anwendung des § 136a StPO bezüglich Prozeßhandlungen befürwortet. Vgl. dazu schon *Eb. Schmidt*, Lehrkommentar I, Rn. 209.

481 Vgl. *Grunst*, Prozeßhandlungen, S. 269.

482 Vgl. *Meyer-Goßner*, § 136a, Rn. 4.

483 *Janke*, S. 194; *Schmidt-Hieber*, Verständigung, Rn. 190; Dencker/*Hamm*, Vergleich, S. 114; *Siolek*, DRiZ 1989, 329f.

484 Insofern besteht wohl Einigkeit. Die Unverbindlichkeit läßt sich schon aus der Tatsache herleiten, daß der Zeitpunkt der Absprache regelmäßig vor Urteilsverkündung ist und der Angeklagte zu diesem Zeitpunkt noch nicht wirksam auf Rechtsmittel verzichten kann. Vgl. dazu auch Kapitel 4, S. 204ff.

485 Dencker/*Hamm*, Vergleich, S. 114f.

486 Es wird deswegen auch von einer Gesamtheitsbetrachtung gesprochen, im Rahmen derer aufgrund der Situation im Strafprozeß letztendlich immer Zweifel an der Freiheit der Wil-

schieden werden und daher möglicherweise als ein Verstoß gegen den fair-trial-Grundsatz gesehen werden.[487]

Siolek sieht durch die der Absprache immanente Drucksituation eine Verletzung der aus Art. 19 Abs. 4 GG gewährleisteten Rechtsweggarantie.[488] Art. 19 Abs. 4 GG gewährleistet zwar lediglich einen Schutz „durch den Richter" und nicht „gegen den Richter",[489] jedoch sei nach *Siolek* dieses klassische Verständnis von Art. 19 Abs. 4 GG insoweit zu erweitern, als für diejenigen Fälle, in denen der Gesetzgeber in einer Verfahrensordnung mehrere Instanzen eröffnet habe, der Zugang zu diesen nicht in unzumutbarer Weise erschwert werden dürfe. Vielmehr sei damit an eine analoge Anwendung des Art. 19 Abs. 4 GG zu denken. Dem wird entgegengehalten, daß sich der Angeklagte den Rechtsweg ja gerade durch sein eigenes Verhalten verschlossen habe.[490] Wobei sich dann wiederum die Frage stellen würde, inwieweit die Entscheidung des Angeklagten denn wirklich freiwillig gewesen sei.[491] Die Konstruktion einer Verletzung der aus Art. 19 Abs. 4 GG gewährleisteten Rechtsweggarantie hat jedoch – soweit ersichtlich – keine weiteren Anhänger gefunden.

8. Fazit

Es hat sich gezeigt, daß neben den bereits dargestellten verfassungsrechtlichen Bedenken, wie insbesondere im Hinblick auf den fair-trial-Grundsatz, die Unschuldsvermutung und den Nemo-tenetur-Grundatz, zum Teil auch ganz erhebliche Bedenken in der Literatur gegen Absprachen aus Sicht der Strafprozeßordnung bestehen. Eine Absprache läßt sich nicht ohne weiteres mit den fundamentalen Grundsätzen wie dem Legalitätsprinzip, dem Amtsermittlungsgrundsatz, dem Öffentlichkeitsgrundsatz und auch dem Unmittelbarkeitsgrundsatz vereinbaren. Dies liegt unter anderem daran, daß dem Geständnis eine Bedeutung beigemessen wird, wie es die Strafprozeßordnung nicht vorsieht. Bei einem absprachegemäßen Geständnis werden in der Literatur darüber hinaus erhebliche Bedenken hinsichtlich einer Vereinbarkeit mit § 136a StPO geäußert.

Wesentliche Fragen, wie der Beteiligungsumfang, der Ort der Absprache und auch die Verbindlichkeit einer Absprache sind äußerst umstritten. Die Strafprozeßordnung liefert dazu keine explizite Auskunft, vielmehr ist durch Auslegung und Rechtsfortbildung ein Konsens zwischen Absprachen und dem Prozeßrecht gesucht worden, oder es wurde schlicht die Unzulässigkeit von Absprachen

---

lensentschließung des Angeklagten bestehen bleiben, vgl. *Siolek*, Verständigung, S. 199.

[487] *Siolek*, Verständigung, S. 199.

[488] *Siolek*, Verständigung, S. 198f.

[489] Vgl. insofern BVerfGE 49, 329(340); *Pieroth/Schlink*, Grundrechte, Rn. 1106.

[490] *Braun*, S. 80.

[491] Insoweit hat auch *Siolek*, Verständigung, S. 199, hingewiesen, daß die Umstände, die zum Rechtsmittelverzicht des Angeklagten geführt haben, nicht unberücksichtigt bleiben dürfen.

festgestellt. Für den Weg des Konsenses haben sich aber nur wenige in der Literatur entschieden, unter ihnen ist insbesondere *Schmidt-Hieber* zu nennen. Der überwiegende Teil der Literatur kommt de lege lata zu einer Unvereinbarkeit von Absprachen mit der Strafprozeßordnung.

II. Materiellrechtliche Kritikpunkte

Während sich die Rechtsprechung noch nicht mit Problemen der Strafbarkeit von Absprachebeteiligten zu beschäftigen hatte, werden in der Literatur neben den verfahrensrechtlichen Kritikpunkten zum Teil auch materiellrechtliche Bedenken gegen Absprachen geäußert. Dabei wird die Möglichkeit einer Strafbarkeit des Amtsträgers wie auch die des Verteidigers diskutiert.[492]

1. Strafbarkeit des Amtsträgers

Schwerpunkt der Diskussion bezüglich der Strafbarkeit von Amtsträgern im Rahmen einer Absprache ist die Rechtsbeugung, § 339 StGB. Es werden aber auch Strafvereitelung im Amt, §§ 258, 258a StGB, die Verfolgung Unschuldiger, § 344 StGB, Aussageerpressung, § 343 StGB sowie Nötigung, § 240 StGB oder die Bestechungsdelikte, §§ 331ff. StGB, als verletzte Normen in Betracht gezogen.

Amtsträger ist nach § 11 Abs. 1 Nr. 2 a StGB derjenige, der nach deutschem Recht Beamter oder Richter ist. Ein Verstoß gegen die Amtsträgerdelikte wird daher im Rahmen der Absprachenliteratur sowohl für Richter als auch für die unzweifelhaft unter den Amtsträgerbegriff des § 11 Abs. 1 StGB fallenden Staatsanwälte diskutiert.[493] Den Schöffen, sofern sie denn überhaupt an der Absprache beteiligt sein sollen, wird dagegen weniger Aufmerksamkeit gewidmet.[494]

a. Rechtsbeugung § 339 StGB

Gemäß § 339 StGB[495] macht sich ein Richter oder anderer Amtsträger strafbar, wenn er bei Leitung oder Entscheidung einer Rechtssache zugunsten oder zum Nachteil einer Partei das Recht beugt. Richter oder andere Amtsträger sind die Berufsrichter sowie die Schöffen und die Staatsanwälte. Eine ausschließliche Strafbarkeit des Staatsanwaltes kommt jedoch im Rahmen der hier zu untersuchenden Hauptverhandlung nicht in Betracht, da die Hauptverhandlung nicht

---

492 Vgl. *Braun*, S. 81ff; *Gerlach*, S. 121ff.; *Janke*, S. 246ff.; *Rönnau*, Absprache, S. 227ff.; *Siolek*, Verständigung, S. 209ff. Anders hingegen *Tscherwinka*, S. 177ff., der nur die Strafbarkeit des Verteidigers diskutiert.

493 Sch/Sch-*Cramer*, § 339, Rn. 9.

494 Schöffen sind gemäß § 11 Abs. 1 Nr. 3 StGB Amtsträger.

495 Die Rechtsbeugung hat durch das Korruptionsbekämpfungsgesetz (KorrBekG) vom 13.08.1997 ohne sachlich Änderung anstelle der Paragraphennummer 336 die jetzige 339 bekommen, Maurach/Schroeder/*Maiwald*, BT II, § 77 Rn. 5.

von ihm im Sinne des § 339 StGB geleitet oder entschieden wird.[496] Es besteht aber die Möglichkeit der täterschaftlichen Strafbarkeit im Rahmen einer Mittäterschaft gemäß § 25 Abs. StGB[497] oder einer Teilnahme in Form der Beihilfe gemäß § 27 StGB.
Als Rechtssache im Sinne des § 339 StGB sind nach allgemeiner Ansicht alle Rechtsangelegenheiten zu verstehen, die zwischen mehreren Beteiligten mit zumindest möglicherweise entgegenstehenden rechtlichen Interessen nach Rechtsgrundsätzen behandelt und erledigt werden sollen.[498] Dazu zählen insbesondere die Strafverfahren. Für den hier zu untersuchenden Bereich sind dies die Hauptverhandlungen in Strafsachen.
Recht ist im Rahmen der Rechtsbeugung sowohl das materielle wie auch das Verfahrensrecht.[499] Ein verfahrensrechtlicher Verstoß im Rahmen einer Absprache kann daher möglicherweise für eine Rechtsbeugung ausreichen. Problematisch ist, wann das Recht gebeugt worden ist. Dazu gibt es verschiedene Ansichten.

Nach der subjektiven Theorie[500] liegt eine Rechtsbeugung immer dann vor, wenn der Richter oder Amtsträger gegen seine rechtliche Überzeugung gehandelt hat. Für die Absprachen müßte der Richter also etwas zugesagt haben, das seiner Rechtsauffassung widerspräche. Als Beispiel hierfür könnte der Fall angesehen werden, indem der Richter gegen seine Überzeugung im Rahmen einer Absprache, die eine Strafmilderung und ein Geständnis zum Gegenstand hat, bei der Strafzumessung die Grenze der „schon schuldangemessenen Strafe“[501] unterschreitet. Seit der Änderung des § 336 a. F. StGB durch das EGStGB[502] hat die subjektive Theorie jedoch an Dominanz verloren, da nunmehr die ganz überwiegende Meinung Eventualvorsatz ausreichen läßt.[503] Auch in der Absprachenliteratur wird die subjektive Theorie abgelehnt, zudem sei es höchst unwahrscheinlich, daß der Richter gegen seine Überzeugung abspreche.[504]

---

496 Anders wäre die Situation im Ermittlungsverfahren, vgl. LK-*Spendel* § 339 Rn. 19, 30. In der Hauptverhandlung ist dagegen bei Einstellungen i.S.v. §§ 153ff. StPO das Gericht das entscheidende Organ.

497 Tröndle/*Fischer*, § 339, Rn. 4a.

498 Vgl. etwa LK-*Spendel*, § 339 Rn. 27f.; Sch/Sch-*Cramer*, § 339, Rn. 3; Tröndle/*Fischer*, § 339, Rn. 4 i.V.m. § 356, Rn. 5.

499 Sch/Sch-*Cramer*, § 339 Rn. 4; Tröndle/*Fischer*, § 339, Rn. 5.

500 *Sarstedt*, FS-Heinitz, S. 427(433).

501 Zur strafzumessungsrechtlichen Problematik von Absprachen siehe Kapitel 4, S. 179ff.

502 Einführungsgesetz zum StGB vom 2.03.1974 (BT-Drucks. 7/1261(S. 22)). Die Worte „wissentlich oder absichtlich“ wurden aus der Regierungsvorlage nicht in § 336 a. F. StGB übernommen.

503 Lackner/*Kühl*, § 339, Rn. 9; LK-*Spendel*, § 339, Rn. 37; *Maiwald*, JuS 1977, 353(357); Tröndle/*Fischer*, § 339, Rn. 8.

504 Vgl. beispielsweise *Braun*, S. 83; *Rönnau*, Absprache, S. 229; *Schünemann*, Gutachten, S.

Dem steht die objektive Theorie[505] gegenüber, nach der das Recht immer dann gebeugt ist, wenn es objektiv im Widerspruch zu Recht und Gesetz steht. Ein objektiver Widerspruch liegt erst dann vor, wenn die Rechtsanwendung eindeutig nicht mehr vertretbar erscheint.[506] So nehmen beispielsweise im Falle eines „schlanken Geständnisses" diejenigen Vertreter, die in einer Annahme eines solchen Geständnisses einem Verstoß gegen das Verfahrensrecht erblicken und die objektive Theorie vertreten, eine Beugung des Rechts an.[507] Problematisch sei jedoch der Nachweis eines Verstoßes, da den Entscheidungen oft ein Ermessensspielraum zu Grunde liege.[508] Die Mehrheit der Absprachen überschreite aber wohl nicht die Schwelle des rechtlich eindeutig Unvertretbaren, so daß damit noch keine Rechtsbeugung vorliegt.[509]

Einen differenzierten Ansatzpunkt für die Beugung des Rechts nimmt die sogenannte Pflichtverletzungslehre[510] ein. Sie stellt auf die verfahrensrechtlich bestehenden Pflichten ab. Das Recht ist danach immer dann gebeugt, wenn eine dieser Pflichten verletzt ist. Eine Pflichtverletzung liegt vor, wenn der Richter das an sich noch haltbare Ergebnis aus sachfremden Erwägungen getroffen hat.[511] Es besteht daher auch ein subjektives Element.[512] Die Pflichtverletzungslehre steht damit zwischen subjektiver und objektiver Theorie. Im Ergebnis kommt man aber häufig auf ihrer Grundlage zum selben Ergebnis wie bei der objektiven Theorie, da beide Theorien im Gegensatz zur subjektiven Theorie grundsätzlich einen eindeutigen Verstoß gegen Rechtsregeln verlangen, wenngleich die Pflichtverletzungslehre aber auch schon bei „noch Vertretbarem" aus sachfremder Erwägung eine Beugung des Rechts annimmt.[513] Bei einem

---

132; *Siolek*, Verständigung, S. 209f.

505 *KG*, NStZ 1988, 557; Lackner/*Kühl*, § 339, Rn. 5; LK-*Spendel*, § 339 Rn. 41ff.; Maurach/Schroeder/*Maiwald*, BT II, § 77 Rn. 10; Sch/Sch-*Cramer*, § 339 Rn. 5a.

506 LK-*Spendel* § 339 Rn. 41; kritisch zu dem Kriterium der Vertretbarkeit Maurach/Schroeder/*Maiwald*, BT II, § 77 Rn. 10. Es könne immer nur eine richtige Entscheidung des Richters geben. Das Problem läge vielmehr in der Erkennbarkeit der richtigen Entscheidung durch den Richter. Im Ergebnis sei die Grenze der dem einzelnen Richter zumutbaren Erkennbarkeit jedoch die Vertretbarkeit.

507 So *Braun*, S. 83; *Kremer*, S. 203.

508 So *Siolek*, Verständigung, S. 211.

509 Vgl. *Braun*, S. 84.

510 SK/StGB-*Rudolphi*, § 339, Rn. 13ff., *ders.*, ZStW 82(1970), 610(627 ff.); *Wagner*, Amtsverbrechen, S. 195; Wessels/*Hettinger*, BT 1, Rn. 1134.

511 *Rönnau*, Absprache, S. 230, SK/StGB-*Rudolphi*, § 339, Rn. 13.

512 SK/StGB-*Rudolphi*, § 339, Rn. 13.

513 Vgl. *Kremer*, S. 203; *Rönnau*, Absprache, S. 230; SK-*Rudolphi*, § 339 Rn. 14; anders wohl *Schünemann*, Gutachten, S. 133, die Verletzung der Strafprozeßordnung werde wohl in Kauf genommen, im Hinblick auf das „eigentlich" richtige Ergebnis bestehe aber nicht die Vorstellung einer Rechtsbeugung.

„schlanken Geständnis" oder einer erheblichen Strafmaßreduzierung läge damit auch nach der Pflichtverletzungslehre eine Beugung des Rechts vor.[514]

Schließlich muß die Rechtsbeugung zum Vorteil oder Nachteil einer Partei erfolgen. Partei im Sinne des § 339 StGB ist nach allgemeiner Ansicht nicht technisch, sondern umfassend zu verstehen, so daß in der Hauptverhandlung der Staat vertreten durch die Staatsanwaltschaft, die Nebenkläger und der Angeklagte als Begünstigter oder Benachteiligter in Betracht kommt.[515]

Eine Prüfung des subjektiven Tatbestandes gestaltet sich äußerst schwierig.[516] Dieser müßte im Einzelfall bejaht werden, wovon nach überwiegender Ansicht auszugehen wäre. Ein Nachweis dafür wird aber wohl kaum möglich sein.[517]

Zusammenfassend kann festgehalten werden, daß im Rahmen einer Absprache, die ein „schlankes Geständnis" oder eine (erhebliche), über das Maß des § 46 StGB hinaus vertretbare, Strafmilderung zum Gegenstand hat, nach Auffassung von Teilen der Literatur eine Rechtsbeugung zum Vorteil des Angeklagten vorliegen kann.[518] Bislang ist dieses Problem lediglich theoretischer Natur, denn es ist – soweit bekannt – noch zu keiner Verurteilung gekommen.

b. Strafvereitelung im Amt §§ 258, 258a StGB

Einen geringeren Stellenwert in der Literatur hat die Möglichkeit der Verwirklichung einer Strafvereitelung im Amt durch eine Absprache.[519] Die Strafvereitelung im Amt gemäß § 258a StGB ist eine Qualifikation für Amtsträger und verweist insofern auf die Voraussetzungen des § 258 StGB. Demnach macht sich ein Amtsträger, der zur Mitwirkung an einem Strafverfahren berufen ist, strafbar, wenn er absichtlich oder wissentlich vereitelt, daß ein anderer dem Strafgesetz gemäß wegen einer rechtswidrigen Tat bestraft oder einer Maßnahme unterworfen wird, § 258 Abs. 1 StGB, oder die Vollstreckung einer gegen einen anderen verhängten Strafe oder Maßnahme durchgeführt wird, § 258 Abs. 2 StGB. Der Täterkreis gleicht dem bei der Rechtsbeugung, wobei hier auch eine alleinige täterschaftliche Begehung durch den Staatsanwalt in der

---

514 *Rönnau*, Absprache, S. 231; *Janke*, S. 251; *Kremer*, S. 203f.

515 LK-*Spendel*, § 339, Rn. 66f.; Sch/Sch-*Cramer*, § 339, Rn. 6.

516 *Schünemann*, Gutachten, S. 135.

517 Vgl. KK-*Pfeiffer*, Einl., Rn. 29h; FA Strafrecht-*Satzger*, Teil H, Kap. 3, Rn. 65; *Siolek*, Verständigung, S. 213; *Schünemann*, Gutachten, S. 135.

518 *Braun*, S. 85; *Janke*, S. 251; *Rönnau*, Absprache, S. 231f.; *Schünemann*, Gutachten, S. 135.

519 Vergleiche aber beispielsweise *Janke*, S. 252; *Schünemann*, Gutachten, S. 135; *Siolek*, Verständigung, S. 214.

Hauptverhandlung möglich ist,[520] da die Strafvereitelung keine Leitung der Rechtssache erfordert. Sowohl die Verfolgungsvereitelung, § 258 Abs. 1 StGB, als auch die Vollstreckungsvereitelung, § 258 Abs. 2 StGB, sollen die Durchsetzung des staatlichen Strafanspruchs gewährleisten.[521] Grundsätzlich muß daher ein Strafanspruch bestehen, was durch das Tatbestandsmerkmal einer rechtswidrigen Vortat deutlich wird.[522] Absprachen im Rahmen einer Hauptverhandlung mit einem Unschuldigen können daher keine Strafvereitelung verwirklichen. Solche Absprachen sind aber auch kaum vorstellbar.
Diskutiert werden andere Konstellationen, vornehmlich die geständnisabhängige Strafmilderung oder eine extensive Einstellungsmentalität.[523] Für § 258 StGB genügt es, daß die Strafe zum Teil vereitelt wird. Darunter fallen insbesondere die Fälle, in denen die Strafe milder als den wahren Umständen entsprechend ausfällt, wenn beispielsweise die Verurteilung eines Vergehens statt eines Verbrechens erfolgt.[524] Der objektive Tatbestand der Strafvereitelung sei – wie bei der Rechtsbeugung – erfüllt, wenn der Absprache nicht mehr vertretbare Dispositionen über das Strafmaß zu Grunde lägen.

Im Ergebnis wird eine Strafbarkeit gemäß §§ 258, 258a StGB jedoch verneint, denn der subjektive Tatbestand setzt Absicht oder direkten Vorsatz voraus, was bei Absprachen nicht der Fall sei oder nicht nachgewiesen werden könne.[525] Die Möglichkeit einer Strafbarkeit bleibe nur in extremen Ausnahmefällen.[526]

c. Verfolgung Unschuldiger § 344 StGB

In Bezug auf Absprachen hat in der Literatur die Verfolgung Unschuldiger gemäß § 344 StGB kaum Bedeutung.[527] Danach macht sich ein Amtsträger, der zur Mitwirkung an einem Strafverfahren berufen ist, strafbar, wenn er absichtlich oder wissentlich einen Unschuldigen oder jemanden, der sonst nach dem Gesetz nicht strafrechtlich verfolgt werden darf, strafrechtlich verfolgt.
Während die Möglichkeit einer Verfolgung Unschuldiger im Rahmen einer Absprache schon kaum denkbar ist, scheidet eine Strafbarkeit nach einhelliger An-

---

520 LK-*Ruß*, § 258a, Rn. 3.

521 Tröndle/*Fischer*, § 258, Rn. 5; LK-*Ruß*, § 258 Rn. 1.

522 Vgl. LK-*Ruß*, § 258, Rn. 9.

523 Vgl. *Braun*, S. 86f.; *Janke*, S. 252; *Rönnau*, Absprache, S. 236; *Siolek*, Verständigung, S. 214.

524 Lackner/*Kühl*, § 258, Rn, 4; LK-*Ruß*, § 258, Rn. 11; Sch/Sch-*Stree*, § 258, Rn. 16; Tröndle/*Fischer*, § 258, Rn. 5.

525 Vgl. *Janke*, S. 253; KK-*Pfeiffer*, Einl., Rn. 29h; *Kremer*, S. 205; FA Strafrecht-*Satzger*, Teil H, Kap. 3, Rn. 66; *Siolek*, Verständigung, S. 214f.; *Schünemann*, Gutachten, S. 135f. Abweichend aber *Braun*, S. 87; *Rönnau*, Absprache, S. 237, da es gerade das Ziel des Amtsträgers sei, den Beschuldigten durch Zugeständnisse zu einer Absprache zu bewegen.

526 *Siolek*, Verständigung, S. 215; ebenso *Braun*, S. 87.

527 Vgl. beispielsweise *Rönnau*, Absprache, S. 237.

sicht in der Literatur mangels Vorsatzes aus.[528] Es gebe kein Bedürfnis für eine Absprache im Falle der Überzeugung von der Unschuld des Angeklagten durch den Amtsträger, da kein Grund ersichtlich sei, warum der Amtsträger den Angeklagten nicht auch freispreche oder das Verfahren einstelle.[529]

d. Aussageerpressung § 343 StGB

Lediglich angedacht wird in der Literatur die Möglichkeit der Strafbarkeit wegen einer Aussageerpressung gemäß § 343 StGB.[530] Wegen einer Aussageerpressung macht sich ein Amtsträger, der an einem Strafverfahren mitwirkt, strafbar, wenn er einen anderen körperlich mißhandelt, ihm Gewalt androht oder ihn seelisch quält, um den Beschuldigten zu nötigen, in dem Verfahren etwas auszusagen oder zu erklären oder dies zu unterlassen. Die Aussageerpressung gilt als materiellrechtliche Absicherung des § 136a StPO,[531] wobei die in § 136a StPO aufgezeigten Problemgruppen – die Täuschung und das Versprechen eines gesetzlich nicht vorgesehenen Vorteils – von § 343 StGB nicht erfaßt werden.[532] Nach einhelliger Ansicht kommt der Aussageerpressung damit bei einer Absprache im Rahmen einer Hauptverhandlung keine Bedeutung zu.[533]

e. Nötigung § 240 StGB

Schließlich wird in der Literatur im Rahmen einer Absprache eine Strafbarkeit gemäß § 240 StGB wegen Nötigung in Betracht gezogen.[534] Eine solche setzt voraus, daß jemand einen anderen durch Gewalt oder mit Drohung mit einem empfindlichen Übel zu einer Handlung, Duldung oder Unterlassung nötigt. Diskutiert wird lediglich die Drohungsvariante, da die Gewaltvariante im Sinne von § 240 StGB eine physische Kraftentfaltung[535] voraussetze, woran es bei einer Absprache regelmäßig fehle.[536] Drohung ist das Inaussicht-Stellen eines künftigen Übels, auf dessen Eintritt der Drohende Einfluß hat oder zu haben

---

528 *Braun*, S. 88; *Janke*, S. 257; *Kremer*, S. 207; *Rönnau*, Absprache, S. 237; *Siolek*, Verständigung, S. 215.

529 *Braun*, S. 88.

530 *Rönnau*, Absprache, S. 237; *Siolek*, Verständigung, S. 215.

531 Vgl. Maurach/Schroeder/*Maiwald*, BT II, § 77, Rn. 1.

532 Vgl. Lackner/*Kühl*, § 343 Rn. 3; Maurach/Schroeder/*Maiwald*, BT II, § 77, Rn. 26.

533 *Braun*, S. 88; *Janke*, S. 257; *Kremer*, S. 207; *Rönnau*, Absprache, S. 237; *Schünemann*, Gutachten, S. 136. *Siolek*, Verständigung, S. 215. Teilweise wird auf die Möglichkeit der Verwirklichung des § 343 StGB durch Inhaftierung des Angeklagten hingewiesen, wenn die Inhaftierung ausschließlich den Zweck verfolgt, den Angeklagten für eine Absprache zu gewinnen. Gegenstand dieser Untersuchung ist jedoch ausschließlich die Absprache in der Hauptverhandlung.

534 *Braun*, S. 88ff.; Dencker/*Hamm*, Vergleich, S. 126ff.; *Rönnau*, Absprache, S. 238; *Siolek*, Verständigung, S. 216ff., vgl. auch *Wagner*, FS-Gössel, S. 585(589).

535 Lackner/*Kühl*, § 240 Rn. 5; SK/StGB-*Horn*, § 240, Rn. 9; Tröndle/*Fischer*, § 240 Rn. 5.

536 So *Braun*, S. 88; *Siolek*, Verständigung, S. 217.

vorgibt.[537] Generelle Aussagen werden wegen der verschiedenen Erscheinungsformen der Absprachen nicht gemacht. Die Möglichkeit einer Drohung wird aber darin gesehen, daß bei einer Absprache, die eine Vergünstigung in Aussicht stellt, implizit eine Drohung mit einer anderen – dem Wesen der Absprache nach härteren – Strafe für den Fall enthalten sei, daß keine Absprachenbereitschaft bestehe. Liegt also eine Absprachenkonstellation vor, die bei der Inaussicht-Stellung einer Strafmilderung den Boden der zulässigen Belehrung verläßt, weil sie ausschließlich prozeßbeschleunigende Intentionen aufweist, die weder prozessual- noch materiellrechtlich zu begründen ist, beispielsweise eine Fortdauer der Untersuchungshaft ohne entsprechenden Haftgrund um den Angeklagten „absprachebereit zu machen", ist der objektive Tatbestand der Nötigung erfüllt.[538] Bei solchen Konstellationen kann dann auch die Kenntnis, daß die Absprachebereitschaft durch Drohung erzwungen wurde, sowie der Wille der Erzwingung der Bereitschaft, mithin der subjektive Tatbestand, angenommen werden.[539]
Bezüglich der Rechtswidrigkeit und der damit verbundenen Verwerflichkeit im Sinne von § 240 Abs. 2 StGB bestünden dann auch keine Bedenken, da in solchen Fällen die fehlende Geständnisbereitschaft alleiniger und ausschlaggebender Gesichtspunkt für die Strafschärfung beziehungsweise Inhaftierung sei.[540]

Zusammenfassend kann die überwiegende Ansicht in der Literatur so festgehalten werden, daß eine generelle Aussage zu einer Strafbarkeit von Amtsträgern gemäß § 240 StGB durch Absprachen nicht möglich ist, jedoch bei Absprachen, die unter Ausnutzung der prozessualen Stellung des Amtsträgers zustande gekommen sind, und deren Motivation ausschließlich prozeßbeschleunigend ist, die Möglichkeit einer Strafbarkeit gemäß § 240 StGB besteht. Es wird sich dabei aber um Ausnahmefälle handeln, von denen bisher keiner öffentlich bekannt geworden ist.

f. Bestechungsdelikte §§ 331ff. StGB

Teilweise wird in der Literatur noch die Möglichkeit einer Strafbarkeit des Amtsträgers wegen Bestechungsdelikten gemäß der §§ 331ff. StGB disku-

---

537 Lackner/*Kühl*, § 240, Rn. 12; Tröndle/*Fischer*, § 240, Rn. 15.

538 So *Rönnau*, Absprache, S. 238. Ihm folgend: *Braun*, S. 89; *Janke*, S. 258; *Kremer*, S. 208. *Schünemann*, Gutachten, S. 136, sieht ebenso die Möglichkeit einer Drohung, hält Fallkonstellationen jedoch nicht für erörterungswürdig. Vgl. zu Fallkonstellationen: *Siolek*, Verständigung, S. 54, 218; *Rönnau* a. a. O., die beide auch auf den Fall OLG *Bremen*, StV 1989, 145ff., verweisen, in dem es sich allerdings entgegen der hier angestrebten Untersuchung um eine Absprache im Zwischenverfahren handelte.

539 *Braun*, S. 90.

540 *Janke*, S. 259.

tiert.[541] Das zentrale Problem wird darin gesehen, ob durch die Absprache dem Amtsträger ein unmittelbarer oder auch nur mittelbarer Vorteil im Sinne der §§ 331ff. StGB gewährt wird. Als Vorteil wird jede unentgeltliche Zuwendung, auf die der Amtsträger keinen Anspruch hat und die ihn materiell oder immateriell besserstellt, angesehen.[542] Dazu wird die Möglichkeit einer Arbeitserleichterung in Erwägung gezogen.[543] Betrachtet man die Konstellation der Absprache, in der ein Geständnis oder ein Rechtsmittelverzicht mit einer Strafmilderung gekoppelt ist, so haben Richter und Staatsanwaltschaft in Bezug auf diesen abgesprochenen Fall eine Arbeitserleichterung, da sich der Prozeß dadurch beschleunigt.[544]
Diese Arbeitsentlastung wird in der Literatur aber gerade nicht als Vorteil angesehen. Ausschlaggebend dafür sei im wesentlichen, daß der Vorteilsbegriff damit zu weit gefaßt sei. Eine völlige Entmaterialisierung des Vorteilsbegriffs würde dazu führen, daß jede Höflichkeit, die den Amtsträger erfreue, unter die Bestechungsdelikte falle.[545] Der Vorteilsbegriff müsse daher bei immateriellen Vorteilen dahingehend eingeschränkt werden, daß nur objektiv meßbare Inhalte, die den Amtsträger tatsächlich besser stellen, erfaßt seien.[546]
Eine objektive Meßbarkeit der Arbeitsentlastung wird im Rahmen der Absprachen verneint.[547] Damit scheidet im Rahmen einer Absprache eine Strafbarkeit gemäß §§ 331ff. StGB aus. Darüber hinaus würde sich auch hier wieder das bereits erwähnte Vorsatz- und Nachweisproblem stellen.

Für die Strafbarkeit des Amtsträgers im Rahmen einer Absprache ergibt sich aus Sicht der Literatur damit zusammenfassend folgendes Bild: Wie schon bei der Darstellung etwaiger Verstöße gegen Verfassungs- und Prozeßrecht herausgearbeitet, wird in bestimmten Konstellationen auch eine Strafbarkeit in Betracht gezogen. Beispielsweise bei einer Absprache, im Rahmen derer der Amtsträger seine Machtposition in prozeßordnungswidriger Art und Weise ausnutzt, um den Angeklagten zur Zustimmung zur Absprache zu bewegen.
Zunächst ist dabei an einer Strafbarkeit wegen Rechtsbeugung, § 339 StGB, zu denken. Ein Verstoß gegen Verfahrensrecht begründet allerdings nicht generell

---

541 Zunächst *Rönnau*, Absprache, S. 233ff., ihm folgend *Braun*, S. 91ff.; *Janke*, S. 253ff.

542 Tröndle/*Fischer*, § 331, Rn. 11.

543 *Braun*, S. 92; *Janke*, S. 254; *Rönnau*, Absprache, S. 234.

544 Vgl. *Rönnau*, Absprache, S. 235.

545 *Rönnau*, Absprache, S. 235; *Braun*, S. 92f.

546 *Rönnau*, Absprache, S. 235 unter Bezug auf SK/StGB-*Rudolphi*, § 331, Rn. 21. Folgend: *Braun*, S. 92. Andere Ansicht jedoch *Janke*, S. 254f., der die vom Gesetzgeber in Kauf genommene Strafbarkeitsausdehnung durch den weiten Vorteilsbegriff im Rahmen des Vorsatzes korrigieren will.

547 Dabei ist die Frage, ob eine Arbeitsentlastung objektiv meßbar ist und durch Absprachen hervorgerufen wird, derzeit empirisch nicht geklärt, vgl. oben S. 27ff.

auch eine Strafbarkeit, da es üblicherweise am Vorsatz, oder zumindest an dessen Nachweis, mangeln wird.

2. Strafbarkeit des Verteidigers

Neben der Strafbarkeit des Amtsträgers wird in der Literatur auch eine Strafbarkeit des Verteidigers durch eine Absprache diskutiert.[548] Dabei werden Delikte wie Parteiverrat, § 356 StGB, eine Verletzung der Verschwiegenheitspflicht, § 203 Abs. 1 Nr. 3 StGB, sowie teilweise eine Strafvereitelung, § 258 StGB, in Betracht gezogen.[549]

a. Parteiverrat § 356 StGB

Ein Verteidiger macht sich gemäß § 356 StGB des Parteiverrats (Prävarikation) strafbar, wenn er bei den ihm in seiner Eigenschaft anvertrauten Angelegenheiten in der selben Rechtssache beiden Parteien durch Rat oder Beistand pflichtwidrig dient. Es genügt daher ein bloßes Tätigwerden, so daß es sich um ein Gefährdungsdelikt handelt. Neben der Treuepflicht gegenüber dem Auftraggeber soll durch § 356 StGB in erster Linie das Vertrauen in die Integrität der Rechtspflege geschützt werden.[550] Eine Absprache müßte zumindest die Interessen der jeweilig vertretenen Partei gefährden. Eine solche Interessengefährdung wird für Fälle diskutiert, in denen der Verteidiger seinem Mandanten in die Verständigungsgespräche nicht mit einbezieht oder nicht ausreichend über die Grundlagen der Absprache informiert.[551]

Nach nahezu einheitlicher Ansicht wird jedoch eine Strafbarkeit abgelehnt, da weder Richter noch Staatsanwalt eine Parteieigenschaft im Sinne des § 356 StGB haben und der Verteidiger somit keiner anderen „Partei" durch Rat oder Beistand pflichtwidrig dient.[552]

„Parteien" im Sinne des § 356 StGB sind Rechtssubjekte, die an einer Rechtssache beteiligt sind und denen widerstreitende Interessen zu Grunde liegen.[553] Das

---

[548] *Rönnau*, Absprache, S. 239ff.; *Schünemann*, Gutachten, S. 138ff.;

[549] So *Braun*, S. 93ff., vgl. auch *Beulke*, Strafbarkeit des Verteidigers, Rn. 116ff.

[550] Lackner/*Kühl*, § 356, Rn. 1; Tröndle/*Fischer* § 356, Rn. 1; Sch/Sch-*Cramer*, § 356, Rn. 1, 2.

[551] *Kremer*, S. 210; *Schünemann*, Gutachten, S. 138; *Siolek*, Verständigung, S. 221. *Rönnau*, Absprache, S. 240, weist unter Bezug auf *Hübsch*, Triberg-Symposium, S. 74, auf die Gefahr hin, daß die Verteidiger im Hinblick auf eine auch weiterhin erfolgreiche Kooperation die Interessen des einzelnen Mandanten bei einer Absprache vernachlässigen, der Richter habe quasi über die Pflichtverteidigerbestellung die Option, einen „Wunschhandelspartner" auszusuchen.

[552] *Braun*, S. 97; *Janke*, S. 264; *Kremer*, S. 211f.; *Rönnau*, Absprache, S. 240f.; *Siolek*, Verständigung, S. 221f. Vgl. auch *Schünemann*, Gutachten, S. 138f., der den Staatsanwalt in Bezug auf den Verteidiger als Partei sieht.

[553] Lackner/*Kühl*, § 356, Rn. 4; Maurach/Schröder/*Maiwald* BT II, § 78 Rn. 9; Sch/Sch-*Cramer*, § 356, Rn. 13; SK/StGB-*Rudolphi*, § 356, Rn. 6.

Gericht tritt den anderen Verfahrensbeteiligten gerade als Nichtbeteiligter ohne eigenes Interesse gegenüber.[554] Ebenso ist die Staatsanwaltschaft nicht mit eigenen widerstreitenden Interessen am Verfahren beteiligt, da sie gemäß § 160 Abs. 2 StPO auch die zur Entlastung des Beschuldigten dienenden Umstände zu ermitteln hat.[555]

b. Verletzung der Verschwiegenheitspflicht § 203 Abs. 1 Nr. 3 StGB

Eine Verletzung der Verschwiegenheitspflicht begeht der Verteidiger, wenn er unbefugt ein fremdes Geheimnis offenbart, welches ihm in seiner Eigenschaft als Verteidiger anvertraut oder bekannt wurde. Das geschützte Rechtsgut wird nicht ganz einheitlich individuell als Recht auf informationelle Selbstbestimmung und allgemein in die Verschwiegenheit der Angehörigen bestimmter Berufe, hier dem des Rechtsanwaltes, bestimmt.[556]

Bei Absprachen werden insofern Verstöße gegen die Verschwiegenheitspflicht durch den Verteidiger angenommen, wenn dieser Gegenstände in die Abspracheverhandlungen einbringt, ohne diese zuvor mit dem Angeklagten abgesprochen zu haben.[557] Beispielsweise die Andeutung der Möglichkeit eines Geständnisses, da dadurch die uneingeschränkte Verteidigung gegen den Anklagevorwurf an Überzeugungskraft verliere.[558] Gerade in einer mangelhaften Abstimmung zwischen Verteidiger und Mandanten bezüglich der Aufnahme und dem Verlauf der Abspracheverhandlungen wird damit die Möglichkeit eines Verstoßes gegen § 203 Abs. 1 Nr. 3 StGB gesehen.[559]

---

554 *Rönnau*, Absprache, S. 240.

555 So beispielsweise *Rönnau*, Absprache, S. 240f.; *Siolek*, Verständigung, S. 222; *Tscherwinka*, S. 178;. Anders: LK-*Hübner*, § 356, Rn. 57, mit dem Einwand, die Unparteilichkeit der Staatsanwaltschaft sei von „blasser Theorie". Angeklagter und Staatsanwaltschaft müßten daher als Parteien im Sinne von § 356 StGB angesehen werden. Dies hätte die Konsequenz, daß mit der Ansicht von *Hübner* für den Verteidiger bei Aufnahme einer Abspracheverhandlung mit der Staatsanwaltschaft die Gefahr einer Strafbarkeit aus § 356 StGB besteht.

556 Vgl. Sch/Sch-*Lenckner*, § 203 Rn. 3.

557 *Braun*, S. 96; *Janke*, S. 265; *Kremer*, S. 212f.; *Rönnau*, Absprache, S. 241; *Siolek*, Verständigung, S. 223. *Schünemann*, Gutachten, S. 139, weist auf das Problem einer eigenen kritischen Einschätzung durch den Verteidiger hin. Sieht diese aber auch von § 203 Abs. 1 als „sonst bekanntgewordene Tatsche" erfaßt, da ansonsten die Prozeßsubjektstellung des Angeklagten nicht gewahrt werde.

558 *Rönnau*, Absprache, S. 241; *Siolek*, Verständigung, S. 223; *Tscherwinka*, S. 179. *Braun*, S. 96f. will die Möglichkeit einer mutmaßlichen Einwilligung durch den Angeklagten für die Fälle sehen, in denen der Verteidiger im Interesse seines Mandanten handeln will.

559 So *Rönnau*, Absprache, S. 241.

c. Strafvereitelung § 258 StGB

Auch wird die Möglichkeit einer Strafvereitelung durch den Verteidiger gemäß § 258 StGB bei einer Absprache von Teilen der Literatur gesehen.[560] Ausgehend von einem Rechtsgut des § 258 StGB, in dem Schutz der Strafrechtspflege vor prozeßordnungswidrigen Maßnahmen zu sehen ist,[561] und unter Zugrundelegung der Organtheorie[562] kommen für eine Strafbarkeit diejenigen Absprachen in Betracht, die prozessual nicht zulässig sind.[563] Die Strafvereitelung ist quasi akzessorisch zur Verletzung des Verfahrensrecht.[564] Als Beispiele für solch unzulässige Absprachen nennt beispielsweise *Beulke* Absprachen, die eine täterschaftlich begangene Tat als Beihilfe herabstufen oder zu Unrecht einen minder schweren Fall annehmen.[565] Bei den sonstigen Voraussetzungen[566] wäre damit eine Strafbarkeit des Verteidigers zu bejahen.

III. Fazit

Die Darstellung der Möglichkeit einer Strafbarkeit der Beteiligten an einer Absprache zeigt für die Absprachendiskussion, daß es einer Klärung der Zulässigkeitsfrage von Absprachen und einer entsprechenden Regelung bedarf. In der Praxis ist es – soweit ersichtlich – bis dato zwar noch zu keiner Verurteilung wegen einer Beteiligung an einer Absprache gekommen. Dies darf jedoch angesichts des bisher Gesagten nicht irritieren.

Zunächst einmal wird bei Zufriedenheit aller Beteiligten der Absprache kein „Kläger" vorhanden sein, da die Staatsanwaltschaft entweder auch an der Absprache beteiligt war, oder sofern sie nicht beteiligt war, keine Kenntnis von der Absprache erlangt haben wird. Sollte die Absprache nicht zur Zufriedenheit al-

---

560 *Beulke*, Die Strafbarkeit des Verteidigers, Rn. 116ff.; *Braun*, S. 93ff; *Tscherwinka*, S. 181ff.

561 *Braun*, S. 93f.

562 Die herrschende (eingeschränkte) Organtheorie besagt, daß der Strafverteidiger nicht nur ein Beistand ist, sondern auch ein Organ der Rechtspflege (vgl. § 1 BRAO), wodurch er auch der Wahrheit im Strafverfahren und der materiell und strafprozessual gerechten Durchsetzung des Strafanspruchs verpflichtet ist, vgl. beispielsweise *Beulke*, Verteidiger im Strafverfahren, S. 50ff., 88ff. Dem steht die Interessentheorie entgegen, wonach der Verteidiger reiner Interessenvertreter des Beschuldigten ist und daher auch dieselben Rechte wie der Beschuldigte haben müsse, so zum Beispiel *Ostendorf*, NJW 1978, 1345(1349). Ähnlich auch die Vertragstheorie, siehe dazu LR-*Lüderssen*, Vor § 137 Rn. 33ff.; *ders.* StV 1999, 537(538ff.) Eine Strafbarkeit käme danach nicht in Betracht.

563 *Beulke*, Strafbarkeit des Verteidigers, Rn. 118; *Braun*, S. 94.; *Tscherwinka*, S. 182.

564 *Beulke*, Strafbarkeit des Verteidigers, Rn. 1.

565 *Beulke*, Strafbarkeit des Verteidigers, Rn. 121.

566 Als problematisch wird noch angesehen, ob der Verteidiger als Täter oder Teilnehmer zu bestrafen ist. *Beulke*, Strafbarkeit des Verteidigers, Rn. 123, sieht trotz der fehlenden Gleichberechtigung der Beteiligten eine täterschaftliche Strafbarkeit des Verteidigers. Ihm folgend *Braun*, S. 96.

ler Beteiligten abgelaufen sein, da sie gescheitert ist, besteht für eine Strafbarkeit der Beteiligten das Problem, daß es für eine Strafbarkeit, sei es aus § 339 StGB oder auch aus §§ 258, 258a, 240, 203, Abs. 1 Nr. 1 StGB, üblicherweise am Vorsatz, oder zumindest an dessen Nachweis, mangeln wird.
Die Rechtswirklichkeit ändert aber nichts an der Tatsache, daß zumindest die Möglichkeit einer Strafbarkeit durch Beteiligung an einer Absprache weder für den Richter noch für den Verteidiger oder den Staatsanwalt generell ausgeschlossen werden kann. So insbesondere für § 339 StGB, aber auch für §§ 258, 258a, 240, 203 Abs. 1 Nr. StGB. Hinzu kommt, daß eine Verfahrensordnung für Absprachen, sei es durch den *Bundesgerichtshof* oder durch den Gesetzgeber, eine positive Auswirkung auf die Vorsatz- und Nachweisproblematik haben würde. Denn sie würde beispielsweise für den Richter festlegen, was im Rahmen von § 339 StGB bei einer Absprache noch vertretbar wäre, und damit gleichzeitig auch den Nachweis einer nicht mehr vertretbaren Entscheidung massiv erleichtern. Es bleibt zu klären, ob der *Bundesgerichtshof* dieses Problem durch seine Absprache-Entscheidungen gelöst hat.

Kapitel 3: Absprachen in anderen Rechtssystemen

In anderen Rechtssystemen sind Absprachen, wie sie im Rahmen dieser Arbeit untersucht werden, gängige Praxis und teilweise schon gesetzlich normiert. An dieser Stelle soll ein Überblick über die Absprachenpraxis im Ausland gegeben werden. Dabei kann grundsätzlich zwischen der anglo-amerikanischen Absprachenpraxis und der in Kontinentaleuropa unterschieden werden. Ausgewählte Rechtssysteme sind die der USA, England, Spanien und Italien.

A. Anglo-amerikanisches Rechtssystem

Die anglo-amerikanische Absprachepraxis kann nur vor dem Hintergrund des anglo-amerikanischen Rechtssystems verstanden werden. Ein Überblick über das Strafverfahrensrecht im anglo-amerikanischen Rechtssystem, der hier nur oberflächlich sein kann, ist daher notwendig.
Ein elementarer Unterschied zwischen deutschem und anglo-amerikanischem Strafverfahren besteht darin, daß der Strafprozeß im common law als Parteiprozeß ausgestaltet ist. Er ähnelt in seiner Struktur daher eher dem deutschen Zivilprozeß.[567] Der Unterschied basiert auf zwei verschiedenen Verfahrenszielen. Der deutsche Strafprozeß ist von der Durchsetzung der Ordnungsvorstellungen staatlicher Organe geprägt. Ihm liegt das Prinzip der materiellen Wahrheit zu Grunde. Der Strafprozeß im common law hingegen verfolgt primär die Intention einer Konfliktlösung.[568] Dabei ist die formelle Wahrheit Grundlage der Konfliktlösung. Ein Strafverfahren hat daher nur Existenzberechtigung, solange ein Konflikt besteht, die Wahrheit also nicht formell erforscht worden ist. Eine Absprache kann einen Konflikt unter Umständen wesentlich effizienter beseitigen als ein streitiges Hauptverfahren, so daß eine Absprache von ihrer Struktur her wesentlich näher an dem anglo-amerikanischen Parteiprozeß liegt.

I. USA

In den USA kommen Absprachen überberwiegend im Anklageprüfungsverfahren[569] (arraignment) oder – im Falle eines Verzichts des Angeklagten auf das

---

567 *Weigend*, ZStW 94(1982), 200(201); *Sinner*, Vertragsgedanke, S. 211.

568 So *Weigend*, ZStW 94(1982), 200(201). Anders *Herrmann*, Der amerikanische Strafprozeß, S. 155, *ders.* ZStW 100(1988), 41(53ff.), unter Bezugnahme auf *Kunert*, Buffalo Law Review 1966, 122(125f.). Danach sei auch die Wahrheitsfindung Ziel der Hauptverhandlung im amerikanischen Strafprozeß. Es gebe zwar keine Rechtspflicht, wie etwa § 244 Abs. 2 StPO, aber eine moralische Verpflichtung, die nicht weniger binde.

569 Das Anklageprüfungsverfahren ist eine Besonderheit des common law. Es ist vom Zeitpunkt her wie das Zwischenverfahren im deutschen Verfahrensrecht angelegt, also zwi-

Anklageprüfungsverfahren – zu Beginn des Hauptverfahrens (trial) in Betracht. Ein anderer Zeitpunkt für Absprachen ist selten, aber nicht ausgeschlossen. So hat zwar auch in den USA die Staatsanwaltschaft die Möglichkeit, ein Verfahren unter bestimmten Bedingungen einzustellen.[570] Von dieser Möglichkeit kann sie bei leichteren Vergehen durch Ausübung ihres Anklageermessens Gebrauch machen.[571] Der überwiegende Teil der nicht zur Anklage kommenden Delikte wird jedoch schon durch die Polizei herausgefiltert.[572]

Die Hauptursache für den relativ frühen Zeitpunkt der Absprachen ist die prozessuale Möglichkeit in den USA, das Hauptverfahren auf ein Strafzumessungsverfahren zu beschränken. Es stellt sich anders als im deutschen Strafverfahren grundsätzlich vor dem Hauptverfahren die Frage, ob eine Schuldfeststellung überhaupt notwendig ist. Absprachen zu einem späteren Zeitpunkt, etwa im Rahmen der Beweiserhebung, sind zwar auch noch möglich, jedoch vor diesem Hintergrund nicht sinnvoll und damit die Ausnahme.

Im Anklageeröffnungsverfahren oder zu Beginn des Hauptverfahrens ergeben sich für den Beschuldigten wegen der Möglichkeit, auf eine Schuldfeststellung zu verzichten drei Varianten, zur Anklage Stellung zu beziehen: plea of guilty, plea of not guilty oder nolo contendere.[573]

Nur bei einem plea of not guilty, also wenn der Angeklagte auf nicht-schuldig plädiert, findet eine Hauptverhandlung zur Feststellung der Schuld statt. Es

---

schen Ermittlungs- und Hauptverfahren. Es ergänzt das Vorverfahren vor dem magistrate oder der grand jury. Dabei dient es ausschließlich der Konfrontation des Beschuldigten mit der Anklage. Dieser wird dazu vom Anklagegegenstand in Kenntnis gesetzt, ihm werden die zustehenden Rechte genannt und ihm wird schließlich die Möglichkeit zur Stellungnahme gegeben. Vgl. Rule 10 FRCP für das Bundesrecht. Die einzelnen Staaten haben überwiegend vergleichbare Regelungen. Zum Vorverfahren (magistrate und grand jury) im einzelnen: *Dressler*, Understanding Criminal Procedure, S. 3ff.; *Schmid*, Das amerikanische Strafverfahren, S. 56ff.

570 Beispielsweise bei Wiedergutmachung des Schadens oder bei der Versöhnung der Beteiligten durch eine Schiedsstelle.

571 Im Rahmen des sog. screenings wägt die Staatsanwaltschaft ab, ob sie Anklage erhebt (prosecutorial discretion). Sie hat dabei einen großen Ermessensspielraum, vgl. *Kamisar/LaFave/Israel*, Modern Criminal Procedure, S. 824ff.

572 Die Polizei hat in den USA ein weit ausgeprägtes Ermessen als in Deutschland. Damit werden häufig Fälle der Kleinkriminalität nicht an die Staatsanwaltschaft weiterleitet, vgl. *Weigend*, Staatsanwaltschaft in den Vereinigten Staaten, S. 587(607ff.). Absprachen zu diesem Zeitpunkt des Strafverfahrens sind aber nicht Gegenstand dieser Arbeit, da sie keine Wirkung auf ein gerichtliches Urteil entfalten und somit hier auch nicht weiter von Interesse, vgl. Kapitel 1, S. 19ff.

573 Vgl. *Kamisar/LaFave/Israel*, Modern Criminal Procedure, S. 1262. In einigen Gerichtsbezirken besteht noch zusätzlich die Möglichkeit eines plea of guilty aufgrund von Schuldunfähigkeit.

kommt dann zu dem verfassungsmäßig gewährleisteten schnellen und öffentlichen Hauptverfahren mit Geschworenen, dem sogenannten jury-trial.[574]
Mit einem plea of guilty bekennt der Beschuldigte sich im Sinne der Anklage schuldig. Eine Schuldfeststellung durch eine Hauptverhandlung ist daher nach dem anglo-amerikanischen Prozeßverständnis nicht mehr notwendig. Es kommt lediglich zu einem Strafzumessungsverfahren. Dieses Prozeßverständnis bietet damit eine Basis für Absprachen, die im deutschen Strafverfahren de lege lata allein schon wegen § 244 Abs. 2 StPO undenkbar ist.
Ähnlich verhält es sich bei einem plea of nolo contendere. Dabei verzichtet der Beschuldigte, ohne zur Frage seiner strafrechtlichen Schuld Stellung zu nehmen, darauf, sich gegen die Anklage juristisch zur Wehr zu setzen. Im Gegensatz zum plea of guilty hat das plea of nolo contendere den Vorteil, daß die Tatsache der strafrechtlichen Verurteilung in einem späteren Zivilprozeß nicht verwertet werden darf.[575]
Bei einem plea of guilty oder nolo contendere verzichtet der Beschuldigte damit auf sein aus Amendment VI gewährleistetes verfassungsmäßiges Recht eines jury trial. Das Bestehen der Möglichkeit eines solchen Verzichts ist unumstritten, da es dem Prinzip der Parteiautonomie entspricht.

Nach Studien wird in bis zu mehr als 90 Prozent der Verfahren ein guilty plea vor Beginn der Hauptverhandlung abgegeben, wobei zwischen Deliktstypus, Verbrechen[576] oder Vergehen[577], oder verschiedenen Gerichtsbezirken differenziert werden muß.[578] Ein streitiges Hauptverfahren, wie es durch die Verfassung gewährleistet wird, ist daher jedenfalls die Ausnahme.[579]

---

574 Amendment VI. Vgl. *Dressler*, Understanding Criminal Procedure, chapter 1, § 3 (S. 8); *Schmid*, Das Strafverfahren in den Vereinigten Staaten, S. 54.

575 *Dressler*, Understanding Criminal Procedure, § 189 (S. 405), Fn 2.

576 Für Verbrechen (felonies) gibt *Dielmann*, GA 1981, 558(559) unter Bezug auf eine Studie der University of Georgetown 90 Prozent an.

577 Bei Vergehen (misdemeanor) soll die Zahl der plea of guilty niedriger liegen, vgl. *Dielmann*, GA 1981, 558(559), der unter Bezug auf eine Studie der University of Georgetown 70 Prozent angibt. *Schumann*, Handel mit der Gerechtigkeit, S. 79, weist daraufhin, daß eine genaue Aussage bezüglich der Häufigkeit wegen der lokalen Schwankungen und prozeduraler Verschiedenheiten zwischen den einzelnen Bundesstaaten nicht getroffen werden könne. Insgesamt könne aber von eine Häufigkeit von über 70 Prozent ausgegangen werden.

578 Zahlen zu der Häufigkeit eines guilty plea bei: *Alschuler*, 69 California Law Review 1981, 652; *Dressler*, Understanding Criminal Procedure, Chapter 1, § 190 (S. 405); *Schumann*, Handel mit der Gerechtigkeit, S. 197ff.; *Weigend*, ZStW 94(1982), 200(202) jeweils mit weitern Nachweisen.

579 *Kamisar/LaFave/Israel*, Modern Criminal Procedure, S. 1204: "In practice, however, the locus of the criminal process has shifted largely from trial to plea bargaining."

Der Abgabe eines plea of guilty können nach Bundesrecht[580] und überwiegendem[581] Recht der einzelnen Staaten[582] der USA Absprachen in Form des sogenannten plea bargaining vorausgehen. Dabei handelt es sich um ein Verfahren, bei dem der Beschuldigte der Anklage im Austausch für Vergünstigungen zustimmt.[583] In Teilen der deutschsprachigen Literatur werden Parallelen beim plea bargaining und der deutschen Absprachenpraxis gesehen.[584] Zunächst eine kurze Darstellung des plea bargaining:

1. Entstehung des plea bargaining

Die Entstehung des plea bargaining wird trotz der nunmehr gängigen Praxis erst auf Mitte des letzten Jahrhunderts datiert. Sie läßt sich nicht auf ein genaues Datum fixieren. Ab 1960 erschien das Phänomen vermehrt in der wissenschaftlichen Diskussion. Eine bundesgesetzliche Regelung wurde im Jahre 1975 in die Federal Rules of Criminal Procedures (FRCP) aufgenommen. Zuvor hat der *US-Supreme-Court* im Jahre 1970 in der Entscheidung *Brady v. United States*[585] das plea bargaining für grundsätzlich zulässig erklärt. Es ist aber davon auszugehen, daß es jahrzehntelang ohne gerichtliche oder gesetzliche Grundlage praktiziert wurde.

2. Arten des plea bargaining

Das plea bargaining kann in ganz unterschiedlichen Formen in Erscheinung treten. Die klassischen Fälle sind die der Strafmilderung oder der Verringerung des Anklageumfangs als Gegenleistung für ein Schuldbekenntnis,[586] was in etwa dem bereits mehrfach erwähnten Prototyp der Absprache in Deutschland entspricht.

Bei einer Strafmilderung beantragt entweder die Staatsanwaltschaft entgegen der Möglichkeit nicht die Höchststrafe, sondern einen vor dem plea of guilty abgesprochenen Strafrahmen oder sie widerspricht zumindest nicht dem Antrag des Verteidigers auf einen bestimmten Strafrahmen. Diese Formen des Aushandelns einer Strafmilderung werden als sentence bargaining bezeichnet.[587]

---

[580] Rule 11(a)(1) FRCP.

[581] Der Versuch, das plea bargaining in Alaska abzuschaffen, hat dazu geführt, daß aus einem expliziten plea bargaining ein implizites plea bargaining wurde. Es wurde weiter wie beim plea bargaining verhandelt, allerdings nunmehr ohne gesetzliche Regelung. Vgl. *Damaska*, StV 1988, 398(401) mit weiterem Nachweisen.

[582] Die landesrechtlichen Regelungen sind überwiegend vergleichbar mit denen der FRCP.

[583] *Dressler*, Understanding Criminal Procedure, Chapter 31, § 191 (S. 406).

[584] Vgl. beispielsweise *Rönnau*, Absprache, S. 269; *Schünemann*, Gutachten, S. 150, spricht von einer schlechthin überragenden Bedeutung für die Diskussion in Deutschland.

[585] *Kamisar/LeFave/Israel*, Modern Crminal Procedure, S. 1205, 1217, 1221ff.

[586] Vgl. *Kamisar/LaFave/Israel*, Modern Criminal Procedure, S. 1204.

[587] *Schumann*, Der Handel mit der Gerechtigkeit, S. 78.

Die Verringerung des Anklageumfangs ist durch Modifikation des zu Grunde gelegten Lebenssachverhalts möglich. Im Gegensatz zum deutschen Strafprozeßrecht untersteht im amerikanischen Strafprozeß die angeklagte Tat in ihrem Umfang der Disposition durch die Staatsanwaltschaft. Es gibt keine direkt vergleichbare Regelung der §§ 155 Abs. 2, 244 Abs. 2, 264 StPO, vielmehr gilt der ne-ultra-petita-Grundsatz, das Gericht darf also nicht wegen einer schwereren als der angeklagten Tat verurteilen.[588] Es besteht damit im Rahmen des plea bargaining für die Staatsanwaltschaft einerseits die Möglichkeit, daß strafschärfende Umstände, wie beispielsweise der Tatumstand, daß der Einbruch bei Nacht durchgeführt wurde,[589] ausgenommen werden oder andererseits, daß eine weniger schwere Straftat zur Anklage gebracht wird, beispielsweise wird aus einem Raub ein Diebstahl. Diese Form des plea-bargaining wird als charge bargaining bezeichnet.[590]
In engem Zusammenhang dazu steht die Möglichkeit eines Versprechens der Staatsanwaltschaft im Rahmen des plea-bargaining, andere Straftaten gar nicht erst zur Anklage zu bringen. Auch besteht die Option der Staatsanwaltschaft, eine Aussetzung zur Bewährung anzuregen.[591]

Nicht so förmlich, aber dafür im Ergebnis möglicherweise ebenso wirksam, kann das Versprechen der Staatsanwaltschaft sein, die Tat vor einem bestimmten Gericht anzuklagen.[592] Dies kann beispielsweise in der Form geschehen, daß die Staatsanwaltschaft ihr Ermessen zu Gunsten des Beschuldigten dahingehend ausübt, daß vor einem Jugendgericht angeklagt wird. Es besteht aber auch die Möglichkeit, vor einem bestimmen Richter anzuklagen, sogenanntes judge shopping,[593] da das amerikanische Strafverfahren nicht das Prinzip des gesetzlichen Richters kennt. So kann eine Absprache getroffen werden, daß die Staatsanwaltschaft bei einem entsprechendem plea of guilty vor einem milden Richter, dessen Strafrahmen Verteidiger und Staatsanwaltschaft bekannt sind, anklagt. Schließlich besteht die Möglichkeit der Staatsanwaltschaft, für die Abgabe eines plea of guilty Zusagen bezüglich des Strafvollzuges zu machen, beispielsweise der Vollzug in einer bestimmten, vom Beschuldigten gewünschten Vollzugsanstalt.[594]

---

[588] *Weigend*, ZStW 94(1982), 200(201); *ders*, Absprachen im Hauptverfahren, S. 38.
[589] Ein Einbruch bei Nacht unterliegt einem größeren Strafrahmen (Höchstmaß 15 Jahre) als ein Einbruch bei Tage (Höchstmaß 5 Jahre). Beispiel bei *Schumann*, Der Handel mit der Gerechtigkeit, S. 122.
[590] Vgl. *Dressler*, Understanding Criminal Procedure, chapter 31, § 191 (S. 406).
[591] Vgl. zu den Möglichkeiten *Dielmann*, GA 1981, 551(560f.).
[592] *Dielmann*, GA 1981, 551(561).
[593] *Schmid*, Das amerikanische Strafverfahren, S. 62.
[594] *Dielmann*, GA 1981, 551(561).

Zusammenfassend kann festgehalten werden, daß das anglo-amerikanische Verfahrensrecht durch das plea bargaining eine Reihe von Absprachen ermöglicht, wie beispielsweise solche über den materiellen Strafvorwurf, das Strafmaß, den Strafvollzug oder auch den Richter, bei dem angeklagt werden soll, wie sie nach dem Verständnis der deutschen Strafprozeßordnung undenkbar wären. Bei den Voraussetzungen solcher Absprachen zeigen sich dennoch auch für die deutsche Absprachenpraxis interessante Aspekte.

3. Voraussetzungen für das plea bargaining

Bei den Voraussetzungen stellt sich zunächst die Frage, wer überhaupt Verhandlungspartner sein kann. In den USA verhandelt grundsätzlich lediglich der Staatsanwalt mit dem Verteidiger/Beschuldigten. So ist im Bundesrecht gemäß Rule 11 (e)(1) FRCP eine Mitwirkung des Richters beim plea bargaining untersagt. Lediglich in einigen Bundesstaaten kann auch ausnahmsweise der Richter am plea bargaining teilnehmen.[595]

Dem Richter muß aber das Ergebnis der Verhandlungen mitgeteilt werden. Er hat auf bundesrechtlicher Ebene gemäß Rule 11 (e)(4) FRCP die Möglichkeit, seine Zustimmung zu verweigern und somit Wiederaufnahme der Verhandlungen zu ermöglichen, indem er dem Beschuldigten die Möglichkeit des Widerrufs seines Schuldbekenntnisses gibt.[596]

Weiter ist für die Gültigkeit eines im Rahmen des plea bargaining ausgehandelten Schuldbekenntnisses Voraussetzung, daß es *voluntary, intelligent* und *accurate* ist. Diese Voraussetzungen wurden ganz wesentlich durch den *US-Supreme-Court* in der Entscheidung *Brady v. United States*[597] geprägt und später, im Jahre 1975, in die FRCP aufgenommen.

Ein guilty-plea ist nach der Entscheidung des *US-Supreme-Court* im Rahmen des plea bargaining dann freiwillig, wenn es nicht durch Druck motiviert war, nicht aufgrund einer falschen Darstellung der Tatsachen zustande gekommen ist oder wenn es nicht auf Zusagen der Staatsanwaltschaft basiert, die sie aufgrund ihrer Stellung gar nicht machen kann, wenn der Zusage beispielsweise eine Bestechung zu Grunde liegt.[598] Druck kann in Form von physischem Zwang oder einer extremen mentalen Notlage vorliegen. Bemerkenswert ist dabei, daß das

---

[595] Ebenso sprechen sich die Richtlinien der American Bar Association gegen eine Mitwirkung des Richters aus (Standards Relating to the Prosecution Function and the Defence Function. Project on Standards for Criminal Justice, 1971, § 14-3.3(c)). Beispielsweise in Illinois hingegen ist eine Beteiligung möglich, da es dem Richter nur untersagt ist, das plea bargaining anzuregen.

[596] Ähnliche Regelungen gibt es auch bei zahlreichen einzelstaatlichen Gerichten, vgl. *Weigend*, ZStW 94(1982), 200(206).

[597] Vgl. oben, S. 102f.

[598] Brady v. United States nach *Dressler*, Understanding Criminal Procedure, chapter 31, § 194, S. 414.

Gericht darauf hinweist, daß eine mentale Notlage nicht schon dann vorliegt, wenn die begangene Tat mit Todesstrafe bedroht ist und es in einem Verfahren zur Verurteilung zum Tode kommen könnte. So bestand nach Ansicht des *US-Supreme-Court* im Fall von Brady zwar ein mentaler Konflikt. Brady war wegen „Kidnapping“ angeklagt worden, was bei einer Verurteilung im Jury-Verfahren mit Todesstrafe bedroht ist. Er hat sich erst schuldig im Sinne der Anklage bekannt, nachdem er erfahren hatte, daß ein Mitbeschuldigter gegen ihn aussagen werde. Dieses plea of guilty war nach Auffassung des obersten US-amerikanischen Gerichts nicht wegen der möglichen Todesstrafe unfreiwillig.
Die hier genannte Rechtsprechung kommt in den FRCP zum Ausdruck. So darf gemäß Rule 11(d) FRCP der Beschuldigte nicht durch Zwang, Drohung, Täuschung oder falsche Versprechungen zu einem guilty plea bestimmt werden. Nicht geklärt ist in Bezug auf die Freiwilligkeit des plea bargaining, ob diese dadurch tangiert wird, daß der Beschuldigte auf subjektive Rechte verzichtet, die ihm die Verfassung gewährleistet, um Vorteile zu erlangen. Auch ist die Drucksituation, die wegen einer drohenden Verurteilung nicht grundsätzlich zu leugnen ist, nicht weiter problematisiert. Diese Frage wäre aus deutscher Sicht von Interesse.

Weiter bedingt die Freiwilligkeit eine Einsichtsfähigkeit des Beschuldigten. Der Beschuldigte ist einsichtsfähig, wenn er die Anklage ihrem Wesen nach erfaßt und er die Konsequenzen des Schuldbekenntnisses überschauen kann. Er muß also wissen, worauf er verzichtet, welche rechtlichen Folgen dies für ihn haben kann und wie seine Situation ohne Verzicht wäre.[599] Nicht erfaßt hat der Beschuldigte die Anklage beispielsweise, wenn ihm nicht bewußt war, daß er für die ihm zur Last gelegte Tat Vorsatz benötigt und diesen nicht gehabt hat.[600] Grundsätzlich wird aber davon ausgegangen, daß der Verteidiger routinemäßig dem Beschuldigten angemessen detailliert erläutert, wozu sich dieser schuldig bekennt.[601]
Daher ist es für das Verständnis nicht notwendig, daß der Richter dem Angeklagten explizit jegliche Konsequenz seines Schuldeingeständnisses erläutert.[602] Es genügt, wenn der Beschuldigte die Grundzüge der Anklage erfaßt hat und erkennt, wozu er sich schuldig bekennt. Mindestvoraussetzung ist dabei ledig-

---

[599] Vgl. *Brady v. United States* nach *Kamisar/LeFave/Israel*, Modern Criminal Procedure, S. 1221ff.

[600] So der *US-Supreme-Court* in *Henderson v. Morgan*, nach: *Dressler*, Understanding Criminal Procedure, S. 416.

[601] So wohl die allg. Praxis. Vgl. *Dressler*, Understanding Criminal Procedure, § 195 (S. 416).

[602] So in *Wilkins v Erickson* unter Bezugnahme auf *Brady v. United States* und *Boykin v. Alabama*. Nach *Kamisar/LeFave/Israel*, Modern Criminal Procedure, S. 1267f.

lich ein Hinweis auf die Höchststrafe der jeweils in Betracht kommenden Tat.[603] Schließlich müssen dem plea of guilty hinreichende Tatsachen zu Grunde liegen (sogenannte factual basis).[604] Der *US-Supreme-Court* hat in *North Carolina v. Alford* entschieden[605], daß das Schuldeingeständnis nicht ausschließlich die Schuld des Täters belege, sondern sich vielmehr aus dem Gerichtsprotokoll ein überzeugender Beweis auf die tatsächliche Schuld des Täters ergeben müsse. Diese für das common law an sich untypische Annäherung an einen Amtsermittlungsgrundsatz[606] ist sogar in die FRCP aufgenommen worden. So muß sich das Gericht gemäß Rule 11 (f) FRCP bei einer Annahme eines plea of guilty davon überzeugen, daß für ein solches eine ausreichende Tatsachengrundlage vorhanden ist.[607] Wann dies der Fall ist, wurde allerdings nicht geregelt. In der Praxis wird man überwiegend negativ eine ausreichende Tatsachengrundlage solange bejahen, bis offensichtliche Gründe dem entgegenstehen.

4. Ursachen des plea bargaining

Als überwiegende Ursache für das plea bargaining wird eine Überlastung der Strafjustiz angenommen.[608] So wird auch für die US-amerikanische Justiz angeführt, daß diese ohne Absprachen (sprich plea bargaining) zusammenbrechen würde, da keine Kapazitäten für stark ansteigende streitige Verfahren vorhanden seien.[609] Hinzu kommt, daß das Geschworenen-Verfahren zur Schuldfeststellung, jury trial, wesentlich aufwendiger ist, als beispielsweise ein Hauptverfahren in Deutschland. Ursache dafür ist unter anderem das aufwendige Auswahlverfahren für die Geschworenen. Die Ursachen für das plea bargaining werden aber nicht einheitlich beurteilt.

---

603 *Dressler*, Understanding Criminal Procedure, S. 417 mit weiteren Nachweisen.

604 *Kamisar/LeFave/Israel*, Modern Criminal Procedure, S. 1268ff.

605 In dem zu entscheidenden Fall hatte der Angeklagte ein plea of guilty für einen „Mord in minder schwerem Fall" (second-degree murder) abgegeben, um der ihm ansonsten drohenden Todesstrafe zu entgehen. Gleichzeitig hat der Angeklagte aber ausgesagt, daß er das Verbrechen nicht begangen habe, *North Carolina v. Alford*, nach: *Dressler*, Understanding Criminal Procedure, chapter 31, § 196, S. 418 sowie *Kamisar/LaFave/Israel*, Modern Criminal Procedure, S. 2168ff.

606 In Ansätzen kann ein Vergleich von Rule 11 (f) FRCP zu § 244 Abs. 2 StPO gezogen werden.

607 *Dressler*, Understanding Criminal Procedure, chapter 31, § 197 (S. 419). Wobei diese Voraussetzung nicht für ein plea of nolo contendere gilt.

608 *Alschuler*, Columbia Law Review 1976, 1059(1099f.); *Damaska*, StV 1988, 398(401); *Sinner*, Vertragsgedanke, S. 221; Unter Bezugnahme auf vergleichende Untersuchungen in den USA sieht *Weigend*, ZStW 94(1982), 200(203f.) die Überlastung des Strafrechtssystems nicht als vordergründige Ursache für das plea bargaining. Es habe sich demnach herausgestellt, daß die Arbeitsbelastung an verschiedenen Gerichten keinen Einfluß auf die Häufigkeit des plea bargaining gehabt habe; dem folgend *Kremer*, 234f.

609 Vgl. *Damaska*, StV 1988, 398(401); *Schumann*, Der Handel mit der Gerechtigkeit, S. 87.

So wird ein weiterer Grund in den gesetzlich sehr hohen Strafobergrenzen gesehen, die eine große Anzahl von Delikten aufweisen.[610] Der Beschuldigte soll durch ein Schuldeingeständnis versuchen, das Strafmaß zu minimieren und selbst Einfluß auf den Ausgang des Verfahrens zu nehmen, welcher bei einem jury trial auf Grund der zwölf Laienrichter oft sehr ungewiß ist.[611] Wobei dies zusätzlich für eine Drucksituation spricht, so daß die Voraussetzung, die Absprache müsse *voluntary*[612] sein, aus diesem Blickwinkel grundsätzlich überdacht werden müßte.
Dazu kommt noch, daß im amerikanischen Prozeß der Verteidiger die entlastenden Beweise selbst zu ermitteln hat. Eine Verteidigung im streitigen Verfahren ist daher auch für den Verteidiger mit einem hohen Zeit- und Kostenaufwand verbunden. Diese Mühen kann er mit einer geschickten Absprache umgehen und unter Umständen wesentlich mehr für seinen Mandanten erreichen, als er im streitigen Hauptverfahren erreichen würde.[613] Letztendlich erklärt sich die Ursache für das häufige Auftreten von Absprachen in den USA wohl aus der Summe der Faktoren.

5. Problem- und Kritikpunkte des plea bargaining

Dem plea bargaining wird vorgehalten, daß es das materielle Strafrecht entwerte. So sollen einzelne Strafvorschriften zu bloßen bargaining chips verkommen. Daneben entstehen unter Umständen Schuldgeständnisse zu rechtlich und logisch unmöglichen Tatbeständen,[614] da es dem Beteiligten ausschließlich auf das Ergebnis und damit auf den Strafrahmen ankomme.
Auch wird eine Verletzung des kontradiktorischen Verfahrens vorgebracht. Das anglo-amerikanische Recht beruhe auf der Prämisse, daß Wahrheit und Gerechtigkeit am besten durch den offenen Wettkampf der Meinungen, durch Infragestellung und Überprüfung jeder Position durch den Vertreter der Gegenposition gefördert werde, sogenanntes adversary principle.[615] Anstelle dieses Wettkampfes tritt nun im Rahmen des plea bargaining ein heimliches Aushandeln. Dem wird allerdings wiederum entgegengehalten, daß durch solche Absprachen lediglich der Wettkampf vorverlagert werde – von der Hauptverhandlung zum plea bargaining.[616]

---

610 Vgl. *Kremer*, S. 235; *Weigend*, ZStW 94(1982), 200(204).
611 Vgl. *Schumann*, Der Handel mit der Gerechtigkeit, S. 93.
612 Rule 11(d) FRCP.
613 Vgl. *Schumann*, Der Handel mit der Gerechtigkeit, S. 102ff. Ein Teil der Verteidiger haben gar keine streitigen Verfahren mehr. *Alschuler*, nach *Schumann*, Der Handel mit der Gerechtigkeit, S. 106, „im Zweifel für den Handel".
614 *Weigend*, Absprachen im Hauptverfahren, S. 56 nennt unter Angabe von weiteren Nachweisen beispielsweise das plea of guilty zur versuchten fahrlässigen Tötung.
615 Vgl. *Weigend*, Absprachen im Hauptverfahren, S. 56.
616 Vgl. *Weigend*, Absprachen im Hauptverfahren, S. 56f.

Aber selbst wenn man eine Vorverlagerung des Wettkampfs annimmt, so werden dann zumindest die richterlichen Funktionen wie Schuldfeststellung und Strafzumessung auf die Staatsanwaltschaft verlagert. De facto kommt ein solches Verfahren dem Inquisitionsprozeß gleich, da die Staatsanwaltschaft sowohl ermittelnde als auch urteilende Behörde ist.[617] Ein weiterer Problempunkt ist die Möglichkeit der Ungleichheit bei der Rechtsanwendung. So gibt es keinen Rechtsanspruch auf plea-bargaining-Verhandlungen und damit auch keinen Prüfungsmaßstab für die Kriterien, die dem Strafmaßangebot der Staatsanwaltschaft zu Grunde liegen.[618] Es ist nicht überprüfbar, ob die Kriterien sachlich fundiert sind. Es können rechtlich identisch gelagerte Fälle unterschiedlichen Sanktionsangeboten der Staatsanwaltschaft unterliegen, nur weil das Angebot zum guilty plea zu einem späteren – und damit für die Staatsanwaltschaft ungünstigeren – Zeitpunkt gemacht wurde.[619] Ferner wirkt sich auch das Verhandlungsgeschick der Verteidigung direkt auf die Strafzumessung aus. Wegen der fehlenden Beteiligung des Gerichts bei den plea-bargaining-Verhandlungen besteht keine Kontrolle durch das Gericht. Wegen der Möglichkeit, daß nicht einmal der Beschuldigte beteiligt sein muß, ist seine Fürsprache sogar alleine auf den Verteidiger reduziert, denn die Staatsanwaltschaft in den USA ist ausschließlich Anklagebehörde. Es existiert in den USA keine der § 160 Abs. 2 StPO entsprechende Regelung.

Dem plea bargaining wird weiter eine Verzerrung der Strafzumessung vorgeworfen.[620] Diese ergebe sich daraus, daß bei einer tatsächlichen Unschuld des Täters die Sanktion zu hoch, bei Übereinstimmung des guilty plea mit der tatsächlichen Situation zu niedrig sei, beziehungsweise im Widerspruch zur Intention des Gesetzgebers stehe. Dazu komme noch das Problem des overcharging oder des overrecommending.[621] Damit sind Fälle gemeint, in denen die Staatsanwaltschaft bewußt ein zu hohes Strafmaß beantragt oder eine zu umfassende Anklage[622] einreicht, damit sie eine bessere Verhandlungsbasis hat. Die Staatsanwaltschaft schafft sich so die Möglichkeit einer erheblichen, für den Beschuldigten attraktiven Reduktion des Strafmaßes, wobei gleichzeitig sichergestellt

617 Vgl. *Weigend*, Absprachen im Hauptverfahren, S. 57.

618 Vgl. *Weigend*, Absprachen im Hauptverfahren, S. 58.

619 *Weigend*, Absprachen im Hauptverfahren, S. 58.

620 So *Weigend*, Absprachen im Hauptverfahren, S. 59.

621 Siehe *Dressler*, Understanding Criminal Procedure, chapter 31, § 192 (S. 410); *Schmid*, Das amerikanische Strafverfahren, S. 62; *Schumann*, Der Handel mit der Gerechtigkeit, S. 134.

622 Dabei wird unterschieden zwischen vertikalem und horizontalem overcharging. Bei ersterem wird die höchst mögliche Begehungsform angeklagt (bei Tötungsdelikten beispielsweise first degree murder), bei letzterem wird bei mehreren begangenen Delikten jedes einzeln angeklagt, vgl. *Dressler*, Understanding Criminal Procedure, chapter 31, § 192 (S. 410).

werden kann, daß dennoch der general- und spezialpräventive Zweck nicht außer Acht gelassen wird. Wie oben schon angesprochen, ist auch nicht geklärt, ob das plea bargaining nicht einen unzulässigen Druck auf den Beschuldigten ausübt. Dies verwundert, da zumindest hinsichtlich des fair-trial-Grundsatzes auch im anglo-amerikanischen Recht Probleme auftauchen.
Einen Sanktionsnachlaß erfährt der Beschuldigte beim plea bargaining auch lediglich, wenn er auf sein Recht auf ein schnelles und öffentliches Verfahren mit Geschworenen verzichtet. Der *US-Supreme-Court* hat jedoch in mehreren Fällen, die allerdings nicht die Zulässigkeit von plea-bargaining-Verhandlungen zum Gegenstand hatten, entschieden, daß der Staat die Gewährung von Vorteilen grundsätzlich nicht von der Frage abhängig machen darf, ob der Bürger auf seine verfassungsmäßig gewährleisteten Rechte verzichtet.[623] Genau dies geschieht aber beim plea bargaining. Hier wird aber wohl aus US-amerikanischer Sicht eine Ausnahme zu machen sein, da ohne plea bargaining die Funktionsfähigkeit der Rechtspflege nicht gewährleistet werden kann. Nach wohl überwiegender Meinung in der Literatur ist das plea bargaining existentiell und damit unverzichtbar für die US-amerikanische Strafrechtspflege.[624]

II. England

England kann als Mutter des common law verstanden werden. Die Prozeßstruktur ist daher grundsätzlich ähnlich wie in den USA. Das Strafverfahren ist auch als Parteiprozeß ausgestaltet. Die Absprachensituation[625] ähnelt auf den ersten Blick ebenfalls der in den USA. So war auch in England zunächst die Zulässigkeit von Absprachen offiziell weder geregelt noch erfaßt. Erst Mitte der siebziger Jahre kam es zu ersten empirischen Untersuchungen[626] und – etwa zeitgleich – auch zu höchstrichterlichen Entscheidungen[627] zur Absprachenpraxis. In der englischen Rechtspraxis sind Absprachen jedoch nicht ganz so häufig wie in den USA. So liegt die Abgabe von guilty plea bei 93 Prozent in Magistrates' Courts und 75 Prozent in Crown Courts. Dabei soll in circa 30 Prozent der abgegebenen guilty plea vorher eine Absprache stattgefunden haben.[628]
Ebenso wie in den USA kommt es auch bei den Absprachen zum charge und sentence bargaining. Im Rahmen des bargaining bestehen jedoch Unterschiede. So wird die zur Anklage gebrachte Tat vorwiegend mit der Polizei ausgehan-

---

623 Vgl. Nachweise bei *Weigend*, Absprachen im Hauptverfahren, S. 64.
624 *Schmid*, Das amerikanische Strafverfahren, S. 63.
625 Vgl. dazu insgesamt *Braun*, S. 161ff; *Kremer*, S. 251ff; *Weigend*, Absprachen, S. 84ff. und insbesondere *Bömeke*, S. 22ff., 73ff.
626 Beispielsweise die Untersuchung von *Baldwin/Mc Canville*, Negotiated Justice, zitiert nach *Rönnau*, Absprache, S. 161.
627 Nachweise bei *Weigend*, Absprachen, S. 85.
628 Zahlenmaterial bei *Braun*, S. 161; *Kremer*, S. 252, *Weigend*, Absprachen, S. 85, jeweils mit weiteren Nachweisen.

delt.[629] Ein Teil des eigentlichen charge bargaining findet daher schon im Vorfeld statt, so daß es nicht zu einer Absprache im hier vorausgesetzten Sinne kommt. Daneben besteht in England die Besonderheit des „taking into consideration".[630] Gemeint ist damit die Mitberücksichtigung von zugestandenen Handlungen in einem Strafverfahren, das wegen einer anderen Tat durchgeführt wird.[631] Besonderheit hierbei ist, daß die mitberücksichtigte Straftat nicht Gegenstand des Schuldurteils ist, sondern ausschließlich bei der Strafzumessung berücksichtigt wird. Diese Mitberücksichtigung wird zunächst mit der Polizei und dem Beschuldigten abgesprochen. Der Beschuldigte muß aber später im Prozeß freiwillig die Tat gestehen und eine Mitberücksichtigung beantragen, da für dieses Verfahren keine gesetzliche Grundlage besteht.[632]
Aber auch die Anklagebehörde, in England der Crown Prosecution Service, betreibt charge bargaining. Sie kann im Rahmen dessen einzelne Anklagepunkte fallen lassen. Dabei kommt es jedoch nicht zum overcharging wie in den USA.[633] Auch ist die Zustimmung des Richters zur nachträglichen Änderung der Anklage nicht lediglich – wie in den USA – bloß ein formaler Akt.[634] Damit verwundert es auch nicht, daß die Rücknahme einzelner Anklagepunkte seltener ist.[635]
Der wohl größte Unterschied liegt jedoch im sentence bargaining. In England existieren im Gegensatz zu den USA feste Regelungen bezüglich der Auswirkung eines Schuldanerkenntnisses auf das Strafmaß. Nach gefestigter Rechtsprechung wird ein guilty plea mit einem Viertel bis zu einem Drittel Straferlaß honoriert.[636] Begründet wird dieser Erlaß mit der Einsicht und Reue des Beschuldigten sowie der Zeit- und Kostenersparnis. Da diese Argumente bei einem späten Zeitpunkt des Schuldbekenntnisses nicht greifen, wird ein sogenanntes „last minute plea" auch nicht mit einem Strafnachlaß honoriert. Weiter unterliegt das Maß des Strafnachlasses grundsätzlich der gerichtlichen Überprüfung.[637]

---

629 Teilweise wird dieser Teil des charge bargaining auch als police bargaining bezeichnet, vgl. *Kremer*, S. 259, *Weigend*, Absprachen, S. 87 mit weiteren Nachweisen.
630 Siehe dazu *Huber*, Funktion und Tätigkeit des Anklägers in England und Wales, S. 568.
631 In der deutschen Absprachenpraxis wäre eine solche Mitberücksichtigung am ehesten mit einer Absprache vergleichbar, bei der wegen eines Geständnisses im Verfahren X die Zusage einer Einstellung gemäß § 154 StPO im Verfahren Y gemacht wird. Zur Zulässigkeit einer solchen Praxis siehe unten Kapitel 4, S.173ff.
632 *Huber*, Funktion und Tätigkeit des Anklägers in England und Wales, S. 569.
633 Vgl. *Weigend*, Absprachen, S. 87 mit weiteren Nachweisen.
634 *Weigend*, Absprachen, S. 88, mit weiteren Nachweisen.
635 Vgl. *Weigend*, Absprachen, S. 87.
636 Nachweise für die Rechtsprechung bei *Weigend*, Absprachen, S. 88.
637 Bei wesentlichen Abweichungen von der ständigen Praxis kann es durch den Court of Appeals zur Korrektur kommen, vgl. *Weigend*, Absprachen, S. 88.

Strengere Voraussetzungen als in den USA werden in England an die Freiwilligkeit eines guilty plea gestellt. Diese ist nach Ansicht der höchstrichterlichen Rechtsprechung nicht gewahrt, wenn der Beschuldigte vor Abgabe des guilty plea eine konkrete Zusage des Gerichts zum Strafmaß bekommt, da durch eine solche Aussage ein unzulässiger Druck ausgeübt werde.[638] Während es dem Gericht noch gestattet ist, mit dem Verteidiger das Strafmaß informell konkretisierend zu beraten, ist es dem Verteidiger untersagt, seinem Mandanten das Ergebnis der Beratungen mitzuteilen. Eigene Einschätzungen des Verteidigers und ein Hinweis auf die negativen Konsequenzen eines guilty plea sind jedoch möglich.[639]

III. Fazit

Die Absprachenpraxis im common law unterscheidet sich deutlich von der deutschen Praxis. Der Absprachenhäufigkeit von bis zu 90 Prozent in den USA und immerhin über 30 Prozent in England steht nach den hier gewonnenen Erkenntnissen eine deutlich niedrigere Prozentzahl in Deutschland gegenüber.[640] In den USA besteht auf bundesrechtlicher und überwiegend auch auf landesrechtlicher Ebene ebenso wie in England eine gesetzliche Regelung, was in Deutschland nicht der Fall ist.

Die für die USA dargestellten Zulässigkeitsvoraussetzungen lassen sich nur sehr bedingt in das deutsche Recht übertragen. Hauptgrund dafür sind die unterschiedlichen Prozeßstrukturen. Absprachen zwischen den Prozeßbeteiligten stehen prinzipiell dem Parteiprozeß näher,[641] so daß generelle Rückschlüsse in Bezug auf eine Zulässigkeit von Absprachen nicht möglich sind.

Einzelne Detailfragen können aber dennoch für eine deutsche Regelung von Interesse sein. So ist bemerkenswert, daß im common law der Richter bei einer Absprache generell nicht mitwirkt. Darin liegt möglicherweise ein Vorteil, denn das Argument der etwaigen Befangenheit eines an der Absprache mitwirkenden Richters kann grundsätzlich auch für den deutschen Strafprozeß gelten. Man stelle sich nur vor, daß bei einer Mitwirkung des Richters der Beschuldigte das Angebot des Richters ablehnt. Sollte dies zu einem Verwertungsverbot führen oder sollte der Richter ausgeschlossen werden?

Wenigstens ein solches Problem stellt sich beim plea bargaining nicht, denn in den USA sowie in England muß der Richter nicht einmal wissen, daß zuvor plea-bargaining-Verhandlungen geführt wurden. Keine Anregung liefert jedoch der US-amerikanische Ansatzpunkt, daß auch nicht einmal der Beschuldigte an einer Absprache beteiligt sein muß.

---

[638] Vgl. den Fall *R v. Turner, Cr.App.R.* (1970) 54, 352 (356ff.).

[639] *Weigend*, Absprachen, S. 90.

[640] Vgl. oben Kapitel 1, S. 27ff.

[641] So beispielsweise auch im deutschen Zivilprozeß § 307 ZPO.

Interessant aus deutscher Sicht ist, daß die höchstrichterliche Rechtsprechung Probleme mit der Freiwilligkeit einer Absprache hat, sofern der Beschuldigte zuvor eine konkrete Zusage zum Strafmaß bekommt. Hier stehen beide Rechtssysteme vor dem selben Problem: Wieviel Drohung steckt in jedem Abspracheangebot, das dem Angeklagten einen Strafrabatt in Aussicht stellt?

Dabei zeigt sich eine Überlegenheit des englischen Modells, da dort feste Regelungen für die Auswirkungen eines Schuldanerkenntnisses für das Strafmaß existieren. Damit besteht ein Mindestmaß an Rechtssicherheit für den Angeklagten, weil er konkrete Vorstellungen davon haben kann, was ihm im Falle eines Geständnisses von Seiten des Gerichts erwartet.

Mit der fehlenden Honorierung vom sogenannten „last minute plea" wird in England das Verhalten offiziell umgesetzt, was wohl auch in Deutschland inoffiziell praktiziert wird: Je später das Prozeßstadium, desto geringer ist die Verhandlungsmasse des Angeklagten und damit besteht auch eine geringere beziehungsweise gar keine Absprachenbereitschaft des Gerichts mehr. So verbietet die Absprachenpraxis ein „last minute plea" eigentlich schon rein faktisch, da sie dem Wesen einer Absprache widersprechen.

B. Kontinentaleuropa

Absprachen, in der Form in der sie hier untersucht werden, wurden zunächst ausschließlich mit dem anglo-amerikanischen Rechtskreis in Verbindung gebracht.[642] In Kontinentaleuropa gab es, nicht zuletzt wegen des dort vorherrschenden Legalitätsprinzips – wenn überhaupt – Absprachen nur im Geheimen. Dies hat sich jedoch vor gut 10 Jahren geändert, da in Spanien und Italien – und somit in Teilen des kontinentaleuropäischen Rechtskreises – gesetzlich geregelte Absprachemodelle eingeführt worden sind.

I. Spanien

Vergleichbar mit dem guilty plea im anglo-amerikanischen Rechtskreis kennt das spanische Strafverfahren mit der sogenannten conformidad del acusado[643] ebenfalls eine Form des Schuldanerkenntnisses.

---

[642] *Weigend*, Absprachen, S. 98.

[643] Die hier vorgestellte conformidad bezieht sich ausschließlich auf eine Anklage, die ein Strafmaß unter 6 Jahren oder Geldstrafe vorsieht. In Spanien ist in der Anklage ein konkreter Strafantrag vorgesehen. Damit wird aber quantitativ der größte Teil der Kriminalität abgedeckt, vgl. *Schünemann*, Gutachten, S. 153.

1. Ursprüngliche Form der conformidad

Erstaunlicherweise existiert die Regelung der conformidad schon seit dem 19. Jahrhundert.[644] Die durch die Strafprozeßordnung von 1892 eingeführte ursprüngliche Form der conformidad unterteilte sich in zwei Stufen.[645]

Zum einen gibt es im Zwischenverfahren gemäß Art. 655 Ley de Enjuiciamento Criminal (LECrim) die Möglichkeit, daß der Beschuldigte schon zu diesem Zeitpunkt der eingereichten Anklage mit einem Schuldanerkenntnis zustimmt. Eine etwaige Absprache im Hinblick auf die Abgabe einer conformidad in diesem Verfahrensstadium ist jedoch nicht Gegenstand dieser Untersuchung.[646]

Zum anderen gibt es aber auch zu Beginn der Hauptverhandlung gemäß Art. 688 Abs. 2 LECrim die Möglichkeit eines Schuldbekenntnisses für den Angeklagten, wobei aber nicht die Anklage und damit auch nicht das Strafmaß zur Disposition stehen. Diese ursprüngliche Form der conformidad wird daher auch zutreffend mit dem deutschen Strafbefehlsverfahren in Verbindung gebracht.[647] Denn die ursprüngliche Variante erlaubt dem Beschuldigten und seinem Verteidiger[648] lediglich, der nach dem Legalitätsprinzip formulierten Anklage und beantragten Strafe zuzustimmen, ohne daß der materielle Verfahrensgegenstand dabei zur Disposition steht.[649] Als Gegenleistung für die conformidad bleibt dem Beschuldigten und seinem Verteidiger die Hauptverhandlung erspart. Damit hat der Angeklagte den Vorzug einer „diskreten" Verfahrenserledigung. Er kann aber beispielsweise nicht wie bei einer Absprache auf das Strafmaß Einfluß nehmen. Eine conformidad hat daher für den Angeklagten nicht die Attraktivität wie beispielsweise eine Absprache, bei der das Gericht dem Angeklagten neben der Verfahrensverkürzung auch durch einen Strafnachlaß entgegenkommt. Daß diese Form der conformidad nicht besonders attraktiv für den Beschuldigten war, spiegelt sich darin wieder, daß von dieser Form der conformidad nur in circa 15 Prozent aller Fälle Gebrauch gemacht wurde.[650]

2. Conformidad im Rahmen des procedimiento abreviado

Daneben existiert die conformidad im Rahmen des procedimiento abreviado. Diese Form des Schuldanerkenntnisses hat gegenwärtig jedoch keine praktische

---

644 Vgl. *Sendra*, ZStW 104(1992), 223.
645 *Sendra*, ZStW 104(1992), 223.
646 Vgl. oben Kapitel 1, S. 19ff.
647 Vgl. *Schünemann*, Gutachten, S. 153; *Volkmann-Schluck*, Spanischer Strafprozeß, S. 129f.
648 Für eine wirksame conformidad müssen sowohl Beschuldigter als auch Verteidiger zustimmen, vgl. Art. 688 Abs. 2 LECrim.
649 *Volkmann-Schluck*, Der spanische Strafprozeß, S. 129 mit weiteren Nachweisen.
650 Vgl. zum Zahlenmaterial *Volkmann-Schluck*, Der spanische Strafprozeß, S. 131 mit weiteren Nachweisen.

Bedeutung mehr, da mit Gesetz vom 28.12.1988 eine Neuregelung der conformidad vorgenommen wurde, Art. 789 Nr. 5 und 793 Nr. 3 LECrim. Die Neuregelung bietet nun auch die Möglichkeit, über den Verfahrensgegenstand zu disponieren. Damit soll eine bessere Nutzung der conformidad gewährleisten werden.[651]
Im Rahmen eines abgekürzten Verfahrens[652], das für Delikte mit einem Strafmaß unter 12 Jahren Freiheitsstrafe in Betracht kommt, bietet die neue Regelung nunmehr die Möglichkeit einer Absprache. So kann der Beschuldigte gemäß Art. 793 Nr. 3 LECrim eine conformidad zu einer Anklageschrift erklären, die gegenüber der ursprünglich eingereichten abgeändert worden ist. Diese Abänderung impliziert vorherige Absprachen zwischen Anklage und Beschuldigtem. Im Gegensatz zum englischen sentence bargaining ist gemäß Art. 793 Nr. 3 Satz 2 LECrim auch eine Abweichung zu Gunsten des Beschuldigen noch „in letzter Minute" zulässig. Damit besteht die Möglichkeit, während der laufenden Verhandlung, unter Absprache bestimmter Voraussetzungen, die Anklage zu ändern. Ähnlich wie beim plea bargaining kann mit der Abgabe einer conformidad ein günstigerer Schuldspruch ausgehandelt werden.[653] Damit hat der spanische Gesetzgeber die Zulässigkeit von Absprachen in der hier zu untersuchenden Form zumindest implizit gesetzlich geregelt.
Die gesetzlich geregelten Voraussetzungen für die Wirksamkeit einer Absprache im Zusammenhang mit einer conformidad sind jedoch äußerst gering. Der Beschuldigte muß zusammen mit seinem Verteidiger ein Schuldbekenntnis abgeben. Eine conformidad mit entsprechender Absprache ohne Mitwirkung des Verteidigers ist nicht möglich. Das Gericht muß der rechtlichen Bewertung der Tat zustimmen. Weiter darf der Beschuldigte die Möglichkeit der conformidad und der damit verbundenen Absprache nicht verloren haben. Der spanische Gesetzgeber geht von einem Verlust der Möglichkeit der conformidad aus, sofern ein Beweismittel objektiv existiert, aber nicht sichergestellt werden konnte, da davon auszugehen sei, daß der Beschuldigte das Beweismittel verborgen halte und ihm deshalb der Vorteil der conformidad nicht zu Gute kommen solle.[654]
Viele Fragen bezüglich der Zulässigkeit einer Absprache bleiben ungeklärt. So ist beispielsweise nicht geregelt, ob Absprachen innerhalb oder außerhalb der Hauptverhandlung stattfinden sollen, wer beteiligt sein soll und was zur Disposition stehen darf. Ebenso sind keine Regelungen vorhanden, die einer etwaigen Drucksituation des Angeklagten gerecht werden würden.

---

651 So *Braun*, S. 168; *Weigend*, Absprachen, S. 99.
652 Procedimiento abreviado, Art. 779ff. LECrim.
653 So auch *Braun*, S. 169; *Weigend*, Absprachen, S. 100; *Sendra*, ZStW 104(1992), 223(232).
654 Vgl. *Sendra*, ZStW 104(1992), 223(230).

3. Fazit

Als Fazit läßt sich festhalten, daß mit der spanischen conformidad auch in Teilen Kontinentaleuropas Absprachen in gesetzlich geregelter Form vorliegen. Die Bilanz dieser Neuregelungen wird in Spanien außerordentlich positiv bewertet.[655] Die Neuregelung der conformidad fördert eine Entlastung der Strafgerichte überwiegend bei Kleinkriminalität und erreicht darüber hinaus eine zeitangemessene Schadenswiedergutmachung.[656] Allerdings verwundert es, daß der Gesetzgeber bezüglich des grundsätzlichen Konfliktes mit dem Legalitätsprinzip, dem Untersuchungsgrundsatz oder auch anderen Prozeßmaximen schweigt. Regelungen über einzelne Zulässigkeitsvoraussetzungen von Absprachen bestehen somit trotz einer oberflächlichen Regelung auch in Spanien nicht. Damit ist der Vergleich mit dem spanischen Modell für die Diskussion in der deutschen Absprachenpraxis nur von sehr bedingtem Nutzen. Der Sache nach beschränkt sich diese Regelung auf die Frage der Zulässigkeit, also des „Ob" einer Absprache. Diese ist ohne entsprechende Begründung bejaht worden. Die Frage der Verfahrensgestaltung, also wie eine Absprache konkret durchzuführen ist und damit auch die Frage, die sich der *4. Senat* stellen mußte, ist durch diese Regelung allerdings offengelassen worden.

II. Italien

Den Schwerpunkt in der deutschsprachigen wissenschaftlichen Literatur[657] in Bezug auf Absprachen in ausländischen Verfahrensordnungen bildet ganz deutlich die Absprachenpraxis in Italien.

1. Erste gesetzliche Regelung im Jahre 1981

Durch das Gesetz vom 24.11.1981[658] gab es den ersten „Versuch" einer gesetzlichen Regelung von Absprachen in Italien.[659] Mit der Einführung dieses Gesetzes wurde eine Regelung geschaffen, die die Verhängung einer „sanzione sostitutiva su richiesta dell' imputato" (sogenannte Ersatzstrafe auf Antrag des Angeklagten) gegen den Beschuldigten ermöglichte. Eine Ersatzstrafe war milder als die üblicherweise zu erwartende Strafe.[660] Der Beschuldigte konnte sie bean-

---

655 Vgl. *Braun*, S. 171.

656 Vgl. *Braun*, S. 171; *Sendra*, ZStW 104(1992), 223(233).

657 *Amodio*, ZStW 102(1990), 171ff.; *Budde*, ZStW 102(1990), 196ff.; *Bogner*, Absprachen im deutschen und italienischen Strafprozeßrecht, S. 151ff.; *Jescheck*, FS Arthur Kaufmann, S. 659ff.; *Maiwald/Ippoliti*, JZ 1989, 874(876); *Sinner*, ZRP 1994, 478ff.; *Stile*, ZStW 104(1992), 429(440ff.).

658 Gesetz zur Modifizierung des Strafrechtssystems vom 24.11.1981, Nr. 689/81, Art. 77ff. Abgedruckt bei *Conso*, Codice di Procedura Penale.

659 Vgl. dazu *Budde*, ZStW 102(1990), 196(197ff.); *Sinner*, ZRP 1994, 478(479).

660 Die Ersatzstrafe untergliederte sich in die „semidetenzione" (Halbgefangenschaft) als massivste Form. Der Verurteilte mußte danach mindestens zehn Stunden in der Haftanstalt pro

tragen, indem er dafür im Gegenzug auf eine Verteidigung gegen den Tatvorwurf und die Durchführung der Hauptverhandlung verzichtete.[661] Schon damals wurde eine solche Form der Absprache als „patteggiamento“ (paktieren) bezeichnet.[662] Strenggenommen ist ein solches „patteggiamento“ keine Absprache im hier zu Grunde gelegten Sinne, da ein „patteggiamento“ grundsätzlich nicht im Rahmen einer Hauptverhandlung stattfand. Jedoch besteht ein sehr enger Zusammenhang, da in jedem Prozeßstadium – also auch während des Ermittlungsverfahrens – ein „patteggiamento“ anschließend durch ein Urteil entschieden wurde und der Richter zumindest die Möglichkeit hatte, auch während des Hauptverfahrens eine Entscheidung über das „patteggiamento“ zu treffen.[663] Insofern hat letzteres auch wesentliche Züge der Urteilsabsprache.
Voraussetzung eines solchen „patteggiamento“ war, daß die Verhängung einer Ersatzstrafe von Amts wegen möglich war und, sofern die Ersatzstrafe nicht in der Hauptverhandlung verhängt wurde,[664] die Staatsanwaltschaft der Verhängung einer Ersatzstrafe zustimmte. Es kamen demnach nur Ersatzstrafen in Betracht. Dabei mußte es sich um eine Straftat handeln, für die generell keine schwerere Sanktion als drei Jahre Freiheitsstrafe gesetzlich bestimmt war und im Einzelfall höchstens drei Monate Freiheitsstrafe vorgesehen waren,[665] wobei zusätzlich einige Tatbestände gesetzlich stets ausgeschlossen waren.[666] Demnach war ein „patteggiamento“ nur bei Klein- und Bagatellkriminalität möglich. Der Beschuldigte mußte die Ersatzstrafe vor Beginn der Hauptverhandlung beantragen. Eine Beantragung in der Hauptverhandlung war unzulässig.[667] Des weiteren war ein „patteggiamento“ nur einmal zulässig. Hatte der Beschuldigte zuvor also in einem anderen Verfahren schon einmal einen Antrag gestellt, war ein weiterer Antrag unzulässig.[668]
Im Rahmen des „patteggiamento“ konnte der Beschuldigte ein bestimmtes Strafmaß beantragen. Dies war aber nicht zwingend erforderlich, da die Strafmaßentscheidung auch in das Ermessen des Gerichts gestellt werden konnte.

Tag verbringen. Weiter gab es die „libertà controllata“ (kontrollierte Freiheit), nach der sich der Verurteilte im wesentlichen nicht vom Wohnort entfernen durfte und die „pena pecuniaria“ (die (Ersatz-)Geldstrafe). Vgl. dazu *Budde*, ZStW 102(1990), 196(199).

661 *Budde*, ZStW 102(1990), 196(198).

662 *Bogner*, Absprachen im deutschen und italienischen Strafprozeßrecht, S. 151.

663 Vgl. *Budde*, ZStW 102(1990), 196(203).

664 In der Hauptverhandlung wurde lediglich eine Stellungnahme der Staatsanwaltschaft eingeholt, Art. 78 des Gesetzes vom 24.11.1981.

665 Eine „semidetenzione“ konnte nicht Gegenstand eines „patteggiamento“ sein. Vgl. oben, FN. 660.

666 Art. 60 des Gesetzes vom 24.11.1981 bestimmte beispielsweise, daß eine Ersatzstrafe von Amts wegen bei Korruptions- und Aussagedelikten, Straftaten gegen die Volksgesundheit oder Wucher ausgeschossen ist.

667 *Budde*, ZStW 102(1990), 196(201).

668 Vgl. Art. 80 des Gesetzes vom 24.11.1981.

Generell stand im Ermessen des Gerichts, ob dem Antrag des Beschuldigten und der Staatsanwaltschaft Folge geleistet wurde.[669] Diese Regelung des „patteggiamento" war in der Praxis jedoch nur von geringer Bedeutung.[670] Über die Ursachen könnte hier nur spekuliert werden.
Festzustellen ist jedoch in Hinblick auf eine Kritik an der älteren Version des „patteggiamento", daß die Regelung lediglich Aussagen zur Zulässigkeit von Absprachen vorgenommen hatte. Hinsichtlich der Art und Weise des „patteggiamento" dagegen waren der Regelung keinerlei Angaben zu entnehmen. Darüber hinaus wurde durch die gesetzliche Regelung nicht geklärt, ob das Gericht an die Anträge gebunden war.[671] Letztlich nahm man zu Absprachen anhaftenden Problemen, wie beispielsweise einer Verletzung der Unschuldsvermutung oder Verstöße gegen die richterliche Unabhängigkeit, keine Stellung.[672]

2. Geltende Rechtslage

Am 24.10.1989 ist in Italien eine neue Strafprozeßordnung in Kraft getreten, durch die der Strafprozeß grundlegend umgestaltet worden ist.[673] Die Regelung der „sanzione sostitutiva" wurde mit dem Inkrafttreten der neuen Strafprozeßordnung aufgehoben, das „patteggiamento" ist aber seiner Grundidee nach beibehalten worden.[674]
In Art. 444 bis 448 des neuen Codice di Procedura Penale (Cpp) ist „Die Anwendung der Strafe auf Antrag der Parteien" geregelt. Die grundsätzliche Regelung trifft dabei Art. 444 Cpp[675]:

1. Der Angeklagte und die Staatsanwaltschaft können vom Gericht die Zumessung einer nach Art und Ausmaß angegebenen Ersatzstrafe oder einer bis zu einem Drittel herabgesetzten, in Geld abzuleistenden Strafe oder einer Freiheitsstrafe beantragen, wenn diese unter Berücksichtigung der Umstände und unter Herabsetzung bis zu einem Drittel zwei Jahre Gefängnis oder Haft, sei es allein oder verbunden mit einer in Geld abzuleistenden Strafe, nicht übersteigt.

---

669 Vgl. Art. 77 des Gesetzes vom 24.11.1981.

670 Vgl. *Budde*, ZStW 102(1990), 196(202) mit weiteren Nachweisen.

671 Vgl. dazu *Budde*, ZStW 102(1990), 196(204). Danach wird eine Bindung in Literatur und Rechtsprechung (Kassationshof) abgelehnt, da diese systemwidrig wäre, zumal die Ersatzstrafe auf die Regelungen des Art. 77 Abs. 2 des Gesetzes vom 24.11.1981 verwies, nach der die Strafe von Amts wegen verhängt wurde und der Richter frei sei. Teilweise wurde in der Literatur eine Bindung angenommen, da vermieden werden müsse, daß eine Strafe verhängt würde, die nicht vom Beschuldigten beantragt worden war.

672 Vgl. dazu auch *Budde*, ZStW 102(1990), 196(204ff.).

673 Vgl. *Jescheck*, FS Arthur Kaufmann, S. 659ff.; *Maiwald/Ippoliti*, JZ 1989, 874ff.; *Marx/Grilli*, GA 1990, 495ff.

674 Vgl. *Filippi*, Il patteggiamento, S. 135.

675 Übersetzung abgedruckt bei: *Bauer/König/Kreuzer/Riz/Zanon*, Italienische Strafprozeßordnung.

2. Willigt auch die Partei ein, die den Antrag nicht gestellt hat, und muß nicht ein freisprechendes Urteil gemäß Art. 129 gefällt werden, ordnet das Gericht, wenn es auf Grund der Akten der Ansicht ist, daß die rechtliche Beurteilung der Tat und die Berücksichtigung und Abwägung der Umstände, wie sie die Parteien vorgeschlagen haben, zutreffend sind, mit Urteil die Zumessung der angegebenen Strafe an und führt im Spruch an, daß ein Antrag der Parteien vorgelegen hat. Hat sich eine Zivilpartei eingelassen, entscheidet das Gericht nicht über den diesbezüglichen Antrag; die Bestimmung des Artikels 75 Abs. 3 findet keine Anwendung.

3. Die Partei kann bei der Antragstellung deren Wirksamkeit von der Zuerkennung einer bedingten Strafaussetzung abhängig machen. In diesem Fall weist das Gericht, wenn es der Ansicht ist, daß die bedingte Strafaussetzung nicht zuerkannt werden kann, den Antrag ab (Art. 565 Abs. 2).

Im Gegensatz zur vorherigen Regelung besteht nunmehr neben der Verhängung einer Ersatzstrafe die Möglichkeit der Verurteilung zur Freiheitsstrafe. Diese kann ebenfalls – wie die Ersatzstrafe – bis zu einem Drittel[676] herabgesetzt werden und gemäß Art. 444 Abs. 3 Cpp von der Aussetzung zur Bewährung abhängig gemacht werden. Damit gilt der Antrag auf Zumessung einer Freiheitsstrafe als interessanteste Antragsstrafe für die Beteiligten.[677]

Diese Konstellation des „patteggiamento", Rabatt der Freiheitsstrafe gegen Eingeständnis der Tatvorwurfs, weist auch die engste Verwandtschaft zu der hier untersuchten Absprache auf. Zwar wird in Italien überwiegend vor der Hauptverhandlung verhandelt, da gemäß Art. 446 Nr. 1 Cpp der Antrag auf Zumessung der Strafe bis zur Erklärung der Eröffnung der Hauptverhandlung in erster Instanz abgegeben werden muß. Die Anträge und die Einwilligung werden aber

[676] So der Wortlaut von Art. 444 Abs. 1 Cpp („diminuita fino a un terzo"). Dieser wurde allerdings als eine doppeldeutige Formulierung verstanden, so *Filippi*, Il patteggiamento, S. 129. Denn die Herabsetzung „bis zu einem Drittel" könne man vom Wortlaut sowohl als eine Herabsetzung *auf* ein Drittel, und damit *um* zwei Drittel, wie auch lediglich *um* ein Drittel und damit *auf* ein Strafmaß von zwei Drittel der ursprünglichen Strafe verstehen. Diese Doppeldeutigkeit löste vorübergehend einen Streit in der italienischen Rechtswissenschaft aus. Der Streit ist aber mit dem Urteil vom 24.03.1990, Nr. 5, der Vereinigen Abteilungen des Kassationsgerichtshofes hinfällig geworden, da dieses ausdrücklich von einer Strafmaßreduzierung *um* ein Drittel ausgeht. Damit folgt das Urteil großen Teilen der Rechtslehre, beispielsweise *Grassano* und *Nappi*, vgl. *Filippi*, Il patteggiamento, S. 131, und dem vom 18.07.1984 angenommenen Text der Abgeordnetenkammer, der eine Strafmaßreduzierung um „nicht mehr als ein Drittel" vorsah. Vgl. auch die Streitdarstellungen bei *Bogner*, Absprachen im deutschen und italienischen Strafprozeßrecht, S. 159f. und *Filippi*, Il patteggiamento, S. 129ff.

[677] *Bogner*, Absprachen im deutschen und italienischen Strafprozeßrecht, S. 163.

gemäß Art. 446 Nr. 2 Cpp in der Hauptverhandlung vorgebracht. Es wird damit auch in der Hauptverhandlung[678] – zumindest formell – „paktiert" und somit auf gesetzlicher Grundlage durch die Staatsanwaltschaft und den Beschuldigten über Strafe disponiert, welche dann in Form eines Urteils[679] verhängt wird. Darin besteht ein enger Zusammenhang zur hier untersuchten Problematik. Insofern soll eine Darstellung eines „patteggiamento" erfolgen, wobei diese sich auf diejenigen Absprachen beschränken soll, die eine Freiheitsstrafe zum Gegenstand haben.

a. Voraussetzungen

Das „patteggiamento" setzt stets einen Antrag einer Partei auf ein solches Verfahren voraus. Diesem Antrag muß grundsätzlich eine Zustimmung der nicht antragstellenden Partei folgen, wobei letztere bei Ablehnung von Seiten der Staatsanwaltschaft auch durch den Richter ersetzt werden kann.

aa. Antrag

Zunächst muß ein Antrag auf Zumessung einer bestimmten Freiheitsstrafe an das Gericht gestellt werden. Dieser kann sowohl von dem Beschuldigten als auch von der Staatsanwaltschaft gestellt werden,[680] und zwar bis zum Zeitpunkt der Eröffnung der Hauptverhandlung. Der Antrag muß Art und Ausmaß der Freiheitsstrafe nennen. Dabei kommen nur solche Freiheitsstrafen in Betracht, die nach der Reduzierung um ein Drittel das Strafmaß von zwei Jahren ohne Bewährung nicht übersteigen. Der maximale Anwendungsbereich des „patteggiamento" begrenzt sich somit auf Delikte, deren Mindeststrafmaß nicht über drei Jahren liegt, wobei für den Antrag die Strafe maßgebend ist, die der Richter entsprechend dem Tatbestand und den in der Person des Täters liegenden Umständen verhängt hätte.[681]

Weiter besteht bei jedem „patteggiamento" die Möglichkeit des Art. 444 Abs. 3 Cpp, die Wirksamkeit des Antrages von einer Strafaussetzung zur Bewährung abhängig zu machen, da wiederum eine Freiheitsstrafe bis zu zwei Jahren gemäß Art. 163 codice penale auf Bewährung ausgesetzt werden kann. Weitere Bedingungen als die Aussetzung zur Bewährung sind jedoch nicht möglich.[682]

---

678 Des weiteren ist gem. Art. 563 Abs. 4 Cpp ein „patteggiamento" vor dem Strafrichter auch noch während der eigentlichen Hauptverhandlung möglich.

679 Zur Frage, ob es sich bei einem „patteggiamento" um ein Strafurteil handelt, vgl. *Sinner*, ZRP 1994, 478(479) mit Nachweisen auf die Rechtsprechung des *Corte Costituzionale*.

680 *Filippi*, Il patteggiamento, S. 59f.

681 *Bogner*, Absprachen im deutschen und italienischen Strafprozeßrecht, S. 161.

682 *Bogner*, Absprachen im deutschen und italienischen Strafprozeßrecht, S. 162.

bb. Zustimmung

Die nicht-antragstellende Partei muß dem Antrag zustimmen.[683] Dabei besteht für den Beschuldigten wiederum die Möglichkeit, daß er die Zustimmung gemäß Art. 444 Abs. 3 Cpp unter die Bedingung der Strafaussetzung zur Bewährung stellt.[684] Wie bei dem Antrag sind auch bei der Zustimmung keine weiteren Modifikationen möglich.

Die annehmende Partei ist mit der Einwilligung an Art und Ausmaß des „patteggiamento" gebunden. Deshalb – die Strafaussetzung zur Bewährung ist ein Bestandteil der Einigung über Art und Maß der Strafe im Sinne von Art. 444 Abs. 1 Cpp – kann die Aussetzung zur Bewährung nicht ausgeklammert werden. Dies kann auch nicht im Hinblick darauf geschehen, daß die Entscheidungsbefugnis über die Strafaussetzung zur Bewährung sowieso letztendlich in der Befugnis des Richters liegt.[685] Vielmehr eröffnet ein auf Dissens bezüglich der Strafaussetzung beruhendes Urteil die Möglichkeit einer Kassationsbeschwerde gemäß Art. 606 Abs. 1 lit. b Cpp.[686]

Einfluß nehmen können die Parteien auf Art und Ausmaß der Strafe somit ausschließlich während der zuvor durchgeführten Verhandlungen.

cc. Keine Ablehnung / Entscheidung des Richters gemäß Art. 448 Cpp

Neben der Annahme des Antrages besteht auch die Möglichkeit, diesen abzulehnen. Dabei muß zwischen einer Ablehnung der Staatsanwaltschaft und der des Beschuldigten unterschieden werden.

Letzterer kann ohne Nennung von Gründen ein Angebot der Staatsanwaltschaft zu einem „patteggiamento" ablehnen, da diese von seinem durch die Verfassung[687] gewährleisteten Recht auf Verteidigung erfaßt ist.[688]

Anders verhält es sich bei einer Ablehnung durch die Staatsanwaltschaft. Gemäß Art. 446 Nr. 6 Cpp muß diese die Gründe für eine Verweigerung der Einwilligung bekanntgeben. Sie darf also nicht untätig bleiben, sondern muß erläutern, warum sie dem Angebot des Beschuldigten nicht zustimmt.[689] Kriterien für eine Beurteilung nennt der Cpp allerdings nicht. Es gibt jedoch zwei Anhaltspunkte für die Kriterien der Beurteilung. In Analogie zur Einwilligung wird davon ausgegangen, daß die Ablehnung der Staatsanwaltschaft eine Bewertung

---

683 Vgl. *Filippi*, Il patteggiamento, S. 69.

684 *Bogner*, Absprachen im deutschen und italienischen Strafprozeßrecht, S. 162.

685 So *Bogner*, Absprachen im deutschen und italienischen Strafprozeßrecht, S. 163. Zunächst wurde dies vom Kassationshof jedoch so gesehen (vgl. Cassasione Penale 1990, II Sp. 266).

686 So *Bogner*, Absprachen im deutschen und italienischen Strafprozeßrecht, S. 163 mit Nachweisen der Rechtsprechung des Kassationshofs.

687 Art. 24 Abs. 2 Costituzione.

688 Vgl. *Bogner*, Absprachen im deutschen und italienischen Strafprozeßrecht, S. 163.

689 *Bogner*, Absprachen im deutschen und italienischen Strafprozeßrecht, S. 164.

des vom Beschuldigten gestellten Antrags sein muß.[690] Eine pauschale Ablehnung, beispielsweise bei bestimmten Straftatbeständen, ist daher nicht möglich.

Weiterer Maßstab ist das in Art. 448 Abs. 1 S. 2 Cpp eingeräumte Recht des Richters, auch ohne Annahme der Staatsanwaltschaft die vom Angeklagten beantragte Strafe zu verhängen, sofern der Richter die Strafe für angemessen hält.[691] Denn der Richter muß gemäß Art. 448 Abs. 1 S. 2 Cpp beurteilen, ob die Verweigerung der Zustimmung der Staatsanwaltschaft ungerechtfertigt ist. Dies ist ihm aber nur möglich, wenn er die Gründe der Staatsanwaltschaft kennt. Eine Begründung ist daher unverzichtbar. Als nicht ausreichend wird eine Begründung angesehen, die auf kriminalpolitischen Erwägungen beruht oder die sich darin erschöpft, die generelle Ausrichtung der Staatsanwaltschaft hervorzuheben.[692] Vielmehr muß die Staatsanwaltschaft die Ablehnung auf der Basis der unterschiedlichen Bewertung der Elemente, die den Antrag bilden, begründen. Dazu zählen beispielsweise das Maß und die Art der Strafe, die Art der Ersatzstrafe, die Bewertung und Abwägung der Umstände sowie die Strafaussetzung.[693]
Macht der Richter von seinem Recht aus Art. 448 Abs. 1 S. 2 Cpp Gebrauch, so kommt es dann aber nicht zu der dem „patteggiamento" zu Grunde liegenden Verfahrensbeschleunigung. Denn dem Richter steht diese Entscheidungsbefugnis erst nach Durchführung der Hauptverhandlung zu.[694] Eine Vorverlagerung der Befugnis auf einen früheren Zeitpunkt ist durch das Verfassungsgericht verworfen worden.[695]

dd. Kein Widerruf
Ist noch keine Zustimmung der nicht-antragsstellenden Partei ergangen, kann die antragsstellende Partei gemäß Art. 447 Abs. 3 S. 2 Cpp so lange ihr Angebot widerrufen, bis das Gericht der anderen Partei eine Frist zur Stellungnahme gesetzt hat. Bis zum Zeitpunkt der Fristsetzung durch das Gericht kann insofern frei über den Antrag disponiert werden, allerdings mit der Einschränkung für die Staatsanwaltschaft, daß diese ihren Widerruf begründen muß, analog zur Begründungspflicht der Ablehnung aus Art. 446 Abs. 6 Cpp.[696] Umstritten ist hingegen der Widerruf eines bereits erlangten Konsenses.[697] Im Umkehrschluß

---

690 *Filippi*, Il patteggiamento, S. 69f.
691 *Filippi*, Il patteggiamento, S. 70.
692 *Filippi*, Il patteggiamento, S. 70.
693 Vgl *Filippi*, Il patteggiamento, S. 70f.
694 *Bogner*, Absprachen im deutschen und italienischen Strafprozeßrecht, S. 165.
695 *Corte Costituzionale*, Entscheidung vom 29.03.1993, Nr. 127.
696 Vgl. *Bogner*, Absprachen im deutschen und italienischen Strafprozeßrecht, S. 166.
697 Vgl. die Darstellung bei *Bogner*, Absprachen im deutschen und italienischen Strafprozeßrecht, S. 167.

zu Art. 447 Abs. 3 Cpp befürwortet die Rechtsprechung eine Unwiderruflichkeit eines bereits erlangten Konsenses, da gesetzlich nur der Widerruf vor dem Konsens geregelt ist. Andererseits wird in der Literatur auch ein Widerruf nach einem bereits erlangten Konsens für möglich gehalten. Begründet wird dies damit, daß im Strafprozeßrecht grundsätzlich das Prinzip der Widerruflichkeit von Anträgen gelte.[698]

b. Entscheidung
Die Entscheidung über die Absprache ergeht gemäß Art. 444 Abs. 2 Cpp durch Urteil. Allerdings hat das Urteil im Rahmen eines „patteggiamento" gemäß Art. 445 Abs. 1 Cpp wesentliche Vergünstigungen im Vergleich zu dem eines streitigen Verfahrens. So kommt dem Urteil, ähnlich wie beim plea of nolo contendere im common law, keine präjudizierende Wirkung des Art. 651 Cpp im Zivil- oder Verwaltungsverfahren zu. Auch kann der Beschuldigte weder zur Zahlung der Verfahrenskosten, noch zur Verhängung von Nebenstrafen und Sicherungsmaßnahmen verurteilt werden.

Der Umfang der Begründungspflicht eines Urteils im Rahmen des „patteggiamento" war zunächst umstritten. Nunmehr kann die Begründungspflicht des Urteils jedoch gegenüber der eines Urteils im streitigen Verfahren als eingeschränkt angesehen werden.[699]

c. Kontrollumfang des Richters
Der Kontrollumfang des Richters beschränkt sich gemäß Art. 448 Abs. 2 Cpp zunächst darauf, ob nicht gemäß Art. 129 Cpp[700] freizusprechen ist. Es wird damit nur summarisch nach Aktenlage die Strafbarkeit des Beschuldigten überprüft. Grundsätzlich findet keine Überprüfung des beantragten Strafmaßes durch den Richter statt. Dies geschieht nur mittelbar in solchen Fällen, in denen der Sachverhalt von den Parteien falsch beurteilt worden ist und somit ein ande-

---

698 Vgl. *Bogner*, Absprachen im deutschen und italienischen Strafprozeßrecht, S. 167 mit weiteren Nachweisen. *Bogner* selbst vertritt die Ansicht, daß eine Bindung an die Anträge dem eigentlichen Anliegen der Verfahrensbeschleunigung des „patteggiamento" entgegenstünden und von daher auch ein Widerruf möglich sein müsse (a.a.O., S. 169). Eine vermittelnde Ansicht vertritt *Mercone*. Danach soll ein Widerruf nach einem bereits erlangten Konsens möglich sein, allerdings lediglich in den Fällen beiderseitigen Widerrufs. *Mercone*, Arch. Nuova proc. Pen. 1990, S. 575, 576f.

699 So *Bogner* nach Darstellung des Streites und unter Bezugnahme der Rechtsprechung der Vereinigten Abteilungen des Kassationsgerichtshofes. Eine umfassende Begründungspflicht würde dem konsensualen Element des „patteggiamento" nicht gerecht. *Bogner*, Absprachen im deutschen und italienischen Strafprozeßrecht, S. 200.

700 Gem. Art. 129 Abs. 1 Cpp hat in jeder Lage des Verfahrens das Gericht von Amts wegen durch Urteil auszusprechen, wenn der Beschuldigte die Tat nicht begangen hat, die Tat keine strafbare Handlung darstellt oder eine Verfahrensvoraussetzung fehlt.

res Strafmaß sachgerecht wäre. In solchen Fällen weist der Richter den Antrag zurück, und die Parteien können neu über das Strafmaß „paktieren".[701] Ausschließlich zur Disposition der Beteiligten steht die Angemessenheit der Strafe.[702] Darauf hat der Richter keinen Einfluß, da er dem Antrag nur im Ganzen zustimmen kann – eine Modifikation der beantragten Strafe oder ihres Maßes ist nicht zulässig.[703] An diesem Punkt der Regelung des „patteggiamento" besteht Uneinigkeit bezüglich der Vereinbarkeit mit der Verfassung. Der Diskussionsstand kann hier nicht im einzelnen wiedergegeben werden.[704] Teilweise handelt es sich bei der Diskussion auch um spezifische Verfassungsprobleme, die der italienischen Verfassung immanent sind.[705] Ein großer Teil der Diskussion ist aber mit den Kritikpunkten in der deutschen Absprachendiskussion vergleichbar. Hier soll die Darstellung auf die Diskussion einer Verletzung der Unschuldsvermutung, die in Italien mit Art. 27 Abs. 2 Costituzione ausdrücklich in der Verfassung genannt wird, beschränkt werden.[706]

Nach Art. 27 Abs. 2 Costituzione ist ein Angeklagter so lange als nicht schuldig anzusehen, bis ein in Rechtskraft erwachsenes Strafurteil vorliegt. Die Schuld muß dabei mittels Beweises positiv festgestellt werden.

Bei einer Verurteilung aufgrund eines „patteggiamento" wird die Schuld anhand der Ermittlungsakte in Verbindung mit dem Antrag des Beschuldigten auf Strafzumessung lediglich summarisch untersucht und anschließend – sofern nicht gemäß Art. 129 Cpp freizusprechen ist – durch Urteil festgesetzt. Es ist

---

701 Vgl. *Bogner*, Absprachen im deutschen und italienischen Strafprozeßrecht, S. 172.

702 *Bogner*, Absprachen im deutschen und italienischen Strafprozeßrecht, S. 172. Anders jedoch *Filippi*, Il patteggiamento, S. 240f., die davon ausgeht, daß der Richter letztendlich auch prüft, ob die Strafe angemessen ist. So sei der Richter nicht der „Hehler" der Einigung anderer, sondern er kontrolliere und bewerte die Einigung.

703 *Bogner*, Absprachen im deutschen und italienischen Strafprozeßrecht, S. 172.

704 Vgl. dazu *Bogner*, Absprachen im deutschen und italienischen Strafprozeßrecht, S. 172ff.

705 So wird beispielsweise eine Verletzung der „richterlichen Begründungspflicht" diskutiert, die in Italien mit Art. 111 Abs. 1 Costituzione Verfassungsrang hat. Oder aber eine etwaige Verletzung des durch Art. 27 Abs. 3 Costituzione gewährleisteten „Gebot der Umerziehung", wonach spezialpräventive Gesichtspunkte bei Verhängung der Strafe berücksichtigt werden müssen.

706 Es ist dabei auf einen Unterschied zur Diskussion über eine Verletzung der Unschuldsvermutung in Deutschland hinzuweisen. Während in der deutschen Diskussion die Frage im Vordergrund steht, ob eine Verletzung durch eine Initiierung der Absprache seitens der Staatsanwaltschaft oder des Gerichts besteht, liegt der Schwerpunkt der Diskussion in Italien darin, ob die Unschuldsvermutung dadurch verletzt wird, daß bei einem „patteggiamento" möglicherweise kein Schuldbeweis besteht. Die Fälle, in denen der Beschuldigte ohne (ausreichenden) Beweis als schuldig verurteilt wird, werden damit im Rahmen der Unschuldsvermutung diskutiert. Dieses Problem findet sich in der deutschen Diskussion vorwiegend unter dem Problempunkt der Verletzung der materiellen Wahrheit bzw. einer Verletzung des Amtsermittlungsgrundsatzes, vgl. dazu oben, S. 63ff. sowie unten, Kapitel 4, S. 143ff.

umstritten, ob dies für einen Schuldnachweis ausreicht. Grundlegende Frage ist dabei, inwieweit ein Schuldbeweis erforderlich ist.
Am Eindeutigsten bezieht die anfängliche Rechtsprechung der Kassationsgerichtshöfe[707] zu einer etwaigen Verletzung der Unschuldsvermutung Stellung. Diese könne nicht verletzt werden, da der Richter gar keine Schuldfeststellung vornehme. Somit sei auch kein Schuldbeweis erforderlich. Es werde lediglich durch Würdigung der Akten geprüft, ob ein evidenter Unschuldsbeweis gemäß Art. 129 Cpp vorliege. Ein solches Vorgehen sei bei dem „patteggiamento" zulässig, da es sich dabei um ein für das italienische Rechtssystem völlig neues Rechtsinstitut handele, welches auf Verfahrensbeschleunigung angelegt sei und im Gegenzug dafür auf einen Schuldnachweis verzichte. Dies geschehe mit Hilfe des Angeklagten, der durch die Annahme des Verfahrens in den Genuß eines schnellen und für ihn günstigen Verfahrensergebnisses gelange.
Soweit geht die Ansicht in der Literatur nicht.[708] Danach muß auch bei einem „patteggiamento" die Schuld durch Beweis festgestellt werden. Dies ergebe sich unmittelbar aus Art. 27 Abs. 2 Costitutzione und daraus, daß auch bei einem „patteggiamento" durch Urteil entschieden werde[709] und daher die für ein Urteil geltenden Vorschriften zur Anwendung kämen.[710] Gemäß Art. 546 Abs. 1 lit. e Cpp muß ein Urteil die knappe Darlegung der tatsächlichen und rechtlichen Gründe, auf die sich die Entscheidung stützt, samt der Angabe der Beweise, die dieser Entscheidung zugrunde liegen, und der Darstellung der Erwägungen, aufgrund welcher das Gericht die Gegenbeweise für nicht glaubwürdig hält, enthalten. Daraus wird für die Fälle, in denen der Ermittlungsakte Beweiswert zukommen soll – was ja wohl aufgrund des Fehlens anderer Beweismittel überwiegend der Fall sein wird – die Notwendigkeit einer Schuldfeststellung hergeleitet.[711]
Diese Herleitung könne aber nicht direkt aus der Ermittlungsakte geschehen, da ihr grundsätzlich gerade kein Beweiswert zukäme. Auch könne die Schuld nicht aus dem Antrag auf Strafzumessung als „Beweis kraft Gesetzes" antizipiert

---

[707] Detaillierte Nachweise der Rechtsprechung der Kassationsgerichtshöfe bei *Bogner*, Absprachen im deutschen und italienischen Strafprozeßrecht, S. 188, Fn. 858.

[708] *Lozzi*, i riti differenziati, S. 31, 53; *Macchia*, Il patteggiamento, Teoria e Pratica del Diritto, 1992, S. 33; *Filippi*, Il patteggiamento.

[709] Art. 444 Abs. 2 Cpp spricht ausdrücklich von „... dispone con *sentenza*".

[710] Ebenso käme man auch durch den Verweis in Art. 444 Abs. 2 Cpp auf Art. 129 Cpp auf die Notwendigkeit einer Schuldfeststellung. Art. 129 Cpp schreibt dem Richter vor, daß er einen Freispruch zu erlassen habe, wenn die Tat nicht vorliege oder der Angeklagte sie nicht begangen habe. Dies könne nur festgestellt werden, wenn in der Sache selbst geprüft werde, wobei es zu einer Anwendung der Art. 529ff. kommt. Also die Schuldfrage geklärt werde. Vgl. auch Darstellung bei *Bogner*, Absprachen im deutschen und italienischen Strafprozeßrecht, S. 183f.

[711] Vgl. auch Darstellung bei *Bogner*, Absprachen im deutschen und italienischen Strafprozeßrecht, S. 183.

werden, da dieser gerade nicht generell mit einem Schuldbekenntnis einhergehen müsse.[712] Der Antrag erkläre vielmehr lediglich den Verzicht auf Widerlegung der Anklage – ähnlich dem plea of nolo contendere im common law. Somit bestehe zumindest die Möglichkeit, daß die Intention des Beschuldigten lediglich in der Vermeidung der öffentlichen Hauptverhandlung unter Inkaufnahme einer leichten Strafe liege. In Konsequenz dessen müßten an sich auch Unschuldige in den „Genuß" eines „patteggiamento" kommen.
Dennoch kommt die Literatur zu dem notwendigen Schuldbeweis und damit nicht zu einem Verstoß gegen die Unschuldsvermutung. Bei einem „patteggiamento" könne der Schuldbeweis ausnahmsweise in der Ermittlungsakte zu sehen sein. Denn verstehe man den Antrag des Beschuldigten als Verzicht auf das ihm zustehende Recht im streitigen Verfahren Beweis zu führen, widerspreche der Beschuldigte den Vorwürfen aus der Ermittlungsakte nicht und erkenne sie damit als Beweis an. Mit dem Anerkenntnis des Beschuldigten könne der Ermittlungsakte ausnahmsweise Beweiswert zukommen – was zur Folge hat, daß sie Grundlage einer Schuldfeststellung werden kann.[713] Dies reiche dann auch schon für einen Schuldnachweis im Rahmen eines „patteggiamento" aus, da bei diesem ähnlich wie bei dem decreto penale (Strafbefehl)[714] nicht die gleich hohen Anforderungen an den Schuldbeweis gestellt werden müßten.

Klarheit in die Diskussion über die Frage der Notwendigkeit der Schuldfeststellung beim „patteggiamento" brachte die Rechtsprechung des Verfassungsgerichts.[715] Danach könne aus der Einigung zwischen den Parteien bei einem „patteggiamento" nicht gefolgert werden, daß der Richter nunmehr bei der Ermittlung der Schuld unbeteiligt sei.
Dies ergebe sich schon aus der Tatsache, daß ein „patteggiamento" durch Urteil entschieden wird und somit die Darlegungspflicht des Urteils gemäß Art. 546 Abs. 1 lit. e Cpp gelte.[716] Aber auch bereits die Prüfung der Akten im Hinblick auf Art. 129 Cpp[717] sei für sich genommen ein wesentlicher Teil der Schuld-

---

[712] Vgl. Darstellung bei *Bogner*, Absprachen im deutschen und italienischen Strafprozeßrecht, S. 184.

[713] Vgl. Darstellungen bei *Bogner*, Absprachen im deutschen und italienischen Strafprozeßrecht, S. 184 und *Sinner*, ZRP 1994, 478(482) jeweils mit weiteren Nachweisen auf die italienische Literatur.

[714] Das Strafbefehlsverfahren, Art. 459ff. Cpp, ist in Italien wie in Deutschland ein summarisches Verfahren.

[715] Rechtsprechungsnachweise bei *Bogner*, Absprachen im deutschen und italienischen Strafprozeßrecht, S. 187.

[716] Gem. Art 546 Abs. 1 lit. e Cpp hat das Urteil die knappe Darlegung der tatsächlichen und rechtlichen Gründe, auf die sich die Entscheidung stützt, samt der Angabe der Beweise, die dieser Entscheidung zugrunde liegen, und der Darstellung der Erwägungen, aufgrund welcher das Gericht die Gegenbeweise für nicht glaubwürdig hält, zu enthalten.

[717] Gem. Art. 129 Cpp ist der Richter verpflichtet, den Angeklagten im Falle seiner Unschuld

feststellung. Hinzu trete das Recht, im Falle etwaiger Unschlüssigkeiten bezüglich des Antrages, den Angeklagten vorladen und persönlich befragen zu können.[718]
Die Schuldfeststellung wird jedoch eingeschränkt.[719] Sie müsse nicht einer kontradiktorischen Beweisaufnahme entsprechen, was sich bereits daraus ergebe, daß ein „patteggiamento" auf Verfahrensbeschleunigung angelegt sei. Grundlage des Verfahrens sei der Verzicht des Angeklagten, die Anklage bestreiten zu wollen.[720]

Rechtsmittel gegen ein „patteggiamento" ist ausschließlich die gemäß Art. 111 Abs. 2 Costutizione gewährleistete Kassationsbeschwerde. Daß lediglich ausschließlich eine Kassationsbeschwerde in Betracht kommt, macht Sinn, da Rechtsmittel bei einem konsensualen Verfahren wohl eher die Ausnahme sind.[721]

C. Fazit

Obwohl das italienische Absprache-Modell die detaillierteste gesetzliche Regelung aufweist, bleiben grundsätzliche Fragen offen. So liefert das „patteggiamento" kein dogmatisches Fundament für die Strafmaßreduzierung. Es kann lediglich vermutet werden, daß es sich um eine schuldunabhängige Strafmaßreduzierung handelt, der prozeßökonomische Gedanken zu Grunde liegen. Eine solche ist dann aber nicht mehr schuldangemessen und entspricht nicht den Strafzumessungskriterien des Art. 133 codice penale.[722]
Ein weiteres Problem von Absprachen bleibt offen, da die Vereinbarkeit des „patteggiamento" mit der materiellen Wahrheit nicht als gelöst angesehen werden kann. Für eine Entscheidung nach Aktenlage bei summarischer Prüfung war bereits der Strafbefehl mit einer gesetzlichen Regelung vorhanden. Nun sieht dieser im Gegensatz zum „patteggiamento" keinen gesetzlichen Strafnachlaß vor. Insofern bietet der Strafbefehl keine Basis für eine Absprache. Das „patteggiamento" bietet zwar die Möglichkeit von Absprachen, beschränkt diese aber nahezu auf das „Einzugsgebiet" des Strafbefehls, der im Bereich der Bagatell- und vor allem Kleinkriminalität liegt. So liegt auch die Intention der Geset-

---

freizusprechen.

718 Vgl. *Bogner*, Absprachen im deutschen und italienischen Strafprozeßrecht, S. 187.

719 Vgl. *Bogner*, Absprachen im deutschen und italienischen Strafprozeßrecht, S. 187.

720 *Bogner*, Absprachen im deutschen und italienischen Strafprozeßrecht, S. 187.

721 *Bogner*, Absprachen im deutschen und italienischen Strafprozeßrecht, S. 205.

722 Zutreffend weist *Sinner*, ZRP 1994, 478(481) auf die Probleme des „patteggiamento" mit dem Strafzumessungsrecht hin: „Karikatur der Generalprävention." Probleme mit dem Strafzumessungsrecht bestehen ebenso bei einer Absprache nach deutschem Recht, dazu unten Kapitel 4, S. 179ff.

zesänderung und damit der Neugestaltung der prodedimenti speciali (Besonderen Verfahren), zu denen auch das „patteggiamento" zählt, in der Vermeidung einer Hauptverhandlung im Bereich von Bagatell-, Klein- und mittlerer Kriminalität. Indem der Verfahrensbereich der besonderen Verfahrensarten zum Normalfall gemacht wird, soll ein „günstiger" Prozeß für die kleinen Verfahren geschaffen werden, damit Ressourcen für die großen und damit aufwendigen Prozesse bleiben.[723]
Absprachen werden wegen der Intention zur Vermeidung von komplexen Verfahren aber insbesondere auch im Bereich der größeren Kriminalität interessant. Hier liegt genau die Schwäche des italienischen Modells, da die Regelung des „patteggiamento" auf Delikte mit einem Strafrahmen von 3 Jahren begrenzt ist. Die zu klärende Frage ist aber doch, ob auch bei schwereren Straftaten eine Absprache durchgeführt werden kann, ohne grundlegende Prozeßmaxime zu verletzen.

Der kurze Blick ins Ausland zeigt, daß auch über den Geltungsbereich der deutschen Strafprozeßordnung hinaus keine akzeptabele Lösung für eine Absprachenproblematik besteht, wie sie sich dem *4. Senat* in seiner Grundsatzentscheidung stellte. Eine Lösung nach Vorbild des common-law war für den *4. Senat* von vornherein ausgeschlossen, da damit verbundene grundlegende Veränderungen – Einführung des Parteiprozesses – selbstverständlich nicht im Rahmen der Rechtsfortbildung vorgenommen werden können, sondern ausschließlich durch den Gesetzgeber. Für eine Absprachenregelung de lege lata kann maximal der bemerkenswerte Eindruck mitgenommen werden, daß selbst in einem auf Konsens ausgerichteten Strafverfahrensrecht teilweise Probleme ungelöst bleiben.

Auch die kontinentaleuropäischen Modelle würden sich nicht im Rahmen der Rechtsfortbildung umsetzen lassen. Hinzu kommt, daß die dortigen Regelungen einen eingegrenzten Anwendungsbereich aufweisen, da nur Bagatell- und Kleinkriminalität erfaßt sind. In diesem Bereich sind Einschränkungen von Prozeßmaximen, wie beispielsweise der materiellen Wahrheit, wesentlich eher denkbar, was sich beispielsweise durch die Kodifikation von Einstellungen aus Opportunitätsgründen, § 153ff. StPO, oder des Strafbefehls, § 407 StPO, zeigen läßt.
Der *4. Senat* mußte sich in seiner Grundsatzentscheidung aber mit einem ganz anderen Kriminalitätsbereich beschäftigen. Der durch das Tatgericht vorgegebenen Absprache, die der *4. Senat* gewissermaßen als pars pro toto nehmen mußte, lag keineswegs Bagatell- oder Kleinkriminalität zu Grunde, da sich das

[723] Vgl. *Sinner*, ZRP 1994, 478(481).

Tatgericht über eine Freiheitsstrafe von zwölf Jahren abgesprochen hatte.[724] Insofern unterscheidet sich die Regelungsmaterie schon wesentlich. Eine Regelung für Absprachen, die auch im Schwurgerichtssaal gelten soll, erhöht die Herausforderung, der sich der *4. Senat* stellen mußte, um ein Vielfaches.

---

[724] BGHSt 43, 195.

Kapitel 4: Die Entscheidung BGHSt 43, 195 und ihre Vereinbarkeit mit geltendem Recht

Der *4. Senat* des *Bundesgerichtshofes* hat unter Vorsitz von *Meyer-Goßner* in seinem Urteil vom 28.08.1997[725] grundsätzliche Zulässigkeitsvoraussetzungen für Absprachen aufgestellt. Es wird darin eine Verfahrensordnung für Absprachen für die Tatgerichte gesehen.[726] Der Entscheidung lag folgender Fall zu Grunde:

> Das Landgericht *Dortmund* hatte als Tatgericht gegen einen von drei Angeklagten wegen schwerer räuberischer Erpressung in zwei Fällen Einzelfreiheitsstrafen von acht und neun Jahren verhängt und daraus eine Gesamtfreiheitsstrafe von zwölf Jahren gebildet. Das Gericht hatte sowohl die Einzelfreiheitsstrafen als auch die Gesamtfreiheitsstrafe sowie deren Höhe mit den Angeklagten, den Verteidigern und der Staatsanwaltschaft in der Hauptverhandlung abgestimmt. Gleichzeitig sollten weitere Anklagepunkte vorläufig eingestellt werden. Ein Angeklagter hatte gegen den Strafausspruch Revision zum *Bundesgerichtshof* eingelegt.

Der *4. Senat* nahm die Strafmaßrevision zum Anlaß, grundsätzlich zur Zulässigkeit von Absprachen Stellung zu nehmen. Dabei behandelte er das Problem der Absprache im Rahmen der Sachrüge – also nicht innerhalb einer Verfahrensrüge. Eine Verfahrensrüge hätte angesichts der vorherigen Entscheidungen des *Bundesgerichtshofs* und den erwähnten Kritikpunkten der Literatur, die weit überwiegend aus verfahrensrechtlicher Sicht bestehen, auf den ersten Blick naheliegender erscheinen mögen. Im Rahmen der Sachrüge hat der *4. Senat* aber quasi inzident eine Verfahrensrüge geprüft. Denn Grund für die Sachrüge war die Frage, ob die Absprache zulässiges Kriterium der Strafbemessung im Sinne von § 46 StGB sein kann. Grundsätzlich ist zwar die Frage, ob die Strafe gemäß § 46 StGB „richtig bemessen" ist, eine solche des materiellen Rechts. Soll aber die Absprache ein Kriterium der Strafzumessung darstellen, stellt sich auch die Frage nach deren Zulässigkeit. Eine Absprache kann – wenn überhaupt – nur Kriterium der Strafzumessung sein, wenn sie verfahrensrechtlich zulässig ist.

---

[725] 4 StR 240/97 = BGHSt 43, 195 = NJW 1998, 86 = NStZ 1998, 31 = JR 1998, 245 = JuS 1998, 373 = StV 1997, 583 = wistra 1997, 341.

[726] *Herrmann*, JuS 1999, 1162(1164); *Fahl*, JA 2003, 11(12); *Kuckein/Pfister*, FS-50-Jahre BGH, S. 641(661); *Wagner*, FS-Gössel, S. 585; *Weider*, Dealen, S. 133; *ders.*, StraFo 2003, 406(407); *Weigend*, FG-Wiss.-50-Jahre BGH, S. 1011(1016, 1022) „gesetzesvertretende Grundsatzentscheidung".

Zunächst bestätigt der *4. Senat* die grundsätzliche Zulässigkeit von Absprachen, weist aber zugleich auf rechtliche Bedenken hin.[727] Das Strafverfahrensrecht sei grundsätzlich vergleichsfeindlich ausgestaltet. Es verbiete eine freie Verfügung des Gerichts und der Prozeßbeteiligten über den staatlichen Strafanspruch, die Einhaltung der Verfahrensgrundsätze, die rechtliche Subsumtion und die Grundsätze der Strafbemessung.[728] Andererseits zeige nach Auffassung des *4. Senats* die Vorschrift des § 153a StPO, daß eine Absprache dem Strafprozeß nicht völlig fremd sei. Eine Absprache sei aber jeweils in ihrer konkreten Ausgestaltung an den unverzichtbaren Prinzipien des Verfahrensrechts und des materiellen Strafrechts zu messen.
Zu den grundlegenden Maßstäben zählt nach Auffassung des *4. Senats* die Einhaltung des aus Art. 20 Abs. 3 in Verbindung mit Art. 2 Abs. 1 GG abgeleiteten fairen Verfahrens. Absprachen sind nach Ansicht des *4. Senats* demnach zulässig und binden das Gericht, wenn folgende sieben Grundsätze beachtet worden sind:

- *Der Ermittlungsgrundsatz muß gewahrt sein. Ein etwaiges Geständnis muß glaubhaft sein. Eine Absprache über einen Schuldspruch ist daher von vornherein ausgeschlossen; auch darf das Gericht ein im Rahmen einer Absprache abgelegtes Geständnis nicht ohne Überprüfung von dessen Richtigkeit dem Schuldspruch zugrunde legen.*[729]

- *Die freie Willensentscheidung des Angeklagten muß gewahrt bleiben. Ein etwaiges Geständnis darf nicht durch Druck herbeigeführt worden sein. § 136a StPO und der Nemo-tenetur-Grundsatz müssen beachtet werden. So darf der Angeklagte nicht durch Versprechen eines gesetzlich nicht geregelten Vorteils zum Geständnis gedrängt werden. Das Inaussicht-Stellen einer Strafmilderung ist aber grundsätzlich zulässig.*[730]

- *Der Öffentlichkeitsgrundsatz muß gewahrt werden, d. h. die Absprache muß in der Hauptverhandlung getroffen werden. Allerdings sind Vorgespräche im Beraterzimmer möglich. Absprachen, die eine Einlassung des Angeklagten und die Höhe der Strafe regeln, müssen grundsätzlich in der Hauptverhandlung öffentlich getroffen und im Protokoll aufgenommen werden; Vorgespräche sind außerhalb der Verhandlung möglich.*[731] *Daraus ergibt sich auch, daß alle Verfahrensbeteiligten mit einbezogen werden müssen.*

[727] BGHSt 43, 195(202).
[728] BGHSt 43, 195(203).
[729] BGHSt 43, 195(204).
[730] BGHSt 43, 195(204).
[731] BGHSt 43, 195(205/206).

- Verbindliche Zusagen des Gerichts zum Strafmaß sind unzulässig. Eine Zusage zum Strafobermaß ist allerdings möglich.[732]

- Der Schuldgrundsatz muß gewahrt bleiben. Ein Geständnis kann jedoch eine Strafmilderung mit sich bringen, auch ohne daß es Ausdruck von Reue ist.[733] *Ein Geständnis kann dem Angeklagten auch als Beitrag zur Sachaufklärung und Verfahrensabkürzung zugute gehalten werden.*[734]

- Es darf keine Verletzung des Grundsatzes des fairen Verfahrens vorliegen. Es folgt aus dem Grundsatz des fairen Verfahrens eine Bindung des Gerichts an die unter diesen Grundsätzen zustande gekommene Absprache.[735]

- Ein Rechtsmittelverzicht darf nicht unzulässig verknüpft werden und nicht vor Abschluß der Hauptverhandlung abgegeben sein. Ein Rechtsmittelverzicht im Rahmen einer Absprache darf nicht mit dem Strafmaß verknüpft werden.[736]

Der *4. Senat* hat mit seiner Entscheidung einen Negativ-Katalog aufgestellt, der als Basis einer Verfahrensordnung für Absprachen durch den *Bundesgerichtshof* angesehen werden kann. Bei einer ersten Betrachtung lassen sich die einzelnen durch den *4. Senat* aufgeführten Verbote bei Absprachen in formelle und materielle Voraussetzungen für eine Absprache einteilen.[737]

Formell sieht die Grundsatzentscheidung vor, daß die Absprache im Beisein aller Beteiligten in öffentlicher Hauptverhandlung getroffen und in das Protokoll der Hauptverhandlung mit aufgenommen wird.
Materiell sind einzelne Komplexe ausgegrenzt, so daß die Absprache von ihrem Inhalt her begrenzt ist. So darf sich die Absprache weder auf den Schuldspruch beziehen noch den Boden der schuldangemessenen Strafe verlassen. Weiter bleibt das Gericht auch der materiellen Wahrheit verpflichtet, so daß grundsätzlich ein Geständnis auf seine Glaubwürdigkeit überprüft werden muß. Schließlich darf das Gericht dem Angeklagten nicht im Gegenzug für eine in Aussicht gestellte Strafmilderung einen Rechtsmittelverzicht abverlangen. Ebenso dürfen keine verbindlichen Zusagen zur Höhe der zu verhängenden Strafe gemacht werden, wobei es gleichzeitig unbedenklich sein soll, wenn für den Fall der Ab-

---

732 BGHSt 43, 195(206/207).
733 BGHSt 43, 195(209).
734 BGHSt 43, 195(209).
735 BGHSt 43, 195(210).
736 BGHSt 43, 195(204/205).
737 Vgl. *Noak*, StV 2002, 445(445f.); *F. Meyer*, Willensmängel beim Rechtsmittelverzicht, S. 288.

legung eines glaubhaften Geständnisses eine Strafobergrenze in verbindlicher Weise in Aussicht gestellt wird. Mit dieser Einteilung ist aber noch nicht die Prüfungsreihenfolge der aufgestellten Grundsätze vorgeschrieben. Durch die Verkettung einzelner Grundsätze miteinander läßt sich nicht immer klar zwischen der formellen und dem materiellen Gehalt des jeweiligen Grundsatzes unterscheiden. Einzelne Grundsätze, wie beispielsweise die der Verbindlichkeit einer Absprache, haben Auswirkungen auf die Beurteilung der gesamten Absprache. Sie sollen daher auch vorab geprüft werden.

A. Grundsätzliche Verbindlichkeit / Rechtsnatur

Die Frage, ob die Absprache für die Beteiligten eine verbindliche Wirkung hat, wurde schon im Rahmen der Darstellung der Absprachendiskussion in der Literatur angesprochen; so beispielsweise im Hinblick auf eine etwaige Verletzung des Unmittelbarkeitsgrundsatzes[738], des Amtsermittlungsgrundsatzes[739] und der Unschuldsvermutung[740], bei dem fair-trial-Grundsatz[741] und schließlich auch im Rahmen von § 136a StPO[742]. Die Frage der Verbindlichkeit einer Absprache ist damit für eine Vielzahl von Zulässigkeitsfragen von Bedeutung. Es liegt nahe, die Antwort der Grundsatzentscheidung auf eben diese Frage als Erstes zu hinterfragen.

Während eine faktische Bindung teilweise in der Literatur angenommen wird, ist die weit überwiegende Meinung der Ansicht, daß eine zulässige Absprache keinerlei rechtliche Verbindlichkeit auslösen kann.[743]
In der Rechtsprechung des *Bundesgerichtshofes* hingegen zeichnete sich bereits frühzeitig ein Wille zur Bindungswirkung bei Absprachen ab.[744] Der *4. Senat* hat die immense Bedeutung der Verbindlichkeitsfrage für eine Verfahrensordnung erkannt und grundsätzlich Stellung dazu bezogen. Dabei wird zwischen der Verbindlichkeit einer Strafmaßzusage und der Angabe einer Strafobergrenze unterschieden. Der *4. Senat* kommt zu einem bemerkenswerten Ergebnis: Auf der einen Seite wird ausdrücklich darauf hingewiesen, daß durch eine Absprache nicht gegen §§ 260 Abs. 1, 261 StPO, § 46 StGB verstoßen werden dürfe, indem das Gericht eine verbindliche Zusage zur Höhe der zu verhängenden

---

738 Siehe dazu oben S. 74ff.
739 Siehe dazu oben S. 63ff.
740 Siehe dazu oben S. 57ff.
741 Siehe dazu oben S. 52.
742 Siehe dazu oben S. 78ff und S 166ff.
743 Vgl. *Bömeke*, Rechtsfolgen fehlgeschlagener Absprachen, S. 47; *Grunst*, Prozeßhandlungen, S. 321; *Haas*, GS-Keller, S. 45(46).
744 So hat der *2. Senat* in BGHSt 36, 210 bereits vor der Grundsatzentscheidung ähnliche Ausführungen gemacht. Siehe auch oben, S. 41f.

Strafe mache.[745] Eine Bindung des Gerichts an ein bestimmtes Verfahrensergebnis vor Abschluß der Hauptverhandlung sei ausgeschlossen.[746] Insoweit geht die Grundsatzentscheidung mit dem Generalkonsens absolut konform.
Bemerkenswert ist aber, daß der *4. Senat* auf der anderen Seite gleichzeitig an der Zulässigkeit der verbindlichen Abgabe einer Strafobergrenze festhalten will, sofern das Gericht die Strafobergrenze für den Fall der Ablegung eines glaubhaften Geständnisses zugesichert hat. Hieran sei das Gericht aus dem fair-trial-Grundsatz gebunden, da sich das Gericht nicht im Widerspruch zu eigenen, früheren Erklärungen, auf die ein Verfahrensbeteiligter vertraut hat, setzen dürfe.[747] Eine Bindungswirkung scheide lediglich dann aus, wenn sich nach der Absprache schwerwiegende neue Umstände ergeben würden, die dem Gericht bisher unbekannt waren und die Einfluß auf das Urteil haben könnten.[748]
Nach der Grundsatzentscheidung des *4. Senats* gibt es daher eine rechtsverbindliche Absprache, solange sie sich auf die Abgabe einer Strafobergrenze beschränkt. Da nur solche Abgaben zur Strafobergrenze im Rahmen einer Absprache zulässig sein sollen, geht das Fundament einer Verfahrensordnung des *Bundesgerichtshofes* im Ergebnis damit von einer grundsätzlichen Verbindlichkeit von Absprachen aus,[749] wobei aber – in zivilrechtlicher Terminologie gesprochen – eine Anfechtungsoption mit ex tunc Wirkung besteht.

Die Argumentation für die Bindungswirkung läuft in zwei Schritten ab. Zunächst wird aufgezeigt, daß keine Verletzung des § 261 StPO vorliege und damit das Tor für eine Bindungswirkung prinzipiell eröffnet sei.
Dazu führt der *4. Senat* an, daß die Entscheidung des Gerichts noch nicht vorweggenommen sei, wenn das Gericht erkläre, daß die Strafe im Falle der Ablegung eines Geständnisses eine bestimmte Grenze nicht überschreite, somit der vom Gesetz allgemein vorgesehene – zumeist sehr weite – Strafrahmen in einer bestimmten Weise eingeschränkt werde.[750] Die Festlegung der konkreten Strafe unter Abwägung aller Strafzumessungsgesichtspunkte bleibe der Urteilsberatung vorbehalten.[751]
Im zweiten Schritt wird die Begründung für eine Bindungswirkung geliefert. Dazu bedient der *4. Senat* sich des fair-trial-Grundsatzes. So schränke der Angeklagte seine Verteidigungsmöglichkeiten bei Abgabe eines Geständnisses auf einen schmalen Bereich ein. Er könne dann regelmäßig gegen seine Verurtei-

745 BGHSt 43, 195(206f.).
746 BGHSt 43, 195(207).
747 BGHSt 43, 195(210), so auch schon der *2. Senat* in BGHSt 36, 210.
748 BGHSt 43, 195(210).
749 So auch die Einschätzung von *Ioakimidis*, Rechtsnatur, S. 108; LR-*Rieß*, Einl. G, Rn. 68; *Rönnau*, wistra 1998, 49(51).
750 BGHSt 43, 195(207).
751 BGHSt 43, 195(207).

lung nichts mehr vorbringen und nur noch versuchen, die Höhe der zu verhängenden Strafe zu beeinflussen. Es sei daher nicht unbillig, wenn er vor Ablegung eines Geständnisses erfahren möchte, wie das Gericht dieses bei der Strafzumessung bewerten würde.[752] Aus dem Grundsatz des fairen Verfahrens ergebe sich nun, daß das Gericht nicht seinen eigenen Erklärungen widersprechen dürfe, es sei denn, daß sich schwerwiegende neue Umstände ergeben würden, die dem Gericht bisher unbekannt waren.[753]

Der *4. Senat* rückt damit in seiner Grundsatzentscheidung von § 261 StPO ab, indem er anstelle eines konkreten Strafmaßes nur von einer Prognose ausgeht, und kommt wegen des fair-trial-Grundsatzes – das Gericht dürfe sich nicht in Widerspruch zu eigenen, früheren Erklärungen setzen – zu einer Bindungswirkung. Damit wird eine direkte Gegenüberstellung von Unmittelbarkeitsgrundsatz und fair-trial-Grundsatz vermieden.

Grundsätzlich ist diese Bindungswirkung durch spätere Rechtsprechung bestätigt worden,[754] auch durch eine Kammerentscheidung des *Bundesverfassungsgerichts*.[755]

Es bleiben mit der Konstruktion der Verbindlichkeit jedoch eine Reihe von Fragen offen. So bleibt zunächst fraglich, ob § 261 StPO Genüge getan wird, wenn das Gericht verbindlich ein Strafobermaß abgibt. Weiter regelt die Grundsatzentscheidung mit der Bindungswirkung von Zusagen zur Strafobergrenze nur einen Teil der Absprachen. Es fehlen direkte Aussagen über andere Leistungen von Seiten der Justiz. Wegen der Vielfältigkeit der Leistungen im Rahmen einer Absprache seien hier beispielhaft die in der Grundsatzentscheidung nicht angesprochenen Fragen genannt, ob auch die Zusage einer Einstellung gemäß § 154 StPO bindenden Charakter hat, oder wie es sich mit der Strafaussetzung zur Bewährung verhalten soll. Es verwundert daher nicht, daß die Ausführungen des *4. Senats* zur Bindungswirkung von Absprachen aus verschiedenen Gründen kritisiert wurden.

---

[752] BGHSt 43, 195(207).

[753] BGHSt 43, 195(210). Als ein solcher Umstand wird beispielsweise die Tatsache genannt, daß sich die Tat nunmehr als Verbrechen statt wie bisher als Vergehen darstellt.

[754] Zunächst der *5. Senat* in BGHSt 45, 51(54) und später auch nochmals vom *4. Senat* in BGHSt 45, 227(232).

[755] BVerfG StV 2000, 3. Der Entscheidung lag eine Verfassungsbeschwerde zu Grunde, die wegen des Grundsatzes der Subsidiarität der Verfassungsbeschwerde nicht zur Entscheidung angenommen wurde. Der Beschwerdeführer hatte sein Recht auf ein rechtsstaatliches Verfahren geltend gemacht (Art. 2 Abs. 1 GG), das er durch Nichteinhaltung der Absprache durch das Tatgericht verletzt sah. Die *2. Kammer* des *II. Senats* sah in diesem Fall keinen Anspruch aus einer Absprache gegeben, da die Absprache nicht in das Protokoll aufgenommen wurde. Im Falle der Protokollierung hätte (aber) ein „Revisionsverfahren Aussicht auf Erfolg gehabt“.

I. Obergrenze nur theoretischer Natur

Gegen die vom *4. Senat* angeführte Differenzierung von exaktem Strafmaß auf der einen und lediglich einer Zusage zum Strafobermaß auf der anderen Seite läßt sich einwenden, daß zumindest die Gefahr besteht, daß diese Unterteilung in der Praxis lediglich zu einer Differenzierung sprachlicher Natur wird.
So weist *Schmitt* darauf hin, daß es möglich sei, den Strafvorschlag als Obergrenze zu deklarieren, den Verfahrensbeteiligten aber gleichzeitig „augenzwinkernd" deutlich zu machen, daß es sich in Wahrheit um die Strafhöhe handele, von der im Urteil nicht abgewichen werde.[756] *Siolek* sieht die Rechtswirklichkeit[757] sogar so, daß sich die Leitlinie des *4. Senats* nicht durchgesetzt hat, weil zwar von Strafobergrenzen gesprochen werde, aber jeder Verfahrensbeteiligte wisse, daß damit gleichzeitig das endgültige Ergebnis gemeint sei.[758] Somit bedarf es unter Umständen nicht einmal eines „Augenzwinkerns".[759] Im Ergebnis befürwortet *Schmitt* wohl eine Bindungswirkung, und zwar über die Vorstellung des *4. Senats* hinaus nicht nur auf eine Strafobergrenze bezogen, sondern auch auf das exakte Strafmaß.[760]
Dabei ist zuzugeben, daß eine exakte Strafmaßzusage dem Angeklagten entgegenkommen wird.[761] Ob das Gericht aber schon nicht befangen ist, nur weil der Angeklagte gerade ein exaktes Strafmaß wissen wollte, überzeugt hingegen nicht.[762] Damit würde man die Entscheidung über die Befangenheit vollständig zur Disposition des Angeklagten stellen. Das Gericht kann aber gerade nicht schon wegen einer Erwartung eines Geständnisses ein konkretes Strafmaß zusagen.[763]

---

756 *Schmitt*, GA 2001, 411(423). Zustimmend *Wagner*, FS-Gössel, S. 585(597).

757 Auch nach Einschätzung des *3. Senats* , BGH StV 2003, 544 (545), werden die Thesen aus der Grundsatzentscheidung des *4. Senats* nicht eingehalten. Vielmehr habe „die tatgerichtliche Praxis eine Entwicklung angenommen, die besorgen läßt, daß die Grundprinzipien des Strafprozeßrechts, nämlich [...] die Verhängung einer schuldangemessenen Sanktion, gefährdet sind".

758 So *Siolek*, FS-Rieß, S. 563(567ff.), der von Gesprächen mit Praktikern berichtet, die gelegentlich auch von einer sogenannten „Punktlandung" sprechen. Allerdings ist die Einschätzung von *Siolek* ohne empirischen Beleg. Ein solcher stellt aber gerade im Rahmen der Absprachendiskussion generell ein Problem dar, vgl. auch oben S. 27ff.

759 Vgl. auch *Weider*, Dealen, S. 134, „...für alle Beteiligte klar ist, daß die vom Gericht genannte Strafobergrenze die mit dem Urteil verhängte Strafe ist."

760 *Schmitt*, GA 2001, 411(422f.), „gewissermaßen auf den Tag genau".

761 *Schmitt*, GA 2001, 411(422); differenzierend für eine Absprache, die einen Verzicht auf Entschädigung für Strafverfolgungsmaßnahmen zum Gegenstand hat: *Friehe*, S. 114, die darauf hinweist, daß der Angeklagte sich dem anpassen wird, was die Strafverfolgungsorgane ihm seinerseits anbieten.

762 So aber *Schmitt*, GA 2001, 411(423).

763 Dies würde – wie aufzuzeigen sein wird – schon dem Amtsermittlungsgrundsatz widersprechen, vgl. unten S. 148ff.

Weiter läßt *Schmitt* offen, wie eine exakte Strafmaßzusage mit § 261 StPO vereinbar sein soll.[764] Dabei ist aber doch gerade bei einer exakten Strafmaßzusage auf eine Vereinbarkeit mit § 261 StPO einzugehen, da mit dem „Augenzwinkern" auch die Argumentation des *4. Senats* zur Vereinbarkeit mit § 261 StPO nicht mehr haltbar sein wird.
Dennoch kann im Ergebnis zugestimmt werden, daß zumindest eine Gefahr besteht, daß der einschränkende Hinweis, es handele sich lediglich um eine bindende Zusage zum Strafobermaß, nur von theoretischer Natur ist.

II. Unvereinbarkeit mit § 261 StPO

Unabhängig davon, daß die Unterscheidung wohl nur theoretischer Natur ist, ist auch die Angabe lediglich einer Strafobergrenze mit § 261 StPO nicht vereinbar. Denn auch die Angabe einer Strafobergrenze kann nur eine vorläufige Angabe sein, so daß die aus § 261 StPO resultierende Entscheidungsfreiheit des Gerichts bei einer verbindlichen Zusage zum Strafobermaß erheblich beeinträchtigt wird.
Dies wird deutlich, wenn man berücksichtigt, woher das Gericht seine Informationen für die verbindliche Zusage nehmen soll. Dabei kommt es erheblich auf den Zeitpunkt der Absprache an. Der effektivste Zeitpunkt für eine Absprache wird *vor* oder im frühen Stadium der Beweisaufnahme sein, da die Absprache gerade dann unter Umständen zeitaufwendige Zeugenvernehmungen ersparen kann und damit ihrem eigentlichen Zweck der Arbeitsentlastung gerecht werden kann. In diesem Zeitpunkt ist die primäre Informationsquelle für das Gericht die Akte. Auch wenn sich ein Gericht äußerst sorgfältig anhand der Akten auf die Hauptverhandlung vorbereitet und sich an einer Absprache nur nach einer ausführlichen Zwischenberatung des gesamten Spruchkörpers beteiligt, kann die von ihm vorgenommene Bewertung der Sach- und Rechtslage regelmäßig nur eine vorläufige sein, die durch weitere Aufklärung des Sachverhalts bis zu Schuldspruchreife häufig noch zu modifizieren oder gänzlich zu revidieren ist.[765] Es muß dem Gericht auch nach der Absprache möglich bleiben, neue aus der Hauptverhandlung gewonnene Aspekte bei der Strafzumessung zu berücksichtigen.[766]
Der *4. Senat* sieht diese Möglichkeit nur bei schwerwiegenden neuen Umständen, die dem Gericht bisher unbekannt waren.[767] Beispielhaft nennt er Umstände, die aufgrund neuer Tatsachen oder Beweismittel die Tat statt wie bisher als Vergehen nunmehr als Verbrechen darstellen würden. Eine Berücksichtigung

---

[764] *Schmitt*, GA 2001, 411(423)
[765] So zutreffend *Rönnau*, wistra, 1998, 49(52).
[766] *Bömeke*, Rechtsfolgen fehlgeschlagener Absprachen, S. 48; *Rönnau*, wistra 1998, 49(52), der auch auf die Gefahr hinweist, daß bei einer Entscheidung nach Aktenlage alle nur denkbaren Fehler aus dem Ermittlungsverfahren übernommen würden.
[767] BGHSt 43, 195(210).

von Aspekten, die sich mit Dimensionen von Monaten oder gar Wochen – je nach Höchststrafe – in der Strafzumessung niederschlagen, sind damit nicht erfaßt. Hier liegt aber das Problem. Es ist fraglich, ob es mit § 261 StPO vereinbar ist, wenn das Gericht seine Freiheit auf schwerwiegende neue Umstände reduziert. Dagegen spricht, daß § 261 StPO eine umfassende Würdigung aller Umstände gewährleisten will.[768] Es sind daher sämtliche Äußerungen des Angeklagten zu würdigen, auch beispielsweise die beim letzten Wort nach § 258 Abs. 2 StPO.[769] So ist es immerhin denkbar, daß der Angeklagte im Rahmen „des letzten Wortes“ sein absprachegemäß erklärtes Geständnis strafzumessungsrechtlich[770] in ein ganz anderes Licht rückt, sowohl positiv wie auch negativ.

Mit der Bindungswirkung im Sinne der Grundsatzentscheidung des *4. Senats* wäre eine umfassende Beweiswürdigung gemäß § 261 StPO nicht mehr möglich. Dem Gericht muß aber auch bei nicht schwerwiegenden Tatsachen die Möglichkeit verbleiben, diese sowohl negativ wie auch positiv für Fragen der Schuld und der Strafzumessung zu verwerten. Das Gericht muß sich daher den größt möglichen Spielraum offenhalten.[771] Dies kann beispielsweise für Freiheitsstrafen bedeutet, daß – je nach Höchststrafe – Änderungen im Strafmaß um eine Woche beziehungsweise einen Monat zu berücksichtigen sind. Ein solcher Ansatz mag auf den ersten Blick realitätsfremd erscheinen. Berücksichtigt man aber die Tatsache, daß Absprachen gerade dahingehend getroffen werden, daß „man noch im Rahmen einer zur Bewährung auszusetzenden Freiheitsstrafe ist“,[772] um die starre Grenze der Zwei-Jahres-Regelung des § 56 Abs. 2 StGB einzuhalten, so kann eine Nuance in der Strafzumessung durchaus erhebliche Bedeutung haben.

Weiter kann nur so der Grundsatz gewährleistet werden, daß die gesetzlichen Strafrahmen als Form zur Verfügung stehen sollen, die durch die im Rahmen der Hauptverhandlung ermittelte schuldangemessene Strafe ausgegossen werden. Dieser Vorgang wird durch eine grundsätzlich verbindliche Absprache gefährdet. Auch bei einer Absprache muß die Hauptverhandlung ein Prozeß in der ursprünglichen Bedeutung des Wortes bleiben, also ein dynamischer Vorgang, bei dem im Falle einer Verurteilung ständig strafzumessungsrechtlich erhebli-

---

768 AK-*Maiwald*, § 261, Rn. 1; *Bömeke*, Rechtfolgen fehlgeschlagener Absprachen, S. 48; *Eb. Schmidt*, Lehrkommentar II, § 261, Rn. 7 „gesamten Prozeßstoff der mündlichen Verhandlung würdigen“; *Meyer-Goßner*, § 261, Rn. 6; LR-*Gollwitzer*, § 261, Rn. 5 „alle zulässig gewonnenen Erkenntnisse in ihre Überlegung einbeziehen und erschöpfend würdigen“; SK-*Schlüchter*, § 261, Rn. 14.

769 Vgl. *Meyer-Goßner*, § 261, Rn. 6.

770 Zur strafzumessungsrechtlichen Bewertung des Geständnisses siehe unten, S. 179ff.

771 In diese Richtung geht auch der Vorschlag von *Siolek*, FS-Rieß, S. 563(570), „eine Freiheitsstrafe *um* fünf Jahre“.

772 Vgl. *Zierl*, AnwBl. 1985, 505, „Tausche Geständnis gegen Bewährung“.

che Faktoren gegeneinander abgewogen werden, bis schließlich dieser Abwägungsvorgang in der Urteilsberatung gipfelt. Eine zuvor abgegebene verbindliche Zusage würde diesen Vorgang in einem unzulässigen Maße einschränken. Denn eine Strafmaßprognose, wie sie der *4. Senat* in der Grundsatzentscheidung vorschlägt,[773] wird keinesfalls aus dem Inbegriff einer zur Beweisaufnahme geführten Verhandlung geschöpft.[774] Sie kann vielmehr nur auf Faktoren wie einem etwaigen Vorstrafenregister, der Aktenlage oder maximal dem ersten Erscheinungsbild aus den ersten Tagen der Hauptverhandlung basieren. Damit wird diese Prognose aber gerade nicht dem Grundgedanken des § 261 StPO gerecht. Wird dieser Prognose durch die Grundsatzentscheidung des *4. Senats* nun eine verbindliche Wirkung zugesprochen, so ist der Verstoß gegen § 261 StPO unumgänglich.

Rechtsverbindliche Zusagen über das Strafobermaß bei einem Geständnis stellen daher einen Verstoß gegen § 261 StPO dar.

III. Unvereinbarkeit mit § 46 Abs. 2 StGB

Eine vergleichbare Situation stellt sich auch in Bezug auf § 46 Abs. 2 StGB dar. Gemäß § 46 Abs. 2 StGB besteht die Aufgabe des Gerichts unter anderem darin, alle erkennbaren schuld- oder präventionsrelevanten Umstände nach den Regeln des Strafprozeßrechts zu ermitteln und im Rahmen der Strafzumessungserwägung ihr Gewicht und ihre schärfende oder mildernde Wirkung für die abschließende Abwägung in ein bestimmtes Strafmaß umzusetzen.[775] Auch hier geht es wieder um eine umfassende Abwägung aller Tatsachen. Eine solche Abwägung kann aber nicht mehr gewährleistet werden, wenn sich das Gericht verbindlich auf eine Strafobergrenze festlegt, von der es nur im Falle schwerwiegender neuer Umstände abweichen kann.
Auch in diesem Zusammenhang hilft die Obergrenzenkonstruktion des *4. Senats* nicht weiter. Demnach müßte es sich bei geringwertigen Umständen ledig-

---

[773] BGHSt 43, 195(210ff.).

[774] So zutreffend *Bottke*, GS-Zipf, S. 451(454f.), der darauf hinweist, daß § 261 StPO ohne Absage an die tradierte Strafprozeßteleologie und der ihr entsprechenden Formulierung normativer Strukturprinzipien deutscher Strafverfahren nicht so zu interpretieren sei, wie es der *4. Senat* tut. Auf der anderen Seite sieht aber *Bottke*, a.a.O., S. 465f., die Möglichkeit einer bindenden Prognose auf Basis des fair-trial-Grundsatzes, da er einem Geständnis *regelmäßig* strafmildernde Wirkung auf generalpräventiver, und bei Unrechtseinsicht auch auf spezialpräventiver, Basis zuschreibt, und somit die Angabe einer Strafobergrenze nur „fair" sei. Gegen eine regelmäßige Strafmilderung eines Geständnisses bestehen jedoch entgegen *Bottke* erhebliche Bedenken, vgl. dazu unten S. 179ff. Auch läßt *Bottke* offen, wie der Umfang einer etwaigen Strafmilderung denn ohne den Inbegriff der Hauptverhandlung bestimmt werden soll.

[775] *Bruns*, Recht der Strafzumessung, S. 144ff.; Lackner/*Kühl*, § 46, Rn. 32; *Rönnau*, wistra 1998, 49(52).

lich um solche handeln, die eine positive Auswirkung für den Angeklagten auf die Strafzumessung haben. *Rönnau* spricht in diesem Zusammenhang zutreffend von einer „Einbahnstraße".[776]

VI. Fairneß-Argument nicht ausreichend

Der Versuch des *4. Senats*, in einer Verfahrensordnung für Absprachen dem Gericht trotz verbindlicher Zusagen zum Strafobermaß ein Mindestmaß an „Freiheit" zu erhalten, ist nach dem hier Gesagten gescheitert. Die „Freiheit" ist nur eine deklaratorische. Zudem verstößt auch schon eine verbindliche Zusage zum Strafobermaß sowohl gegen § 261 StPO wie auch gegen § 46 Abs. 2 StGB.

Was noch bestehen bleibt, ist das Argument, daß sich wegen der durch die Absprache geschaffenen Vertrauenssituation und der mit der Absprache verknüpften Vorleistungssituation für den Angeklagten eine Bindungswirkung des Gerichts aus dem fair-trial-Grundsatz ergebe. Dieses Argument hat im Rahmen der Grundsatzentscheidung des *4. Senats* tragende Funktion.[777] Eine Herleitung der Bindungswirkung bei Absprachen allein aus dem fair-trial-Grundsatz wird abgelehnt oder doch zumindest für nicht ausreichend erachtet.[778]
Rönnau sieht im Unterschied zum *4. Senat* die Lösung des Dilemmas, das durch das vorzuleistende Geständnis des Angeklagten entsteht, gar nicht in einer Bindungswirkung der Absprache in Form einer „stabilen Absichtserklärung", sondern es handele sich vielmehr um ein grundsätzliches Problem, da für ein konsensuales Handeln im Strafprozeßrecht kein „Leistungsstörungsrecht" existiere.[779]
Schünemann sieht in der Begründung des *4. Senats* eine klassische petitio principii.[780] Denn indem der *4. Senat* eine Bindungswirkung in der durch Angabe einer Strafobergrenze geschaffenen Vertrauenssituation sieht, setze er sogleich eine Bindungswirkung voraus, denn eine Vertrauenslage könne ja nur entstehen, wenn das Gericht bereits gebunden sei.

Berücksichtigt man weiter, daß eine Bindungswirkung im Widerspruch zu § 261 StPO sowie § 46 Abs. 2 StGB steht, und der fair-trial-Grundsatz eine Verletzung dieser Normen nicht ausgleichen kann, kommt man auch zur Ablehnung einer Bindungswirkung aus dem fair-trial-Grundsatz.

---

[776] *Rönnau*, wistra 1998, 49(52).
[777] Vgl. BGHSt 43, 195(210ff.).
[778] *Rönnau*, wistra 1998, 49(51); *Satzger*, JA 1998, 98(101) „ob sich eine derart weitgehende Bindungswirkung ohne jede gesetzliche Verankerung allein aus Vertrauensgesichtspunkten herleiten läßt, darf allerdings bezweifelt werden."; *Schünemann*, FS-Rieß, S. 525(538) „Methode Münchhausens, sich am eigenen Schopf aus dem Sumpf zu ziehen".
[779] *Rönnau*, wistra 1998, 49(52).
[780] *Schünemann*, FS-Rieß, S. 525(538).

Es bestehen schon Probleme, überhaupt den fair-trial-Grundsatz für eine Bindungswirkung im Rahmen einer Absprache zu bemühen. Dabei sollte aber nicht schon so weit gegangen werden, daß bei einer ausdrücklichen Erklärung des Gerichts, der Absprache komme keine bindende Wirkung zu, erst gar kein schutzwürdiges Vertrauen entstehen könne,[781] denn Bindungswirkung der Absprache und schutzwürdiges Vertrauen des Angeklagten müssen nicht dekkungsgleich sein. Man wird auch ohne eine Bindungswirkung von einem durch die Absprache begründeten Vertrauensverhältnis sprechen können, so daß das Problem eines Vertrauensverhältnisses bestehen bleibt.
Dem fair-trial-Grundsatz wird das Gericht aber schon durch einen bloßen Hinweis auf die veränderte Rechtslage gerecht.[782] Daß damit Absprachen nicht nur beachtet, sondern unter Umständen in Hinblick auf etwaige Unklarheiten bezüglich der Notwendigkeit eines Hinweises auch ausgelegt werden müssen,[783] sollte aufgrund der hier vertretenen öffentlichen und protokollierten Absprache kein grundsätzliches Problem darstellen. Ein durch das Gericht dahingehend abgegebener Hinweis, man werde wegen der neuen Kenntnisse sich nicht mehr wie abgesprochen verhalten, wird ausreichen, dem Angeklagten die Vorstellung zu nehmen, daß sich das Gericht – auch wenn es dies nicht ausdrücklich geäußert hat – sehr wohl binden wollte. Die einzige rechtliche Bindung, die für das Gericht unter Umständen entsteht, ist also die, einen Hinweis abzugeben, sofern man entgegen einer zuvor abgegebenen Absprache verfährt. Das Gericht ist aber unter keinen Umständen an die Absprache selbst gebunden.

Hinzuweisen ist an dieser Stelle noch darauf, daß mit der Annahme einer Bindungswirkung die Situation im Rahmen von § 136a StPO eine eindeutige wäre.[784] Das Vorliegen eines Vorteilsversprechen wäre damit unter keinen Umständen mehr abzulehnen. Es bliebe ausschließlich zu klären, ob es gesetzlich geregelt ist. Weiter hätte die Bindungswirkung auch Auswirkungen auf die Strafzumessung, denn mit zunehmender Bindung würde auch die Glaubhaftigkeit der Reue des Angeklagten abnehmen.[785]

---

781 So *Tscherwinka*, S. 75.

782 *Bömeke*, Rechtsfolgen fehlgeschlagener Absprachen, S. 48; vgl. OLG *Köln*, NJW 1999, 373, das den fair-trial-Grundsatz verletzt sah, weil das Tatgericht im Rahmen einer Absprache nicht daraufhingewiesen hatte, daß neben einer Bewährungsstrafe auch eine Geldstrafe nach § 56b Abs. 2 Nr. 2 StGB gegen den Angeklagten verhängt werden wird. A. A. *Ioakimidis*, Rechtsnatur, S. 113, die aufgrund der Vorleistung des Angeklagten eine bindende Wirkung der Absprache zur Einhaltung des fair-trial-Grundsatzes für absolut erforderlich hält.

783 So *Kaetzler*, wistra 1999, 253(254) in Anlehnung an OLG *Köln*, NJW 1999, 373, vgl. vorige Fn.

784 Diejenigen, die dort noch eine Bindungswirkung ablehnen, hier aber mit dem 4. *Senat* gehen, müßten sich Inkonsequenz vorwerfen lassen. Vgl. oben S. 80ff.

785 Vgl. *Schünemann*, FS-Rieß, S. 525(545) und siehe unten, S. 179ff.

V. Faktische Bindungswirkung

Im Zusammenhang mit der Frage, ob eine Absprache bindende Wirkung hat und haben darf, sei schließlich noch zur faktischen Bindungswirkung Stellung bezogen.

Auch wenn die faktische Bindung grundsätzlich losgelöst von der rechtlichen Verbindlichkeit steht, so stellt sich die Frage, ob eine Absprache im Hinblick auf eine faktische Bindung möglicherweise unzulässig ist. Daß zumindest teilweise eine solche faktische Bindung besteht, kann wohl nicht geleugnet werden. Der Nachweis einer faktischen Bindungswirkung wird zwar kaum erbracht werden können, die einzelnen Sanktionsmechanismen der Absprachenpraxis sprechen jedoch deutlich für eine faktische Bindungswirkung.[786]

Auch Absprachenbefürworter in der Literatur, insbesondere *Schmidt-Hieber*[787], aber beispielsweise auch *Janke*[788] und *Hanack*[789], haben zwar stets betont, daß es sich bei einer Absprache lediglich um eine Prognose handele, dabei aber gleichzeitig eine faktische Bindungswirkung niemals völlig geleugnet. So haben sie deren Existenz vorausgesetzt, wenn sie eine faktische Bindung für nicht unzulässig hielten, sofern die Bindungswirkung nicht zu einer Verpflichtung hinsichtlich des Verfahrensergebnisses führe.[790] Dagegen haben die Kritiker, wie beispielsweise *Schünemann*, wegen der faktischen Bindungswirkung eine Unzulässigkeit von Absprachen angenommen.[791]

Die Absprachendiskussion um eine faktische Bindungswirkung hat sich aber mehr vom „ob" in Richtung des „wie" verlagert, also welche Intensität und Qualität die Bindungswirkung haben soll und darf.[792] So ist dem Problem bezüglich des grundsätzlichen Bestehens einer Bindungswirkung auch teilweise keine große Bedeutung beigemessen worden,[793] denn es komme zumindest zu

---

[786] *Dencker*/Hamm, Vergleich, S. 35; *Rönnau*, Absprache, S. 194. Als Sanktionsmechanismen werden beispielsweise genannt: „schwarze Listen für Richter und Verteidiger" oder „die Möglichkeit des Angeklagten, keinen Rechtsmittelverzicht abzugeben, wenn das Urteil von der Absprache abweicht". Aussagekräftig auch *Dencker*, a.a.O., „Mit dem verhandele ich nur nach der StPO".

[787] *Schmidt-Hieber*, Verständigung, Rn. 165ff., 244; *ders.*, NStZ 1988, 302(303); *ders.*, DRiZ 1990, 321; *ders.*, Triberg-Symposium, S. 50(59).

[788] *Janke*, S. 170.

[789] *Hanack*, StV 1987, 500(503) „nur eine Absichtserklärung".

[790] So *Schmidt-Hieber*, NJW 1990, 1884(1885).

[791] So schon *Schünemann*, Triberg-Symposium, S. 24ff.; aber auch *Siolek*, DRiZ, 1989, 321.

[792] Vgl. *Rönnau*, wistra 1998, 49(51f.); *Köbel*, NStZ 2002, 74(76ff.).

[793] *Rönnau*, Absprache, S. 194; *Siolek*, Verständigung, S. 190; *Köbel*, NStZ 2002, 74, der Grenzen der Bindungswirkung aufzeigt. Dazu zählen zunächst unvollendete und regelwidrige Absprachen, a.a.O., S. 77. Bezüglich regelwidriger Absprachen kann dem nicht generell zugestimmt werden, da ansonsten der Angeklagte die Konsequenzen der Unkenntnis des Gerichts bezüglich der rechtlichen Möglichkeiten von Absprachen tragen müßte. Insofern relativiert *Köbel* die Ausnahme der regelwidrigen Absprachen auch bezüglich eines

einer faktischen Bindung, die durch die einzelnen Sanktionsmechanismen der Absprachenpraxis gewährleistet sei.[794] Dem ist zuzustimmen. Gänzlich kann ein faktischer Druck nach einer abgeschlossenen Absprache nicht ausgeschlossen werden. Es würde auch im Widerspruch zu dem Verhalten der Beteiligten stehen, wenn nicht einmal ein gewisses Maß an Selbstbindungswillen bestünde, beim Gericht müßte man dann sogar an eine Täuschung im Sinne von § 136a StPO denken. Ein wissenschaftlicher Nachweis für das Bestehen einer faktischen Bindung kann an dieser Stelle jedoch nicht geliefert werden, da die Frage der faktischen Bindung mehr eine tatsächliche als eine rechtliche ist.

Diese faktische Bindung steht keineswegs im Widerspruch zur Begründung einer rechtsverbindlichen Wirkung von Absprachen wie sie die Grundsatzentscheidung des *4. Senats* aus dem Vertrauenstatbestand und dem Fairneßgrundsatz vornimmt, da dieser letztendlich durch das „Faktum" Absprache geschaffen wird. Sie ist gewissermaßen der erste Schritt für eine rechtsverbindliche Absprache, da sie die Basis für den Vertrauenstatbestand bildet. Nur sollte der zweite Schritt nicht auch noch die Rechtsverbindlichkeit einer Absprache sein. Dann steht das Gericht in Fällen, in denen es einer anfänglichen Fehlbeurteilung unterlegen ist und sich später keine schwerwiegenden neuen Tatsachen herausstellen, tatsächlich vor dem Problem „Rechtsbeugung oder Rechtsbruch".[795]
Nach dem hier Gesagten besteht die Möglichkeit, die faktische Bindung durch einen Hinweis seitens des Gerichts zu kompensieren. Dabei bleibt aber grundsätzlich die Frage bestehen, wieviel faktische Bindung noch zulässig ist. Die Beantwortung bringt große Schwierigkeiten mit sich. Zunächst ist es momentan empirisch unklar, wieviel faktische Bindung überhaupt besteht, da eine Untersuchung des Problemfeldes noch aussteht. Dementsprechend können keine klaren Abgrenzungsmuster in dieser Hinsicht vorgegeben werden. Sicherlich ist auch eine faktische Bindung denkbar, die gegen § 261 StPO verstoßen würde.[796] Doch wird es eine kaum überprüfbare Einzelfallentscheidung sein, ob die faktische Bindung so stark ist, daß sie die Absprache unzulässig werden läßt.

Vereinbarungsanscheins. Dieser wird aber nicht lediglich mitunter vorliegen, sondern nur in Ausnahmefällen nicht.

794 Vgl. oben, S. 141f.

795 Entweder kommt es zur Rechtsbeugung, weil wegen der Fehlbeurteilung die vorher *verbindlich* zugesagte Strafe nicht mehr vertretbar ist und die Strafe somit nicht schuldangemessen ist, oder aber zum Rechtsbruch, weil wegen der anfänglichen Fehlbeurteilung nunmehr eine andere als die absprachegemäß zugesicherte Strafe verhängt wird, die Strafe zwar schuldangemessen ist, aber das Gericht sich insoweit nicht an die *verbindliche* Absprache gehalten hat.

796 Bei einer extrem gelagerten faktischen Bindung stellen sich auch weitere Probleme, beispielsweise eine Unvereinbarkeit mit dem Richtervorbehalt, vgl. dazu oben, S. 56.

Daneben kommt der Frage nach der Intensität der Bindungswirkung auch bei einer fehlgeschlagenen Absprache Bedeutung zu und ist damit eine Frage der Rechtsfolgen von fehlgeschlagenen Absprachen.[797] Dort stellt sich die Frage, ob gegebenenfalls ein Anspruch aus der Bindungswirkung besteht und unter welchen Umständen dieser Anspruch wieder erlischt; ebenso stellt sich die Frage, was mit den „Leistungen" – wie etwa dem vom Angeklagten abgegebenen Geständnis – geschieht.

Im Ergebnis ist der Grundsatzentscheidung des *4. Senats* und damit der Basis einer Verfahrensordnung für Absprachen durch den *Bundesgerichtshof* in puncto Verbindlichkeit einer Absprache zu widersprechen. Es besteht lediglich eine faktische Bindung bei Absprachen, wobei die Ausprägung in einzelnen Fällen von Absprachen stark von einander abweichen kann. Eine rechtliche Verbindlichkeit, wie sie die Grundsatzentscheidung teilweise vorsieht, verstößt gegen § 261 StPO und wird § 46 StGB nicht gerecht. Der fair-trial-Grundsatz kann diesen Verstoß nicht kompensieren. Er kann aber gebieten, daß wegen des unter Umständen durch eine Absprache geschaffenen Vertrauenstatbestandes das Gericht im Falle eines Abweichens von der absprachegemäßen Zusage einen Hinweis geben muß.
Ungeklärt und dem Einzelfall überlassen bleibt, wann eine faktische Bindungswirkung der Absprache gegen § 261 StPO verstößt. Dieses Ergebnis muß sich dem Vorwurf der fehlenden Klarheit aussetzen. Es ist aber im Lichte der Mannigfaltigkeit der einzelnen Absprachesituationen zu erklären. Es gibt gerade nicht die einzelne Abspracheverhandlung, die als pars pro toto gelten kann. Jede Verhandlung wird durch die Natur und das Auftreten der einzelnen Absprachebeteiligten geprägt, so daß immer rein faktische Differenzen zwischen den verschiedenen Verhandlungen bestehen bleiben.

B. Amtsermittlungsgrundsatz

Der *4. Senat* äußerte sich zur Vereinbarkeit von Absprachen mit dem Amtsermittlungsgrundsatz. Danach darf ein Geständnis, das aufgrund einer Absprache abgegeben wurde, nicht ohne weiteres dem Urteil zugrunde gelegt werden, sondern muß gegebenenfalls vom Gericht auf seine Glaubwürdigkeit überprüft werden.[798] Der *4. Senat* hat damit das Problem der Vereinbarkeit von Absprachen mit dem Amtsermittlungsgrundsatz zutreffend auf den Schwerpunkt gelenkt, nämlich auf das verfahrensverkürzende Geständnis.[799]

---

[797] Vgl. dazu unten, S. 237ff.

[798] BGHSt 43, 195(204).

[799] Die Absprachen, die kein verfahrensverkürzendes Geständnis zum Gegenstand haben, sind eher untypisch, da sie wegen der damit in jedem Fall notwendigen Beweisaufnahme dem Absprache immanenten Ziel der Verfahrensverkürzung nur bedingt gerecht werden. Den-

Die Ausführungen des *4. Senats* sind auf vielfache Kritik gestoßen, wobei sie zwischen den beiden Lagern als vermittelnde Ansicht verstanden werden können. Dabei ist aber einschränkend anzumerken, daß eine genaue Einordnung des Standpunktes des *4. Senats* insofern mit Schwierigkeiten behaftet ist, als die Äußerungen insgesamt sehr allgemein gehalten sind.

I. Überprüfung des Geständnisses nicht notwendig: *Minimallösung*

Auf der einen Seite befinden sich diejenigen Vertreter, die eine weitere Überprüfung des Geständnisses für nicht notwendig halten.[800] Dafür wird angeführt, daß das Geständnis, auch wenn es die alleinige Urteilsgrundlage darstelle, nicht isoliert gesehen werden dürfe, sondern durch die Bezugnahme auf die Anklageschrift in den gesamten Akteninhalt eingebettet sei.[801] So werde im Rahmen von Absprachegesprächen auch nur die Frage eines Geständnisses gestellt, wenn eine Verurteilung weit überwiegend wahrscheinlich sei. Damit ist der Amtsermittlungsgrundsatz reduziert auf eine Schlüssigkeitsprüfung bezüglich Anklage und Geständnis. Diese Minimallösung stellt im Ergebnis geringere Anforderungen an die Wahrung des Amtsermittlungsgrundsatzes als die Grundsatzentscheidung des *4. Senats*.

In die Richtung der Minimallösung geht auf den ersten Blick auch die Entscheidung des *2. Senats*[802] vom 10.06.1998:

> Als Tatgericht hat das Landgericht *Wiesbaden* im Rahmen einer vom Verteidiger angeregten Absprache ein abgegebenes Geständnis ohne weitere Überprüfung dem Urteil zu Grunde gelegt. Der Angeklagte hatte durch seinen Verteidiger vortragen lassen, daß die Anklagevorwürfe im wesentlichen richtig seien und auf Nachfrage des Vorsitzenden angegeben, daß die Vorwürfe zuträfen. Von einer weiteren Beweiserhebung, insbesondere von einer Vernehmung der Geschädigten, die beim Verlesen des Anklagesatzes emotional aufgewühlt den Sitzungssaal verließ, wurde in allseitigem Einvernehmen abgesehen. Der Angeklagte wurde vom Landgericht wegen zahlreicher Sexualtaten[803] zum Nachteil seiner Tochter zu acht Jahren Freiheitsstrafe verurteilt.

---

noch sind auch Absprachen ohne verfahrensverkürzendes Geständnis denkbar. Beispielsweise in Hinblick auf etwaige Beweisanträge. Solche Absprachen stehen jedoch nicht zwingend im Widerspruch zum Amtsermittlungsgrundsatz, denn es wird dort über die Notwendigkeit einer weiteren Beweisaufnahme abgesprochen, so daß ein Teil der Beweisaufnahme durchgeführt wird. Vgl. *Kremer*, S. 111f. Hier bleibt lediglich fraglich, ob dieser Teil der Beweisaufnahme dem Amtsermittlungsgrundsatz gerecht wird.

800 Beispielsweise *Schmitt*, GA 2001, 411(419ff.); vgl. auch bereits oben S. 66f.

801 *Schmitt*, GA 2001, 411(420).

802 BGH Urteil vom 10.06.1998 – 2 StR 156/98 = NJW 1999, 370 = NStZ 1999, 92 = StV 1999, 410.

803 Beispielsweise über 200 Fälle des sexuellen Mißbrauchs von Schutzbefohlenen.

Die Revision richtete sich nun dagegen, daß das pauschale Geständnis des Angeklagten „ohne weiteres" akzeptiert wurde und das Gericht damit seiner Verpflichtung aus § 261 StPO, sich aufgrund freier Beweiswürdigung eine sichere Überzeugung zu bilden und diese gemäß § 267 Abs. 1 S. 2 StPO im Urteil darzulegen, nicht nachgekommen sei, da es das Geständnis „wie ein prozessuales Anerkenntnis" behandelt habe.[804]
Der *2. Senat* hält jedoch ein pauschal eingeräumtes Geständnis für grundsätzlich zulässig.[805] Die Bewertung des Geständnisses unterliege der freien richterlichen Beweiswürdigung. Wann und unter welchen Umständen das Gericht diese Überzeugung gewinnen dürfe, könne dem Gericht grundsätzlich nicht vorgeschrieben werden. Dies gelte auch dort, wo in Frage stehe, ob ein Geständnis seiner inhaltlichen Beschaffenheit nach für den Nachweis des Anklagevorwurfs genüge oder nicht.[806] Die Grenze der Freiheit der tatrichterlichen Würdigung sei dort, wo nicht der angeklagte Sachverhalt eingeräumt werde, sondern lediglich eine formale Unterwerfung zur Anklage erfolge.[807] Insofern distanziert sich der *2. Senat* von einer ausschließlichen Minimallösung. Der *2. Senat* stellt aber weiter heraus, daß es nicht grundsätzlich notwendig sei, die Glaubhaftigkeit des absprachebedingten Geständnisses im Urteil darzulegen, sondern dies nur für die Fälle erforderlich sei, in denen „Umstände vorliegen, die geeignet sind, Zweifel an der Richtigkeit des Geständnisses zu begründen".[808]

Im Ergebnis geht der *2. Senat* damit nur teilweise mit der Grundsatzentscheidung des *4. Senats* konform, da er geringere Anforderungen an die Überprüfung des absprachegemäßen Geständnisses stellt.

II. Weitergehende Beweisaufnahme

Auf der anderen Seite steht die Forderung nach zumindest einem „qualifizierten" Geständnis oder einer weitergehenden Beweisaufnahme,[809] wobei teilweise sogar beides gefordert wird. Danach kann gerade nicht ohne weiteres das Geständnis dem Urteil zu Grunde gelegt werden, sondern es ist grundsätzlich eine

---

804 BGH NJW 1999, 370(371).
805 BGH NJW a.a.O.
806 BGH NJW a.a.O.
807 BGH NJW a.a.O.
808 BGH NJW a.a.O.
809 Beispielsweise KMR-*Eschelbach*, Vorbem. §§ 213ff; Rn. 51, 60ff.; *Landau/Eschelbach*, NJW 1999, 321(325), die darauf hinweisen, daß ein „schlankes" Geständnis der Absicherung durch das Gericht bedarf. Vgl. auch Nachweise oben S. 66. In dem Sinne einer weiteren Aufklärung insbesondere hinsichtlich eines absprachegemäßen Geständnisses wird auch jüngst der *1. Senat* wegen seines Beschlusses vom 15.01.2003 – 1 StR 464/02 = StV 2003, 264 verstanden, vgl. *Weider*, StV 2003, 264. Ob der *1. Senat* wirklich Anforderungen aufgestellt hat, die über denen des *4. Senats* aus BGHSt 43, 195 hinausgehen, dürfte aber zu bezweifeln sein, siehe auch *Meyer-Goßner*, StraFo 2003, 401(403).

weitere Beweisaufnahme vorzunehmen, die nur in Ausnahmefällen bei einem „qualifizierten Geständnis" entfallen kann.

III. Stellungnahme

Ein Geständnis kann aus verschiedenen Gründen falsch sein, auch wenn es auf den ersten Blick so scheint, als ob sich niemand zu Unrecht selbst belasten würde.[810] Eine Einschränkung des Amtsermittlungsgrundsatzes birgt daher Gefahren in sich: Es besteht die Möglichkeit, daß der Unschuldige zur Vermeidung noch schlimmeren Übels ein taktisches Geständnis ablegt.[811] Ebenso kann aber auch der Schuldige zu einer für ihn wesentlich günstigeren Strafe verurteilt werden, da er im Rahmen eines Geständnisses „nur die halbe Wahrheit" Preis gibt.[812] Schließlich kann durch ein absprachegemäß abgelegtes Geständnis auch ein anderer, beispielsweise ein Mittäter, belastet werden.[813] Denn das Inaussichtstellen einer großzügigen Strafmilderung kann auch Anreiz für eine Falschbelastung sein.

1. Keine Einschränkung des Amtsermittlungsgrundsatzes durch die freie richterliche Beweiswürdigung

Es erscheint fraglich, ob die freie richterliche Beweiswürdigung überhaupt für eine Einschränkung der Aufklärungspflicht, und damit letztendlich für die Minimallösung, angeführt werden kann. So ist die Entscheidung des *2. Senats* vom 10.06.1998[814] teilweise zu Recht auf Kritik gestoßen.[815] Grund der Kritik ist aber nicht etwa die Tatsache, daß die Entscheidung von der Grundsatzentscheidung des *4. Senats*[816] abweicht,[817] sondern die einschränkende Interpretation des

---

810 *Busam*, S. 60ff.; *Rönnau*, Absprache, S. 90ff.

811 *Landau/Eschelbach*, NJW 1999, 321(325). A. A. *Schmitt*, GA 2001, 411(420), der das Problem des falschen Geständnisses schon deswegen für nicht gegeben hält, da zwischen Geständnis und Anklage nebst Akteninhalt Konvergenz bestehen muß. Eine Absprache bei „eindeutiger Aktenlage" wird schon seltener sein, vgl. oben 31ff. Andererseits setzt ein falsches Geständnis (zu Ungunsten des Täters) doch gerade eine Konvergenz mit der Aktenlage voraus, ansonsten käme der Angeklagte ja gar nicht in die (Druck)Situation, ein solches Geständnis abzugeben. Insoweit auch *Kremer*, S. 115, der auf die Möglichkeit einer Zwangslage des Angeklagten bei Initiierung des Geständnisses durch das Gericht in diesem Zusammenhang hinweist. Vgl. auch *Ioakimidis*, Rechtsnatur, S. 60; *Busam*, Geständnis, S. 60ff.

812 *Ioakimidis*, Rechtsnatur, S. 60 weist zutreffend daraufhin, daß es sich hierbei um ein grundsätzliches Problem von Geständnissen handelt.

813 *Weider*, StV 2003, 266. Vgl. den Fall, der dem Beschluß des BGH vom 15.01.2003 – 1 StR 464/02 = StV 2003, 264 zu Grunde lag.

814 Vgl. oben, S. 144.

815 Vgl. etwa Anmerkung von *Weigend*, NStZ 1999, 57(61f.).

816 BGHSt 43, 195.

817 *Weigend*, NStZ 1999, 57(61) weist zutreffend daraufhin, daß der *2. Senat* die Entschei-

Amtsermittlungsgrundsatzes bei Absprachen. Der Amtsermittlungsgrundsatz kann nicht durch die freie Beweiswürdigung ausgehebelt werden. Denn die freie Beweiswürdigung kann und darf nicht als eine Würdigung frei von Beweisen interpretiert werden.[818] Eine so verstandene Beweiswürdigung würde der Willkür Tür und Tor öffnen.

Das Erfordernis, daß, bevor es zur freien richterlichen Beweiswürdigung kommt, auch tatsächlich eine Beweisaufnahme stattgefunden haben muß, ergibt sich zwingend und unverzichtbar aus der Pflicht des Gerichts zur Wahrheitsermittlung.[819]

Diese ist ihrerseits wiederum verfassungsrechtlich garantiert. So sieht das *Bundesverfassungsgericht* die Ermittlung des wahren Sachverhalts als zentrales Anliegen des Strafprozesses, da ohne diese das materielle Schuldprinzip nicht verwirklicht werden kann.[820] Auch in seiner Absprachen-Entscheidung hat das *Bundesverfassungsgericht* das Ziel der materiellen Wahrheit betont.[821] Es ist daher nur konsequent, daß das *Bundesverfassungsgericht* – auch im Hinblick auf eine etwaige revisionsrechtliche Überprüfung – hohe Anforderungen an die richterliche Aufklärungspflicht und die Beweiswürdigung stellt.[822] Selbstverständlich reicht eine solche „Pflicht" der Wahrheitsermittlung nur bis dorthin, wo Einschränkungen beginnen, so daß die Wahrheitsermittlung letztlich auch

---

dung des LG *Wiesbaden* eigentlich schon wegen der Zusage eines konkreten Strafmaßes (8 Jahre Freiheitsstrafe) hätte aufheben müsse, denn der *4. Senats* hatte eine solche Zusage in seiner Grundsatzentscheidung in BGHSt 43, 195 gerade für unzulässig erklärt.

818 So aber der *2. Senat*, wenn er dem Richter nicht vorschreiben will, wann und unter welchen Umständen er einem Geständnis Glauben schenken darf, BGH NJW 1999, 370(371). Auch wenn in dem konkreten Fall das Geständnis glaubwürdig gewesen sein mag, da die Geschädigte emotional aufgewühlt den Sitzungssaal verließ, muß neben der subjektiven Überzeugung des Richters eine objektive Tatsachengrundlage vorhanden sein, vgl. insoweit auch BGH, *2. Senat*, StV 1993, 510, und auch in der Urteilsbegründung Anklang finden.

819 *Weigend*, NStZ 1999, 57(62).

820 BVerfGE 57, 250(275); BVerfG NStZ 1987, 419; vgl. auch oben S. 38.

821 BVerfG NStZ 1987, 419, „dem Ziel der materiellen Wahrheit verpflichtet".

822 So auch jüngst in dem Beschluß vom 30.04.2003 - 2 BvR 2045/02 (*3. Kammer*), NJW 2003, 2444ff. = StV 2003, 593ff. Die *Kammer* hatte sich im Rahmen einer Verfassungsbeschwerde mit der Beweiskonstellation „Aussage gegen Aussage" auseinanderzusetzen. Dabei hat die *Kammer* die rechtstaatliche Bedeutung der richterlichen Aufklärungspflicht betont. Aus Absprachensicht dürfte in diesem Zusammenhang von Interesse sein, daß die *Kammer* in dem zu beurteilenden Fall für die Urteilsbegründung eine über die subjektive Überzeugung hinausgehende Würdigung weiterer Beweismöglichkeiten verlangte (BVerfG StV 2003, 595f.). Das Tatgericht kann daher neben dem Geständnis zur weiteren Aufklärung verpflichtet sein. Denn für eine freie Beweiswürdigung im Rahmen des § 261 StPO ist es im Hinblick auf § 244 Abs. 2 StPO unter Umständen nicht ausreichend, daß das Tatgericht eine auf ein Geständnis basierende subjektive Überzeugung hat. Vgl. dazu auch *Herdegen*, NJW 2003, 3513ff.

nur als Ziel des Strafverfahrens zu verstehen ist.[823] Einschränkungen bestehen beispielsweise durch § 136a StPO hinsichtlich der Art und Weise der Wahrheitsermittlung.
Es kann gerade nicht um der Wahrheit Willen gefoltert werden. Ebenso findet auch der Umfang der Wahrheitsermittlung Einschränkungen. Denn bei geringer Schuld und bei fehlendem öffentlichen Interesse kann aus Opportunitätsgründen von der weiteren Ermittlung abgesehen werden, §§ 153ff. StPO, oder im Strafbefehlsverfahren gemäß § 407 StPO lediglich eine summarische Wahrheitsermittlung durchgeführt werden.
Keine Einschränkung findet die Wahrheitsermittlung jedoch in rechtlicher Hinsicht durch die Art und Weise der Beweisaufnahme und damit der Beweiswürdigung. Diese ist vielmehr als Instrument zur Durchsetzung der materiellen Wahrheit zu sehen. Eine Einschränkung des Amtermittlungsgrundsatzes ist damit durch die freie richterliche Beweiswürdigung nicht möglich.

2. Kein Verzicht auf den Amtsermittlungsgrundsatz durch Disposition der Absprachebeteiligten

Wegen dieser verfassungsrechtlichen Verankerung[824] des Amtsermittlungsgrundsatz, kann die Lösung auch nicht darin gesehen werden, daß die Absprache als Verzicht der Beteiligten auf die Ermittlung des Sachverhalts gewertet werden kann, denn der Amtsermittlungsgrundsatz steht nicht zur Disposition der Beteiligten, da er gerade nicht nur zum Schutze des Angeklagten dient, sondern auch dem öffentliches Interesse an einer möglichst vollständigen Wahrheitsermittlung gerecht werden will.[825]

3. Schuldspruchreife und Art des Geständnisses als Lösung?

In der Literatur wird überwiegend die Lösung des Problems in der Form gesucht, daß zunächst differenziert wird, ob ein Geständnis vor oder nach Schuldspruchreife vorliegt.[826] Im ersten Fall wird dann weiter zwischen „qualifiziertem" und „schlankem" Geständnis unterschieden, wobei nur eine Absprache, der lediglich ein „schlankes" Geständnis zu Grunde liegt, dem keine weiteren Ermittlungen folgen, den Amtsermittlungsgrundsatz verletzen soll.
Die Differenzierung mittels der Schuldspruchreife ist zutreffend, jedoch auch eher von theoretischer Natur, denn eine Absprache nach Schuldspruchreife wird die Ausnahme darstellen,[827] da der Angeklagte mit dem Zeitpunkt der Schuldspruchreife jegliche Verhandlungsmasse verloren hat – das Gericht kommt damit zu diesem Zeitpunkt auch ohne Absprache und größere Bemühungen zum

---

823 Vgl. *Joerden*, JuS 1993, 927; LR-*Hanack*, § 136a, Rn. 3.
824 BVerfG NStZ 1987, 419; BVerfG NJW 2003, 2444ff.
825 BVerfGE 33, 367(383); 63, 45(61).
826 Vgl. oben, S. 63ff.
827 Vgl. *Ioakimidis*, Rechtsnatur, S. 59.

Urteil. Es verbleibt die Unterteilung nach der Art des Geständnisses. Mit dieser Unterteilung mag man bei dem überwiegenden Teil der Absprachen zutreffend diejenigen Absprachen herausfiltern, die den Amtsermittlungsgrundsatz verletzen. Doch muß dies nicht grundsätzlich der Fall sein.
Sicherlich verletzt eher ein Urteil, das auf einer Absprache basiert, der nur ein „schlankes" Geständnis, etwa in Form eines durch den Verteidiger vorgetragenen Anerkenntnisses, den Amtsermittlungsgrundsatz, sofern keine weitere Beweisaufnahme durchgeführt wird. Aber so wie eine Absprache in Verbindung mit einem „schlanken" Geständnis nicht immer eine Verletzung des Amtsermittlungsgrundsatzes darstellt, so ist letzterer nicht stets bei einer Absprache gewahrt, der ein „qualifiziertes" Geständnis zu Grunde liegt.
Die so wenig konkret gefaßte Formulierung des *4. Senats*[828], daß das Gericht der Wahrheitsfindung verpflichtet sei und daß das Geständnis auf seine Glaubwürdigkeit überprüft werden müsse und sich hierzu aufdrängende Beweiserhebungen nicht unterbleiben dürfen, wird damit nicht zuletzt wegen der immensen Einzelfallabhängigkeit bei Absprachen dem Amtsermittlungsgrundsatz im Ergebnis gerecht.
So konnte ein „schlankes" Geständnis, wie es unter anderem der Entscheidung des *2. Senats*[829] zu Grunde lag, beispielsweise in dem konkreten Fall ausreichen, wenn man die Besonderheit der Reaktion der Geschädigten, also die Tatsache, daß die mißbrauchte Tochter bei Verlesung des Anklagesatzes emotional aufgewühlt den Sitzungssaal verlassen hat, berücksichtigt.[830] Die dort vorhandene Kombination von Anklage, Aktenlage, Geständnis und „Zeugenverhalten" kann damit dem Amtsermittlungsgrundsatz gerecht werden. Unter bestimmten Umständen verletzt eine Absprache mit einem „schlanken" Geständnis somit auch ohne weitere Ermittlung des Gerichts den Amtsermittlungsgrundsatz nicht zwangsläufig.
Auf der anderen Seite kann aber auch trotz eines „qualifizierten" Geständnisses eine Verletzung des Amtsermittlungsgrundsatzes vorliegen, sofern das Gericht nur dieses dem Urteil zu Grunde legt. Zur Verdeutlichung sei das Beispiel einer Verurteilung wegen Betruges aufgegriffen.[831] Der Angeklagte erläutert detailliert die Tatbegehung. Minuziös schildert er, wie er das Opfer getäuscht hat, kann aber keine Aussagen – mangels Kenntnis – zum Schaden des Opfers ma-

---

828 BGHSt 43, 195(204).
829 Siehe oben, S. 144.
830 Die Reaktion der Geschädigten könnte förmlich zum Augenscheinsbeweis erhoben werden und damit Eingang in das Urteil finden, da die Geschädigte als Zeugin geladen und grundsätzlich aussagebereit war, auch wenn sie noch nicht in der Funktion als Zeugin in Erscheinung getreten ist. Vgl. *Eisenberg*, Beweisrecht, Rn. 2311, 2314ff. Noch nicht geklärt ist damit jedoch die Anzahl der Fälle. Insofern könnte dann wieder auf das Geständnis zurückgegriffen werden.
831 Vgl. oben S. 63ff.

chen.[832] Wird jetzt auf eine weitere Ermittlung wegen des „qualifizierten" Geständnisses verzichtet, liegt ein Verstoß gegen den Amtsermittlungsgrundsatz vor, da die Schadenshöhe im Rahmen des § 263 für die Feststellung der Schuld von Bedeutung ist.[833] Das Problem wird selbstverständlich zum rein terminologischen, wenn man als „qualifiziertes" Geständnis nur ein solches versteht, in dem der Angeklagte ein zur Verurteilung ausreichendes Geständnis abgibt. Ein in dieser Form „qualifiziertes" Geständnis kann der Angeklagte jedoch nicht abgeben. Ihm würde damit faktisch die richterliche Würdigung seines Geständnisses aufgedrängt, denn er kann nicht wissen, ob sein Geständnis das Gericht überzeugt. Will man nun aber diesem Problem entgehen, indem das Gericht im Rahmen der Absprache seine Überzeugung zu einem etwaigen Geständnis offenbart, würde dies eine Befangenheit der Richter implizieren, denn dazu müßten sie zunächst einmal ein Geständnis in der Hauptverhandlung hören.

Die Ausführungen des *4. Senats* zum Amtsermittlungsgrundsatz bieten zwar kein greifbares Schema zur Feststellung, ob eine Absprache den Amtsermittlungsgrundsatz verletzt, sie zeigen aber die Gefahr der Verletzung auf. Ob der Amtsermittlungsgrundsatz nun verletzt ist, kann im Rahmen der Revision nur im Einzelfall entschieden werden, indem überprüft wird, ob der Umfang der Aufklärungspflicht unzulässiger Weise zugunsten der Prozeßökonomie reduziert wurde.[834] Die Zulässigkeit der Reduzierung bemißt sich dabei, wie der *4. Senat* zutreffend annimmt, nach allgemeinen Regeln, da es sich bei Absprachen mangels gesetzlicher Regelung gerade nicht um eine Einschränkung des Amtsermittlungsgrundsatzes, wie beispielsweise bei §§ 153ff. und 407 StPO, handelt. Letztendlich wird man aber *Weigend* zustimmen müssen[835], daß „eine Versöhnung von Urteilsabsprache und Amtsaufklärungspflicht nicht wirklich möglich ist: Wenn das Ergebnis feststeht, wird das Verfahren notwendig zur Farce". Allerdings sollte die Lösung weniger in der Einführung einer Dispositionsmaxime gesucht werden,[836] sondern in einer ausreichenden Einzelfallflexibilität der Tatgerichte. Insofern betont der *2. Senat*[837] in seiner Anschlußentscheidung zur Grundsatzentscheidung des *4. Senats* zur Wahrung des Amtsermittlungsgrundsatzes auch völlig zutreffend, daß es für eine Beurteilung der Sachverhaltsaufklärung auf den Einzelfall ankommt, insbesondere auf den Inhalt des

---

832 Insofern besteht ein deutlicher Unterschied zum oben geschilderten Fall des *2. Senats*, da die dort angeklagte Tat, sexueller Mißbrauch, im Gegensatz zum Betrug vom Angeklagten ausreichend geschildert werden kann.

833 Vgl. Tröndle/*Fischer*, § 263, Rn. 53f., es bedarf schon stets der Angabe der Höhe des Schadens wegen der Möglichkeit eines besonders schweren Falles im Sinne von Abs. 3.

834 Vgl. *Kremer*, S. 116f.

835 *Weigend*, FG-Wiss.-50 Jahre BGH, S. 1011(1040).

836 So *Weigend*, FG-Wiss.-50 Jahre BGH, S. 1011(1040).

837 BGH NJW 1999, 370(371).

Geständnisses, die Beschaffenheit des Anklagevorwurfs, die Art und Weise, wie das Geständnis zustande gekommen ist, das Verfahrensstadium, die Beweislage und die sonstigen für eine Beurteilung möglicherweise bedeutsamen Begleitumstände. Die Erfahrung eines Richters kann durch keine Norm ersetzt werden. Der *2. Senat* hat insofern die Entscheidung des *4. Senats* zutreffend deklaratorisch ergänzt.
Dabei sollte dann aber auch der Begründungspflicht aus § 267 Abs. 1 S. 2 StPO ein höherer Stellenwert zukommen, damit diese Erfahrung für die Revisionsgerichte und auch für die Öffentlichkeit transparent wird. Es darf nicht ausreichen, wenn in der Urteilsbegründung beispielsweise nur lapidar das Geständnis genannt wird. Denn auch wenn die Gefahr besteht, daß durch eine Pflicht zu umfangreicheren Urteilsbegründungen der Sinn und Zweck einer Absprache teilweise leerlaufen würde, da eine umfangreichere Urteilsbegründung regelmäßig auch intensivere Vorarbeit voraussetzt, hätten einige klärende Worte zum Umfang der Urteilsbegründung im Hinblick auf den Amtsermittlungsgrundsatz einer Verfahrensordnung für Absprachen sehr gut getan. Verpflichtet man das an der Absprache beteiligte Gericht, in der späteren Urteilsbegründung ausführlich darzulegen, warum es einen bestimmten Sachverhalt für gegeben hält, so wird den Absprachen der muffige Geruch der Mauschelei genommen und der an der Absprache beteiligte Richter wird gleichzeitig gezwungen, auch für sich selbst kritisch zu hinterfragen, ob der Sachverhalt tatsächlich ausreichend ermittelt worden ist.

Zusammenfassend kann daher festgehalten werden, daß der *Bundesgerichtshof* den richtigen Weg einschlägt, wenn auf der Wahrung des Amtsermittlungsgrundsatzes beharrt wird, dem Gericht dabei aber gleichzeitig ein ausreichendes Maß an Flexibilität überlassen wird. Zur Absicherung des Amtsermittlungsgrundsatzes wäre aber aus den oben genannten Gründen eine besondere Begründungspflicht im Lichte des § 267 Abs. 1 S. 2 StPO wünschenswert.

C. Öffentlichkeitsgrundsatz

Wie bereits dargestellt, ist die Vereinbarkeit von Absprachen außerhalb der Hauptverhandlung mit dem Öffentlichkeitsgrundsatz umstritten.[838] Der *4. Senat* hat in seiner Grundsatzentscheidung nunmehr herausgestellt, daß der Öffentlichkeitsgrundsatz auch bei Absprachen gewahrt werden müsse. Damit widerspricht der *4. Senat* dem *5. Senat*[839] und erteilt der rein formalen Betrachtungsweise des Öffentlichkeitsgrundsatzes eine Absage. Diese als praxisnah eingestufte formale Betrachtungsweise schließt eine Verletzung des Öffentlichkeits-

[838] Vgl. S. 67ff.
[839] BGHSt 42, 46. Siehe auch oben, S. 47ff.

grundsatzes schon deswegen bei Absprachen außerhalb der Hauptverhandlung aus, weil Absprachen damit gerade kein Teil der Hauptverhandlung seien und daher auch nicht vom Anwendungsbereich des § 169 GVG erfaßt würden.[840]
Für den *4. Senat* bedeutet die Wahrung des Öffentlichkeitsgrundsatzes, daß Absprachen in der Hauptverhandlung zu treffen sind. Allerdings sind Vorgespräche im Beraterzimmer möglich. Absprachen, die eine Einlassung des Angeklagten und die Höhe der Strafe regeln, müssen grundsätzlich in der Hauptverhandlung öffentlich getroffen und im Protokoll aufgenommen werden; aber auch hier sind wiederum Vorgespräche außerhalb der Hauptverhandlung möglich, wobei dann aber der wesentliche Inhalt und das Ergebnis in der Hauptverhandlung offengelegt werden müssen.[841]
Der *4. Senat* folgt damit auch nicht der rein materiellen Betrachtungsweise, die als extreme Gegenposition zur formalen Betrachtung mit dem Argument, der Absprachevorgang sei ebenso wichtig wie dessen Ergebnis, Absprachen außerhalb der Hauptverhandlung generell für unzulässig erachtet.[842] Denn wenn Einlassungen des Angeklagten und Verhandlungen über das Strafmaß später in der Hauptverhandlung offengelegt werden müssen, bedeutet dies im Umkehrschluß, daß vorher im Rahmen eines Vorgesprächs in zulässiger Weise darüber verhandelt werden durfte.
Der *4. Senat* nimmt also wiederum eine vermittelnde Ansicht ein, die sich in der Literatur schon abgezeichnet hatte.[843] Es stellt sich die Frage, ob der *4. Senat* damit die goldene Brücke zwischen Literatur und Praxis gebaut hat oder ob er die Quadratur des Kreises versucht hat.

I. Zulässigkeit von Vorgesprächen außerhalb der Hauptverhandlung

Aus Sicht der Praxis sind Absprachen, die ohne jegliche Vorgespräche außerhalb der Hauptverhandlung stattfinden, wohl kaum denkbar. Insofern wird als Argument für die Lösung des *4. Senats* auch die Praxisnähe angeführt. Der Grundsatz „soviel in der Hauptverhandlung wie möglich, so wenig außerhalb

---

840 So beispielsweise *Cramer*, FS-Rebmann, S. 145(149); ihm folgend *Landau/Eschelbach*, NJW 1999, 321(324) sowie von Seiten der Rechtsprechung der *5. Senat* in BGHSt 42, 46. Vgl. auch, S. 67ff.

841 BGHSt 43, 195(205/206).

842 So beispielsweise *Dencker*/Hamm, Vergleich, S. 52; *Schünemann*, Gutachten, S. 88f.; *Siolek*, Verständigung, S. 158f. und auch *Rönnau*, Absprache, S. 169. Neuerdings auch *Bogner*, Absprachen im deutschen und italienischen Strafprozeßrecht, S. 26; *Sinner*, Vertragsgedanke, S. 279f.

843 Eine vermittelnde Ansicht findet sich in der Literatur vor der Entscheidung des *4. Senats* beispielsweise bei *Haas*, NJW 1988, 1345(1351); *Janke*, S. 119ff.; *Schmidt-Hieber*, Verständigung, Rn. 192; *Tscherwinka*, S. 154; *Widmaier*, StV 1986, 357(359); *Wolfslast* NStZ 1990. Aus jüngerer Zeit auch *Bömeke*, Rechtsfolgen fehlgeschlagener Absprachen, S. 44ff., 138f.; *Ioakimidis*, Rechtsnatur, S. 71.

wie nötig“ läßt der Praxis ein ausreichendes Maß an Flexibilität.[844] Dieses Maß an Flexibilität ist aber gleichzeitig auch problematisch. Denn der *4. Senat* gibt nicht zu erkennen, was noch zulässiges Vorgespräch und was schon eine den Öffentlichkeitsgrundsatz verletzende und damit unzulässige Absprache ist. Es fehlt an einem faßbaren Abgrenzungskriterium.[845] Ohne dieses kann man dem Öffentlichkeitsgrundsatz jedoch nicht gerecht werden. Es bleibt damit die schon von *Siolek* aufgezeigte Gefahr bestehen, daß die Verfahrensbeteiligten unter Umständen willkürlich bestimmen können, was Gegenstand der Hauptverhandlung ist und was nicht.[846]

Sicherlich sind Gespräche außerhalb der Hauptverhandlung denkbar, die den Öffentlichkeitsgrundsatz nicht tangieren. So ist es beispielsweise bei einer Terminabsprache. Solche Absprachen sind aber nicht mit den Vorgesprächen gemeint. Darunter können durchaus Gespräche verstanden werden, bei denen beispielsweise über das (Nicht-)Stellen von Beweisanträgen, die Abgabe eines Geständnisses sowie dessen Umfang, das Strafmaß, eine Strafaussetzung zur Bewährung oder auch die Möglichkeit von Verfahrensbeschränkungen verhandelt wird. Die Vorgespräche können daher eine erhebliche Relevanz für das Ergebnis der Hauptverhandlung haben. Der *4. Senat* erkennt diese Relevanz durchaus an, indem er zwischen Vorgesprächen unterschiedlicher Art differenziert. So „regelt“ er, daß Absprachen über eine Einlassung des Angeklagten oder bezüglich des Strafmaßes innerhalb der Hauptverhandlung getroffen werden müssen. Doch läßt er auch hier wiederum Vorgespräche zu, so daß im Ergebnis grundsätzlich auch im Rahmen eines Vorgespräches über die Abgabe eines Geständnisses oder die Höhe der zu erwartenden Strafe verhandelt werden kann. Die Aussagen des *4. Senats* zum Öffentlichkeitsgrundsatz sind insofern unklar.

Als sicher kann lediglich gelten, daß wesentliche Verfahrensvorgänge *auch* in der Hauptverhandlung getroffen werden müssen. Wie aufzuzeigen sein wird, sollten wesentliche Verfahrensvorgänge jedoch *nur* in der Hauptverhandlung stattfinden:

1. Eingeschränkte Beurteilungsmöglichkeiten

Ein gewichtiges Argument ist die Tatsache, daß es gerade für die Beurteilung eines Geständnisses von Bedeutung ist, daß der Beurteilende den ganzen Vorgang der Geständnisablegung kennt, also auch den Weg zum Geständnis. Denn

---

844 Vgl. *Gieg*, in Hdb. Wirtschafts- und Steuerstrafrecht, Kap. 24, Rn. 139; *Kintzi*, JR 1998, 249(250).

845 *Kintzi*, FS-Hanack, S. 177(180), „Der griffige Leitsatz: ‚So viel in der Hauptverhandlung wie möglich, so wenig außerhalb wie nötig‘ stellt zwar eine zutreffende Trendaussage dar, für eine trennscharfe dogmatische Grenzziehung ist er aber wenig hilfreich.“

846 *Siolek*, Verständigung, S. 155, „der Anwendungsbereich des § 169 GVG darf nicht über die vorgesehenen Einschränkungen der §§ 171ff GVG hinaus ausgeschlossen werden und von einer richterlichen Deklaration eines Vorgangs als ‚Verhandlung‘ abhängen“.

die Qualität – und damit verbunden die Auswirkung auf das Strafmaß eines Geständnisses – hängen von mehreren Faktoren ab. Es kommt gerade nicht ausschließlich auf das Ergebnis an. Für die Qualität des Geständnisses ist es ein Unterschied, ob der Angeklagte im Rahmen eines Vorgesprächs aus autonomen Motiven heraus dem Gericht ein Geständnis anbietet, oder lediglich sein Verteidiger die Möglichkeit eines Geständnisses seines Mandanten in den Raum stellt oder gar der Vorsitzende ein Geständnis vom Angeklagten für ein bestimmtes Strafmaß fordert.[847]
Es können Nuancen sein, die aus spezialpräventiver Sicht für die Strafzumessung relevant werden können. Dabei spielt die Initiierung eines Geständnisses eine nicht zu unterschätzende Rolle.[848] Insofern wird zu Recht darauf hingewiesen, daß die Absprache sich nur durch Beobachtung der gesamten Absprachenkommunikation zuverlässig beurteilen läßt.[849]

Nicht überzeugend ist hingegen der Einwand, daß die Öffentlichkeit keinen umfassenden Einblick in die Absprachenverhandlung haben müsse, da sie auch keinen Einblick in die Urteilsfindung habe,[850] denn darin liegt eine unzulässige Gleichsetzung von Tatsachenfeststellung und Tatsachenwertung.

Die Initiierung einer Absprache und damit auch eines Geständnisses könnte aber nach der Grundsatzentscheidung des *4. Senats* und damit nach einer Verfahrensordnung für Absprachen durch den *Bundesgerichtshof* weiterhin zulässigerweise außerhalb der Hauptverhandlung stattfinden und damit der Öffentlichkeit verborgen bleiben, da die Abklärung der jeweiligen „Verhandlungspositionen“ außerhalb der Hauptverhandlung stattfinden dürfe.[851] Damit besteht die Gefahr, daß das letztendlich verhängte Strafmaß für die Öffentlichkeit nicht nachvollziehbar ist. Genau dieses will aber der Öffentlichkeitsgrundsatz verhindern.
Es besteht auch die Gefahr, daß Absprachen außerhalb der Hauptverhandlung den Gedanken der Generalprävention leerlaufen lassen.[852] Sieht man die Gene-

---

[847] Vgl. *Siolek*, Verständigung, S. 158, „Dann wird auch nachvollziehbar, ob es sich um eine sachlich zu rechtfertigende und ausgewogene Verständigung handelt oder eher um einen ‚Kuhhandel', oder ob sogar eine Seite ‚über den Tisch gezogen' wurde“.

[848] Vgl. dazu auch unten S. 179ff.

[849] *Bogner*, Absprachen im deutschen und italienischen Strafprozeßrecht, S. 27; *Rönnau*, Absprache, S. 167; *Schünemann*, Gutachten, S. 89; *ders.* ZStW 114(2002), 1(57), „Aushandlungs*vorgang* mindestens ebenso wichtig wie das *Ergebnis*“; *Siolek*, Verständigung, S. 158; *Weider*, StV 2003, 266; *ders.*, StraFo 2003, 406(409).

[850] So aber *Ioakimidis*, Rechtsnatur, S. 71.

[851] BGHSt 43, 195(206), „Dies schließt nicht aus, daß es vor oder außerhalb der Verhandlung zu Vorgesprächen zwischen den Beteiligten kommt, um die Bereitschaft zu Gesprächen und die jeweiligen ‚Verhandlungspositionen' abzuklären;“.

[852] Zur negativen Wirkung von Absprachen auf die Generalprävention vgl. auch *Schünemann*,

ralprävention nicht wie *Feuerbach*[853] allein in der plakativen Abschreckungswirkung des Gesetzes, sondern vor allem im Sinne eines dauernden gesamtgesellschaftlichen Integrationsprozesses vielfältiger Wechselwirkungen,[854] ist es notwendig, daß die Öffentlichkeit durch Medien informiert wird, wie es zu dem konkreten Urteil gekommen ist. Durch Vorgespräche wird der Öffentlichkeit wichtiges Informationspotential genommen. Für die Transparenz des Strafverfahrens muß nicht nur das Ergebnis richtig sein, sondern auch das Verfahren zu seiner Gewinnung muß überzeugen, um der Öffentlichkeit eine Identifizierung zu ermöglichen. Insoweit wäre die Vertrauensfunktion des Öffentlichkeitsgrundsatzes durch Vorgespräche zur Abklärung der „Verhandlungspositionen" gefährdet. Der Öffentlichkeitsgrundsatz wird daher durch Vorgespräche über ein zulässiges Maß eingeschränkt.[855]

Auch bleibt durch die Möglichkeit von Vorgesprächen das Beteiligungsproblem. Zwar hat der *4. Senat* grundsätzlich erkannt, daß an einer Absprache alle beteiligt sein müssen, also auch die Schöffen. Insofern verbindet der *4. Senat* grundsätzlich die wichtigen Anwesenheits- und Mitwirkungsgarantien mit dem Öffentlichkeitsgrundsatz.[856]
Mit der Zulässigkeit von Vorgesprächen besteht weiterhin die Gefahr, daß die Schöffen bei den Vorgesprächen nicht beteiligt werden und den Schöffen dadurch wesentliche Informationen verborgen bleiben. Gerade durch die Mitwirkung von Schöffen soll jedoch dazu beigetragen werden, daß das Verständnis der Bevölkerung für die Strafrechtspflege sowie das Vertrauen in ihre Gerechtigkeit gestärkt wird.[857] Die Institution des Schöffenamtes ergänzt damit die Vertrauensfunktion des Öffentlichkeitsgrundsatzes. Eine vollständige Teilnahme am Prozeßgeschehen ist unabdingbare Voraussetzung für eine sinnvolle Ausübung des Schöffenamtes.[858] Durch die Möglichkeit von Vorgesprächen ohne Schöffenbeteiligung ist die vollständige Teilnahme am Prozeßgeschehen nicht gewährleistet.

2. Gefahr der Befangenheit kann kein Argument sein

Stellt man sich weiter die Frage, warum der Zulässigkeit von Vorgesprächen außerhalb der Hauptverhandlung eine so immense Praxisnähe zugesprochen wird, so wird deutlich, daß eine gewisse Antinomie zwischen der Vorstellung von Praxisnähe und der Wahrung des Öffentlichkeitsgrundsatzes besteht.

FS-Rieß, S. 525(532f.).

853 *Feuerbach*, Lehrbuch des in Deutschland gültigen peinlichen Rechts, S. 14ff.

854 *Maiwald*, Rechtswissenschaft und Rechtsentwicklung, S. 291(303).

855 So auch *Rönnau*, wistra 1998, 49(51).

856 *Rönnau*, wistra 1998, 49(50).

857 *Roxin*, Strafverfahrensrecht, § 7, Rn. 16; *Schroeder*, NJW 1983, 137(140f.).

858 Vgl. *Rönnau*, Absprache, S. 167.

Die Praxis benötigt solche Vorgespräche, um mit dem Angeklagten und seinem Verteidiger auf Tuchfühlung zu gehen. Es wird befürchtet, daß das Gericht bei Initiierung einer Absprache „aus seiner Deckung“[859] herauskomme und sich so der Gefahr von Befangenheitsanträgen aussetze; durch die mit Befangenheitsanträgen verbundene Arbeitsbelastung hätte eine solche Initiierung dann genau den gegenteiligen Effekt der Absprache, denn die Motivation zur Absprache liegt gerade in der Arbeitsentlastung.[860]

Eine Einschränkung des Öffentlichkeitsgrundsatzes wegen der Besorgnis des Gerichts, sich einem Befangenheitsantrag auszusetzen, geht jedoch in die völlig falsche Richtung. Besteht die Möglichkeit, daß das Gericht durch die Initiierung einer Absprache seine Befangenheit zum Ausdruck bringt, so kann dies nicht dadurch verhindert werden, daß die Initiierung auf dem Gerichtsflur stattfindet. Der Öffentlichkeitsgrundsatz dient dem Informationsinteresse der Allgemeinheit. Durch Transparenz und die damit verbundene Kontrollmöglichkeit soll das Vertrauen der Allgemeinheit in die Rechtsprechung gefestigt werden. Daß eine Kontrolle nur möglich ist, wenn die Öffentlichkeit Einblick in all die Kenntnisse hat, die auch das Gericht hat, wurde durch *Rönnau* bereits zutreffend aufgezeigt.[861]

Neben der Vertrauensfunktion des Öffentlichkeitsgrundsatzes soll ebenso durch die Transparenz – so der historische Kern des Öffentlichkeitsgrundsatzes – der einzelne Angeklagte vor staatlicher Willkür geschützt werden. Damit ist sowohl dem Öffentlichkeitsgrundsatz wie auch dem Befangenheitsantrag eine Schutzfunktion immanent. Gerade im Rahmen von Absprachverhandlungen ist der Angeklagte aufgrund des generellen Subordinationsverhältnisses zwischen ihm und der Justiz in einer schwächeren Verhandlungsposition und damit insbesondere auf die Wahrung seiner Schutzrechte angewiesen. Es kann nicht angehen, daß dem Angeklagten die Möglichkeit eines Befangenheitsantrages durch Einschränkung des Öffentlichkeitsgrundsatzes genommen wird. Die Zulässigkeit von Vorgesprächen im Rahmen von Absprachen gefährdet daher auch wesentliche Schutzfunktionen.

3. Lediglich Ausschluß der unzulässigen Absprachen

Dem bisher Gesagten kann nicht entgegengehalten werden, daß ein solch extensives Verständnis des Öffentlichkeitsgrundsatzes das Ende der Absprachenpraxis und damit den „Justizkollaps“ bedeutet. Gewiß sind einige Absprachen nicht mehr möglich, wenn Gespräche außerhalb der Hauptverhandlung nur noch Ne-

---

859 *Widmaier*, StV 1986, 357(359).
860 Vgl. oben S. 31ff.
861 *Rönnau*, Absprache, S. 167ff.; *ders.*, wistra 1998, 49(50f.).

bensächlichkeiten wie Terminabsprachen zum Gegenstand haben dürfen. Doch bedeutet dies nicht das Ende der Absprache.

Zum einen wird es sich bei den Absprachen, die ohne heimliche Vorgespräche nicht möglich sind, häufig um Absprachen handeln, die auch in anderen Punkten gegen die Verfahrensordnung des *Bundesgerichtshofes* für Absprachen verstoßen. So wird die Sorge des Gerichts vor einem Befangenheitsantrag nicht aus heiterem Himmel kommen.[862] Sie wird insbesondere in einem frühen Prozeßstadium berechtigt sein. Die Ansicht des Gerichts basiert dort mehr auf der Aktenlage als auf dem Inbegriff der Hauptverhandlung. Eine durch das Gericht initiierte Absprache, die überwiegend die Schuld des Angeklagten voraussetzt, könnte beim Angeklagten die (berechtigte) Besorgnis der Befangenheit auslösen und den Angeklagten in eine unzulässige Drucksituation bringen, da er seine Verteidigung vor einem Gericht vorbringen muß, welches ihm schon deutlich gemacht hat, daß es von seiner Schuld überzeugt ist.

Gleichzeitig kommt auf der anderen Seite hinzu, daß bei einer öffentlichen Absprachenpraxis die Besorgnis der Befangenheit abnehmen wird, da sich bei konsequenter Einhaltung des Verfahrensrechts zeigen wird, daß eine Absprache einer revisionsrechtlichen Überprüfung standhalten kann. Eine gerichtlich initiierte Absprache muß nicht zwangsläufig mit einer Verletzung der Unschuldsvermutung einhergehen.

Zum anderen sind weiter Absprachen möglich. Für den Angeklagten und seinen Verteidiger bleibt die Möglichkeit zur Absprache durch deren Offenlegung unberührt. Wie noch zu zeigen sein wird,[863] darf eine fehlgeschlagene Initiative keine negativen Auswirkungen für den Angeklagten haben. Eine Absprachen-initiierung von Seiten der Justiz wird mitunter zu einem späteren Zeitpunkt stattfinden müssen.

4. Vertrauen in die Absprachenpraxis / Durchsetzung der Verfahrensordnung

Schließlich würde eine umfassende Offenlegung das Vertrauen der Öffentlichkeit in die Absprachenpraxis steigern. Dieses dem Öffentlichkeitsgrundsatz innewohnende Anliegen ist durch nichtöffentliche Absprachen gefährdet. Heimlichkeit und Verschwiegenheit der Absprachenpraxis rufen Skepsis in der Öffentlichkeit hervor.[864] Die Öffentlichkeit schließt von Heimlichkeit auf Illegali-

---

[862] Neben der Möglichkeit der Befangenheit und der Verletzung der Unschuldsvermutung wird in diesem Zusammenhang auch an Absprachen zu denken sein, die eine unzulässige Verkoppelung zum Gegenstand haben. Beispielsweise Zusagen zum Strafvollzug, Rechtsmittelverzicht als Gegenleistung für Strafrabatt, Anwendung von Jugendstrafrecht als Gegenleistung für ein Geständnis und vieles mehr.

[863] Siehe unten S. 237 ff.

[864] *Bogner*, Absprachen im deutschen und italienischen Strafprozeßrecht, S. 25; *Hassemer*, JuS 1989, 890(892); *Ioakimidis*, Rechtsnatur, S. 71; *Wolfslast*, NStZ 1990, 409 (414).

tät, da der Verdacht nahe liegt, daß Absprachen deswegen außerhalb der Hauptverhandlungen stattfinden, weil sie das Licht der Öffentlichkeit scheuen.[865] Die umfassende Offenlegung von Absprachen könnte daher dem Image der Absprache durchaus dienlich sein. Insofern verwundert es, daß auch von Absprachenbefürwortern die Öffentlichkeit der Absprache abgelehnt wird.[866]
Neben dem Vertrauensgewinn fördert eine Absage an nichtöffentliche Absprachen die Durchsetzung einer Verfahrensordnung für Absprachen,[867] denn eine Verletzung des Öffentlichkeitsgrundsatzes stellt gemäß § 338 Nr. 6 StPO einen absoluten Revisionsgrund dar.

II. Keine Kompensation und Disposition des Öffentlichkeitsgrundsatzes

Auch wenn der *4. Senat*[868] in seiner Grundsatzentscheidung offensichtlich von der Möglichkeit einer Kompensation der nicht öffentlichen Absprache durch spätere Offenlegung in der Hauptverhandlung ausgeht, kann dem wegen des hier zu Grunde gelegten Verständnisses des Öffentlichkeitsgrundsatzes nicht gefolgt werden. Nach dem oben Gesagten wird eine spätere Offenlegung innerhalb der Hauptverhandlung dem Öffentlichkeitsgrundsatz nicht gerecht. Denn gerade die Vollständigkeit der Kontrolle durch die Öffentlichkeit kann durch eine spätere Offenlegung nicht gewährleistet werden. Wie am Beispiel des Geständnisses dargestellt, ist der Weg mindestens genauso wichtig wie dessen Ergebnis. Durch eine spätere Offenlegung des Ergebnisses bleiben daher wichtige Elemente der Absprachеverhandlung im Dunkeln.[869] Eine Kompensation der Verletzung des Öffentlichkeitsgrundsatzes durch eine spätere Offenlegung der Absprache innerhalb der Hauptverhandlung ist daher abzulehnen.
Ebenso abzulehnen ist eine Disposition der Beteiligten über die Öffentlichkeit der Hauptverhandlung, da der Öffentlichkeitsgrundsatz neben dem Schutz des Angeklagten auch Interessen der Allgemeinheit dient und damit für die Beteiligten indisponibel ist.[870] Schließlich ist aus den oben genannten Gründen auch eine Konstruktion der Rechtfertigung[871] einer Verletzung des Öffentlichkeitsgrundsatzes abzulehnen.

---

865 *Kintzi*, JR 1990, 309(316).
866 So beispielsweise der *5. Senat*.
867 *Bömeke*, Rechtfolgen fehlgeschlagener Absprachen, S. 139, „der Verfahrensordnung für Absprachen die nötigen ‚Zähne' geben".
868 BGHSt 43, 195(206).
869 So auch *Bogner*, Absprachen im deutschen und italienischen Strafprozeßrecht, S. 27.
870 *Siolek*, Verständigung, S. 159f.
871 So *Braun*, S. 66, der eine Rechtfertigung im Falle einer Verletzung des Öffentlichkeitsgrundsatzes wegen der Funktionstüchtigkeit der Rechtspflege und der Verfahrensökonomie annimmt. Vgl. auch oben S. 70.

Zusammenfassend läßt sich festhalten, daß verdeckte Absprachen ohne Rücksicht auf ihren Inhalt generell unzulässig sind. Die Absprache bleibt auch dann unzulässig, wenn nur ein Vorgespräch außerhalb der Hauptverhandlung stattgefunden hat und dieses später in der Hauptverhandlung offengelegt wird. Insofern ist dem *4. Senat* und *5. Senat* zu widersprechen. Bei Verletzung des Öffentlichkeitsgrundsatzes besteht generell die Möglichkeit einer Geltendmachung eines absoluten Revisionsgrundes gemäß § 338 Nr. 6 StPO.

III. Protokollierungspflicht

Allgemein positiv ist die vom *4. Senat* im Zusammenhang mit dem Öffentlichkeitsgrundsatz aufgestellte Protokollierungspflicht von Absprachen aufgenommen worden.[872] Diese Protokollierungspflicht wurde vorher auch schon in der Literatur gefordert.[873]

Dem kann nur zugestimmt werden, da eine Protokollierungspflicht die hier geforderte umfassende Information aller Beteiligten absichert und zusätzlich die Möglichkeit bietet, daß ein Streit über den Inhalt der Absprache vermieden wird oder doch zumindest das Revisionsgericht eine sachgerechte Überprüfung der Absprache vornehmen kann.[874]

D. Wahrung der freien Willensbetätigung

Der *4. Senat* stellt klar, daß bei Absprachen selbstverständlich die freie Willensentschließung des Angeklagten gewahrt bleiben muß und weist in dem Zusammenhang auf den Nemo-tenetur-Grundsatz und § 136a StPO hin.[875]

I. § 136a StPO

Als speziellere Norm[876] gegenüber dem Nemo-tenetur-Grundsatz sei zunächst auf das Verhältnis von Absprachen und § 136a StPO eingegangen, dabei zunächst auf dessen Voraussetzungen.

1. Täuschung

Im Zusammenhang mit § 136a StPO sind dabei weniger die Fälle einer Täuschung im Sinne des Abs. 1 S. 1 gemeint. Es sind zwar auch Absprachen denkbar, denen eine Täuschung durch das Gericht zu Grunde liegt. So könnte dies der Fall sein, wenn der Richter im Falle eines Geständnisses eine Strafmilde-

---

[872] *Ioakimidis*, Rechtsnatur, S. 71; *Kintzi*, FS-Hanack, S. 177(181); *Meyer-Goßner*, StraFo 2003, 401(403); *Rönnau*, wistra 1998, 49(51).

[873] Siehe *Gallandi*, StV 1987, 290(291); *Rönnau*, Absprache, S. 169.

[874] Vgl. *Kintzi*, FS-Hanack, S. 177(181).

[875] BGHSt 43, 195(204).

[876] Vgl. *Joerden*, JuS 1993, 927; LR-*Hanack*, § 136a, Rn. 2; *Schünemann*, Gutachten, S. 99. Siehe auch S. 59f., 201f.

rung zusagt, ohne diese ernsthaft in Erwägung gezogen zu haben. Ebenso könnte bei fehlender Kompetenz der absprachegemäßen Zusage an eine Täuschung gedacht werden.[877] So beispielsweise bei Zusagen zum Strafvollzug seitens des Gerichts. Eine Täuschung wird dennoch zutreffend nicht als primär absprachenspezifisches Problem gesehen.[878] Denn bei einer bewußten Täuschung wäre der Sinn und Zweck einer Absprache verfehlt. Der Angeklagte würde sich gerade nicht mit dem Urteil abfinden und daher möglicherweise Rechtsmittel einlegen. Eine absprachebedingte Arbeitsentlastung wäre damit nur temporär. Die Tatsache, daß bis dato – soweit bekannt – keine Rechtsprechung zu einer Absprache veröffentlicht worden ist, der eine Täuschung zu Grunde lag, kann als Argument für die untergeordnete Rolle der Täuschungsvariante des § 136a StPO im Rahmen von Absprachen gewertet werden.[879] Es ist insofern verständlich, daß der *4. Senat* die Täuschungsvariante des § 136a StPO nicht problematisiert hat.

2. Drohung

Der *4. Senat* weist ausdrücklich auf die Modalität der Drohung im Rahmen des § 136a Abs. 1 S. 3 Var. 1 StPO hin. Der Angeklagte dürfe nicht durch Drohung mit einer höheren Strafe zu einem Geständnis gedrängt werden.[880]

Es stellt sich die Frage, was mit höherer Strafe gemeint ist. Der *4. Senat* schweigt dazu. Denkbar wäre zunächst, daß die Absprachebereitschaft mit einer Strafe „geweckt" wird, die in jedem Fall deutlich höher als die schuldangemessene Strafe ist. Daß darin eine Drohung im Sinne des § 136a StPO liegt, kann nicht bestritten werden. Das Inaussicht-Stellen der nicht schuldangemessenen Strafe ist eine für den Betroffenen nachteilige Maßnahme, auf dessen Eintritt das Gericht maßgeblich Einfluß hat.[881]

Wesentlich näher an der Absprachenproblematik ist aber die zweite Möglichkeit vom Verständnis einer höheren Strafe. Die Drohung mit eine höheren Strafe kann auch dahingehend verstanden werden, daß die Strafe ohne Absprache hö-

---

877 *Kuckein*, FS-Meyer-Goßner, S. 63(69f.) nimmt eine Täuschung des Gerichts an, sofern es den Angeklagten wissentlich im Widerspruch zu den in BGHSt 43, 195 aufgestellten Grundsätzen zu einem Geständnis veranlaßt.

878 *Rönnau*, Absprache, S. 197; *Dencker* drückt das Problem pointiert in *Dencker*/Hamm, Vergleich, S. 97 so aus: „Erpressung gehört zum Vergleich, Betrug nicht"; siehe auch Nachweise auf S. 78.

879 Der grundsätzliche Einwand der nicht bekannt gewordenen Absprache ist bei einer Absprache, der eine Täuschung zu Grunde liegt, nicht einleuchtend. Denn in einem solchen Fall ist es ja gerade nicht zu einem Konsens gekommen und damit auch nicht zum „Rechtsfrieden". Eine gerichtliche Klärung im Rahmen einer Revision hätte ferner gute Erfolgsaussichten.

880 BGHSt 43, 195(204).

881 Vgl. SK-*Rogall*, § 136a, Rn. 61; *Kuckein*, FS-Meyer-Goßner, S. 63(70); vgl. auch die Entscheidung des *1. Senats* vom 4.08.1998 – 1 StR 74/98 = StV 1999, 407, der für die Fälle einer unangemessenen Strafe zum selben Ergebnis kommt.

her ausfällt als mit selbiger, oder anderes ausgedrückt, daß sich eine Absprachebereitschaft des Angeklagten positiv auf die Strafzumessung des Gerichts auswirken wird.[882]
Welche offensichtliche Differenz in dem Strafmaß zwischen einem absprachegemäßen und einem streitigen Urteil bestehen kann, zeigt das Urteil des *2. Senats* vom 03.03.2000[883] nur allzu deutlich.

In der tatgerichtlichen Entscheidung wurde dem Verteidiger des Angeklagten bei Abspracheverhandlungen zugesagt, daß bei einem entsprechenden Geständnis des Angeklagten eine zur Bewährung ausgesetzte Freiheitsstrafe von 2 Jahren in Betracht komme. Es kam aber weder zu einer erfolgreichen Absprache noch zu einem Geständnis des Angeklagten. Das Tatgericht hielt – bei gleichem Schuldspruch – nunmehr eine Freiheitsstrafe von 7 Jahren für schuldangemessen. Die exorbitante Abweichung zu den Abspracheverhandlungen wurde damit begründet, daß „der ganz wesentliche Strafmilderungsgrund des von Tateinsicht und Reue geprägten Geständnisses" fehle.

Der *2. Senat* hob das Urteil auf und verwies die Sache gemäß § 354 Abs. 2 S. 1 StPO an ein anderes Landgericht zurück. Eine Straferhöhung um 5 Jahre bei fehlendem Geständnis, oder ketzerisch ausgedrückt bei fehlender Absprachebereitschaft, läßt sich strafzumessungsrechtlich nicht begründen.[884] Dieses Urteil zeigt damit, daß der Gedanke, in einer Absprache sei ein gewisses Drohungselement enthalten, nicht nur theoretischer Art ist.[885]

Fraglich ist, ob schon in jeder Absprache, die eine Strafmilderung für ein Geständnis zum Gegenstand hat und die vom Gericht initiiert wird, eine Drohung liegt. Konsequenterweise wird dies teilweise so vertreten.[886] Dieses Ergebnis hätte zur Folge, daß eine Absprache nicht vom Gericht initiiert werden darf – und zwar auch nicht nach einer Verfahrensordnung für Absprachen durch den *Bundesgerichtshof*.
Eine solche Aussage kann dem *4. Senat* nicht entnommen werden, da sie mit den Ausführungen zur Strafmilderung nicht im Einklang steht.[887] Es gilt zu klä-

---

882 Inwieweit diese Variante der ersteren, die auf eine nicht schuldangemessene Strafe abstellt, ähnelt, da auch diese Variante unter Umständen nicht schuldangemessen ist, siehe unten, S. 179.
883 BGH. Urt. v. 3.3.2000 – 2 StR 388/99 = StV 2000, 556.
884 Zur strafmildernden Wirkung des Geständnisses siehe unten S. 179ff.
885 Siehe auch die Entscheidung des *2. Senats* vom 16.08.2000 – 2 StR 249/00. Der Angeklagte wurde wegen fehlender Absprachebereitschaft zu einer Freiheitsstrafe von 10 an Stelle von angekündigten 5 Jahren verurteilt.
886 Vgl. *Dencker*/Hamm, Vergleich, S. 44, sowie mit Einschränkungen LR-*Hanack*, § 136a, Rn. 49, 55. Siehe auch Literaturangaben in Fn. 448.
887 Der *4. Senat* hält ausdrücklich eine strafmildernde Wirkung eines Geständnisses für gege-

ren, ob in einer Absprache, die ein Geständnis als Gegenleistung für eine Strafmilderung zum Gegenstand hat, eine Drohung zu sehen ist.

Eine Drohung wird übereinstimmend als Inaussicht-Stellen eines Nachteils verstanden, auf dessen Eintritt der Drohende Einfluß zu haben behauptet, wobei die Drohung auch konkludent erfolgen kann.[888] Bietet das Gericht dem Angeklagten eine Absprache an, die ein Geständnis im Austausch mit einer Strafmilderung zum Gegenstand hat, liegt darin eine konkludente Drohung, sofern es sich beim Verhalten des Gerichts nicht lediglich um eine Warnung, Belehrung oder einen Hinweis handelt oder um eine prozessual zulässige Maßnahme. Abzugrenzen ist daher zunächst von der Warnung, dem Hinweis oder der Belehrung, die allesamt keine Drohung darstellen.[889]

a. Warnung, Belehrung oder Hinweis?

Eine Warnung unterscheidet sich von der Drohung durch den fehlenden Einfluß des Vernehmenden,[890] hier des Richters. Eine Absprache, die auf die Strafhöhe abzielt, kann jedoch keine Warnung sein, da der Richter beziehungsweise das Gericht bezüglich der Strafhöhe gerade maßgeblichen Einfluß hat.[891]

Belehrungen und Hinweise sollen dem Angeklagten eine verständige Wahrnehmung seiner Rechte ermöglichen.[892] Obwohl die Abgrenzung zur Drohung unter Umständen schwierig und einzelfallbezogen ist, ermöglichen Absprachen gerade nicht die Wahrnehmung der Rechte des Angeklagten; üblicherweise schränken Absprachen sogar die Rechte ein, da der Angeklagte im Rahmen einer Absprache auf sein Recht auf ein „streitiges" Verfahren verzichtet. Die Absprache an sich ist daher kein Hinweis. Möglich ist jedoch, und praktisch wohl nicht sauber trennbar, ein einleitender abstrakter Hinweis, daß ein Geständnis möglicherweise strafmildernde Wirkung haben könne.[893] Schließlich gibt es keinen Bedarf für eine Belehrung über die Möglichkeit einer Absprache, da mangels gesetzlicher Regelung weder ein Anspruch auf eine Absprache noch auf eine Strafmilderung wegen eines absprachengemäßen Geständnisses besteht. Bei einer Absprache handelt es sich im Ergebnis somit weder um eine die Drohung grundsätzlich ausschließende Belehrung noch um einen Hinweis oder eine Warnung.

---

ben, BGHSt 43, 195(207). Ihm folgend der *1. Senat*, BGH StV 1999, 407, vgl. Fn. 881.

888 *Meyer-Goßner*, § 136a, Rn. 21; LR-*Hanack*, § 136a, Rn. 48; SK-*Rogall*, § 136a, Rn. 61.

889 LR-*Hanack*, § 136a, Rn. 49; SK-*Rogall*, § 136a, Rn. 62.

890 SK-*Rogall*, § 136a, Rn. 62.

891 Zumindest im Rahmen der Spielraumtheorie (BGHSt 7, 28) besteht ein richterlicher Beurteilungsspielraum. Vgl. dazu auch unten S. 179ff.

892 SK-*Rogall*, § 136a, Rn. 62.

893 Wobei auch schon darin Probleme gesehen werden. Vgl. SK-*Rogall*, § 136a, Rn. 69.

b. Prozessual zulässige Maßnahme
Die Drohung muß nach dem Wortlaut des § 136a StPO mit einer prozessual unzulässigen Maßnahme erfolgen. Das Inaussicht-Stellen einer Strafmilderung und die damit verbundene konkludente Drohung, im Falle fehlender Absprachebereitschaft eine höhere Strafe zu verhängen, müßte daher prozessual unzulässig sein.

Das Problem der Drohung, eine Strafmilderung zu unterlassen, hat lediglich mit der Absprachenpraxis eine Renaissance erlebt. Schon 1960 hatte der *Bundesgerichtshof* dieses Problem behandelt.[894] Nach der Entscheidung bestehen keine Bedenken, wenn das Gericht dem Angeklagten in das Gewissen redet und ihn auf die erdrückende Beweislage hinweist und ihn gleichzeitig darauf aufmerksam macht, daß bei Prüfung der Frage, ob ihm mildernde Umstände zugebilligt werden können, ein offenes Geständnis von Bedeutung sein könne.[895] Mit dieser Entscheidung geht die Rechtsprechung davon aus, daß das Gericht durchaus dem nicht geständigen Angeklagten die mildernde Wirkung eines Geständnisses in Aussicht stellen darf. Dem wird in der Absprachen-Literatur teilweise gefolgt und argumentativ hinzugefügt, daß Absprachen in den überwiegenden Fällen in Verfahren erzielt würden, in denen Anwaltszwang herrsche, und dieses Mindestmaß an Belastung durch eine angebotene Absprache für den Angeklagten unumgänglich sei.[896] Demnach läge ein prozessual zulässiges Verhalten des Gerichts bei Initiierung der Absprache vor und somit keine Drohung im Sinne des § 136a StPO.

Diese Ansicht stößt jedoch auch auf Ablehnung. Schon die Entscheidung des *Bundesgerichtshofes* aus dem Jahre 1960 ist auf massive Kritik gestoßen.[897] Nach weit verbreiteter Ansicht können auch an sich prozessual zulässige Maßnahmen unter das Verbot des § 136a StPO fallen, wenn sie die Entschließungs-

---

894 BGHSt 14, 189.

895 BGHSt 14, 189(192).

896 *Ioakimidis*, Rechtsnatur, S. 81; wohl auch *Siolek*, Verständigung, S. 188; es wird leider nicht klargestellt, wie die Konstellation zu beurteilen ist, bei der der Angeklagte nicht anwaltlich vertreten ist. Damit es gar nicht erst zu einer solchen Situation kommt, wäre eine Möglichkeit, ein „absprache-geneigtes Verfahren" generell als Fall der notwendigen Verteidigung im Sinne des § 140 Abs. 2 StPO zu verstehen. Dann stellt sich aber zwangsläufig das Problem, wie diese „Absprache-Neigung" des Verfahrens bestimmt werden soll. Es bleibt die Konsequenz, daß zumindest eine Absprache, die auf ein Geständnis gegen Strafmilderung abzielt und ohne anwaltliche Beteiligung stattfindet, eine Drohung und damit einen Verstoß gegen § 136a StPO darstellt.

897 *Hanack*, JZ 1971, 169(170); *Grünwald*, NJW 1960, 1941(1942); *Eb. Schmidt*, JR 1961, 71; *Grünwald* und *Eb. Schmidt* nehmen sogar eine Täuschung i.S.d. § 136a StPO an, da einem durch das Gericht initiierten Geständnis die strafmildernde Wirkung fehle, denn es sei damit ja gerade nicht mehr reumütig und von Sühnebereitschaft getragen. Mit der Initiierung täusche das Gericht den Angeklagten über die rechtliche Möglichkeit einer Strafmilderung. Vgl. auch unten, S. 159ff.

und Aussagefreiheit des Angeklagten erschüttern.[898] Auf die Absprachenpraxis bezogen bedeutet dies, daß an dieser Stelle nicht geklärt zu werden braucht, ob die Absprache als solche eine prozessual zulässige Maßnahme ist, wenn sie bereits die Entschließungs- und Aussagefreiheit des Angeklagten beeinträchtigt.[899] Diese Ansicht überzeugt aus folgenden Gründen:

Betrachtet man den Sinn und Zweck des § 136a StPO, so kommt man zu der Kernaussage, daß die Prozeßsubjektsqualität des Angeklagten gewahrt werden soll.[900] Mit anderen Worten soll der Beschuldigte Beteiligter und nicht Gegenstand des Strafverfahrens sein.[901]
Die Gefahr, daß der Angeklagte Objekt des Verfahrens wird, hängt aber zunächst einmal weder davon ab, ob die Drohung an sich zulässig ist oder nicht, ja nicht einmal, ob der Vernehmende überhaupt die Intention einer Drohung verfolgt hat.[902] Es kommt vielmehr darauf an, ob die Zusicherung, die das Gericht im Rahmen einer Absprache abgibt, geeignet ist, den Willen des Angeklagten zumindest zu beeinträchtigen. Dies ist bei der Inaussicht-Stellung eines nicht unwesentlichen Strafrabattes sicherlich der Fall, wobei es dabei nicht darauf ankommt, ob die Inaussicht-Stellung prozessual zulässig ist oder nicht.
Denn bei der Beurteilung der Willensbeeinträchtigung des Angeklagten ist zu berücksichtigen, daß der Nachteil, der dem Angeklagten zur Willensbeugung konkludent in Aussicht gestellt wird, an sich statthaft sein mag, gleichwohl aber daneben noch Raum für eine unerlaubte Drohung bleibt.[903] Daher kann auch entgegen der Rechtsprechung und Teilen der Literatur mit an sich prozessual zulässigen Maßnahmen gedroht werden. Dafür spricht der Schutzzweck des § 136a StPO, die Freiheit der Willensbetätigung. Man stelle sich nur vor, die tatsächliche Verhängung von Untersuchungshaft würde – bei Vorliegen der in § 112 StPO genannten Voraussetzungen – in Affinität zur Geständnisbereitschaft des Beschuldigten gesetzt werden. Dieses Beispiel zeigt, daß gerade nicht mit jeder im Verfahrensrecht zu irgendeinem Zweck zugelassenen Maßnahme der Wille des Angeklagten beeinträchtigt werden darf.[904] Der eigentliche Zweck der Maßnahme würde ansonsten pervertiert. Schon *Erbs* hat zutreffend heraus-

---

898 LR-*Hanack*, § 136a, Rn. 49; *Seier*, JZ 1988, 683(688); ihm folgend: *Rönnau*, Absprache, S. 192. SK-*Rogall*, § 136a, Rn. 69 hält den Hinweis auf strafmildernde Wirkung eines Geständnis für problematisch, aber soweit eine sachlich Grundlage besteht für zulässig.

899 Etwas anderes gilt für das Vorteilsversprechen des § 136a Abs. 1 S. 3 Var. 2 StPO, siehe dazu unten, S. 166ff.

900 Beispielsweise: LR-*Hanack*, § 136a, Rn. 4; *Meyer-Goßner*, § 136a, Rn. 1.

901 In dieser Deutlichkeit schon BGHSt 5, 332(333f.).

902 *Eb. Schmidt*, JR 1961, 71, „§ 136a StPO setzt gerade [...] bei der Drohung kein böswilliges Verhalten voraus."

903 *Seier*, JZ 1988, 683(688).

904 So schon *Erbs*, NJW 1951, 386(388).

gestellt, daß § 136a Abs. 1 S. 3 so zu lesen ist, als laute er: „Die Drohung mit einer Maßnahme, die nicht ausdrücklich zur Beugung des Willens eines zu Vernehmenden zugelassen ist, [...] ist verboten".[905]

Der Kern des Problems der „Drohung mit Strafmilderung" wird aber darin liegen, daß letzten Endes der „Ton die Musik" macht.[906] Wegen der überragenden Bedeutung der Prozeßsubjektsstellung des Angeklagten für den modernen Strafprozeß sollte die Lösung nicht auf Einzelfallentscheidungen abgewälzt werden. Letzteres ist jedoch zwangsläufig der Fall, wenn das Abgrenzungskriterium darin gesehen wird, ob im Rahmen der Absprachevehandlung denn nun ein Hinweis[907] oder schon eine Zusicherung vorliegt.

Gerade bei Absprachen ist die Gefahr immens, daß der Angeklagte zum Objekt des Verfahrens wird.[908] So befindet sich der Angeklagte in einer schwierigen psychologischen Situation, da sein wichtigster Verhandlungspartner, der Richter, gleichzeitig sowohl die Leitung der Hauptverhandlung als auch die Festsetzung des Strafmaßes in der Hand hat. Es geht bei einer Absprache damit nicht lediglich um die Prognose eines Strafmaßes, sondern auch zumindest teilweise um die Bewirkung einer bestimmten Sanktionsentscheidung, zu welcher der Angeklagte den Entscheidungsträger nur durch das von diesem gewünschte Verhalten veranlassen kann.[909] Initiiert das Gericht eine Absprache, die eine Zusicherung einer Strafmilderung als Gegenleistung für die Abgabe eines Geständnisse zum Gegenstand hat, ist daher wegen des generellen Subordinationsverhältnisses zwischen Angeklagtem und Gericht von einer Einschüchterung oder – je nach Einzelfall – von einer vollständigen Erschütterung der Entschließungs- und somit auch der Aussagefreiheit des Angeklagten auszugehen.

Im Ergebnis ist damit bei einer Initiierung einer Absprache durch das Gericht eine Drohung im Sinne von § 136a Abs. 1 S. 3 StPO anzunehmen, sofern die Absprache auf eine Strafmilderung gegen Abgabe eines Geständnisses angelegt ist. Dies gilt auch dann, wenn das Gericht es „nur gut mit dem Angeklagten gemeint" hat.[910]

Damit muß aber weder die Entscheidung des *4. Senats* verfehlt sein, noch werden damit Absprachen unmöglich. Absprachen bezüglich einer Strafmilderung gegen Ablegung eines Geständnisses dürfen nur nicht vom Gericht ausgehen. Daß diese Anforderung an eine Absprache nicht unüblich ist, zeigt unter anderem das italienische Modell.[911] Es bleibt die Möglichkeit einer Absprache aus-

---

[905] *Erbs*, NJW 1951, 386(388).

[906] So *Eb. Schmidt*, Lehrkommentar II, § 136a, Rn. 17.

[907] Vgl. LR-*Hanack*, § 136a, Rn. 55.

[908] Vgl. *Schünemann*, NJW 1989, 1895(1901) „Super-Schulterschluß" aller drei Juristen.

[909] *Weigend*, NStZ 1999, 57(59).

[910] Es kommt im Rahmen von § 136a StPO allein auf die subjektive Blickrichtung des Vernommenden an. Vgl. *Eb. Schmidt*, JR 1961, 71.

[911] Siehe oben S. 115ff.

gehend von der Staatsanwaltschaft oder von der Verteidigung beziehungsweise dem Angeklagten selbst.
Die Entscheidung des *4. Senats* ist in Bezug auf § 136a StPO zu oberflächlich[912], um ihr eine solche Stellungnahme zu entnehmen. Setzt man dieses Problem in Bezug zu der an anderer Stelle ausdrücklich erwähnten Möglichkeit einer Strafmilderung durch das Gericht aufgrund eines Geständnisses, so ist die naheliegendste Lösung eine „strafprozessual-konforme Auslegung" der Entscheidung, was in concreto bedeuten würde, daß man eine Verfahrensordnung für Absprachen so versteht, daß eine Absprache nicht vom Gericht ausgehen darf. Die Rechtsprechung ist diesen Weg bisher nicht gegangen. Sie hat in der Entscheidung kein Verbot einer Initiierung der Absprache durch das Gericht gesehen.[913]

Es bleibt damit festzuhalten, daß der warnende Hinweis des *4. Senats* bezüglich der Verletzung des § 136a Abs. 1 S. 1 Var. 1 StPO einer Klarstellung bedarf: Bei einer Absprache, die auf eine Ablegung eines Geständnisses mittels Strafrabatt abzielt, darf diese Absprache nicht vom Spruchkörper ausgehen – und zwar auch dann nicht, wenn das Gericht „etwas anderes meint".

3. Versprechen eines Vorteils

Im Hinblick auf die Absprachenproblematik kommt als verbotene Vernehmungsmethode vorrangig das Vorteilsversprechen des § 136a Abs. 1 S. 3 Var. 2 StPO in Betracht.[914] Darin kann die „Achillesferse" der Absprache erblickt werden, denn gerade eine wesentliche Funktionsvoraussetzung für die Absprachenpraxis liegt in der Zusicherung einer Strafmilderung als Gegenleistung für ein Geständnis.[915] Als deren Kehrseite[916] ist das Vorteilsversprechen sehr eng mit der Variante der Drohung verbunden, und das Ergebnis – was die gerichtliche Initiierung einer Absprache betrifft, die eine geständnisbedingte Strafmilderung zum Gegenstand hat – eigentlich schon aufgrund der zur Drohung gemachten Ausführungen teilweise vorweggenommen. Dennoch bestehen gerade bei der

---

912 *Weigend*, NStZ 1999, 57(59), der auch die Frage der Drohung aufwirft. Aus der Formulierung des *Senats* „Strafmilderung in Aussicht stellen" kann jedoch noch nicht mit Sicherheit entnommen werden, ob das Gericht aktiv geworden ist und ein „Angebot" abgegeben hat, und damit dann konkludent droht, oder ob es lediglich auf ein Verhalten der Beteiligten reagiert, was keine Drohung ist.

913 Dies zeigt sich schon daran, daß das Problem der gerichtlich initiierten Absprache nicht weiter diskutiert wurde oder gar eine Absprache wegen der Initiierung durch das Gericht für unzulässig erklärt wurde.

914 Siehe oben S. 80.

915 Vgl. *Weigend*, FG-Wiss.-50-Jahre BGH, S. 1011(1031).

916 *Weigend*, FG-Wiss.-50-Jahre BGH, S. 1011(1031) „... um zwei Seiten der selben Medaille".

Vereinbarkeit von Absprachen mit der Variante des Vorteilsversprechens des § 136a StPO weitere immense Probleme.
Zunächst ist die Zusage einer Strafmilderung nicht die einzige Möglichkeit eines Vorteilsversprechens. So weist der *4. Senat* zutreffend auf die Möglichkeit einer Zusage zum Strafvollzug hin.[917] Weiter kommt es im Unterschied zur Drohungsvariante beim Vorteilsversprechen nicht mehr darauf an, wer die Absprache initiiert hat, da das Vorteilsversprechen prinzipiell auch aufgrund eines „Angebots" der Verteidigung oder des Angeklagten ergehen kann. Schließlich ist die Drohungsvariante auf eine prozessual „unzulässige Maßnahme" beschränkt, während das Vorteilsversprechen des § 136a Abs. 1 S. 3 Var. 2 StPO „gesetzlich nicht vorgesehen sein muß". Damit verkettet das Vorteilsversprechen die Absprache mit dem materiellen Strafrecht. Bei dieser Verkettung handelt es sich um die „Achillesferse", da eine Absprache nur mit § 136a StPO vereinbar ist, wenn die absprachegemäße Strafmilderung mit dem Strafzumessungsrecht und damit mit dem materiellen Strafrecht zu vereinbaren ist. Mit anderen Worten ist die Beantwortung der Frage, wieviel Strafrabatt für ein Geständnis zugesichert werden darf, ohne gegen die Grundsätze der Strafzumessung des § 46 StGB zu verstoßen, für die Absprachenpraxis essentiell. Denn der Strafrabatt ist die wesentliche Verhandlungsmasse für das Gericht.

Da sich die tatbestandlichen Voraussetzungen der Drohungsvariante von denen des Vorteilsversprechens unterscheiden, gilt es zunächst aufzuzeigen, daß in einer Absprache ein solches Vorteilsversprechen liegt.

Vorteil ist die Herbeiführung eines Zustandes, der vom Empfänger des Versprechens als günstig empfunden wird.[918] Der Absprache ist es immanent, daß der Angeklagte einen angebotenen Zustand als für ihn günstig empfindet, da dies ja gerade die Motivation einer Handlung seinerseits darstellt. Einer Absprache liegt damit regelmäßig ein Vorteil zu Grunde.[919]

Weiter muß die Absprache ein Versprechen im Sinne des § 136a Abs. 1 S. 3 Var. 2 StPO darstellen. Sieht man schon in jedem Inaussicht-Stellen eines Vorteils ein Versprechen,[920] so liegt in jeder Absprache ein Versprechen im Sinne

---

917 BGHSt 43,195(204), der *4. Senat* nennt das Beispiel des Versprechens von „Freigang" durch die nicht zuständige Strafkammer.

918 LR-*Hanack*, § 136a, Rn. 51.

919 Hier sind nicht einmal die Absprachen ausgenommen, bei denen ein zu Unrecht Angeklagter in Folge von Aussichtslosigkeit seiner Verteidigung unzutreffend ein absprachegemäßes Geständnis abgibt, damit er wenigsten „in Genuß" der daraus resultierenden Strafmilderung kommt, denn er würde ansonsten (zu Unrecht) zu einer höheren Strafe verurteilt werden.

920 LR-*Hanack*, § 136a, Rn. 50; vgl. auch oben, S. 80.

von § 136a StPO. Verlangt man hingegen mit der überwiegenden Ansicht eine bindende Zusage des Gerichts, so ist eine Absprache nur ein Versprechen, wenn eine solche bindende Zusage in ihr zu erblicken ist.
Legt man die Grundsatzentscheidung des *4. Senats* zu Grunde, so muß man zu einer Bindungswirkung kommen, sofern die Absprache nach den Grundsätzen der Entscheidung zustande gekommen ist und sich nicht in der späteren Hauptverhandlung neue, dem Gericht bisher unbekannte Tatsachen ergeben haben, die den Angeklagten schwer belasten.[921]
Ein Versprechen müßte jedoch verneint werden, wenn man der Absprache keinerlei[922] bindende Wirkung beimißt oder eine faktische Bindung der Absprache für eine bindende Wirkung im Rahmen von § 136a StPO nicht ausreicht läßt. Eine gewisse faktische Bindung kann nach dem hier Gesagten nicht geleugnet werden und wird überwiegend von denjenigen, die gerade keine Bindungswirkung bei Absprachen erblicken, auch nicht geleugnet.[923] Für die Annahme eines Versprechens im Sinne des § 136a StPO reicht die hier bejahte faktische Bindungswirkung schon deshalb aus, weil die Anforderungen für eine Bindungswirkung im Rahmen des § 136a StPO wegen dessen Sinn und Zweck relativ gering sind.
Ziel des 1950 eingeführten § 136a StPO ist es, die Freiheit des Beschuldigten, ob und wie er sich gegen den Tatvorwurf zu Wehr setzt, so weitgehend wie möglich zu schützen.[924] Es soll daher gewährleisten werden, daß der Beschuldigte, hier der Angeklagte, nicht als Mittel der Sachverhaltsaufklärung instrumentalisiert wird.[925] Auf die Entschließungsfreiheit des Angeklagten darf daher niemals mit dem Ziel eingewirkt werden, ihn auf solche Weise zu einer bestimmten Aussage zu veranlassen.[926] Eine bindende Wirkung der Absprachen abzulehnen – und damit dem Angeklagten einen Teil des Schutzes von § 136a StPO zu nehmen – würde dem Gericht massive Mißbrauchsmöglichkeiten eröffnen. Die Unterscheidung zwischen (fehlender) rechtlicher Bindung und (vorhandener) faktischer Bindung darf nicht auf dem Rücken des Angeklagten abgewälzt werden. Die Anforderung für eine Bindung im Rahmen des § 136a StPO muß daher sehr gering sein. Selbst wenn man bei Absprachen einer fakti-

[921] BGHSt 43, 195(210).
[922] So *Janke*, S. 170. Vgl. auch oben S. 80.
[923] Vgl. oben, S. 141.
[924] Durch das Gesetz zur Wiederherstellung der Rechtseinheit auf dem Gebiet der Gerichtsverfassung, der bürgerlichen Rechtspflege, des Strafverfahrens und des Kostengesetzes vom 12.09.1950, BGBl. I S. 455(484). Hintergrund war einerseits der staatliche Machtmißbrauch während des Nationalsozialismus und andererseits der Schutz vor neuen technischen Möglichkeiten zur Einwirkung auf den Beschuldigten, vgl. AK-*Gundlach*, § 136a, Rn. 44; LR-*Hanack*, § 136a, Rn. 2.
[925] Vgl. *Degener*, GA 1992, 443(453).
[926] LR-*Hanack*, § 136a, Rn. 1.

schen Bindungswirkung generell ablehnend gegenüber steht und man daher einwenden will, daß der Schutz des Angeklagten auf Kosten der freien Beweiswürdigung aus § 261 StPO erfolge, so muß doch der Schutz der freien Willensbetätigung, der zutreffend als Ausprägung der Menschenwürde gesehen wird,[927] hier überwiegen.
Vor diesem Hintergrund ist es dann auch nur konsequent, bindend in diesem Zusammenhang aus der Sicht des Angeklagten zu verstehen.[928] Daher kann selbst die ausdrücklich erklärte Unverbindlichkeit einer Absprache nichts daran ändern, daß zumindest beim Angeklagten der Anschein der Verbindlichkeit erweckt wird.[929] Die Situation wird auch nicht dadurch kompensiert, daß der Angeklagte von seinem Verteidiger über die Nicht-Verbindlichkeit informiert wird.[930] Eine Absprache erfüllt daher die für § 136a StPO erforderliche Bindung, so daß in einer absprachegemäßen Zusage ein Versprechen im Sinne von § 136a Abs. 1 S. 3 StPO zu sehen ist.

Zusammenfassend läßt sich festhalten, daß in einer Absprache stets ein Vorteilsversprechen im Sinne des § 136a Abs. 1 S. 3 Var. 2 StPO liegt.

4. Unzulässigkeit des Vorteils

Damit ist aber noch nicht gesagt, daß Absprachen grundsätzlich auch ein *unzulässiges* Vorteilsversprechen sind. Es kommt nun darauf an, ob es sich um einen „gesetzlich nicht vorgesehen" Vorteil handelt.
Versteht man den „gesetzlich nicht vorgesehenen Vorteil" als jeden Vorteil, der überhaupt als eine Gegenleistung für eine Aussage gewährt wird,[931] so verstoßen danach bei konsequenter Anwendung zumindest diejenigen Absprachen gegen § 136a Abs. 1 S. 3 Var. 2 StPO, die einen Strafrabatt für die Abgabe eines Geständnisses zum Gegenstand haben. Damit wäre gewissermaßen der Prototyp der Absprache eine verbotene Vernehmungsmethode, denn die Gegenleistung liegt gerade in der Natur der Absprache. Der Vorteil wird gewährt, um eine Leistung des Angeklagten, wie hier das Geständnis, zu bekommen. Vorteil und Aussage stehen quasi im Synallagma. Dies hätte wiederum zur Folge, daß

---

927 BGHSt 14, 358(364); *Kleinknecht* NJW 1964, 2181(2185); *Meyer-Goßner*, § 136a, Rn. 1.

928 *Ioakimidis*, Rechtsnatur, S. 82; *Janke*, S. 175. Zur Beurteilung der Verbindlichkeit einer absprachegemäßen Berufungsrücknahme vgl. auch OLG *Frankfurt/Main* StV 1987, 289.

929 So *Siolek*, DRiZ 1989, 321(322) „von einem fehlenden Bindungswillen zu reden ist nichts anderes als eine falsa demonstratio".

930 In diesem Zusammenhang sei nur auf das Interesse des Verteidigers hingewiesen, auch in Zukunft mit dem Gericht eine Absprache abzuschließen. Vgl. zu der Interessenlage des Verteidigers auch oben, S. 34f.

931 So zumindest LR-*Meyer* (23. Aufl.) § 136a, Rn. 38; Müller-*Sax* (KMR 6. Aufl.) § 136a, 2) h).

das absprachegemäß abgegebene Geständnis gemäß § 136a Abs. 3 S. 2 StPO unverwertbar wäre.
Die überwiegende neuere Auffassung sieht einen Vorteil nur dann als „gesetzlich nicht vorgesehen" an, wenn der Vorteil nach dem Gesetz überhaupt nicht, oder jedenfalls nicht in dem konkreten Fall gewährt werden darf.[932]
Dem Streit wird teilweise keine richtungsweisende Relevanz für die Absprachenpraxis beigemessen, da auch im konkreten Fall die Geständnisbereitschaft nicht mit einem Strafrabatt, einer Strafaussetzung zur Bewährung oder einer Verfahrensbeschränkung gemäß §§ 154, 154a StPO gekoppelt werden dürfe, so daß ein gesetzlich nicht vorgesehener Vorteil vorliege.[933] Dies gilt es jedoch gerade noch zu untersuchen.
Für die Ansicht, die einen „gesetzlich nicht vorgesehenen Vorteil" nur annimmt, wenn der Vorteil nach dem Gesetz überhaupt nicht, oder jedenfalls nicht in dem konkreten Fall gewährt werden darf, spricht, daß es gesetzlich[934] vorgesehene Vorteile gibt, bei denen der Täter im Gegenzug für Wissenspreisgabe Strafmilderung erfährt.[935]
Denkbar wäre beispielsweise folgender Fall: Das Gericht belehrt den gemäß § 98 StGB wegen landesverräterischer Agententätigkeit Angeklagten über die Möglichkeit einer Strafmilderung gemäß § 98 Abs. 2 S. 1 StGB. Daraufhin kommt es zu einer Absprache in der Form, daß der Angeklagte seine Wissenspreisgabe anbietet, wenn das Gericht von der fakultativen Strafmilderung des § 98 Abs. 2 S. 1 StGB Gebrauch macht. Das Gericht gewährt damit dem Angeklagten einen gesetzlichen Vorteil als Gegenleistung, und zwar auch für eine Aussage.
Nach der oben genannten Ansicht würde das Gericht auch in diesem Fall gegen § 136a StPO verstoßen, da es sowohl einen Vorteil für eine Gegenleistung gewährt, und damit einen gesetzlich nicht vorgesehenen Vorteil, als auch im konkreten Fall Aussageverhalten und Strafmilderung verknüpft hat. Betrachtet man die gesetzliche Regelung des § 98 Abs. 2 StGB, so überzeugt dieses Ergebnis nicht.
Es ist daher gerade nicht schon jede Gegenleistung „gesetzlich nicht vorgesehen", sondern nur eine solche, die entweder grundsätzlich nicht gewährt werden darf, so beispielsweise bei fehlender Zuständigkeit des Gerichts, oder die zu-

---

[932] *Eisenberg*, Beweisrecht, Rn. 687; HK-*Lemke* § 136a, Rn. 40; KMR-*Lesch*, § 136a, Rn. 38; *Kremer*, S. 139; LR-*Hanack*, § 136a, Rn. 52f; SK-*Rogall*, § 136a, Rn. 67.
[933] Vgl. *Rönnau*, Absprache, S. 195; *Siolek*, Verständigung, S. 190.
[934] So § 31 BtMG, § 87 Abs. 3, 98 Abs. 2, 99 Abs. 3, 129 Abs. 6, 129a Abs. 5, 158 Abs. 1 StGB.
[935] LR-*Hanack*, § 136a StPO, Rn. 53; so stellen auch schon *Erbs*, NJW 1951, 386(388) und darauf bezugnehmend *Eb. Schmidt*, Lehrkommentar II, § 136a, Rn. 18, die zutreffende These auf, daß sich die Frage, was verboten sei, leicht mit der Gegenfrage beantworten ließe, was denn erlaubt sei.

mindest im konkreten Fall nicht gewährt werden darf, so etwa wenn die Voraussetzungen für den Vorteil nicht vorliegen.

Die Beurteilung, ob ein Vorteil gesetzlich nicht vorgesehen ist, hängt zunächst eng damit zusammen, was konkret vom Gericht angeboten wird. Die von Seiten des Gerichts für eine Absprache gewährten Vorteile sollen daher einzeln untersucht werden. In Betracht kommen dabei Zusagen zum Strafvollzug, zur Verfahrensbeschränkung nach §§ 154, 154a StPO, eine Disposition über die Anwendung von Jugendstrafrecht und schließlich als Schwerpunkt der Absprachenpraxis eine Strafmilderung. Es sollen nun diejenigen Fälle der „Gegenleistung" des Gerichts herausgearbeitet und jeweils separat untersucht werden, die „gesetzlich nicht vorgesehen" sind.

a. Keine Zusagen zum Strafvollzug

Die Grundsatzentscheidung des *4. Senats* nennt selbst als Beispiel für einen gesetzlich nicht vorgesehenen Vorteil die Zusage des Gerichts zum Strafvollzug.[936]

Dem kann nur zugestimmt werden, da in einer gerichtlichen Zusage zum Strafvollzug ein unzulässiger Eingriff in die Kompetenz der Vollzugs- und Vollstreckungsorgane liegt,[937] weil das Gericht nicht zuständig ist.[938]

In solchen Absprachekonstellationen stellt sich schon die Frage, ob nicht auch eine Täuschung im Sinne von § 136a StPO seitens des Gerichts vorliegt, da davon auszugehen ist, daß die mangelnde Kompetenz für Zusagen zum Strafvollzug „gerichtsbekannt" ist.

Im Ergebnis kann die Unzulässigkeit jedenfalls nicht bestritten werden. Es ließen sich weiter eine Reihe von solchen offensichtlich unzulässigen Vorteilen konstruieren. *Niemöller* nennt beispielsweise die gerichtliche Zusage, auf die weitere Wahrheitsermittlung zu verzichten oder das Beweisergebnis zu Gunsten des Angeklagten „zu drehen", indem der Sachverhalt unter ein milderes Gesetz subsumiert wird.[939] Solche Zusagen dürften aber wohl kaum vorkommen,[940] so daß hier damit auch nicht das eigentliche Problem im Rahmen der Gewährung

---

[936] BGHSt 43, 195(204), „die Strafkammer verspricht dem Angeklagten ‚Freigang' als Gegenleistung für ein Geständnis".

[937] So auch schon BGH NStZ 1995, 556, siehe S. 47; *Niemöller*, StV 1990, 34(36); *Kuckein*, FS-Meyer-Goßner, S. 63(71).

[938] Für das vom *4. Senat* gewählte Beispiel des „Freigangs" ergibt sich die fehlende Zuständigkeit schon direkt aus dem Gesetz, vgl. §§ 7, 11 Abs. 1 Nr. 1 StVollzG. Vgl. auch den Fall aus BGH NStZ 1995, 556 (dazu auch S. 47).

[939] *Niemöller*, StV 1990, 34(36).

[940] Vgl. aber für eine Zusage zum Strafvollzug LG *Kassel*, StV 1987, 288, allerdings mit der Sonderkonstellation, daß auch der Leiter der JVA in die Absprache mit einbezogen wurde. Siehe dazu auch *Janke*, S. 174f.

eines unzulässigen Vorteils bei Absprachen liegt. Gleiches gilt auch für die in der Grundsatzentscheidung des *4. Senats* nicht ausdrücklich erwähnten Fälle der Zusagen zur Strafvollstreckung.[941]

b. Keine Disponibilität des § 105 JGG

Denkbar ist weiter als Gegenleistung des Gerichts die Anwendung von Jugendstrafrecht.[942] Der *3. Senat*[943] hat im Beschluß vom 15.03.2001 jedoch bereits eindeutig entschieden, daß die Anwendung von Jugendstrafrecht nicht Gegenstand einer Absprache sein kann. Es scheidet eine Absprache mit dem Inhalt „Jugendstrafrecht gegen Geständnis" damit generell aus. Insoweit ist der Ergänzung des *3. Senats* in Hinblick auf eine Verfahrensordnung für Absprachen auch zuzustimmen.

In einer Absprache, die eine Anwendung von Jugendstrafrecht zum Gegenstand hat, ist stets ein Verstoß gegen § 136a Abs. 1 S. 3 Var. 2 StPO zu sehen. Grundsätzlich hat das Gericht gemäß § 105 Abs. 1 JGG bei allen Heranwachsenden[944] darüber zu entscheiden, ob Erwachsenen- oder Jugendstrafrecht Anwendung findet. Jugendstrafrecht ist bei Heranwachsenden immer dann anzuwenden, wenn sich aus der Persönlichkeit des Angeklagten oder aus den konkreten Umständen der Tat ergibt, daß der Angeklagte den Stand eines Jugendlichen aufweist, § 105 Abs. 1 Nr. 1 JGG, oder die Tat als Jugendverfehlung einzustufen ist, § 105 Abs. 1 Nr. 2 JGG.

Das Gericht hat zwar bei der Beurteilung des persönlichen Eindrucks des Angeklagten einen erheblichen Beurteilungsspielraum.[945] Dabei kann aber nicht die Abgabe eines Geständnisses oder sonstiges prozessuales Verhalten des

---

941 Vgl. dazu Dencker/*Hamm*, Vergleich, S. 117; *Janke*, S. 173.

942 Neben der grundsätzlichen Anwendung von Jugendstrafrecht könnte auch eine absprachegemäße Sanktionsobergrenze speziell im Jugendstrafrecht unzulässig sein. Der *3. Senat* äußert insoweit zumindest „Bedenken", vgl. BGH NJW 2001, 2642(2643). *Noak*, StV 2002, 445(447f.) und wohl auch *Meyer-Goßner*, StraFo 2003, 401(404) halten die absprachegemäße Zusage einer Sanktionsobergrenze im Jugendstrafrecht im Bereich der Erziehungsmaßregeln, der Zuchtmittel sowie der Jugendstrafe wegen „schädlicher Neigungen" für unzulässig, weil die Zusage einer Sanktionsobergrenze den diesen Maßnahmen zugrundeliegenden Erziehungsgedanken konterkarieren würde. Ähnlich auch *Gieg*, in Hdb. Wirtschafts- und Steuerstrafrecht, Kap. 24, Rn. 143, der wegen § 18 Abs. 2 JGG ebenso Bedenken gegen eine zugesagte Strafobergrenze äußert. Diese Frage braucht aber nicht weiter verfolgt zu werden, da die Zusage einer Sanktionsobergrenze entgegen der Ansicht des *Bundesgerichtshofes* generell, also auch im Erwachsenenstrafrecht, unzulässig ist, siehe dazu oben, S. 135ff.

943 BGH NJW 2001, 2642; BGH NStZ 2001, 555.

944 Heranwachsender ist, wer bei Begehung der Tat 18, aber noch nicht 21 Jahre alt ist, vgl. § 1 Abs. 2 JGG.

945 Vgl. *Eisenberg*, JGG, § 105, Rn. 11ff.; *Schaffstein/Beulke*, Jugendstrafrecht, § 8 II (S. 48ff.).

Angeklagten Einfluß auf die Beurteilung haben.[946] Es handelt sich insofern bei § 105 JGG um eine bindende Rechtsnorm. Der Richter hat bei Vorliegen der in § 105 JGG genannten Voraussetzungen keinen Handlungsspielraum für eine Absprache; liegen die Voraussetzungen vor, so ist Jugendstrafrecht anzuwenden. Liegen sie hingegen nicht vor, so ist Erwachsenenstrafrecht anzuwenden. Daher kann die Anwendung von Jugendstrafrecht auf Heranwachsende auch nicht zur Disposition im Rahmen einer Absprache stehen.[947]

c. Keine Zusage einer Verfahrensbeschränkung gemäß §§ 154, 154a StPO

Der *4. Senat* hat den Problemkomplex einer Verfahrensbeschränkung gemäß §§ 154, 154a StPO nicht explizit in seiner Grundsatzentscheidung angesprochen, er steht aber in unmittelbarem Zusammenhang mit dem Vorteilsversprechen bei Absprachen.

§ 154 Abs. 1, 2 StPO ermöglicht dem Gericht auf Antrag der Staatsanwaltschaft die Einstellung wegen relativer Geringfügigkeit während der Hauptverhandlung einer Tat, ergänzend regelt § 154a Abs. 1, 2 StPO, daß bei ein- und derselben Tat im prozessualen Sinn von der Verfolgung eines Teiles der Tat abgesehen werden kann, sofern dieser Teil zu den übrigen Teilen nicht beträchtlich ins Gewicht fällt.[948] Die Vorschriften verfolgen das Ziel der Vereinfachung und Beschleunigung des Verfahrens,[949] wobei das Ziel dadurch erreicht werden soll, daß Delikte desselben Täters, die neben der eigentlichen Haupttat nicht mehr ins Gewicht fallen, nicht abgeurteilt werden.[950]

Im Rahmen der Entscheidung haben Gericht und Staatsanwaltschaft nach überwiegender Ansicht ein Ermessen, wann eine Tat im Sinne der §§ 154f. StPO „nicht mehr ins Gewicht fällt".[951] Andere räumen lediglich einen „weiten Beurteilungsspielraum" ein,[952] der aber einer Ermessensentscheidung praktisch gleichkommt.[953]

Der Bezug zum Vorteilsverspechen des § 136a Abs. 1 S. 3 Var. 2 StPO besteht darin, daß eine Anwendung der §§ 154, 154a StPO zu Gunsten des Angeklagten

---

946 *Noak*, StV 2002, 445(447) weist zutreffend darauf hin, daß § 105 Abs. 1 Nr. 1 JGG für die Beurteilung den Zeitpunkt der Tat nennt, so daß das Auftreten des Täters im Strafprozeß kein Maßstab sein kann.

947 *Noak*, StV 2002, 445(447); *Momsen/Moldenhauer*, JA 2002, 415(424).

948 Die gelegentlich aufzufindende Bezeichnung der „Teileinstellung" für die Regelung des § 154a StPO sollte vermieden werden, da bei § 154a StPO im Unterschied zu § 154 StPO gerade keine Tat im prozessualen Sinne eingestellt wird, sondern nur die Verfolgung auf einen Teil der gesamten Tat beschränkt wird. Eingestellt werden insofern nur Taten, vgl. LR-*Beulke*, § 154a, Rn. 1f.

949 *Meyer-Goßner*, § 154 Rn. 1 und § 154a, Rn. 1; *Kurth*, NJW 1978, 2481.

950 *Beulke*, Strafprozeßrecht, Rn. 329.

951 HK-*Krehl*, § 154, Rn. 8; *Meyer-Goßner*, § 154, Rn. 12; *Kurth*, NJW 1978, 2481(2483).

952 KK-*Schoreit*, § 154, Rn. 19; LR-*Beulke*, § 154, Rn. 24; LR-*Rieß*, 24. Aufl., § 154, Rn. 22.

953 LR-*Beulke*, § 154, Rn. 24.

erfolgen kann, wenn dieser sich an einer Absprache beteiligt.[954] Denkbar sind Absprachen, die eine Verfahrensbeschränkung bei Rücknahme oder Nichtstellen von Beweisanträgen, bei Rechtsmittelverzicht oder bei Abgabe eines Geständnisses vorsehen.

Das Versprechen eines gesetzlich nicht vorgesehenen Vorteils liegt vor, wenn die im Rahmen der Absprache abgegebenen Zugeständnisse eine sachfremde Erwägung im Sinne der §§ 154, 154a StPO sind, wobei dahingestellt bleiben kann, ob es sich um eine Ermessensentscheidung oder einen Beurteilungsspielraum handelt, da in beiden Fällen ein Verstoß gegen § 136a Abs. 1 S. 3 Var. 2 StPO vorläge und auch eine revisionsrechtliche Überprüfung möglich wäre.
Ein Verstoß ist anzunehmen, wenn die im Rahmen einer Absprache getroffene Verfahrensbeschränkung in keiner Hinsicht von §§ 154, 154a StPO gedeckt ist. Das sind die Fälle, in denen das Legalitätsprinzip nur unter dem Deckmantel einer vermeintlich zulässigen Beschränkung des Anklagevorwurfs gemäß §§ 154, 154a StPO eingeschränkt wird und damit im Ergebnis die Willensfreiheit des Angeklagten beeinflußt wird.
So ist beispielsweise eine Absprachenkonstellation denkbar, in der dem Angeklagten zugesagt wird, alle bisher unbekannten Taten einzustellen, obwohl die Taten entgegen §§ 154, 154a StPO „beträchtlich ins Gewicht fallen". Hier ist ein gesetzlich nicht vorgesehener Vorteil geradezu offensichtlich.[955]
Problematisch sind aber Fälle, in denen der Handlungsspielraum der §§ 154, 154a StPO ausgereizt wird, und das eingeräumte Ermessen „taktisch" eingesetzt wird, um den Angeklagten zu einer Aussage zu veranlassen. Die Frage, die sich hier stellt, zielt also darauf ab, ob eine Verknüpfung der Anwendung einer Einstellung beziehungsweise Verfahrensbeschränkung mit der Absprachenbereitschaft des Angeklagten „gesetzlich vorgesehen" ist.

Dem *Bundesgerichtshof* stellte sich bisher im Rahmen der §§ 154, 154a StPO überwiegend das Problem einer Strafschärfung durch ausgeschiedene Delikte – dabei jedoch ohne Bezug zu Absprachen.[956] Die Strafschärfung, die der *Bundesgerichtshof* im Falle einer Beschränkung des Anklagevorwurfs gemäß §§ 154, 154a StPO nur für zulässig hält, sofern das Gericht den Angeklagten auf die Möglichkeit einer Strafschärfung hingewiesen hat und das betreffende Tatgeschehen prozeßordnungsgemäß festgestellt worden ist, wurde aber zutreffend nicht unter dem Problem einer unzulässigen Verknüpfung diskutiert,

---

954 Was im weiteren Sinne auf alle Einstellungen aus Opportunitätsgründen zutrifft. Insofern ist also auch insbesondere an § 153a StPO zu denken.

955 Gleiches gilt für die Fälle, bei denen eine Nicht-Verfolgung selbständiger prozessualer Taten zugesichert wird, die noch gar nicht bekannt sind, *Gieg*, in Hdb. Wirtschafts- und Steuerstrafrecht, Kap. 24, Rn. 143.

956 BGHSt 30, 147(148) zu § 154 StPO und BGHSt 30, 165(166) zum § 154a StPO.

sondern ausschließlich unter Gesichtspunkten des Fairneßgrundsatzes, denn es liegt dabei ja gerade kein zu verknüpfendes Verhalten des Angeklagten vor.[957] Es kann hier dahingestellt bleiben, ob eine solche Strafschärfung zulässig ist,[958] da es für die Diskussion der Anwendung der §§ 154, 154a StPO im Rahmen von Absprachen nicht von Bedeutung ist. Es wurde insofern kein „taktischer" Gebrauch von dem in §§ 154, 154a StPO eingeräumten Ermessen gemacht. Die Strafschärfungsproblematik im Rahmen der §§ 154, 154a StPO hat insoweit keinen absprachespezifischen Bezug.

Größere Bedeutung kommt jedoch der vom *Bundesgerichtshof* erachteten Zulässigkeit einer Anwendung des § 154 StPO zu Gunsten des Zeugen, der sich unter Umständen durch die Aussage selbst belasten würde, zu, weil darin eine der Absprache ähnelnde Verknüpfung gesehen werden kann.
Danach verspricht ein Sitzungsvertreter der Staatsanwaltschaft keinen ungesetzlichen Vorteil, wenn er einem Zeugen, der sich bei wahrheitsgemäßer Beantwortung einer Frage unter Umständen einer Straftat bezichtigen müßte, erklärt, die Staatsanwaltschaft werde insoweit von der Möglichkeit des § 154 StPO Gebrauch machen, wenn die Tat vom Schuldumfang überschaubar ist und ansonsten keine Bedenken gegen die Anwendung des § 154 StPO bestehen.[959]
Hier besteht eine Verknüpfung, wie sie für Absprachen mit dem Angeklagten typisch ist, denn die Anwendung der Einstellung wegen relativer Geringfügigkeit wird mit der Aussagebereitschaft des Zeugen verbunden. Die Ausübung des Ermessens soll die Aussagebereitschaft des Zeugen wecken, indem die Aussagebereitschaft des Zeugen mit einer Einstellung honoriert wird. Insofern ist das Ermessen wie bei einer Absprache taktisch eingesetzt worden.

Gemäß § 69 Abs. 3 StPO gilt § 136a StPO für die Zeugenvernehmung entsprechend, so daß nach der Rechtsprechung des *Bundesgerichtshofes* die Zusage von einem Teilverzicht gemäß §§ 154, 154a StPO Gebrauch zu machen als ein „gesetzlich vorgesehener Vorteil" angesehen werden muß. Damit stellt eine Absprache, die eine solche Zusage beinhaltet, auch keine verbotene Vernehmungsmethode im Sinne des § 136a Abs. 1 S. 3 Var. 2 StPO dar. Eine Verfahrensordnung für Absprachen durch den *Bundesgerichtshof* könnte insoweit ergänzt werden. Diesem taktischen Gebrauch des Ermessens bei §§ 154, 154a StPO wird in der Literatur teilweise zugestimmt.[960]

---

[957] BGHSt 30, 147(148) spricht von einer Vertrauensgrundlage, die sich für den Angeklagten durch das Ausscheiden der Taten gebildet hat.

[958] Ablehnend beispielsweise *Beulke*, Strafprozeßrecht, Rn. 340.

[959] BGH NStZ 1987, 217.

[960] *Beulke*, Strafprozeßrecht, Rn. 140; LR-*Beulke*, § 154, Rn. 35 geht grundsätzlich von der Möglichkeit einer absprachegemäßen Anwendung des § 154 StPO aus; wohl auch *Tscherwinka*, S. 133. Vgl. auch *Janke*, S. 178ff.

Der *Bundesgerichtshof* hat in einer späteren Entscheidung sogar die Verknüpfung zwischen Rechtsmittelverzicht und Beschränkung des Anklagevorwurfs gemäß §§ 154, 154a StPO für prinzipiell zulässig erachtet.[961]

Der Entscheidung lag eine Zusage der Staatsanwaltschaft zu Grunde, eine bestimmte Tat nicht zu verfolgen, wenn der Beschuldigte[962] sein Rechtsmittel unter Hinnahme einer empfindlichen Strafe in einer anderen Sache zurücknehme.

Dabei ist im Rahmen der Revision das Vorliegen eines Prozeßhindernisses geprüft worden und ein Verstoß gegen den Fairneßgrundsatz.[963] Die Möglichkeit eines Verstoßes gegen § 136a Abs. 1 S 3 Var. 2 StPO durch die Verknüpfung von Rechtsmittelverzicht[964] und Einstellung gemäß § 154 StPO wurde nicht erörtert.
Es stellt sich die Frage, ob ein solch extensiver Gebrauch des eingeräumten Ermessens noch zulässig ist, oder ob es sich bei der Berücksichtigung der Aussagebereitschaft oder ähnlichem im Rahmen der Ermessensausübung nicht um sachfremde Erwägungen handelt. So ist die Entscheidung des *Bundesgerichtshofes*, oder zumindest die Ansicht, die Begünstigung der §§ 154, 154a StPO als Gegenleistung für prozessuales Wohlverhalten zu gestalten, auch auf Kritik gestoßen.[965]

Belastet der Täter als Gegenleistung für eine Verfahrensbeschränkung andere Täter oder Teilnehmer, so wird die Regelung §§ 154, 154a StPO quasi zu einer Art „Kronzeugenregelung" pervertiert, da sie in erster Linie die Aussage honoriert.[966] Ein solcher Fall lag einer Entscheidung des OLG *Hamm*[967] zu Grunde.

Der Täter ist im Ermittlungsverfahren[968] gegen seinen Komplizen als Zeuge vernommen worden. Bei einem Geständnis, mit dem er maßgeblich den Beschuldig-

---

961 BGH Urteil vom 18.04.1990 – 3 StR 252/88 = StV 1990, 295.

962 Die Zusage wurde vom Staatsanwalt im Rahmen des Ermittlungsverfahrens getätigt; für die rechtliche Beurteilung hängt es jedoch nicht davon ab, in welchem Verfahrensstadium eine solche Zusage getroffen wird. Sie ist grundsätzlich auch in der Hauptverhandlung denkbar.

963 Es kam überhaupt zur Überprüfung, weil die Zusage des Sitzungsvertreters der Staatsanwaltschaft von dessen Nachfolger nicht übernommen wurde.

964 Zur unzulässigen Rechtsmittelverzichtsverknüpfung vgl. unten S. 204ff.

965 Dencker/*Hamm*, Vergleich, S. 111; *Volk*, NJW 1996, 879(890f.). Vgl. auch OLG *Hamm*, Beschluß. v. 20.08.1984 – 6 Ws 266/84 = StV 1984, 456.

966 *Volk* NJW 1996, 879(881).

967 OLG *Hamm*, StV 1984, 456.

968 Der Fall ist aber auf die hier zu untersuchende Problematik der Hauptverhandlung ohne weiteres übertragbar. Es ist beispielsweise denkbar, daß dem Täter in der Hauptverhandlung ein solches Angebot gemacht wird.

ten belasten würde, ist ihm von Seiten der Staatsanwaltschaft zugesagt worden, daß ein gegen ihn selbst einzuleitendes Verfahren gemäß § 154 StPO eingestellt werde. Ihm wurde also als Gegenleistung für das Geständnis eine Einstellung zugesagt.

Das OLG *Hamm* nahm in diesem Fall ein Versprechen eines gesetzlich nicht vorgesehenen Vorteils an, da die Zusage der Einstellung durch den Vernehmenden vom Zeugen nur wie ein Versprechen der Straffreiheit verstanden werden konnte.[969]

Im Ergebnis ist einem Verstoß gegen § 136a Abs. 1 S. 3 Var. 2 StPO zuzustimmen. Zum einen ist fraglich, ob in derartigen Fällen der Schuldumfang überhaupt (schon) überschaubar ist, zum anderen bestehen Zweifel, ob ein solcher Gebrauch der §§ 154, 154a StPO noch von deren Sinn und Zweck gedeckt ist.

aa. Überschaubarkeit des Schuldumfangs
Bei genauer Betrachtung zeigt sich, daß vor einer belastenden Aussage noch keine Zusicherung zu einer Verfahrensbeschränkung gemacht werden kann, sofern keine anderen belastenden Anhaltspunkte bestehen.[970]
Der Wortlaut der §§ 154, 154a StPO spricht von einem Absehen von der Verfolgung. Dies impliziert zumindest einen Anfangsverdacht, da ansonsten nicht zulässig verfolgt worden sein kann. Soll dieser Anfangsverdacht erst durch die Aussage begründet werden, kann noch nicht von einer Verfolgung abgesehen werden. Daher liegen bei einer solchen pauschalen Einräumung der Nichtverfolgung die Voraussetzungen der §§ 154, 154a StPO *noch* nicht vor.
In dem vom OLG *Hamm* entschiedenen Fall ist die Situation vergleichbar. Der zeugenschaftlich vernommene Täter hat erst durch seine Aussage sich selbst belastet und damit den für die Verfolgung vorausgesetzten Anfangsverdacht begründet. Anhaltspunkte für Indizien, die einen Anfangsverdacht gegen ihn begründen könnten, waren insoweit vor seiner Aussage (noch) nicht ersichtlich. Sofern keine anderen belastenden Anhaltspunkte bestehen, ist eine vorherige Zusage der Einstellung daher gesetzlich nicht vorgesehen und somit ein Verstoß gegen § 136a Abs. 1 S. 1 Var. 2 StPO.[971] Bei fehlender Überschaubarkeit des Schuldumfanges kann daher nicht über die Anwendbarkeit von §§ 154, 154a StPO im Rahmen einer Absprache disponiert werden.

---

969 OLG *Hamm*, StV 1984, 456.
970 Vgl. *Volk*, NJW 1996, 879(880).
971 So auch *Beulke*, Strafprozeßrecht, Rn. 140; *Volk*, NJW 1996, 879 (880). *Eisenberg*, Beweisrecht, Rn. 689 und SK-*Rogall*, § 136a, Rn. 68 sehen zwar die Möglichkeit eines absprachegemäßen Gebrauchs von § 154 StPO, verlangen dabei aber, daß die Voraussetzungen des § 154 StPO „ersichtlich vorliegen müssen".

Es verbleiben aber immer noch die Fälle, in denen ein überschaubarer Schuldumfang besteht, was in Bezug auf etwaige Absprachen der wohl größere Anteil sein wird, da es sich um eine Verfahrensbeschränkung einer bereits angeklagten Tat oder anderer Taten, bezüglich derer schon ein Ermittlungsverfahren gegen den Angeklagten anhängig ist, handelt. Es bestehen aber auch Bedenken gegen eine Verfahrensbeschränkung als Gegenleistung im Rahmen einer Absprache bei überschaubarem Schuldumfang.

bb. Verfehlung vom Sinn und Zweck

Ein weiteres Argument gegen die Zulässigkeit des Versprechens einer Verfahrensbeschränkung liegt in dem Sinn und Zweck der §§ 154, 154a StPO. Dieser besteht in der Beschleunigung, in der Konzentration sowie der Vereinfachung des Verfahrens, ist also prozeßökonomischer Natur.[972] Wenn ein Verfolgungsverzicht nun jedoch versprochen wird, um weitere Informationen zu bekommen, damit neue Taten ermittelt werden können, wird der Sinn und Zweck vertauscht. Das Verfahren wird dann nicht konzentriert, sondern erweitert, der Stoff nicht beschränkt, sondern ebenfalls erweitert, die Justiz nicht entlastet, sondern durch neue Verfahren belastet.[973] Eine Absprache, die eine Verfolgungsbeschränkung in einem Verfahren als Gegenleistung für neue Informationen bezüglich eines anderen Vorwurfs beinhaltet, ist daher möglicherweise bei Gesamtbetrachtung nicht prozeßökonomisch, denn durch eine solche Anwendung der §§ 154, 154a StPO kann summa summarum eine Akte mehr und nicht weniger entstehen.

Dem kann aber nun zum einen entgegengehalten werden, daß die Prozeßökonomie nicht an Hand der im Ergebnis zu bearbeitenden Akten bestimmt werden kann. Zum anderen liegt aber ja auch in der Absprache die Intention der Justizentlastung und damit auch der Prozeßökonomie.[974] Man könnte also vielmehr die gegenteilige These aufstellen, daß gerade eine Absprache dem §§ 154, 154a StPO zu Grunde gelegten Ziel der Verfahrensbeschleunigung und Prozeßökonomie gerecht wird.

Das in §§ 154, 154a StPO eingeräumte Ermessen zur Verfahrensbeschleunigung und Prozeßökonomie darf jedoch nicht zu Lasten der Willensfreiheit des Angeklagten gehen. Dies wird deutlich, wenn man eine Absprache zu Grunde legt, in der als Gegenleistung für ein Geständnis des Angeklagten im laufenden Verfahren eine Verfahrensbeschränkung in einem separaten Verfahren gewährt wird.

---

972 *Meyer-Goßner*, § 154, Rn. 1 sowie § 154a, Rn. 1; *Kapahnke*, S. 80ff.; *Volk*, NJW 1996, 879(881).

973 Vgl. *Volk*, NJW 1996, 879(881).

974 Das BVerfG hat in wistra 1987, 134f den prozeßökonomischen Aspekt mit der Beeinträchtigung der Willensentschließungsfreiheit abgewogen, wobei es letztere abgelehnt hat.

Ein Verstoß wird in solchen Fällen unter anderem von *Schünemann* bejaht, da es an der „dreifachen Konnexität" fehle, denn es bestehe kein spezifischer Zusammenhang zwischen einem Geständnis bezüglich eines Vorwurfs und der Verfahrenseinstellung bezüglich eines ganz anderen Vorwurfs.[975]
Ein „gesetzlich vorgesehener Vorteil", der für die Aussage des Angeklagten eingeräumt wird, ist gerade nicht in §§ 154, 154a StPO geregelt. Das wird um so deutlicher, wenn man die Vorschrift mit der Regelung des § 153e Abs. 1 S. 2 StPO vergleicht.[976] Dort besteht eine Verknüpfung zwischen Aussage und Einstellung, bei §§ 154, 154a StPO hingegen nicht.

Das Ermessen im Rahmen einer Verfahrensbeschränkung darf nur Opportunitätsermessen sein, ansonsten besteht die Gefahr, daß die Ermessensausübung dem Sinn und Zweck der Vorschrift zuwiderläuft. Bei einer taktischen Anwendung werden nun aber zumindest auch Aspekte des Ermittlungsgrundsatzes und des Legalitätsprinzips berücksichtigt, also solche, die genau im entgegengesetzten Verhältnis zur Opportunität stehen. Da sich der Prüfungsmaßstab der §§ 154, 154a StPO daran zu orientieren hat, ob die Tat des Angeklagten „beträchtlich ins Gewicht fällt" und nicht daran, ob der Angeklagte eine Aussage liefert, ist für einen taktischen Ermessensgebrauch im Rahmen der §§ 154, 154a StPO kein Raum.

Eine Absprache, die eine Verfahrensbeschränkung zum Gegenstand hat, ist de lege lata daher rechtlich nicht zulässig. Sie läuft dessen Sinn und Zweck zuwider. Es liegt daher in solchen Fällen das „Versprechen eines gesetzlich nicht vorgesehen Vorteils" und somit ein Verstoß gegen § 136a Abs. 1 S. 3 Var. 2 StPO vor. Es bleibt daher festzuhalten, daß die Anwendung der §§ 154, 154a StPO dem Gericht im Rahmen einer Absprache nicht als Verhandlungsmasse zur Verfügung steht.

d. Strafmilderung als „vorgesehener Vorteil"?

Die größte Bedeutung kommt der Strafmilderung als „vorgesehenem Vorteil" und damit verbunden[977] der strafmildernden Wirkung eines Geständnisses bei

---

[975] *Schünemann*, Gutachten, S. 108f.

[976] § 153e Abs. 1 S. 2 StPO schreibt vor, daß „dasselbe (also der Verfolgungsverzicht) gilt, wenn der Täter einen solchen Beitrag dadurch geleistet hat, daß er nach der Tat mit ihr zusammenhängendes *Wissen [...] offenbart hat.*"

[977] In diesem Zusammenhang wird auch der vom *4. Senat* nicht erörterte Problemkomplex des Geständnisses zur Beendung der Untersuchungshaft diskutiert. Dieser Komplex bezieht sich auf Absprachen im Ermittlungsverfahren, die nicht Gegenstand der Untersuchung sind. Nach wohl einhelliger Ansicht kann ein Geständnis den Haftgrund des § 120 Abs. 1 S. 1 Var. 1 StPO (Verdunkelungsgefahr) entfallen lassen, so daß der Haftbefehl zwingend aufgehoben werden muß. Vgl. zu dem Thema *Rönnau*, Absprache, S. 92, „die Tauschmög-

Absprachen zu.[978] Der *4. Senat* hat in seiner Grundsatzentscheidung unter Berufung der Rechtsprechung des *Bundesgerichtshofs*[979] ausdrücklich erklärt, daß „das Versprechen eines gesetzlich nicht vorgesehenen Vorteils noch nicht darin liegt, daß das Gericht dem Angeklagten für den Fall eines Geständnisses eine Strafmilderung in Aussicht stellt".[980] Der *1. Senat* hat mittlerweile diesen Teil einer Verfahrensordnung für Absprachen bestätigt.[981]
Der *4. Senat* sieht auch bei einem taktischen Geständnis die grundsätzliche Möglichkeit einer strafmildernden Wirkung.[982] Zwar relativiert er die Strafmilderung, sofern das Geständnis offensichtlich nicht aus echter Reue- und Schuldeinsicht motiviert wurde, hält eine Milderung aber dennoch für möglich. Dabei liefert der *4. Senat* im wesentlichen drei Argumente für eine strafmildernde Wirkung eines taktischen Geständnisses.[983] Da ist zunächst die Förderung des Rechtsfriedens als Prozeßziel durch die Abgabe eines Geständnisses zu nennen. Weiter komme der Zweifelsgrundsatz zum Tragen, der auch uneingeschränkt für die Strafzumessung gelte. So erscheine es fraglich, ob es überhaupt möglich sei, aus dem Prozeßverhalten des Angeklagten für ihn nachteilige sichere Schlüsse auf seine Einstellung zur Tat zu ziehen. Es müsse daher zu seinen Gunsten entschieden werden. Schließlich leiste der Angeklagte einen Beitrag zur Sachaufklärung und damit auch zur Verfahrensverkürzung.
Gleichzeitig weist der *4. Senat* aber darauf hin, daß die allgemeinen Grundsätze der Strafzumessung auch bei Absprachen beachtet werden müssen und die Strafe „den Boden der schuldangemessenen Strafe" nicht verlassen darf.[984]
Es ist aber schon fraglich, ob die Berücksichtigung eines taktischen Geständnisses – ein wesentlicher Teil der Grundsatzentscheidung des *4. Senats* – noch mit dem Strafzumessungsrecht vereinbar ist.

Die Zusage einer Strafmilderung als Gegenleistung für ein Geständnis im Rahmen einer Absprache ist kein Verstoß gegen § 136a Abs. 1 S. 3 Var. 2 StPO, wenn einem Geständnis generell strafmildernde Wirkung zukommt, und zwar auch einem Geständnis, dem eine Absprache zu Grunde liegt.
Gesetzlich normiert ist die Strafzumessung in § 46 StGB. Daraus ergibt sich, daß die Schuld des Täters Grundlage für die Zumessung der Strafe ist, § 46 Abs. 1 S. 1 StGB. Daneben sind nach § 46 Abs. 1 S. 2 StGB die Wirkungen der

---

978 *Janke*, S. 180; *Rönnau*, Absprache, S. 89; *Schünemann*, Gutachten, S. 110, unter Bezugnahme auf eine Repräsentativumfrage. *Bömeke*, Rechtsfolgen fehlgeschlagener Absprachen, S. 49, bezeichnet das Geständnis als „Motor" der Absprache.
979 BGHSt 1, 387; 14, 189; 20, 268.
980 BGHSt 43, 195(204).
981 BGH StV 1999, 407.
982 BGHSt 43, 195(209).
983 BGHSt 43, 195(208f).
984 BGHSt 43, 195.

Strafe für das künftige Leben des Täters in der Gesellschaft zu berücksichtigen. Keine ausdrückliche Regelung trifft § 46 StGB jedoch darüber, ob ein Geständnis Auswirkung auf die Strafe des Täters hat. Es gelten insofern die allgemeinen Grundsätze der Strafzumessung.
Dem Geständnis könnte eine strafmildernde Wirkung zukommen, wenn es als „Verhalten nach der Tat" oder als „Auswirkung der Tat" unter § 46 Abs. 2 StGB zu subsumieren ist.[985] Eine dogmatische Begründung der strafmildernden Wirkung eines Geständnisses im Rahmen von Absprachen hat vor allem *Schmidt-Hieber*[986] versucht zu liefern, indem er das Geständnis als ein solches Nachtatverhalten eingestuft hat, und ferner durch das Geständnis die „Auswirkung der Tat" im Sinne des § 46 Abs. 2 StGB als relativiert angesehen hat.[987] Die Entscheidung des *4. Senats* geht in die ähnliche Richtung, allerdings ohne direkt auf *Schmidt-Hieber* Bezug zu nehmen.

aa. Geständnis als Nachtatverhalten gemäß § 46 Abs. 2 StGB

Der Gesichtspunkt des Nachtatverhaltens könnte für die Tatschuld gemäß § 46 Abs. 1 S. 1 StGB und für das Präventionsbedürfnis gemäß § 46 Abs. 1 S. 2 StGB von Bedeutung sein.[988] § 46 Abs. 2 StGB gibt keine Auskunft darüber, ob das Nachtatverhalten primär oder allein unter Schuldgesichtspunkten zu sehen ist, oder ob es ausgehend von der Strafzwecklehre durch general- und spezialpräventive Überlegungen bestimmt wird, indem außerhalb der von Tatunrecht und Tatschuld eingekreiste Sachverhaltsmerkmale weitere Umstände gewürdigt werden.[989] Es bieten sich daher prinzipiell zwei Möglichkeiten, das Geständnis als Nachtatverhalten zu berücksichtigen. Zum einen könnte es eine positive Auswirkung auf die Präventionsbedürftigkeit des Geständigen haben und von daher zur Strafmilderung führen. Zum anderen wäre aber auch denkbar, daß das Geständnis als Nachtatverhalten sogar Auswirkungen für die Schuldbemessung im Rahmen der Strafzumessung hat.

(1) Präventionsgesichtspunkt

Gemäß § 46 Abs. 1 S. 2 StGB ist bei der Bemessung der Strafe deren Wirkung für das künftige Leben des Täters in der Gesellschaft zu berücksichtigen. Darin wird eine gesetzliche Verankerung der Spezialprävention gesehen. Der Gedanke der Generalprävention findet gesetzlich in §§ 47 Abs. 1, 56 Abs. 3 und 59 Abs. 1 Nr. 3 StGB Ausdruck.

---

985 Vgl. *Moos*, Geständnis, S. 119; *Schmidt-Hieber*, Verständigung, Rn. 169.
986 *Schmidt-Hieber*, FS-Wassermann, S 995(997f.); *ders.* Verständigung, Rn. 169ff.
987 Vgl. aber auch BGH Beschluß vom 7.12.1995 4 StR 688/95; *Hanack*, StV 1987, 500(503); *Böttcher*, Verhandlungen des deutschen Juristentages, Bd. II, L. 19.
988 Vgl. Jescheck/*Weigend*, AT, § 83 IV (S. 893).
989 Vgl. Sch/Sch-*Stree*, § 46, Rn. 1ff; *Moos*, Geständnis, S. 127.

Im Rahmen der allgemeinen Grundsätze der Strafzumessung ist dabei umstritten, ob und in welcher Form Präventionsgesichtspunkte Einfluß auf die Strafzumessung haben können. Ursache für den Streit ist der bestehende Zielkonflikt zwischen den Straftheorien, die „Antinomie" der Strafzwecke.[990] Nach der Vereinigungstheorie verfolgt Strafe sowohl präventive[991] wie auch repressive[992] Gesichtspunkte. Ein grundsätzliches Problem besteht dabei, ob – und wenn ja – mit welcher Gewichtung, die präventiven Strafzwecke auf die Strafzumessung Einfluß nehmen sollen.

Generell ablehnend steht die *Lehre von der tatproportionalen Strafzumessung*[993] einer Berücksichtigung von Präventionsgesichtspunkten bei der Strafzumessung gegenüber. Sie stellt die Schwere der Tat in den Mittelpunkt der Strafzumessung. Es sei die relative Schwere zu anderen Straftaten zu ermitteln und dann eine Beurteilung auf Basis von Erfolgsunrecht, Handlungsunrecht und der Strafbegründungsschuld vorzunehmen. Kein Raum bei der Beurteilung ist danach für etwaige täterbezogene Umstände, sofern sie sich nicht in eine Beziehung zu Unrecht und Schuld bringen lassen, wie dies etwa bei einem abgesprochenen Geständnis der Fall ist. Dieses kann das Unrecht und die Schuld gegebenenfalls „erklären", aber nicht verändern. Eine geständnisbedingte Strafmilderung bedeutet zwangsläufig, daß damit das Strafmaß dem Unrecht der Tat nicht mehr entspricht. Eine geständnisbedingte Strafmilderung wäre demnach nicht möglich.[994]
Die *Stellenwerttheorie*[995] berücksichtigt ebenfalls keine präventiven Aspekte im Strafmaß, sondern bringt diese ausschließlich in der Art der Strafe zum Ausdruck. Zumindest im Bereich von Freiheitsstrafen über zwei Jahre könnte ein Geständnis nicht berücksichtigt werden, da der Gesetzgeber für die Fälle die Art der Strafe verbindlich geregelt hat, § 56 Abs. 2 S. 1 StGB. Denkbar wäre aber beispielsweise eine Berücksichtigung in der Form einer absprachegemäßen Geldstrafe anstelle einer Freiheitsstrafe. Ebenso wäre auch eine absprachegemäße Bewährungsstrafe denkbar, wobei es sich dabei in der Sache nach jedoch

---

990 Statt vieler: *Bruns*, Recht der Strafzumessung, S. 81ff.; *ders.*, Strafzumessungsrecht, S. 217ff.

991 In Form der Spezialprävention durch Resozialisierung des Täters durch dessen Besserung, Erziehung oder Heilung und die Abschreckung des Einzeltäters und in Form der Generalprävention, nämlich durch die Stärkung des Rechtsbewußtseins der Bevölkerung und durch Abschreckung von potentiellen Tätern.

992 Wie die Vergeltung als Sühne- und Schuldausgleich.

993 *Hörnle*, Tatproportionale Strafzumessung, S. 143ff.; vgl. auch *Schünemann*, Theorie der Strafzumessung, S. 224ff.

994 *Hörnle*, Tatproportionale Strafzumessung, S. 182 „Bei einem ernsthaften Bemühen um eine unrechtsorientierte Strafe führt kein Weg an der Kollision mit abgesprochenen Strafmilderungen vorbei."

995 SK/StGB-*Horn*, § 46, Rn.33ff.

nicht um eine andere Strafe als die Freiheitsstrafe handelt. Die Freiheitsstrafe wird lediglich zur Bewährung ausgesetzt.
Die *Punktstrafetheorie*[996] geht davon aus, daß es theoretisch für eine bestimmte Tat nur eine richtige Strafe geben könne. Die für die Bestimmung maßgeblichen Faktoren, auch in präventiver Hinsicht, lägen nach der Verwirklichung der Tat vor, so daß ein Geständnis insofern keine Auswirkung mehr auf die Strafzumessung habe. In der Praxis lasse sich dieser Punkt allerdings nicht exakt bestimmen, da die Strafzumessung auch von der persönlichen Wertung des jeweiligen Richters abhänge. Nach der *Punktstrafetheorie* könnte einem Geständnis jedoch keine strafmildernde Wirkung zukommen, da das Geständnis im Rahmen der Absprache ein Vorgang in der Hauptverhandlung ist, der für die Strafzumessung nicht von Bedeutung ist.
Die *Theorie des sozialen (richterlichen) Gestaltungsaktes*[997] bildet ebenfalls einen festen schuldangemessenen Punkt innerhalb des jeweiligen Strafrahmens, der aber gegebenenfalls durch den Richter auf Grundlage von präventiven Aspekten „gestaltet werden kann". Ein Geständnis könnte danach strafmildernde Wirkung auf präventiver Basis haben, sofern bei einem absprachebedingtem Geständnis denn präventive Milderungsgründe vorlägen.
Es kann mittlerweile wohl davon ausgegangen werden, daß es grundsätzlich nicht nur ein punktuell bestimmtes, schuldangemessenes Strafmaß für das vom Täter verwirklichte Unrecht gibt,[998] sondern dem Richter nach der absolut vorherrschenden *Spielraumtheorie*[999] bei der Bestimmung des konkreten Strafmaßes ein (Beurteilungs-)Spielraum zusteht. Dieser (Beurteilungs-)Spielraum wird nach unten durch die „schon schuldangemessene" und nach oben durch die „noch schuldangemessene" Strafe begrenzt. Innerhalb dieses (Beurteilungs-) Spielraumes ist dem Gericht ein Ermessen eingeräumt. Nur im Rahmen dieser Ermessensausübung finden die Präventionsgesichtspunkte ihren Ausdruck.[1000]
Eine geständnisbedingte Strafmilderung ist im Rahmen des durch die Spielraumtheorie eingeräumten Ermessens möglich, sofern in dem Geständnis Umstände genannt werden, die es rechtfertigen, einen Strafzweck nicht weiter zu verfolgen. Hier wäre dies der Fall, wenn das Geständnis auf präventiver Basis die Strafbedürftigkeit senkt.

---

996 *Kaufmann*, Das Schuldprinzip, S. 261.

997 *Dreher*, StGB 37. Aufl. (1977), § 46, Rn. 12.

998 So aber die Theorie der Punktstrafe, die Stellenwerttheorie und die Theorie der tatproportionalen Strafzumessung.

999 BGHSt 7, 28(32); 20, 264(266); *Bruns*, Recht der Strafzumessung, S. 105f.; Jescheck/*Weigend*, AT, § 82 IV 6 (S. 880); Maurach/Gössel/*Zipf*, AT II, § 62 (Schuldrahmentheorie); *Meier*, Strafrechtliche Sanktionen, S. 149f.; *Schaffstein*, FS-Gallas, S. 99; *Schäfer*, Praxis der Strafzumessung, Rn. 461ff.

1000 Vgl. *Meier*, Strafrechtliche Sanktionen, S. 147.

Eine Lösung der „Antinomie" der Strafzwecke kann hier nicht geliefert werden. Eindeutig verneinen muß man an dieser Stelle die strafmildernde Wirkung eines Geständnisses unter Präventionsgesichtspunkten mit der *Lehre der Tatproportionalität* und der *Punktstrafetheorie.* Eine Nicht-Berücksichtigung präventiver Gesichtspunkte bei der Strafzumessung, und damit eine im Ergebnis gleiche Bestrafung des resozialisierungsbedürftigen mit dem nicht resozialisierungsbedürftigen Täter, erscheint de lege lata doch zumindest sehr bedenklich.[1001] Die *Lehre von der Tatproportionalität* ist daher abzulehnen. Die *Punktstrafetheorie* berücksichtigt zwar präventive Gesichtspunkte, nicht aber das absprachegemäß erklärte Geständnis, da dieses ein Umstand nach der Tat ist. Die *Punktstrafetheorie* erweist sich damit als zu starr, um dem Zielkonflikt gerecht zu werden. Die größte Flexibilität und weitreichendste Vereinbarkeit mit dem Zielkonflikt bietet wohl die *Spielraumtheorie,* die von daher hier zu Grunde gelegt werden soll.

Die Lösung des Problems einer geständnisbedingten Strafmilderung aus Präventionsgesichtspunkten ist aber weniger im Zielkonflikt der Straftheorien zu suchen. Die Frage, die die Zulässigkeit einer Strafmaßabsprache unter Präventionsgesichtspunkten beschäftigt, ist doch die, unter welchen Voraussetzungen die Strafe unter Präventionsgesichtspunkten gemildert werden kann, oder ob aus einer Strafmaßabsprache sogar pauschal geschlossen werden kann, daß ein Geständnis strafmildernde Wirkung hat. Ob der Angeklagte die Milde beispielsweise durch die Strafart oder die Strafhöhe erfahren soll, ist hier dagegen von untergeordnetem Interesse und kann daher vernachlässigt werden.

Das Verhalten des Täters im Strafprozeß kann möglicherweise Schlüsse auf die Notwendigkeit spezialpräventiver Einwirkung zulassen. So könnte man anführen, ein Geständnis zeige, daß der Täter sein Fehlverhalten eingesehen habe, und deshalb seine problemlose Resozialisierung zu erwarten sei. Eine spezialpräventive Einwirkung wäre durch die Strafe somit nicht mehr notwendig. Die Hauptverhandlung scheint dann bereits auf den Täter eine resozialisierende Wirkung und einen „Lerneffekt" ausgeübt zu haben.[1002] Damit wäre das Tor zur pauschalen Strafmilderung grundsätzlich geöffnet.
Gegen eine pauschale Strafmilderung bestehen aber erhebliche Bedenken. Mit jeder mildernden Berücksichtigung des Prozeßverhaltens, insbesondere bei einer Honorierung des Geständnisses, wächst die Gefahr einer Verletzung des Nemo-tenetur-Gedankens,[1003] denn grundsätzlich muß es dem Angeklagten frei

[1001] Vgl. BVerfGE 45, 187(239). Zur Kritik an der Lehre von der Tatproportionalität siehe *Meier*, Strafrechtliche Sanktionen, S. 151.
[1002] Vgl. *Schmidt-Hieber*, FS-Wassermann, S. 995.
[1003] Und damit auch § 136a StPO.

stehen, in welcher Weise er seine Verteidigung ausrichtet.[1004] Belohnt man die Abgabe eines Geständnisses als solche mit einer Strafmilderung, so untergräbt man die prozessuale Autonomie des Angeklagten, da ein Verweigern der Strafmilderung faktisch von einer Strafschärfung nicht zu unterscheiden wäre.[1005] Dies gilt um so mehr, wenn der Angeklagte weiß, daß ein Geständnis strafmildernd wirkt,[1006] was regelmäßig bei einer Strafmaßabsprache der Fall sein wird.[1007] Was dem Angeklagten unter prozessualen Gesichtspunkten zu tun erlaubt ist, darf ihm daher nicht als strafschärfender Umstand angelastet werden.[1008] Es steht außer Frage, daß die Ankündigung des Gerichts, bei Nichtabgabe eines Geständnisses werde dieses strafschärfend berücksichtigt, einen Verstoß gegen § 136a StPO darstellt.[1009]
Dabei besteht aber das immens große praktische Problem, daß die wahren Gründe für das Geständnis im Verfahren nur sehr schwer aufzuklären sind. Das Gericht wird mit letztendlicher Sicherheit niemals herausfinden können, ob das Geständnis von Einsicht und Besserung motiviert wurde, oder ob es nicht vielmehr das Resultat einer geplanten Verteidigungsstrategie ist, die allein dazu dienen soll, beim Gericht Absprachebereitschaft hervorzurufen.
Auf der anderen Seite wiederum kann das Gericht auch nicht wissen, ob das Leugnen des Täters nicht vielleicht aus Angst vor einer Freiheitsstrafe motiviert ist. Es gibt verschiedene Ansätze, die versuchen, dieses Problem zu lösen.[1010]
Die *Lehre vom erweiterten Tatbegriff*[1011] geht bei der Strafzumessung von einem anderen Tatbegriff als bei der Bestimmung der Strafbarkeit aus, da es bei der Strafzumessung darauf ankommt, den vollen Unrechts- und Schuldgehalt des gesamten verbrecherischen Verhaltens erschöpfend zu erfassen. Im Rahmen der Strafzumessung ist die Tat daher auch erst mit der Verurteilung vollendet. Danach kann dem Geständnis als Nachtatverhalten beim Vorliegen etwaiger spezialpräventiver Gesichtspunkte eine Strafmilderung zukommen. Damit stünden der strafmildernden Wirkung eines absprachegemäßen Geständnisses keine grundsätzlichen Bedenken entgegen.
Teilweise wird versucht, das Problem unter Verwendung des In-dubio-Grundsatzes zu lösen. Unter anderen mißt *Schmidt-Hieber*[1012] dem Geständnis

---

1004 SK-*Rogall*, Vor § 133, Rn. 130ff; Jescheck/*Weigend*, AT, § 83 IV 2 (S. 895).
1005 *Dencker*, ZStW 102(1990), 51(56).
1006 Jescheck/*Weigend*, AT, § 83 IV 2 (S. 895).
1007 Ein gerichtlicher oder anwaltlicher Hinweis wird dem Angeklagten diese Möglichkeit regelmäßig unterbreiten, sofern dem Angeklagten die Praxis der geständnisbedingten Strafmilderung nicht schon aus der Rechtsprechung bekannt ist.
1008 BGHSt 1, 105; 342; 5, 239; *Bruns*, Recht der Strafzumessung, S. 233.
1009 Vgl. *Tscherwinka*, S. 160.
1010 Siehe auch die Übersicht bei *Moos*, Geständnis, S. 128ff.
1011 *Lang-Hinrichs*, FS-Engisch, S. 353(360).
1012 *Schmidt-Hieber*, FS-Wassermann, S. 995(1000).

eine selbständige – und nicht nur indizielle – Bedeutung bei der Festsetzung des Strafmaßes bei.[1013] Da die Motivation des Täters für die Abgabe des Geständnisses nicht eindeutig festgestellt werden könne, müsse zu Gunsten des Täters davon ausgegangen werden, daß das Geständnis von Einsicht getragen sei. Hinzu komme noch, daß jedes Geständnis in der Regel einer inneren Überwindung bedürfe, denn es sei einfach ein psychologisches Phänomen, daß viele Angeklagte sich schwer täten, vor den Augen und Ohren der Verfahrensbeteiligten und der Öffentlichkeit eine Straftat einzugestehen.[1014]
Damit muß – sofern keine ausdrückliche Äußerung des Angeklagten entgegensteht[1015] – jedem Geständnis zumindest aus präventiven Gesichtspunkten eine strafmildernde Wirkung zu kommen, so daß es faktisch doch zu einer pauschalen Strafmilderung kommt. Auch hiernach wäre daher grundsätzlich eine strafmildernde Wirkung eines Geständnisses denkbar.
Die Rechtsprechung[1016] und der überwiegende Teil der Literatur[1017] lösen das Problem über die *doppelte Indizkontrolle.* Danach kommt dem Geständnis keine eigenständige Bedeutung zu, sondern es hat ausschließlich Indizcharakter für die Beurteilung der eigentlichen Tat und Täterpersönlichkeit. Das Geständnis kann demnach dann für die Strafzumessung von Bedeutung sein, wenn es Schlußfolgerungen für eine Beurteilung des Täters zuläßt.[1018] Dies ist beispielsweise nicht der Fall, wenn das Geständnis auf erdrückenden Beweisen beruhe[1019] oder der Angeklagte in der Hauptverhandlung nur Selbstmitleid, nicht aber Anteilnahme an dem Schicksal seines Opfers gezeigt habe.[1020] Bestehen Unsicherheiten hinsichtlich der Aufklärung kann auch hier der in-dubio-Gedanke Anwendung finden. Es handelt sich um eine doppelte Indizkontrolle, weil das Geständnis zum einen bei der Schuldbeurteilung[1021] berücksichtigt wird und zum anderen bei der Gefährlichkeitsprognose der Prävention.

[1013] Vgl. auch *Cramer*, FS-Rebmann, S. 145(148); *Ioakimidis*, Rechtsnatur, S. 86, allerdings ausdrücklich nur für Schuldgesichtspunkte; *Siolek*, Verständigung, S. 184.
[1014] *Siolek*, Verständigung, S. 184.
[1015] Was in der Praxis wohl kaum der Fall sein wird.
[1016] Grundlegend in BGHSt 1, 105(106).
[1017] Statt vieler: *Bruns*, Recht der Strafzumessung, S. 231.
[1018] Ständige Rspr. des BGH, vgl. BGHSt 1, 105(106); MDR 1955, 145(146); 1970, 14(15); NJW 1971, 1758; 1979, 1835.
[1019] Vgl. *Haas*, GS-Keller, S. 45(67f.), „je wahrscheinlicher und sicherer eine Verurteilung erscheint, je rationaler also ein Geständnis des auf Strafvermeidung bedachten angeklagten Täters ist, ... [*erg.* desto geringer ist die Bedeutung des Geständnisses für die Strafzumessung]."
[1020] *Moos*, Geständnis, S. 135 mit weiteren Nachweisen.
[1021] Dazu unten, S. 193ff.

Dencker mißt dem Geständnis mit Ausnahme bestimmter Deliktsgruppen[1022] generell keine materiellrechtliche Strafmilderungsfunktion bei.[1023] Allerdings könne es unter Umständen wegen der prozessualen Bedeutung des Geständnisses zu einer Strafmilderung kommen. Mit dem Geständnis könne der Angeklagte günstige Strafzumessungstatsachen – spezialpräventiv bedeutsame, oder solche, die die Tatschuld in ein anderes Licht rückten – als Beweis in den Prozeß einbringen. Der Angeklagte habe den Prozeß dann quasi durch sein Verteidigungsverhalten, welches in der Abgabe des Geständnisses zu sehen sei, positiv mitgestalten, so daß sich aus der Struktur des Beweises und der autonomen Befugnis des Beschuldigten zur Mitwirkung am Prozeß der Tatrekonstruktion („Wahrheitsfindung") eine Strafmilderung ergebe. Es wird quasi eine Strafmilderung über die prozessuale Bedeutung des Geständnisses als Beweismittel und aus dem Verteidigungsverhalten des Angeklagten hergeleitet. *Dencker* stellt dazu folgende Gleichung auf:[1024] Der schweigende Bankräuber werde wegen der nach dem Beweis ersichtlichen Schuld zum Strafmaß S verurteilt. Hingegen werde der Bankräuber, der im Rahmen seines Geständnisses das Bankraubgeschehen als nicht nur Bankraubgeschehen, sondern etwa als panikartigen Ausbruchsversuch aus einer nachvollziehbaren persönlichen Krise plausibel machen könne, zu einem Strafmaß S minus x verurteilt werden.
Eine Strafmaßabsprache wäre damit möglich. Letztendlich wird das Problem aber nur verschoben. Die Frage, die sich dann in jedem einzelnen Fall stellt, ist die, ob dem Geständnis des Angeklagten dieser Beweiswert zukommt, der eine Milderung ermöglicht.

Festzustellen ist, daß im Rahmen von Absprachen dem Geständnis eine Bedeutung zukommt, wie sie im Rahmen der Strafprozeßordnung ansonsten unüblich ist. Die von der Grundlage der materiellen Wahrheit geprägte Strafprozeßordnung ist zunächst einmal nicht auf ein Geständnis angewiesen. Für den Strafprozeß kann es grundsätzlich keinen Unterschied machen, ob ihm ein Geständnis zu Grunde liegt oder nicht. Das Gericht muß den Sachverhalt von Amts wegen aufklären, mit oder ohne Geständnis.[1025]
Im Rahmen von Absprachen liegt der wesentliche Zweck des Geständnisses jedoch gerade darin, diesen Prozeß der Wahrheitserforschung zu beschleunigen und das Gericht damit zu entlasten. Dem Geständnis kommt damit wieder eine Bedeutung zu, wie es eigentlich im Inquisitionsprozeß üblich war.[1026] Der Umstand, daß das Geständnis durch die Absprachenpraxis so an Bedeutung gewon-

---

[1022] Siehe unten, S. 188.
[1023] *Dencker*, ZStW 102(1990), 51(58ff., 67ff.). Vgl. auch *Wimmer*, ZStW 50, 538ff.
[1024] *Dencker*, ZStW 102(1990), 51(75).
[1025] Vgl. S. 146ff.
[1026] Vgl. *Busam*, Geständnis, S. 25ff.; *Moos*, Geständnis, S. 13ff.; siehe auch *Rönnau*, Absprache, S. 89ff.

nen hat, führt natürlich zwingend zu der Frage, ob diese Bedeutung des Geständnisses mit den Grundsätzen der allgemeinen Strafzumessung in Einklang zu bringen ist. Eine pauschale Antwort auf die Frage, ob dem im Rahmen einer Strafmaßabsprache abgegebene Geständnis eine strafmildernde Wirkung aus präventiven Gesichtspunkten über § 46 Abs. 2 StGB zukommt, läßt sich nicht zuletzt wegen der Mannigfaltigkeit der Absprachen und damit verbundenen Geständnissen nicht geben. Eine Betrachtung im Verhältnis zur einzelnen Tat oder zur Art des Geständnisses kann einen Überblick über die Beurteilung der Zulässigkeit einer geständnisbedingten Strafmilderung aus Präventionsgesichtspunkten verschaffen. Dabei kommen verschiedene Ansätze in Betracht:

(AA) Nochmalige Interessenverletzung des Opfers

Es kann zunächst ein Sonderfall bei der Betrachtung ausgeklammert werden, in dem das Geständnis direkte materiellrechtliche Folgen hat. Das sind Fälle, in denen der Angeklagte auch durch sein Prozeßverhalten materiellrechtlich relevante Handlungen vornimmt.

Unterläßt der Angeklagte durch sein Nachtatverhalten eine nochmalige Interessenverletzung des Opfers, die er prozessual von Rechts wegen in der Hand hält, so muß dies gemäß § 46 Abs. 2 StGB positiv bei der Strafzumessung berücksichtigt werden.[1027] Da ist beispielsweise an ein Geständnis in Fällen von Straftaten gegen die sexuelle Selbstbestimmung zu denken. Ist das Geständnis hinreichend detailliert und glaubwürdig und korrespondiert es mit der bisherigen Beweisaufnahme[1028], so kann ihm strafmildernde Wirkung zukommen, da es beispielsweise nicht zu weiteren Beeinträchtigungen des durch § 176 StGB geschützten Rechtsgutes der „ungestörten geschlechtlichen Entwicklung des Kindes“ kommt.[1029] Zwar stellt sich auch hier das Problem, daß dem nicht geständnisbereiten Angeklagten faktisch eine relativ höhere Strafe angedroht wird. Hier besteht aber der maßgebliche Unterschied, daß die prozessualen Rechte des Angeklagten und die geschützten Interessen des Kindes nicht kollisionsfrei bestehen können.[1030] Da der Eingriff in die Intimsphäre des Kindes und damit das Kindeswohl massiv überwiegt, bestehen insofern auch keine Bedenken, wenn es in einem solchen Fall zu einer Strafmilderung durch eine Strafmaßabsprache aus präventiven Gesichtspunkten kommt, denn der Täter hat an Gefährlichkeit „verloren“.

In Fällen einer etwaigen wiederholten Interessenverletzung des Opfers ist daher prinzipiell Raum für eine geständnisbedingte Strafmilderung aus präventiver Sicht. Eine Strafmaßabsprache wäre somit in diesen Fällen denkbar.

[1027] BGH GA 1962, 339; *Beulke/Satzger*, JuS 1997, 1072(1078); *Dencker*, ZStW 102(1990), 51(60).

[1028] Wobei in solchen Fällen diese gerade durch das Geständnis verkürzt werden soll.

[1029] *Dencker*, ZStW 102(1990), 51(61).

[1030] Vgl. *Dencker*, ZStW 102(1990), 51(61).

(BB) Keine grundsätzliche Milderung durch den Zweifelssatz

Fraglich ist aber die Situation für die verbleibenden Fälle. Für diese kann keineswegs auf eine pauschale Strafmilderung unter Berücksichtigung des Zweifelssatzes geschlossen werden. So wird bei einem Geständnis im Rahmen einer Strafmaßabsprache teilweise eine indizielle Wirkung generell ausgeschlossen, da der Beweggrund für das Geständnis allein der in Aussicht gestellte Strafrabatt sei, nicht aber Einsicht und Reue in das verschuldete Unrecht.[1031]

Grünwald[1032] hat gegen das In-dubio-Argument bereits angeführt, daß es auch auf das Leugnen des Angeklagten angewendet werden müßte, welches ja (auch) auf abgrundtiefer Scham und Reue beruhen könnte.[1033] Insofern ist die Konstruktion einer pauschalen Strafmilderung über den Zweifelssatz ambivalent und damit gleichzeitig entkräftet. Ebensowenig wie in der Praxis Einsicht und Reue eindeutig feststellbar sind, ist das „taktische" Geständnis eindeutig feststellbar.[1034]

Darüber hinaus würde eine pauschale Anwendung den Grundgedanken des In-dubio-Grundsatzes verkennen. Dieser liegt darin, daß eine Anwendung erst bei tatsächlich bestehenden Zweifeln in Betracht kommt.[1035] Der Anwendungsbereich ist daher überdehnt,[1036] wenn der In-dubio-Grundsatz generell Anwendung findet, also auch wenn noch gar keine Zweifel bestehen. Dies kann der Fall sein, wenn das Gericht für etwaige Zweifel keine Anhaltspunkte hat, die bestehenden Zweifel durch Ermittlung[1037] ausgeräumt werden können oder der Angeklagte sogar ausdrücklich erkennen läßt, daß das Geständnis gerade nicht von Einsicht und Reue getragen ist.

1031 *Schünemann*, Gutachten, S. 111.

1032 *Grünwald*, StV 1987, 453(454).

1033 Vgl. auch BGH NJW 1955, 1158 sowie *Bömeke*, Rechtsfolgen fehlgeschlagener Absprachen, S. 125f. und *Schünemann*, Gutachten, S. 112.

1034 Vgl. *Siolek*, Verständigung, S. 186.

1035 *Schünemann*, Gutachten, B 110, 112; *ders.* FS-Rieß, 525(540) meint, daß die empirischen Erfahrungen gerade das Gegenteil von Reue bei einem absprachegemäßen Geständnis ergeben hätten.

1036 KMR-*Eschelbach*, Vorbem. §§ 213ff., Rn. 66. In diesem Zusammenhang weist *Torka*, Nachtatverhalten und Nemo tenetur, S. 153, völlig zutreffend darauf hin, daß der Zweifelssatz nur bei der Feststellung der Zumessungs*tatsachen* gelte und man ihn selbstverständlich erst dann rekurrieren dürfe, wenn vorher alle zur Verfügung stehenden Aufklärungsmethoden ausgeschöpft worden seien.

1037 Insofern gilt grundsätzlich der Amtsermittlungsgrundsatz, § 244 Abs. 2 StPO. Bei der Ermittlung der Motive eines Geständnisses bedarf es allerdings einer intensiven und aussagepsychologischen Befragung, die in der Praxis wohl nicht immer zu bewältigen sein wird, vgl. dazu *Peters*, Fehlerquellen im Strafprozeß, Bd. 2, S. 5ff., Bd. 3 S. 15ff. Gerade bei einem absprachegemäß abgelegten Geständnis sind aber besondere Anforderungen an die Ermittlung der Entstehung des Geständnisses zu stellen, vgl. auch *Weider*, StV 2003, 266ff.

Es bestehen doch erhebliche Bedenken, wenn ein durch das Gericht initiiertes Geständnis mit dem „aus freien Stücken“ bei der Strafzumessung gleich behandelt wird. *Schünemann* kommt beispielsweise sogar zu dem Ergebnis, daß schon die Tatsache der Absprache Reue und Schuldeinsicht als unmittelbaren Auslöser ausschließe.[1038]
Verdeutlichen kann man das Problem, wenn man vom Nachtatverhalten aus § 46 Abs. 2 StGB eine Parallele zum Rücktritt gemäß § 24 StGB zieht. Stellt das Gericht eine Milderung der Strafe bei Abgabe eines Geständnisses in Aussicht, so hat das Gericht die Freiwilligkeit quasi antizipiert. Es wäre quasi so, als würde der Polizist den auf frischer Tat gefaßten Verbrecher fragen, ob er denn nicht von seiner Tat zurücktreten wolle.
Schließlich besteht die Gefahr, daß durch einen solchen extensiven Gebrauch des In-dubio-Grundsatzes dieser geradezu in sein Gegenteil verschoben wird. Denn bei einer pauschalen Anwendung einer Strafmilderung besteht die Gefahr der Untergrabung der prozessualen Autonomie des Angeklagten, da faktisch bei nicht kooperativen Verhalten mit einer Strafschärfung zu rechnen ist, und somit der In-dubio-Gedanke gerade nicht zum tragen kommt.

(CC) Keine bedeutende Relevanz
Es bleibt die vom Einzelfall abhängige Möglichkeit einer geständnisbedingten Strafmilderung. Im Rahmen der *Spielraumtheorie*, die hier zu Grunde gelegt wird, wird der Strafmaßabsprache aber wohl darüber hinaus keine große Bedeutung zukommen können, da der Spielraum relativ eng ist, so daß er regelmäßig keine Absprachenbereitschaft beim Angeklagten hervorrufen wird.[1039]

(DD) Unsicherheiten bei der Feststellung der Motive für ein Geständnis
Schließlich bestehen auch Bedenken hinsichtlich der Feststellbarkeit der fehlenden Strafbedürftigkeit. Dies betrifft insbesondere die Frage, inwieweit das Geständnis tatsächlich freiwillig abgegeben wurde. Denn die Freiwilligkeit ist nicht als absolute Kategorie zu verstehen, sondern ist stets relativ unter dem Eindruck der Konsequenzen der einzelnen Handlungsoptionen zu sehen.[1040] Dabei hilft die doppelspurige Indizkontrolle auch nur bedingt weiter. Denn ob aus dem Geständnis nun tatsächlich Indizien für eine fehlende Strafbedürftigkeit aus präventiven Gesichtspunkten zu entnehmen sind, oder ob das Geständnis

---

[1038] *Schünemann*, Gutachten, S. 112. Vgl. auch *ders.*, FS-Rieß, S. 525(540) „Reue kann man nur unbedingt empfinden, und nicht von einem bestimmten Verhalten anderer abhängig machen.“

[1039] Vgl. auch *Hörnle*, Tatproportionale Strafzumessung, S. 181; *Schünemann*, Gutachten, S. 111; *ders.* FS-Rieß, 525(540).

[1040] Vgl. *Eser*, ZStW 104(1992), 361(393), der zutreffend auf die Vielfältigkeit des strafrechtlichen Freiwilligkeitsbegriffes hinweist.

nur um seiner selbst Willen abgegeben wurde, kann mit letztendlicher Sicherheit nicht geklärt werden.
Gesteht der Angeklagte nur deshalb, um eine schwerere Tat zu verheimlichen, so kann das Geständnis kein Indiz für eine geringere Strafbedürftigkeit sein, sondern es zeigt sich vielmehr die Rechtsfeindschaft des Angeklagten[1041] und damit verbunden eine Gefährlichkeit und Präventionsbedürftigkeit des Angeklagten.[1042]

Ebenso kann das ausschließlich taktische Geständnis – sofern dies überhaupt feststellbar ist – unter Präventionsgesichtspunkten keine Strafmilderung zur Folge haben,[1043] da der Angeklagte durch sein taktisches Verhalten gerade seine Rechtsfeindschaft und Gefährlichkeit zum Ausdruck bringt. Auf der anderen Seite liegt einem Geständnis überwiegend nicht nur ein Motiv zu Grunde, sondern ein Motivbündel.[1044] Im Rahmen eines solchen Motivbündels wird sich objektiv nicht feststellen lassen, wieviel Gewicht den einzelnen Motiven zukommt.[1045] An dieser Stelle kommt dann erst der In-dubio-Gedanke zum Tragen. Liegen auch Motive vor, die unter Präventionsgesichtspunkten strafmildernd berücksichtigt werden können, so kann dem Geständnis strafmildernde Wirkung zukommen.[1046] Dabei müssen aber zunächst überhaupt Ansätze für Zweifel bestehen, und diese müssen auch durch intensive Ermittlungen, insofern gilt § 244 Abs. 2 StPO selbstverständlich auch bei Strafmaßabsprachen, nicht auszuschließen sein. Beim Nichtvorliegen von Zweifelsansätzen kann nicht automatisch mit dem In-dubio-Grundsatz von der für den Angeklagten günstigeren Situation ausgegangen werden. Es müssen demnach zumindest Ansatzpunkte für Reue und Unrechtseinsicht vorhanden sein.

Ein weiteres Problem stellt dann aber wiederum die sogenannte „Folgenreue“ dar.[1047] Diese zeichnet sich dadurch aus, daß der Täter die Tat nicht als solche bereut, sondern lediglich, weil sie für ihn – den Täter – nachteilige Folgen mit sich bringt. Eine Abgrenzung zur „echten“ Reue wird im Rahmen der Hauptverhandlung nur schwerlich möglich sein. Die Verkoppelung zwischen Ge-

---

1041 *Moos*, Geständnis, S. 146.

1042 Nichts anderes gilt für den Fall, in dem der Angeklagte wegen des Inaussichtstellens einer großzügigen Strafmilderung im Rahmen seines Geständnisses einen Mittäter zu unrecht belastet. Vgl. zur Wirkung eines absprachegemäß abgelegten Geständnis eines Mitangeklagten auf den Angeklagten *Weider*, StV 2003, 266ff.

1043 Tröndle/*Fischer*, § 46, Rn. 29d; *Tscherwinka*, S. 161

1044 *Bömeke*, Rechtsfolgen fehlgeschlagener Absprachen, S. 50.

1045 *Beulke/Satzger*, JuS 1997, 1072(1078); *Bömeke*, Rechtfolgen fehlgeschlagener Absprachen, S. 50.

1046 So auch *Bömeke*, Rechtsfolgen fehlgeschlagener Absprachen, S. 50.

1047 Dazu *Moos*, Geständnis, S. 147,

ständnis und Strafmilderung, wie sie bei Strafmaßabsprachen vorzufinden ist, könnte ebenso gut als Indiz für eine „Folgenreue" gewertet werden. Andererseits kann daraus nicht generell auf eine Unzulässigkeit der Strafmilderung geschlossen werden, denn ebensowenig wie pauschal der In-dubio-Grundsatz zum Tragen kommen kann, kann grundsätzlich bei einer Strafmaßabsprache von einem ausschließlich taktischen Geständnis ausgegangen werden.[1048]
Kritisch sind auch die Fälle zu beurteilen, in denen das Gericht die Strafmaßabsprache initiiert hat. Dort wird überwiegend weniger für „echte Reue" sprechen, da das Geständnis nicht aus autonomen Motiven heraus abgegeben wurde. Ähnlich sind auch die Fälle zu beurteilen, bei denen der Angeklagte nach Vorlage der erdrückenden Beweislage gesteht.[1049]
Diese unterschiedlichen Motive im Einzelfall herauszufiltern wird das Tatgericht, und erst recht ein etwaiges Instanzgericht, vor große praktische Schwierigkeiten stellen. Die Lösung liegt daher letzten Endes im Einzelfall. Es kann an dieser Stelle jedoch festgehalten werden, daß eine pauschale Strafmilderung über den In-dubio-Grundsatz nicht möglich ist.

(EE) Gefahr der Ungleichbehandlung
Schließlich besteht bei einer pauschalen Honorierung eines absprachegemäßen Geständnisses die Gefahr einer Ungleichbehandlung und damit auch einer Verletzung von Art. 3 Abs. 1 GG. Denn diejenigen Angeklagten, die wegen ihrer Tat eine ausgeprägte Verhandlungsmasse haben, stehen wesentlich besser dar, als diejenigen, die weniger Verhandlungsmasse haben.[1050] Unter Verhandlungsmasse ist der Stoff zu verstehen, der beim Gericht eine Bereitschaft zur Absprache weckt oder die Intensität der bereits vorhandenen Bereitschaft stärkt. Eine ausgeprägtere Verhandlungsmasse wird allgemein im Bereich der Wirtschaftskriminalität angenommen.[1051]

Durch eine Absprachenpraxis nach der Grundsatzentscheidung des *4. Senats* besteht die Gefahr, daß nicht die Schuld das Differenzierungskriterium im Rahmen der Strafzumessung wird, sondern die jeweilige Verhandlungsmasse. Eine solche Praxis unter dem Deckmantel des Nachtatverhaltens des § 46 Abs. 2 StGB würde damit nicht nur § 46 Abs. 1 S. 1 StGB zuwider laufen, sondern auch gegen das Willkürverbot des Art. 3 Abs. 1 GG verstoßen. Danach darf wesentlich Gleiches nicht willkürlich, also ohne verfassungsrechtliche Rechtferti-

---

1048 Vgl. *Gerlach*, S. 109; *Janke*, S. 186.
1049 *Bömeke*, Rechtsfolgen fehlgeschlagener Absprachen, S. 51. In solchen Fällen sieht sogar *Schmidt-Hieber*, Verständigung, Rn. 174, von einer geständnisbedingten Strafmilderung ab.
1050 Vgl. Tröndle/*Fischer*, § 46, Rn. 107a.
1051 Vgl. Kapitel 1, S. 27ff.

gung, ungleich behandelt werden.[1052] Eine Ungleichbehandlung kann zum einen generell zu einer ungerechtfertigten Bevorteilung von Angeklagten in absprachegeneigten Verfahren, wie beispielsweise Wirtschafts-, Umwelt-, Steuer-, oder auch BtM-Strafverfahren führen.[1053] Zum anderen besteht auch die Möglichkeit der ungerechtfertigten Bevorteilung des einzelnen Täters. So beispielsweise bei der theoretisch denkbaren Konstellation, daß ein Täter durch eine entsprechende Strategie seines Verteidigers überhaupt erst Verhandlungsmasse erhält, so daß er bei derselben Schuld und derselben Präventionsbedürftigkeit gegenüber einem anderen Täter, der nicht verteidigt wird oder dessen Verteidiger nicht die Fähigkeit der Umsetzung einer solchen Strategie hat, wegen seines pauschal berücksichtigten Geständnisses im Rahmen der Strafzumessung einen ungleichwertigen Bonus erhält.
Dieser Ungleichbehandlung kann weder entgegengehalten werden, daß bei einer pauschalen Strafmilderung gerade jeder geständnisbereite Täter in den Genuß einer Strafmilderung komme, noch daß jedem Täter prinzipiell die Möglichkeit einer Absprache offen stehe, da der Täter gerade keine Gleichheit im Unrecht genießt,[1054] somit kein Anspruch auf Fehlerwiederholung und auch nicht auf Abschluß einer Absprache besteht. Auch ist eine verfassungsrechtliche Rechtfertigung einer solchen Absprachenpraxis und der daraus resultierenden pauschalen Strafmilderung bei Abgabe eines absprachegemäßen Geständnisses nach dem oben Gesagten nicht auf Basis von § 46 Abs. 2 StGB möglich. Die verfassungsrechtliche Rechtfertigung einer Ungleichbehandlung kann schließlich auch nicht in der Funktionsfähigkeit der Justiz erblickt werden, denn ausreichend Strafrichter „hat man zu haben".

Zusammenfassend ist das aus Absprachensicht unbefriedigende Ergebnis festzuhalten, daß eine pauschale Strafmilderung aus präventiven Gesichtspunkten über das Nachtatverhalten gemäß § 46 Abs. 2 StGB damit nicht möglich ist. In einzelnen Fällen kann jedoch eine Strafmilderung zulässig sein, sofern nicht das Gericht die Absprache initiiert hat. Die Strafmilderung aus präventiven Gesichtspunkten wird schließlich keine große Relevanz haben, da der Spielraum sehr eng bemessen ist.

(2) Auswirkung auf die Schuld

Es bleibt zu klären, ob das Geständnis Auswirkungen auf die Strafzumessungsschuld hat. Teilweise wird auch dies für möglich erachtet. Es wäre denkbar, daß

[1052] Ständige Rechtsprechung des *Bundesverfassungsgerichts*, vgl. etwa BVerfGE 49, 148(165); 86, 81(87) und statt vieler aus der Literatur beispielsweise *Starck*, in v. Mangoldt/Klein/Starck, GG I, Art. 3, Rn. 10ff.

[1053] So Tröndle/*Fischer*, § 46, Rn. 107a. Vgl auch *Eser*, ZStW 104(1992), 361(385).

[1054] Zum Verbot der Gleichheit im Unrecht statt vieler, Maunz/Dürig-*Dürig*, Art. 3, Rn. 180ff.

das Geständnis sich direkt auf die Schuld auswirkt und damit den gesamten „Spielraum“ zu Gunsten des Angeklagten nach oben verschiebt. Bei den Befürwortern einer Auswirkung des Geständnisses auf die Strafzumessungsschuld gibt es verschiedene Begründungsansätze.[1055]
Die *Lehre von der Erweiterung des Strafzumessungssachverhalts* sieht das Geständnis als Teil des zu beurteilenden Tatunrechts und der Tatschuld. Es hat daher direkte Auswirkungen auf die Strafzumessung.[1056] Ein Geständnis könnte daher den Schuldumfang reduzieren, so daß eine Strafmilderung denkbar wäre.
Ebenso zu einer direkten Auswirkung des Geständnisses auf die Strafzumessungsschuld kommt die *Sphärentheorie*[1057], die außerhalb des Tatbestandes liegende Momente der „Interessensphäre“ des eigentlichen Tatbestandes zuordnet, so daß sie dessen „Außenzone“ bilden. In diese „Außenzone“ fällt auch das Prozeßverhalten und damit das Geständnis als sogenannte Nachhandlung.
Die überwiegende Ansicht kommt dagegen nicht zu einer direkten Auswirkung des Geständnisses auf die Strafzumessungsschuld. Auf Basis der *doppelspurigen Indizkontrolle*[1058] werden lediglich die indizielle Auswirkungen des Geständnisses auf die Schuld berücksichtigt.[1059] Die Rechtsprechung hat aber in mehreren Entscheidungen eine indizielle Auswirkung des Geständnis auf die Strafzumessungsschuld bestätigt.[1060] Dies könne dann der Fall sein, wenn aus dem Geständnis Rückschlüsse auf das Maß der Strafzumessungsschuld gezogen werden könnten, beispielsweise Reue und Einsicht in das Unrecht.[1061] Es könne dann zu einer Milderung der Schuld kommen; ebenso wie bei den Präventionsgesichtspunkten[1062] kommen die Vertreter der In-dubio-Konstruktion auch bei der Strafzumessungsschuld überwiegend zu einer Strafmilderung. [1063]
Häufig findet man in der Literatur jedoch die Behauptung, daß gerade in der Rechtsprechung das Geständnis pauschal honoriert werde.[1064] Dagegen wird in der Literatur selbst aber auch eine Auswirkung des Geständnisses auf die Straf-

---

1055 Vgl. die Übersicht bei *Moos*, Geständnis, S. 128ff.

1056 *Hertz*, Das Verhalten des Täters nach der Tat, S. 90.

1057 *Beling*, Lehre vom Verbrechen, § 24 (S. 245f., 255); *Spendel*, Lehre vom Strafmaß, S. 235f.; *ders.*, NJW 1964, 1758(1763).

1058 Dazu oben, S. 186.

1059 *Bruns*, Strafzumessungsrecht, S. 562ff.

1060 BGH NJW 1979, 1835; BGH NStZ 1984, 259; BGH StV 1984, 21.

1061 BGH MDR bei Dallinger, 1971, 545 „Maßgebend ist weder Geständnis noch Leugnen alleine, sondern die innere Einstellung des Täters zur Tat, die in seinem Verhalten während der Hauptverhandlung zum Ausdruck kommt.“

1062 Vgl. S. 181ff.

1063 *Siolek*, Verständigung, S. 184ff., der nicht zwischen Schuld- und Präventionsgesichtspunkten differenziert, sieht bei „nahezu jedem Geständnis eine Strafmilderung“.

1064 Vgl. beispielsweise Sch/Sch-*Stree*, § 46, Rn. 41a; *Tscherwinka*, S. 162, der revisionsrechtliche Gründe nennt. Leider gibt es bis dato keine empirische Untersuchung zu diesem Problem.

zumessungsschuld verneint, sei es generell[1065] oder lediglich bei prozeßtaktischen[1066] Geständnissen. So wird es abgelehnt, das Verhalten des Angeklagten im Prozeß überhaupt für die Strafzumessungsschuld zu verwerten.[1067] Bei der Auslegung des § 46 Abs. 2 StGB für das Verhalten nach der Tat müsse beachtet werden, daß mit der Vollendung der Tat im eigentlichen Sinne die beiden maßgeblichen Größen Unrecht und Schuld für immer feststünden, sich also nachträglich nicht mehr verändern könnten.[1068]
Ein Geständnis kann daher allenfalls die konkreten Umstände erläutern,[1069] hat aber keine eigenständige Bedeutung für die Strafzumessungsschuld, sondern nur Bedeutung für die Täterprognose. Sofern das Geständnis die konkreten Umstände erläutert, erleichtert es dem Gericht die ihm obliegende Aufklärungspflicht aus § 244 Abs. 2 StPO. Ob dann bei aufgeklärtem Sachverhalt von einer geringeren Schuld auszugehen ist oder nicht, ist nicht mehr Sache des Geständnisses. Dabei hat im Ergebnis selbstverständlich derjenige Täter einen Vorteil, der im Rahmen eines Geständnisses das Gericht davon überzeugt, daß er die Tat aus einer persönlichen Zwangslage heraus begangen hat im Vergleich zu demjenigen Täter, der die Tat aus derselben persönlichen Zwangslage begangen hat, dieses Wissen aber für sich behält und bei dem es dem Gericht nicht möglich ist, die Zwangslage selbst zu ermitteln. Diese unbefriedigende Situation läßt sich aber schon damit erklären, daß die Schuld auch stets eine subjektive Komponente hat.
Die überwiegend angewandte Indizmethode läuft bei Beurteilung der Strafzumessungsschuld dabei Gefahr, letztendlich doch eine „Lebensführungsschuld" zu ermitteln.[1070] Eine Berücksichtigung des Geständnisses im Rahmen der Strafzumessungsschuld ist damit abzulehnen.

(3) Verfahrensökonomischer Gesichtspunkt
Weitere Stütze der Strafmilderung bei Strafmaßabsprachen ist der verfahrensökonomische Gesichtspunkt im Rahmen des Nachtatverhaltens des § 46 Abs. 2 StGB. Der verfahrensökonomische Gesichtspunkt ist in § 46 Abs. 2 StGB nicht geregelt, aber da die Regelung des § 46 Abs. 2 StGB nicht abschließend ist,[1071] kann dieser Gesichtspunkt nicht von vornherein ausgeschlossen werden. Dieser

1065 *Moos*, Geständnis, S. 151ff.; *Grünwald*, NJW 1960, 1941(1942); *Dencker*, ZStW 102(1990), 51ff.; Kritik auch bei *Bruns*, Strafzumessungsrecht, S. 596ff.
1066 *Streng*, Strafrechtliche Sanktionen, S. 180; Sch/Sch-*Stree*, § 46, Rn. 41a.
1067 *Grünwald*, NJW 1960, 1941(1942); *Schmidhäuser*, AT, 20/68, S. 798f.; kritisch auch Maurach/Gössel/*Zipf*, AT II, § 63, Rn. 182ff.; *ders.*, Strafmaßrevision, S. 88.
1068 SK/StGB-*Horn*, § 46, Rn. 74; *Kaufmann*, Schuldprinzip, S. 259.
1069 So auch *Dencker*, ZStW 102(1990), 51ff.
1070 Vgl. *Torka*, Nachtatverhalten und Nemo tenetur, S. 39.
1071 BGH MDR 1973, 370; Sch/Sch-*Stree*, § 46, Rn. 10, 53; SK/StGB-*Horn*, § 46, Rn. 97; *Streng*, Strafrechtliche Sanktionen, S. 180.

in der Grundsatzentscheidung des *4. Senats* und auch von Teilen der Literatur vertretene Aspekt erscheint pragmatisch sehr naheliegend, unterliegt aber dogmatischen Bedenken.[1072]

Zur Verdeutlichung ein Fall, der das Problem überspitzt darstellen soll: Der Angeklagte, Familienvater von 5 Töchtern, hat im Rahmen von Selbstjustiz den Vergewaltiger seiner Tochter T1 erschossen. Im Prozeß kommt es zu einer Strafmaßabsprache. Der Angeklagte legt ein detailgenaues Geständnis ab, das mit der Beweislage aus dem Ermittlungsverfahren korrespondiert und insofern das Gericht überzeugt. Das Gericht sagt eine Strafmilderung zu. Durch das Geständnis ist das Verfahren nicht unerheblich beschleunigt worden. Allerdings zeigt der Angeklagte keine Anzeichen von Reue, Schuld- oder Unrechtsbewußtsein. Vielmehr würde er in einer vergleichbaren Situation wieder so handeln.

Für eine strafmildernde Berücksichtigung besteht nach dem bisher Gesagtem kein Raum. Zunächst spricht ein prozeßtaktisch motiviertes Geständnis unter dem Schuldaspekt weder für noch gegen den Täter.[1073] Weiter läßt sich aber in diesem Fall eine Strafmilderung aus präventiven Gesichtspunkten kaum erblikken. Strafzumessungsrechtlich verhält sich das Geständnis insoweit neutral.

Fraglich bleibt aber, ob daneben eine Strafmilderungsmöglichkeit aus rein verfahrensökonomischen Gesichtspunkten besteht. Dazu müßte das Nachtatverhalten im Sinne des § 46 Abs. 2 StGB auch in der Verfahrensbeschleunigung liegen.

Sicherlich liegt zunächst einmal bei einer Strafmaßabsprache eine schnellere Beendigung des Verfahrens vor, da dadurch die Beweisaufnahme in den überwiegenden Fällen erheblich erleichtert, wenn nicht sogar teilweise entbehrlich gemacht wird. Insofern werden Absprachen dem Verfahrensprinzip des Beschleunigungsgrundsatzes gerecht. Der Gedanke des Beschleunigungsgrundsatzes ermöglicht es, bei einer überlangen Verfahrensdauer diese im Rahmen der Strafzumessung positiv für den Angeklagten zu berücksichtigen.[1074] Allerdings basiert diese Strafmilderung nicht auf einem Verhalten des Täters, sondern es handelt sich vielmehr um eine aus dem Rechtsstaatsprinzip des Art. 20 Abs. 3 GG hergeleitete Wiedergutmachung für eine dem Täter widerfahrene Rechtsverletzung.

Für eine Strafmilderung aus verfahrensökonomischen Gründen müßte daher ein Bezug zum Täterverhalten hergestellt werden. Dieser könnte darin gesehen werden, daß der Angeklagte durch das Geständnis und einer damit verbundenen Beschleunigung des Verfahrens Ressourcen der Justiz für andere Verfahren erschließt. Durch die Kooperation unterstützt der Angeklagte quasi übergreifend

---

1072 *Niemöller*, StV 1990, 34 (36, Fn. 16); *Schmidt-Hieber*, Verständigung, Rn. 180ff.; *ders.* StV 1986, 356; *ders.* FS-Wassermann, S. 999f.

1073 Vgl. auch *Streng*, Strafrechtliche Sanktionen, S. 180.

1074 BGHSt 35, 137; BGH NJW 1995, 1101; *Beulke*, Strafverfahrensrecht, Rn. 26 mit weiteren Nachweisen.

den Beschleunigungsgrundsatz. Will man diese Konstruktion auf § 46 Abs. 2 StGB beziehen, dann müßte allerdings das Strafverfahren eine Tatfolge im Sinne des Abs. 2 sein,[1075] da es um die Beurteilung des Unrechtsgehalts der Tat geht, wegen der Anklage erhoben worden ist. Vom Wortlaut könnte man durchaus daran denken, da das Strafverfahren immer der Tat in zeitlicher Hinsicht „folgt".

Aber schon bei systematischer Betrachtung wird das Mißverständnis deutlich, da bei einem solchen Verständnis das durch die Straftat angerichtete Übel nicht nur in der Schädigung des Opfers liegen müßte, sondern auch in der Inanspruchnahme von Strafverfolgungsbehörden und Gerichten.[1076] Sicherlich gibt es Deliktsgruppen, wie beispielsweise die Straftaten gegen die sexuelle Selbstbestimmung, deren geschütztes Rechtsgut durch das Verfahren (weiter) verletzt wird.[1077]

Eine strafmildernde Berücksichtigung wäre insofern auch rein aus verfahrensökonomischen Gesichtspunkten möglich. Diese Deliktsgruppen sollen bei der weiteren Betrachtung aber zunächst zurückgestellt bleiben.

Offensichtlich wird der Widerspruch zwischen Prozeßverhalten und Nachtatverhalten bei Betrachtung von dessen Kehrseite. Honoriert man das Geständnis aus verfahrensökonomischen Gesichtspunkten, so bestraft man den Angeklagten für ein streitiges Verfahren, da er Schwierigkeiten bezüglich des Tatnachweises bereitet.[1078]

Weiter kommt hinzu, so schon *Bruns*, daß der verfahrensökonomische Aspekt schon angesichts des Amtsermittlungsgrundsatzes kein Grund für eine mildere Strafe sein könne.[1079] Eine Entlastung des Gerichts als alleinige Basis für eine Strafmilderung ist damit nicht tragfähig.[1080] Dies würde nichts anderes bedeuten, als daß man gegenüber dem Absprachenverweigerer die relativ höhere Strafe damit rechtfertigt, daß er seine prozessualen Rechte in vollem Umfang in Anspruch genommen hat. Eine solche Interpretation läuft dem § 46 Abs. 2 StGB de lege lata zu wider.[1081]

1075 Vgl. insofern *Schmidt-Hieber*, Verständigung, Rn. 180ff.; *ders.* FS-Wassermann, 995(997); *ders.* StV 1986, 355(356); *ders.* NStZ 1988, 302(304); *ders.* NJW 1989, 284.

1076 *Grünwald*, StV 1987, 453(454).

1077 Vgl. dazu oben S. 188f.

1078 *Schünemann*, Gutachten, S. 113.

1079 *Bruns*, Strafzumessungsrecht, S. 596.

1080 Vgl. *Dencker*, ZStW 102(1990), 51(58f.); *Gerlach*, S. 112f.; Haas, GS-Keller, S. 45(67); *Rönnau*, Absprache, S. 104; Sch/Sch-*Stree*, § 46, Rn. 41a; *Streng*, Strafrechtliche Sanktionen, S. 180.

1081 Vgl. auch *Weigend*, FG-Wiss.-50 Jahre BGH, S. 1011(1042), „Daß sich dies mit dem Schuldprinzip und dem Nemo-tenetur-Grundsatz vereinbaren läßt, muß allerdings (vorsichtig ausgedrückt:) sehr bezweifelt werden."

bb. Geständnis als Schadenswiedergutmachung und zur Herstellung des Rechtfriedens

Es verbleibt die letzte Säule zur Begründung der geständnisbedingten Strafmilderung aus der Grundsatzentscheidung des *4. Senats*.[1082] Demnach ist das Geständnis ein Beitrag zur Schadenswiedergutmachung und fördere damit den Rechtsfrieden.

Schmidt-Hieber sieht diese Möglichkeit einer geständnisbedingten Strafmilderung gemäß § 46 Abs. 2 StGB über die Variante der Schadenswiedergutmachung.[1083] Zu dem einem Strafverfahren immanenten Ziel des Rechtsfriedens gehöre auch der Opferausgleich. Dieser könne durch eine Verständigung zumindest schneller als im streitigen Verfahren erreicht werden. Dies ergebe sich unter anderem daraus, daß das Gesetz die Verhinderung der Tataufklärung durch die Rechtsschutzdelikte[1084] unter Strafe stelle. Bei der Schadenswiedergutmachung sei nicht auf das Motiv abzustellen, sondern auf das Resultat, so daß auch prozeßtaktische Erwägungen Berücksichtigung finden könnten. Ein Geständnis erleichtere die Tataufklärung und mindere damit die Auswirkungen der Tat, so daß es auch ein Beitrag zur Schadenswiedergutmachung sei. Die sogenannten „außertatbestandlichen Folgen" der Tat seien dadurch minimiert.[1085] Schließlich sei das Geständnis auch eine „Genugtuung" für das Opfer.
Die von *Schmidt-Hieber* aufgezeigte Konstruktion wird überwiegend kritisiert.[1086] Denn ähnlich wie bei der verfahrensökonomischen Variante[1087] müßten außertatbestandliche Folgen Nachtatverhalten im Sinne von § 46 Abs. 2 StGB sein. Wie bereits dargestellt, folgt das Strafverfahren zwar zeitlich nach der Tat und könnte daher vom Wortlaut her unter § 46 Abs. 2 StGB subsumiert werden. Aber nach herrschender Auffassung ist unter Auswirkung der Tat im Sinne des § 46 Abs. 2 StGB nicht das Strafverfahren als solches erfaßt.[1088] Das Strafver-

---

1082 BGHSt 43, 195(209).

1083 *Schmidt-Hieber*, Verständigung, Rn. 169ff., 180ff.; *ders.* FS-Wassermann, 995(997); *ders.* StV 1986, 355(356); *ders.* NStZ 1988, 302(304); *ders.* NJW 1989, 284; neuerdings auch *Ioakimidis*, Rechtsnatur, S. 88.

1084 §§ 153ff, 258 StGB; ebenso wird der Täter begünstigt, der zur Sachverhaltsaufklärung beiträgt, §§ 158 StGB, §§ 371 Abs. 3 AO, 31 Nr. 1 BtMG. Andererseits kann dem entgegen gehalten werden, daß der Gesetzgeber ebenso die Freiheit des Angeklagten schützt, beispielsweise §§ 136a StPO, 343 StGB.

1085 Vgl. aber LK-*Hirsch*, § 46, Rn. 54, der als „außertatbestandliche Folgen" nur solche nennt, die mit der Tatbestandsverwirklichung eingetreten sind, und gerade nicht erst im anschließenden Prozeß.

1086 *Bömeke*, Rechtsfolgen fehlgeschlagener Absprachen, S. 52; *Grünwald*, StV 1987, 453(454); *Janke*, S. 188f; *Rönnau*, Absprache, S. 103; *Schünemann*, Gutachten, S. 112; *Siolek*, Verständigung, S. 186

1087 Vgl. S. 195.

1088 *Grünwald*, StV 1987, 453(454); *Janke*, S. 189; LK-*Hirsch*, § 46, Rn. 51ff.; *Rönnau*, Ab-

fahren ist kein durch die Straftat verursachtes Übel. Die Erleichterung der Tataufklärung ist daher keine Auswirkung der Tat. Es handelt sich vielmehr um ein unabhängiges Verhalten nach der Tat.[1089] Wäre das Strafverfahren eine Auswirkung der Tat, dann müßte ja auch konsequent ein sich in die Länge ziehender Prozeß strafschärfende Wirkung für den Angeklagten entfalten,[1090] was beispielsweise bezüglich des Beschleunigungsgrundsatzes paradox wäre, da dieser in einem überlangen Prozeß unter Umständen eine strafmildernde Wirkung sieht.[1091]
Schließlich spricht gegen einen generellen Einfluß des Geständnisses auf die Auswirkung der Tat auch, daß das Geständnis nicht pauschal die Sachverhaltsaufklärung erleichtert.[1092] Denn es gibt durchaus sachlich richtige Geständnisse, die verfahrensökonomisch nicht sehr wertvoll sind. Hier ist das „schlanke" Geständnisse zu nennen. Ein solches erfordert weitere Ermittlungen seitens des Gerichts. Wie in den Ausführungen zum Amtsermittlungsgrundsatz bereits erörtert,[1093] macht aber auch nicht jedes „qualifizierte" Geständnis weitere Sachverhaltsermittlungen entbehrlich.

Bei zusammenfassender Betrachtung stellt sich heraus, daß die Strafmaßabsprache, und damit verbunden die überproportionale Bedeutung des Geständnisses, sich als Fremdkörper nur schwerlich im geltenden Recht eingliedern läßt. Schon im Zusammenhang mit der Vereinbarkeit mit dem Amtsermittlungsgrundsatz hat sich gezeigt, daß die von der materiellen Wahrheit geprägte Strafprozeßordnung dem Geständnis kaum Bedeutung beimißt. Dieses Bild zeigt sich bei der Strafzumessung erneut, so daß festgehalten werden kann, daß eine geständnisbedingte Strafmilderung de lege lata nur unter Präventionsgesichtspunkten möglich ist. Dabei ist aber zu beachten, daß auch dort keinesfalls pauschal gemildert werden kann.
Einer Verfahrensordnung für Absprachen, die auch bei einem taktischen Geständnis eine Strafmilderung ermöglicht, kann daher in diesem Punkt nicht zugestimmt werden. Bei einem ausschließlich taktischen Geständnis fehlt es an der gesetzlichen Grundlage für eine Strafmilderung. Auf die Schuld hat das Geständnis ebensowenig Auswirkung wie die Prozeßökonomie Nachtatverhalten im Sinne von § 46 Abs. 2 StGB ist. Und schließlich ist das taktische Geständnis Ausdruck von Rechtsfeindlichkeit und damit nicht unter Präventionsgesichtspunkten zu honorieren.

---

sprache, S. 103; Sch/Sch-*Stree*, § 46, Rn. 19ff.; *Siolek*, Verständigung, S. 186; *Tscherwinka*, S. 161.

1089 *Bömeke*, Rechtsfolgen fehlgeschlagener Absprachen, S. 52; *Rönnau*, Absprache, S. 103.

1090 Vgl. *Janke*, S. 189; *Schünemann*, Gutachten, S. 112.

1091 Vgl. S. 195ff.

1092 *Rönnau*, S. 104; vgl. auch oben S. 146ff.

1093 S. 143ff.

cc. Fazit

Der Grundsatzentscheidung des *4. Senats* kann in Bezug auf die strafmildernde Wirkung des Geständnisses nicht zugestimmt werden. Einem ausschließlich taktischen Geständnis kann keine strafmildernde Wirkung zukommen. Die Tatsache, daß einem Geständnis wohl überwiegend ein Motivbündel zu Grunde liegt, ändert daran nichts; Prozeßtaktik ist zwar zulässig, bringt aber nicht die wünschenswerte Einsicht, die Anlaß für eine Strafmilderung bieten kann. Soweit eine Verfahrensordnung für Absprachen andeutet, daß das Geständnis auch schon als Beitrag zur Sachaufklärung und Verfahrensverkürzung strafmildernd zu berücksichtigen ist, kann dem auch nicht gefolgt werden.[1094]

Dabei liegt aber nicht schon in jeder Strafmaßabsprache ein rein taktisches Geständnis. Es ist Aufgabe des Gerichts, die ausschließlich prozeßtaktisch motivierten Geständnisse herauszufiltern und diesen dann generell eine Strafmilderung zu verweigern.[1095] Es kann sich dabei auch um ein Motivbündel handeln, so daß eine Strafmilderung prinzipiell möglich ist, allerdings nur im Rahmen der Prävention. Zu einer exorbitanten Honorierung der Verfahrenskooperation bei Absprachen kann es damit aber nicht kommen.[1096] Damit würde man den in den absoluten Straftheorien zum Ausdruck gebrachten Strafzweck in nichtvertretbarer Weise auf ein Minimum reduzieren.

Das Ergebnis ist für die Absprachenpraxis damit erschütternd, da de lege lata eine absprachengemäße Strafmilderung zwar unter Umständen aus Präventionsgesichtspunkten möglich ist, jedoch nur in einem so geringen Rahmen, daß Absprachen damit äußerst unattraktiv werden. Denn das Gericht hat nach dem hier Gesagten eine wesentlich geringere Verhandlungsmasse, als nach einer Verfahrensordnung für Absprachen auf Grundlage der Entscheidung des *4. Senats*.

Will das Gericht dennoch eine Absprache mit dem Angeklagten treffen, bei der es wegen einer in Aussicht gestellten (deutlichen) Strafmilderung zu einem Geständnis kommt, würde sich nach der hier vertretenen Auffassung ein immenses Problem für das Gericht im Rahmen der Urteilsgründe bei der Strafzumessung stellen. Denn die strafmildernde Wirkung könnte nicht bestandssicher[1097] begründet werden.

1094 So auch *Bömeke*, Rechtfolgen fehlgeschlagener Absprachen, S. 52.

1095 *Beulke/Satzger*, JuS 1997, 1072(1078).

1096 Vgl. auch *Weigend*, FG-Wiss.-50-Jahre BGH, S. 1011(1025).

1097 Einerseits wird sich aber in der Absprachenpraxis das Problem der Bestandskraft wegen der absprachеimmanenten Einigung teilweise gar nicht erst stellen. Andererseits wird auch versucht, die Bestandskraft durch einen abgesprochenen Rechtsmittelverzicht zu erlangen, vgl. dazu S. 204ff.

II. Nemo-tenetur-Grundsatz

Der *4. Senat*[1098] weist in der Grundsatzentscheidung auch ausdrücklich auf die Wahrung des Nemo-tenetur-Grundsatzes[1099] hin. Der Grundsatz, daß niemand verpflichtet sei, sich selbst anzuklagen, sei danach genauso wie § 136a StPO zu beachten.

Da § 136a StPO eine spezialgesetzliche Ausformung des allgemeinen Verfahrensgrundsatzes nemo tenetur se ipsum accusare ist, liegt bei einem Verstoß gegen § 136a StPO auch ein solcher gegen den Nemo-tenetur-Grundsatz vor. Zu klären gilt, ob es von § 136a StPO nicht erfaßte Fälle von unzulässigen Absprachen gibt, und ob diese mit dem Nemo-tenetur-Grundsatz vereinbar sind.

Denkbar wäre eine grundsätzliche Unvereinbarkeit von Absprachen mit dem Nemo-tenetur-Grundsatz und damit ein Anwendungsbereich über § 136a StPO hinaus, da Absprachen überwiegend eine Selbstbelastung des Angeklagten immanent ist, der Nemo-tenetur-Grundsatz aber gerade verbietet, daß der Angeklagte gezwungen wird, sich selbst zu belasten oder an seiner Überführung mitzuwirken.

Von einer abschließenden Regelung durch § 136a StPO bei Absprachen geht *Schünemann* aus, da durch das Versprechen eines gesetzlich nicht vorgesehenen Vorteils so präzise der Nerv der Absprachenpraxis getroffen werde, daß daneben für einen Rückgriff auf den allgemeinen Nemo-tenetur-Grundsatz weder Raum noch Bedürfnis bestehe.[1100]

Für die überwiegenden Fälle ist dem zuzustimmen, denn wird dem Angeklagten beispielsweise bei fehlender Geständnisbereitschaft eine höhere Strafe angedroht – und hier liegt das Kernproblem von Nemo-tenetur-Grundsatz und Absprachenpraxis – damit er gesteht, liegt darin ein Verstoß gegen den Nemo-tenetur-Grundsatz, wie oben aber bereits festgestellt, läge auch schon ein Verstoß gegen § 136a StPO vor. Problematischer wird die Beurteilung mit zunehmender „Undeutlichkeit" der Verknüpfung zwischen Aussageverhalten des Angeklagten und Strafverhalten des Gerichts.

Da ist an die „Belehrungs-Fälle" zu denken, die nicht in den Anwendungsbereich des § 136a StPO fallen.[1101] So ist es ein Unterschied, wenn dem Angeklagten gesagt wird, daß „ein Geständnis strafmildernd berücksichtigt wird, ja vielleicht ist eine Aussetzung zur Bewährung möglich", oder etwa, „wenn der Angeklagte nicht gesteht, muß er mit einer Freiheitsstrafe rechnen, die nicht zur Bewährung ausgesetzt wird".[1102]

1098 BGHSt 43, 195(204).

1099 Vgl. auch oben S. 59ff.

1100 *Schünemann*, Gutachten, S. 99; im Ergebnis folgend *Braun*, S. 68. Vgl. auch *Tscherwinka*, S. 132.

1101 Vgl. S. 162f.

1102 Vgl. auch *Bömeke*, Rechtsfolgen fehlgeschlagener Absprachen, S. 54.

Eine Verletzung des Nemo-tenetur-Grundsatzes kann nicht schon deshalb ausgeschlossen werden, weil dessen „Schutzbereich" bereits nicht eröffnet ist.[1103] Für einen vom „Schutzbereich" erfaßten Selbstbelastungszwang muß jeder Druck, der auf den Angeklagten ausgeübt wird, um seine Willensfreiheit einzuschränken, ausreichen, da ansonsten kein umfassender Schutz der Willensfreiheit gewährleistet werden kann.
Insofern überzeugt auch die von *Janke* im Hinblick auf § 136a StPO vorgenommene Auslegung des Nemo-tenetur-Grundsatzes nicht.[1104] Danach kommt eine Verletzung nicht in Betracht, da der Zwang im Rahmen einer Absprache für den Angeklagten nicht so groß sei, daß der Angeklagte seine Lage für so aussichtslos halte, daß ihm daher keine andere Entscheidung als das Geständnis möglich sei. Der Nemo-tenetur-Grundsatz ist zwar zutreffend als Verbot des Selbstbelastungszwanges zu interpretieren,[1105] unter Zwang fällt aber schon jede unmittelbare oder mittelbare Ausübung von Druck,[1106] so daß auch schon jedes mittelbare Inaussicht-Stellen von Rechtsnachteilen bei der Verweigerung der Mitwirkung an der Sachverhaltsaufklärung erfaßt ist, wenn es nicht nur um die allgemeine Entschließungsfreiheit geht. Der Zwang muß insofern final auf die Beeinträchtigung der Willensfreiheit gerichtet sein. Darunter fällt gerade der Fall, daß bei fehlender Geständnisbereitschaft mittelbar eine höhere Strafe angedroht wird, denn mittelbare Strafandrohung und Entschließungsfreiheit sind miteinander verknüpft. Der Druck muß sich aber nicht erst so immens auf den Angeklagten auswirken, daß er seine Lage für völlig aussichtslos hält. Vielmehr muß es schon ausreichen, wenn eine Abwägung aus Sicht des Angeklagten unter Berücksichtigung seiner Interessen auf Grund der Druckausübung zu Lasten der Willensfreiheit geht. Die Tatsache, daß bei einem Scheitern einer durch das Gericht initiierten Absprache der Richter wohl überwiegend seine Frustration nicht auf Kosten des Angeklagten kompensieren wird,[1107] hemmt die mittelbare Druckausübung auf den Angeklagten nicht, da dieser im Zeitpunkt der Initiierung gerade nicht sicher wissen kann, wie der Prozeß bei fehlender Konsensbereitschaft seinerseits weiter verläuft. Zwar besteht die Möglichkeit, daß der Verteidiger langjährige Abspracheerfahrungen gesammelt hat, und er somit den auf dem Angeklagten ausgeübten Druck hemmen kann. Es bleibt aber eben auch nur eine Möglichkeit, die bei einem Angeklagten, dessen Verteidiger beispiels-

---

[1103] So aber wohl *Siolek*, Verständigung, S. 138, der eine Parallele zum Nötigungstatbestand des § 240 StGB zieht, und verbale Einwirkungen, die alleine durch den Inhalt motivieren sollen, nicht vom Schutz des Nemo-tenetur-Grundsatzes erfaßt sehen will.

[1104] *Janke*, S. 158ff.

[1105] Vgl. insoweit BVerfGE 56, 37(41ff.); SK-*Rogall*, vor § 133, Rn. 139.

[1106] Vgl. *Kühl*, JuS 1986, 115(118); SK-*Rogall*, vor § 133, Rn. 139; *Wessels*, JuS 1966, 169(171).

[1107] Vgl. *Janke*, S. 159, der Richter werde das Scheitern einer von ihm angeregten Absprache rechtzeitig „verdauen".

weise noch keine Absprachеerfahrung gesammelt hat, geringer ist und bei einem anwaltlich nicht beratenden Angeklagten gar nicht vorhanden ist.
Ebenso kann dem Argument nicht zugestimmt werden, eine Verletzung des Nemo-tenetur-Grundsatzes komme nicht in Betracht, da der Angeklagte formal nicht zu einer Absprache gezwungen werden könne und daher immer die Möglichkeit habe, das streitige Verfahren zu durchlaufen.[1108] Eine solche formale Betrachtung läuft dem historisch gewachsenen umfassenden Schutzanspruch des Nemo-tenetur-Grundsatzes zuwider. Auch faktische Zwänge sind vom Schutzbereich des Nemo-tenetur-Grundsatzes erfaßt.[1109]
Auch kann die Gefahr der Verletzung des Nemo-tenetur-Grundsatzes nicht deswegen verneint werden, weil sich der Angeklagte vernünftigerweise selber hätte denken können, daß sein Geständnis strafmildernde Wirkung entfaltet. Dem muß vielmehr mit *Rönnau* entgegengehalten werden, daß in solchen Fällen dann ja auch konsequent ein Hinweis des Gerichts unterbleiben könnte, oder, aus Gründen der gerichtlichen Fürsorgepflicht, ein Hinweis zu Beginn der Hauptverhandlung in Form einer routinemäßigen Belehrung erfolgen sollte.[1110] Dies könnte beispielsweise in der Form geschehen, daß in Verfahren mit Absprachеoptionen der Beteiligten die Belehrung über das Aussageverweigerungsrecht aus § 136 Abs. 1 S. 2 StPO dadurch ergänzt wird, „daß eine Aussage des Angeklagten gegebenenfalls dem Gericht Umstände plausibel macht, die möglicherweise eine strafmildernde Wirkung entfalten und die dem Gericht eventuell ohne die Aussage nicht bekannt werden". Eine solche Belehrung würde die Gefahr einer Verletzung des Nemo-tenetur-Grundsatzes erheblich mindern. Letztendlich ist es aber eine Einzelfallentscheidung, ob durch eine gerichtliche Initiierung einer Absprache der Nemo-tenetur-Grundsatz verletzt ist. Eine generelle Unvereinbarkeit ist ebensowenig abzulehnen wie eine generelle Vereinbarkeit.
Anders gelagert sind die Fälle, in denen die Initiative für Geständnis und Absprache vom Angeklagten oder seinem Verteidiger ausgeht. Initiiert der Angeklagte beispielsweise eine Absprache, in der er beim Inaussicht-Stellen einer bestimmten Strafgrenze durch das Gericht ein Geständnis oder auch anderes Prozeßverhalten, beispielsweise die Rücknahme eines Beweisantrages, nahelegt, so liegt darin kein Verstoß gegen den Nemo-tenetur-Grundsatz, da es dem Angeklagten grundsätzlich frei steht, ob er an seiner Überführung mitwirkt oder nicht.[1111] Insofern kann der Angeklagte frei über sein Recht verfügen.[1112]

Es zeigt sich mithin, daß die pauschale Aussage in einer Verfahrensordnung für Absprachen, der Nemo-tenetur-Grundsatz müsse gewahrt bleiben, durchaus sei-

---

1108 So aber *Braun*, S. 68.
1109 Vgl. SK-*Rogall*, vor § 133, Rn. 139ff.
1110 *Rönnau*, Absprache, S. 198.
1111 So auch *Siolek*, DRiZ 1989, 324f.; *Janke*, Absprache, S. 157ff.
1112 *Siolek*, Verständigung, S. 138.

ne Berechtigung hat, da bei jeder Absprache im Einzelfall zu prüfen ist, ob diese mit dem Nemo-tenetur-Grundsatz vereinbar ist. Allerdings bleibt es auch bei der Berechtigung. Mit ihr alleine kann in der Praxis wohl nur schwerlich die Grenze des „noch zulässigen Drucks" ausfindig gemacht werden.[1113] Lediglich minimieren kann das Gericht eine Überschreitung dieser Grenze, indem es dem Angeklagten qualifiziert belehrt. Die Gefahr einer Verletzung des Nemo-tenetur-Grundsatzes kann aber nicht vollständig ausgeschlossen werden. Dazu müßte das Gericht schon zu Beginn der Hauptverhandlung eine Abspracheoption haben, was gerade nicht immer der Fall sein dürfte. Ein Hilfsmittel bei der Ermittlung dieser Grenze kann die Antwort auf die Frage sein, wer die Absprache initiiert hat. Einer Initiierung von Seiten des Gerichts stehen stets die aufgezeigten Bedenken gegenüber.

III. Der absprachegemäße Rechtsmittelverzicht

Wie bereits dargestellt, ist die Abgabe eines absprachegemäßen Rechtsmittelverzichts ein Sonderproblem.[1114] Wegen der mit Rechtsmittelverzicht eintretenden sofortigen Bestandskraft, der Möglichkeit der Erleichterung der Urteilsbegründung gemäß § 267 Abs. 4 StPO und dem Ausdruck der allseitigen Akzeptanz[1115] hat der Rechtsmittelverzicht einen sehr hohen Stellenwert in der Absprachenpraxis. Für einige ist er gar aus einer Absprache nicht wegzudenken, da eine Absprache ohne Zusage zum Rechtsmittelverzicht eine gescheiterte Absprache sei.[1116]

Um so mehr verwundert es, daß wegen Differenzen zwischen den einzelnen Senaten des *Bundesgerichtshofes* zur Zeit noch nicht von einer einheitlichen Regelung zum absprachegemäßen Rechtsmittelverzicht gesprochen werden kann. Der *4. Senat* hat in seiner Entscheidung herausgestellt, daß Absprachen über einen Rechtsmittelverzicht mit dem Angeklagten vor der Urteilsverkündung unzulässig sind.[1117] Selbstverständlich sei es nicht zulässig, wenn sich das Gericht für das Inaussicht-Stellen einer milderen Strafe durch den Angeklagten versprechen lasse, daß dieser auf Rechtsmittel verzichten werde.[1118]

Aus § 302 Abs. 1 S. 1 StPO ergibt sich zunächst die grundsätzliche Möglichkeit, auf die Abgabe eines Rechtsmittels zu verzichten.[1119] Es stellt sich aber die

1113 Vgl. auch *Schmitt*, GA 2001, 411(422), von einer „randscharfen Vorgabe" könne keine Rede sein.

1114 S. 83ff.

1115 *Weider*, FS-Lüderssen, S. 773(776) hat jüngst plakativ ausgedrückt, daß „Akzeptanz und damit Rechtskraft conditio sine quo non der Absprache" sein. Vgl. auch *Fahl*, JA 2003, 11(13), „ganz wesentlicher Bestandteil einer Absprache".

1116 So *Weider*, FS-Lüderssen, S 773(776).

1117 BGHSt 43, 195(204f.).

1118 BGHSt 43, 195(204).

1119 *Meyer-Goßner*, § 302, Rn. 13ff.

Frage, ob ein Rechtsmittelverzicht auch Gegenstand einer Absprache sein kann, und im Falle der Unzulässigkeit des Rechtsmittelverzichts innerhalb der Absprache, welche Wirkung eine unzulässige Rechtsmittelverzichtserklärung entfaltet.
Die Strafprozeßordnung differenziert nicht ausdrücklich zwischen Zulässigkeit und Wirksamkeit eines Rechtsmittelverzichts. § 302 Abs. 1 S. 1 StPO spricht insofern nur von der Wirksamkeit eines Rechtsmittelverzichts. Aus der Existenz des § 302 StPO ergibt sich aber, daß ein Rechtsmittelverzicht unter nicht genannten Bedingungen zulässig ist. In § 300 StPO ist lediglich die Rede davon, daß der Irrtum in der Bezeichnung des zulässigen Rechtsmittels „unschädlich" ist. Es gelten daher die allgemeinen Grundsätze für Prozeßhandlungen.
Da im Falle einer wirksamen Prozeßhandlung unmittelbar eine Rechtsfolge ausgelöst wird, ist die Frage der Wirksamkeit von Prozeßhandlungen von wesentlich größerer Bedeutung als die Frage nach ihrer Zulässigkeit. Es wird daher auch überwiegend nur die Wirksamkeit von Prozeßhandlungen diskutiert.[1120]
Bei einem absprachegemäßen Rechtsmittelverzicht ist jedoch auch die Zulässigkeit von Interesse, denn es besteht die Besonderheit, daß sich Zulässigkeitsprobleme in verschiedener Hinsicht stellen können. Der Rechtsmittelverzicht könnte unzulässig sein, weil er nicht Gegenstand einer Absprache sein kann. Ebenso könnte könnt aber auch die Absprache als solche unzulässig sein, weil ihr ein Rechtsmittelverzicht zu Grunde liegt. Darüber hinaus könnte die Erklärung auf Rechtsmittel unzulässig sein, weil ihr eine unzulässige Absprache vorausgegangen ist.

Weder die Unzulässigkeit der Absprache noch die Unzulässigkeit des späteren Verzichts auf Rechtsmittel besagen grundsätzlich etwas über die Wirksamkeit des Rechtsmittelverzichts. Wegen seiner öffentlich-rechtlichen Struktur kann auch ein unzulässiger Rechtsmittelverzicht Wirksamkeit entfalten, sofern das Bedürfnis an Gerechtigkeit nicht im Einzelfall jenes an Rechtssicherheit übersteigt. So ist es durchaus denkbar, daß der Richter im Rahmen einer Absprache rechtswidrig handelt, indem er einen Rechtsmittelverzicht zum Gegenstand der Absprache werden läßt, der spätere Verzicht auf Rechtsmittel aber dennoch wegen des Interesses an Rechtssicherheit Bestand hat. Die Zulässigkeit ist daher getrennt von der Wirksamkeit zu sehen.[1121]

Zunächst gilt es daher zu untersuchen, ob ein Rechtsmittelverzicht Gegenstand einer Absprache sein kann. Danach ist zu klären, ob ein absprachegemäß erklär-

---

1120 Vgl. dazu *Beulke*, Strafprozeßrecht, Rn. 297ff.; *Roxin*, Strafverfahrensrecht, § 22, Rn. 4ff.

1121 Vgl. *Rieß*, FS-Meyer-Goßner, S. 645(650) „...zu trennenden Frage der Wirksamkeit"; *Satzger*, JuS 2000, 1157(1158); *Weider*, FS-Lüderssen, S. 773(776), der zwischen Rechtsmittelverzicht als Gegenstand der Absprache und Wirksamkeit desselben differenziert.

ter Rechtsmittelverzicht, der möglicherweise auf einer unzulässigen Absprache beruht, zulässig ist. Abschließend gilt zu klären, wie sich eine etwaige Unzulässigkeit von Absprache und Verzichtserklärung auswirkt, also ob sie die Wirksamkeit des Rechtsmittelverzichts beeinflußt. Dabei stellt sich dann die im hohen Maße praxisrelevante Frage, ob der auf Grund einer Verzichtszusage (später) tatsächlich erklärte Rechtsmittelverzicht Wirksamkeit entfaltet.

1. Zulässigkeit eines Rechtsmittelverzichts als Gegenstand einer Absprache

In Bezug auf die Zulässigkeit eines Rechtsmittelverzichts stellen sich im Rahmen einer Absprache zwei Problempunkte: Da ist zum einen der Zeitpunkt der Absprache und damit verbunden des Rechtsmittelverzichts und zum anderen die Frage, ob die Abgabe eines Rechtsmittelverzichts mit einer Gegenleistung des Gerichts verknüpft werden kann.

a. Zeitpunkt des Rechtsmittelverzichts

Es gibt keinen fest fixierten Zeitpunkt für Absprachen mit Rechtsmittelverzicht. Jedoch wird keine Absprache nach Erlaß der gerichtlichen Entscheidung stattfinden, da sie ansonsten gerade diese nicht mehr beeinflussen kann. Absprachen finden daher stets vor der Entscheidungsverkündung statt. Häufiger Zeitpunkt ist das Stadium der Beweisaufnahme.

Der Zeitpunkt für einen zulässigen Rechtsmittelverzicht liegt hingegen nach Ansicht des *4. Senats*[1122] und absolut herrschender Meinung im Schrifttum[1123] gerade nicht vor Urteilsverkündung beziehungsweise der gerichtlichen Entscheidung. Ein früherer Zeitpunkt kann auch nicht in Betracht kommen, da der Angeklagte nicht in der Absprache auf Rechtsmittel gegen ein Verfahren sowie die darauf gründende Entscheidung unwiderruflich[1124] verzichten kann, wenn er den tatsächlichen Ausgang dieses Prozesses noch gar nicht kennt, nämlich das Urteil.[1125] Damit ist eigentlich schon alleine aus Gründen des Zeitpunktes die Möglichkeit eines Rechtsmittelverzichts im Rahmen einer Absprache ausgeschlossen, so daß es gar nicht der Klärung der Zulässigkeit einer Verknüpfung bedürfte. Ein Rechtsmittelverzicht als Prozeßhandlung im Rahmen einer Ab-

---

1122 BGHSt 43, 195(204) sowie zwei Jahre später bestätigend in BGH StV 2000, 4.

1123 KK-*Ruß*, § 302, Rn. 6; *Meyer-Goßner*, § 302, Rn. 14; *Schmitt*, GA 2001, 411(424); SK-*Schlüchter*, vor § 213, Rn. 52; SK-*Frisch*, § 302, Rn. 39. Die Möglichkeit eines „etwas" früheren Zeitpunktes sieht LR-*Hanack*, § 302, Rn. 9f. „... vor Erlaß der Entscheidungsformel, aber nicht vor Erlaß der Entscheidung".

1124 Ständige Rechtsprechung, vgl. beispielsweise BGH NStZ 1997, 148; BGH StV 2000, 542(543), und einhellige Ansicht in der Literatur, vgl. beispielsweise *Beulke*, Strafprozeßrecht, Rn. 300.

1125 *Dencker*, Willensfehler bei Rechtsmittelverzicht, S. 42 „[...] da der notwendige Bezugspunkt Urteil noch nicht existiert".

sprache ist damit immer unzulässig. Dennoch ist ein Rechtsmittelverzicht häufig Gegenstand von Absprachen.[1126] Um den Rechtsmittelverzicht „absprachenfähig“ zu erhalten, gibt es zwei Ansätze, um aus diesem „zeitlichen Dilemma“ herauszukommen:

Zum einen wäre konstruktiv die Möglichkeit denkbar, daß der Rechtsmittelverzicht unter einer Bedingung abgegeben wird. Eine solche Absprache kann man sich dann beispielsweise so vorstellen, daß der Angeklagte zusichert, im Falle eines Urteils mit dem Strafrahmen X werde er einen Rechtsmittelverzicht abgeben. Der Rechtsmittelverzicht des Angeklagten wird quasi an eine Gegenleistung des Gerichts geknüpft, beispielsweise in Form des Strafmaßes.[1127] Das Strafverfahren kennt solche Prozeßhandlungen unter Abgabe von Bedingungen von dem Hilfsbeweisantrag oder dem Eventualbeweisantrag.[1128] Grundsätzlich sind Prozeßhandlungen aber aus Gründen der Rechtssicherheit bedingungsfeindlich.[1129] Es muß Klarheit über Beginn, Lage und Ende des Strafverfahrens bestehen.[1130] So ist auch gerade für die Abgabe eines Rechtsmittelverzichts die Bedingungsfeindlichkeit unstreitig.[1131] Ein absprachegemäßer Rechtsmittelverzicht, der an eine Bedingung geknüpft ist, ist daher stets unzulässig.
Es bleibt nur die Möglichkeit, den Rechtsmittelverzicht im Rahmen einer Absprache lediglich als Ankündigung eines solchen zu verstehen, um damit aus dem „zeitlichen Dilemma“ herauszukommen und sich somit überhaupt die Option eines Rechtsmittelverzichts in der Absprache offenzuhalten. Von Seiten der Befürworter eines absprachegemäßen Rechtsmittelverzichts wird daher auch gegen das Argument, ein Rechtsmittelverzicht im Rahmen einer Absprache sei schon wegen des verfrühten Zeitpunktes des Verzichts unzulässig, eine unzulässige Gleichsetzung von Erklärung und Ankündigung angeführt.[1132]
Dabei kann aber die Begründung der Zulässigkeit einer solchen Ankündigung nicht dahingehend erfolgen, daß der Angeklagte zum Zeitpunkt der Ankündi-

---

1126 Grund dafür ist unter anderem das gerichtliche Interesse an der Bestandskraft und die Erleichterung der Urteilsbegründung (§ 267 Abs. 4 StPO), vgl. dazu *Weigend*, FG-Wiss.-50-Jahre BGH S. 1011(1012). Siehe auch oben, S. 34.

1127 Es sind aber auch andere „Leistungen“ des Gerichts denkbar. So könnte man beispielsweise an eine Absprache denken, die einen Rechtsmittelverzicht im Gegenzug für eine bestimmte Beweiswürdigung des Gerichts zum Gegenstand hat.

1128 Siehe zum Hilfsbeweisantrag Fn. 198 (S. 46).

1129 *Beulke*, Strafprozeßrecht, Rn. 299.

1130 *Roxin*, Strafverfahrensrecht, § 22, Rn. 11.

1131 BGHSt 5, 183(184); *Beulke*, Strafprozeßrecht, Rn. 299; LR-*Hanack*, § 302, Rn. 33; *Roxin*, Strafverfahrensrecht, § 22, Rn. 11; *Schmitt*, GA 2001, 411(424); SK-*Frisch*, § 302, Rn. 16.

1132 *Schmitt*, GA 2001, 411(424); *Herrmann*, JuS 1999, 1162(1166); *Weider*, FS-Lüderssen, S. 773(775); *Weigend*, StV 2000, 63(64, 67), der das „Versprechenlassen“ eines Rechtsmittelverzichts für zulässig hält.

gung bereits den Inhalt des späteren Urteils kenne, weil in der Praxis regelmäßig Punktstrafen ausgehandelt würden.[1133] Denn damit würde man den unzulässigen Zeitpunkt des Rechtsmittelverzichts mit einer unzulässigen Bindung[1134] des Gerichts kompensieren. Gleiches gilt auch für die Frage der Zulässigkeit einer Ankündigung des Rechtsmittelverzichts, die ebensowenig mit einer etwaigen Zusage einer Punktstrafe beantwortet werden kann.[1135]

Auch der *4. Senat*[1136] wird die Möglichkeit der Ankündigung eines Rechtsmittelverzichts zumindest in Betracht gezogen haben, da ansonsten die Ausführungen zur Unzulässigkeit einer Verknüpfung nicht notwendig gewesen wären. Einen ausdrücklichen Hinweis enthält die Entscheidung jedoch nicht.

Festzuhalten – und damit auch dem *4. Senat* zuzustimmen – ist zunächst, daß schon wegen des Zeitpunktes nicht im Rahmen einer Absprache abschließend und verbindlich auf Rechtsmittel verzichtet werden kann.

b. Versprechen eines Rechtsmittelverzichts als Gegenleistung

Die Lösung des Problems der Zulässigkeit eines absprachegemäß erklärten Rechtsmittelverzichts liegt jedoch nicht in der formalen Betrachtung des Zeitpunktes. Denn es bleibt die Möglichkeit bestehen, sich im Rahmen einer Absprache die spätere Abgabe eines Rechtsmittelverzichts durch einen sogenannten Vorabankündigung „versprechen zu lassen“. Daher liegt auch der Kern des Problems eines absprachegemäßen Rechtsmittelverzichts in der Verknüpfung der Rechtsmittelbefugnis des Angeklagten mit einer Gegenleistung – welcher Art auch immer – des Gerichts. Die Frage der Zulässigkeit einer Ankündigung eines Rechtsmittelverzichts kann deshalb auch nur gelöst werden, wenn die Frage der Zulässigkeit einer solchen Verknüpfung geklärt ist. Ist eine solche Verknüpfung im Rahmen der Vorabankündigung unzulässig, stellt sich weiter die Frage, ob und inwieweit sich diese auf die Zulässigkeit der späteren Erklärung des Rechtsmittelverzichts auswirkt.

aa. Diskussion in der Rechtsprechung

Da die Rechtsprechung im wesentlichen die Frage der *Wirksamkeit* eines absprachegemäßen Rechtsmittelverzichts beschäftigt hat, lassen sich nur punktuelle Rückschlüsse auf die Zulässigkeit einer solchen Verknüpfung ziehen.

1133 So aber *Weider*, FS-Lüderssen, S. 773(777f.).

1134 Vgl. dazu oben, S. 132ff.

1135 Vgl. *F. Meyer*, Willensmängel beim Rechtsmittelverzicht, S. 307, „im Klartext bedeutet dies, daß ein Rechtsverstoß den anderen heilen soll!“

1136 BGHSt 43, 195(204f.).

Der *4. Senat*[1137] hat die Frage, ob das Gericht sich eine Ankündigung der Abgabe eines Rechtsmittelverzichts vom Angeklagten als Gegenleistung versprechen lassen darf, in seiner Grundsatzentscheidung eindeutig verneint und diese Auffassung in einer späteren Entscheidung[1138] bekräftigt, sofern sich das Gericht für das Inaussicht-Stellen einer milderen Strafe durch den Angeklagten einen Rechtsmittelverzicht versprechen läßt.[1139]

Als Ergebnis kann daher schon festgehalten werden, daß nach Auffassung des *4. Senats* ein absprachegemäßer Rechtsmittelverzicht nicht nur wegen des Zeitpunktes, sondern auch wegen der absprachеimmanenten Verknüpfung stets unzulässig ist.[1140] In einer solchen Klarheit wird diese Ansicht aber nicht von allen Senaten des *Bundesgerichtshofes* geteilt.[1141]

Eine Verknüpfung von Rechtsmittelverzicht und Strafrabatt war auch unter anderem Gegenstand der Entscheidung des *1. Senats* vom 26.09.2001[1142], die nicht zuletzt unter diesem Gesichtspunkt die Grundsatzentscheidung des *4. Senats* in puncto Einheitlichkeit nicht zu einer Verfahrensordnung für Absprachen des *Bundesgerichtshofs* weiterentwickelt hat. Der *1. Senat* mußte sich mit einer gescheiterten Absprache auseinandersetzten, der folgender Sachverhalt zu Grunde lag:[1143]

> Der Vorsitzende Richter des Tatgerichts hatte kurz vor Schluß der Beweisaufnahme in einer Verhandlungspause auf dem Gerichtsflur eine Absprache mit der Staatsanwältin, dem Verteidiger und den Berufsrichtern initiiert. Im Rahmen der Absprache äußerte sich die Staatsanwältin im Hinblick auf die Vorstellung des Vorsitzenden von einer zweijährigen Freiheitsstrafe dahingehend, daß „sie sich mit ‚Hängen und Würgen' mit der vom Gericht vorgeschlagenen Strafe einverstanden erklären könne, ein solches Urteil müsse allerdings sofort rechtskräftig werden". Der Verteidiger verwies auf die Unzulässigkeit einer Strafmilderung für die Ankündigung eines Rechtsmittelverzichts. Auf die Aufforderung, sein Ehrenwort zu geben, wies der Verteidiger darauf hin, daß ein solches Ehrenwort nichts wert sei, da die Angeklagte sofort nach Urteilsverkündung durch einen

---

1137 BGHSt 43, 195(204). Der *2. Senat* hatte die Frage hingegen noch kurz zuvor noch offengelassen, vgl. BGH NStZ 1997, 611. Siehe auch oben, S. 50.

1138 BGH Beschluß vom 19.10.1999 – 4 StR 86/99 = BGHSt 45, 227 = StV 2000, 4 = NStZ 2000, 96(97).

1139 Ebenso hält das OLG *München*, StV 2000, 188, einen absprachegemäßen Rechtsmittelverzicht für grundsätzlich unzulässig.

1140 So interpretiert auch der *5. Senat* in seinem Urteil vom 21.04.99 – 5 StR 714/98 = BGHSt 45, 51(53) die Entscheidung des *4. Senats*.

1141 So auch *Rieß*, FS-Meyer-Goßner, S. 645(650).

1142 BGH Beschluß vom 26.09.2001 – 1 StR 147/01 = wistra 2001, 470 = NStZ 2002, 219.

1143 Siehe auch die ausführlichere Darstellung des Sachverhalts bei *Weider*, NStZ 2002, 174f.

Verteidigerwechsel die Einlegung der Revision erreichen könne, ohne daß der Verteidiger wortbrüchig werden müsse. Der Vorsitzende, dem wie die Staatsanwältin an einer endgültigen Erledigung gelegen war, ergriff daraufhin die Initiative, und teilte der Angeklagten nunmehr selbst in der mittlerweile fortgesetzten Hauptverhandlung mit, daß eine Gesamtfreiheitsstrafe von 2 Jahren in Betracht käme, mit der sich auch die Staatsanwältin einverstanden zeige. Allerdings setze dies voraus, daß das Verfahren „heute endgültig erledigt" werde. Verteidiger und Angeklagte äußerten sich dazu nicht. Der Vorsitzende unterbrach die Hauptverhandlung erneut, um der Angeklagten Gelegenheit zu geben, sich mit ihrem Verteidiger zu besprechen. In der fortgesetzten Hauptverhandlung erklärte jedoch der Verteidiger, daß seine Mandantin sich in der jetzt bestehenden Drucksituation nicht zu einer Rechtsmittelverzichtszusage bereit erklären könne. Bemerkenswerterweise erging ein Urteil mit einer nunmehrigen Gesamtstrafe von 2 Jahren und 6 Monaten – also 6 Monate mehr als zuvor angekündigt.

Der *1. Senat* hat das tatgerichtliche Urteil im Rechtsfolgenausspruch aufgehoben. Auf den ersten Blick ist aber verwunderlich, daß der *1. Senat* seinen Beschluß darauf gestützt hat, daß das Tatgericht die Angeklagte ohne ausdrücklichen Hinweis zu einer höheren als der zuvor angekündigten Strafe verurteilt hat.
Es stellt sich die Frage, ob es von Bedeutung ist, daß der *1. Senat* nicht die Unzulässigkeit der geplanten Verknüpfung von Rechtsmittelverzicht und Strafmaß zu den Entscheidungsgründen gemacht hat und allein deswegen das tatgerichtliche Urteil aufgehoben hat. Denn man könnte das tatgerichtliche Urteil auch verkürzt so wiedergeben, daß wegen der fehlenden Bereitschaft zum Rechtsmittelverzicht eine Strafmilderung von 6 Monaten Freiheitsstrafe ausgeblieben ist, oder, anders ausgedrückt, eine Strafschärfung von 6 Monaten verhängt wurde.[1144] Eine in dieser Form geplante Absprache verstößt nicht nur gegen die Thesen des *4. Senats* zum Abspracheverfahren, sondern steht auch im eklatanten Widerspruch zum Strafzumessungsrecht.
Die Antwort auf die Frage, warum der *1. Senat* seine Entscheidung nicht auf die Unzulässigkeit der Verknüpfung gestützt hat, ist aber wohl mit *Weider* im Beweisrecht zu suchen.[1145] Denn sowohl das tatgerichtliche Angebot auf ein Strafmaß von 2 Jahren Freiheitsstrafe als auch das Unterbleiben eines Hinweises auf eine höhere Strafe als die angekündigte waren unstreitig bewiesen; die Verknüpfung zwischen Strafmaß und Rechtsmittelverzicht war hingegen streitig, da die Berufsrichter sich in dienstlichen Erklärungen dahingehend äußerten, daß das Plädoyer des Verteidigers wie auch das letzte Wort der Angeklagten

[1144] Vgl. auch den Fall, der der Entscheidung des *2. Senats* – 2 StR 388/99 = StV 2000, 556 zu Grunde lag. Nach gescheiterter Absprache wurden aus den angekündigten 2 Jahren Freiheitsstrafe 7 Jahre!

[1145] *Weider*, NStZ 2002, 174(175).

bisher noch nicht bekannte strafmaßrelevante Umstände hervorbrachten. Insofern wäre es verfehlt, der Entscheidung des *1. Senats* Aussagen über die Zulässigkeit eines absprachegemäßen Rechtsmittelverzichts zu entnehmen.

Der *5. Senat*[1146] hatte bereits 1999 zwar die Verknüpfung von Rechtsmittelverzicht und Strafvollstreckung für unzulässig erklärt, grundsätzlich jedoch herausgestellt, daß ein Rechtsmittelverzicht zulässiger Gegenstand einer Absprache sein könne.[1147] Die Entscheidung setzt sich jedoch mehr mit der Frage der Wirksamkeit als mit der Zulässigkeit auseinander. In Einer späteren Entscheidung schließt sich der *5. Senat* aber wohl der Auffassung des *4. Senats* an.[1148] Gleiches gilt für den *2. Senat.*[1149]

In seinem Anfragebeschluß[1150] zur Wirksamkeit des abgesprochenen Rechtsmittelverzichts kommt der *3. Senat* dann auch zu der Erkenntnis, daß die Rechtsansicht des *4. Senats* zur Unzulässigkeit eines abgesprochenen Rechtsmittelverzichts „erkennbar“ von allen anderen Strafsenaten ausdrücklich oder inzident geteilt werde.[1151]
Der *3. Senat* führt zur Unzulässigkeit aus, daß das Versprechen eines zukünftigen Rechtsmittelverzichts wegen der von ihm – aus vielfältigen Gründen – ausgehenden faktischen Bindung einem unzulässig vorab erklärten Verzicht in seinen Wirkungen so nahe stehe, daß er sich es sich ebenfalls als verfahrenswidrig darstelle.[1152] Weiter bestünde die Gefahr, daß die Sorgfalt bei der Sachverhaltsermittlung und der Subsumtion nachlasse, wenn ein Rechtsmittelverzicht zu erwarten sei.[1153] Schließlich sei bei keinem Verfahrensbeteiligten ein schützen-

---

1146 BGHSt 45, 51(53).

1147 Ausführlich zur Entscheidung des *5. Senats* siehe unten, S. 219ff.

1148 BGH Beschluß vom 5.02.2002 – 5 StR 617/01 = BGHSt 47, 238. In der Sache ging es um die Wirksamkeit eines Rechtsmittelverzichts, der unter Mitwirkung eines nicht als Rechtsanwalt zugelassenen Scheinverteidigers im Rahmen eines Falles der notwendigen Verteidigung abgegeben wurde. Der *5. Senat* kommt unter Bezugnahme auf die Grundsatzentscheidung des *4. Senats* zu dem Ergebnis, daß der Angeklagte wie derjenige Angeklagte zu behandeln sei, der einen Rechtsmittelverzicht erklärt hat, der unzulässigerweise im Rahmen einer Verständigung vereinbart worden war. Damit erklärt der *5. Senat* obiter dictu einen absprachegemäß erklärten Rechtsmittelverzichts für unzulässig, vgl. BGHSt, 47, 238(242). Diese Auffassung hat der *5. Senat* auch im Rahmen des durch den *3. Senat* gemäß § 132 Abs. 3 GVG eingeleiteten Antragsverfahren bestätigt, vgl. BGH Beschluß vom 29.10.2003 – 5 ARs 61/03, (noch) unveröffentlicht.

1149 BGH Beschluß vom 23.03.2001 – 2 StR 369/00 = StV 2001, 554.

1150 BGH Anfragebeschluß vom 24.07.2003 – 3 StR 368/02 u. 3 StR 415/02 = StV 544, 2003. Dazu unten, S. 226ff.

1151 BGH StV 2003, 544(545).

1152 BGH StV 2003, 544(545).

1153 BGH StV 2003, 544(545).

wertes Interesse ersichtlich, daß die Bewertung der Abrede eines Rechtsmittelverzichts als zulässig legitimieren könne.[1154] Weitere Aussagen speziell zur Zulässigkeit der Vereinbarung eines absprachegemäßen Rechtsmittelverzichts lassen sich der Rechtsprechung nicht entnehmen.

Zusammenfassend läßt sich somit festhalten, daß die Rechtsprechung des *Bundesgerichtshofes* zur Zulässigkeit der Vereinbarung eines absprachegemäßen Rechtsmittelverzichts tendenziell der Auffassung des *4. Senats* folgt und somit von der Unzulässigkeit der Vereinbarung eines abgesprochenen Rechtsmittelverzichts ausgeht.[1155]

bb. Diskussion in der Literatur

Obwohl der wohl überwiegende Teil der Literatur ebenso einen Rechtmittelverzicht im Rahmen einer Absprache für unzulässig hält,[1156] ist aber auch das Verbot einer Verknüpfung von Rechtsmittelverzicht und Strafhöhe Kritik ausgesetzt.[1157] So wird angeführt, daß es doch ganz selbstverständlich sei, daß die Abgabe eines Rechtsmittel im Zusammenhang mit der im Urteil festgesetzten Strafe stehe. Das Strafmaß sei gerade das ausschlaggebende Kriterium für die Ausübung der Rechtsmittelbefugnis des Angeklagten.[1158]

cc. Stellungnahme

Isoliert betrachtet trifft diese Aussage sicherlich für viele Fälle zu. Der Angeklagte wird seine Entscheidung, ein Rechtsmittel einzulegen, maßgeblich von dem gegen ihn verhängten Strafmaß abhängig machen. Dabei nimmt er im Falle einer erfolgreichen Strafmaßrevision auch mittelbar Einfluß auf die Strafhöhe. Dennoch kann hieraus keine Parallele zum Rechtsmittelverzicht im Rahmen der Absprachenpraxis gezogen werden.

Denn genauso wie der Rechtsmittelverzicht bedingungsfeindlich ist, ist er auch „verknüpfungsfeindlich“. Eine absprachegemäße Verknüpfung von Abgabe eines Verzichts auf Rechtsmittel und einer gerichtlichen Entscheidung – welcher

---

1154 BGH StV 2003, 544(545), dazu auch unten, S. 226ff.

1155 So auch *Rieß*, FS-Meyer-Goßner, S. 645(650).

1156 Vgl. oben S. 83ff. Aus jüngerer Zeit: *Kuckein/Pfister*, FG-Wissenschaft 50 Jahre BGH, S. 641(655f.); *Grunst*, Prozeßhandlungen, S. 382ff.; *F. Meyer*, Willensmängel beim Rechtsmittelverzicht, S. 288ff.; *Meyer-Goßner*, StraFo 2003, 401(405); *Rieß*, FS-Meyer-Goßner, S. 645(650); *ders*, NStZ 2000, 98(99); *Roxin*, Strafverfahrensrecht, § 15, Rn. 9e; *Weigend*, NStZ 99, 57(60). *Weider*, FS-Lüderssen, S. 773 (776ff.). Teilweise mit der Einschränkung, daß der Rechtsmittelverzicht *nur* dann unzulässig sei, wenn der Angeklagte bei Abgabe der Zusage zum Verzicht in seiner freien Willensentscheidung in unzulässiger Weise beeinflußt werde. Wobei eine solche unzulässige Willensbeeinflussung aber überwiegend anzunehmen sei.

1157 *Schmitt*, GA 2001, 411(424).

1158 *Schmitt*, GA 2000, 411(424).

Art auch immer[1159] – ist von der Sache her eine Bedingung mit zeitlicher Zäsur. Geht man weiter von der Prämisse aus, daß das Gericht dem Angeklagten kein punktgenaues Strafmaß zusagen kann, so muß dem Angeklagten die Möglichkeit erhalten bleiben, im Rechtsmittelzug die Angemessenheit der konkreten Rechtsfolgenzumessung beanstanden zu können.[1160]

Hinzu kommt, daß der Angeklagte durch einen absprachegemäßen Rechtmittelverzicht seine prozessualen Rechte in einer Drucksituation aufgibt. Zunächst kann grundsätzlich wegen des erhöhten Interesses an einer endgültigen Erledigung des Verfahrens von Seiten des Gerichts und der Staatsanwaltschaft davon ausgegangen werden, daß die Initiierung auch von dieser Seite ausgeht. Es handelt sich daher mehr um eine „Forderung" des Verzichts auf Rechtsmittel als um ein „Angebot" eines solchen. Insofern besteht eine Basis für eine Drucksituation. Das Interesse des Angeklagten an einen Rechtsmittelverzicht durch die Staatsanwaltschaft ist hingegen geringer.[1161] Ihm geht es primär um eine für ihn milde Sanktionierung durch das Gericht. Wie diese in Rechtskraft erwächst, ist für ihn sekundär.

Weiter setzt die Vorabankündigung, einen Rechtsmittelverzicht abzugeben, den Angeklagten selbst unter Druck, auch wenn insofern gerade keine rechtliche Bindung an die Ankündigung auf Abgabe des Rechtsmittelverzichts besteht; im Falle einer rechtlichen Bindung wäre der Verzicht schon wegen der zeitlichen Komponente unzulässig.

Es wird daher auch angeführt, daß das Versprechen eines künftigen Rechtsmittelverzichts aufgrund des faktischen Drucks für den Angeklagten einem (unzulässigen) Vorausverzicht so nahe komme, daß es auf eine Umgehung eines solchen hinauslaufe.[1162] So geht auch *Grunst* konsequent davon aus, daß der Angeklagte im Rahmen einer solchen Vereinbarung keine „volle freie Verfügung"

1159 Auch gegen die Verknüpfung mit einem Rechtsmittelverzicht in einem anderen Verfahren bestehen Bedenken, da die Drucksituation dieselbe bleibt. A. A. *Rieß*, FS-Meyer-Goßner, S. 645(648), der diese Variante der Verknüpfung von der Dispositionsfreiheit der Rechtsmittelberechtigten gedeckt sehen will.

1160 *Rieß*, FS-Meyer-Goßner, S. 645(651).

1161 A. A. der *5. Senat* im Beschluß vom 20.03.2002 – 5 StR 1/02 = StV 2002, 254. Dieser sieht einen inzidenten Willen des Angeklagten zum Rechtsmittelverzicht wegen „weiterer Kosten und psychischer Belastungen". Der Grund einer psychischen Belastung des Angeklagten wird aber doch mehr in der „Vorleistung" eines etwaigen Geständnisses liegen, als in der Möglichkeit eines Rechtsmittels seitens der Staatsanwaltschaft.

1162 *Rieß*, FS-Meyer-Goßner, S. 645(650); *Siolek*, Verständigung, S. 199; vgl. auch jüngst den *3. Senat*, BGH StV 2003,545(545). Einschränkend hingegen: *Weigend*, StV 2000, 63(66), der bei der Vereinbarung des Rechtsmittelverzichts für die Druckausübung eine relativ geringe Rolle annimmt, da dem Angeklagten im Rahmen der Absprache normalerweise suggeriert worden ist, daß die Absprache das Optimum für ihn ist, so das gar kein Bedürfnis für Rechtsmittel von Seiten des Angeklagten besteht. Ablehnend steht dem *Weider*, FS-Lüderssen, S. 773(781f.) gegenüber.

mehr treffe.[1163] Zeigt sich der Angeklagte nicht „verzichtsbereit“, dann erweckt er zwangsläufig den Eindruck, er wolle möglicherweise durch die Einlegung eines Rechtsmittels noch weitergehende Vergünstigungen erreichen, als man ihm in der Absprache bereits zugestanden hat.[1164] In einem solchen Fall wird sich die Staatsanwaltschaft allein schon wegen des Verbotes der reformatio in peius die Rechtsmitteloption offenhalten. Damit droht dann aber auch ein Scheitern der Absprache.

Die Drucksituation basiert nun aber weiter auf mehreren Faktoren. Die Gefahr eines „Super-Schulterschlusses“[1165] zwischen den beruflich beteiligten Juristen zu Ungunsten des Angeklagten ist gerade in Bezug auf den Rechtsmittelverzicht nicht zu unterschätzen.

Als Faktor für die Druckausübung kommt zum einen die Tatsache in Betracht, daß es letztendlich das Gericht ist, welches das Strafmaß festlegt, und daß auch für den anwaltlich beratenen Angeklagten nicht immer klar sein kann, daß ein absprachewidriges Verhalten seinerseits keine negativen Konsequenzen für ihn hat.[1166]

Weiter kann aber neben dieser allgemeinen Drucksituation der Angeklagte bei dem ausgehandelten Rechtsmittelverzicht doch zusätzlich zumindest latenten Druck von Seiten seines Verteidigers widerfahren, da dieser auch ein Interesse an der Einhaltung der Absprache hat.[1167] Dieses Interesse des Verteidigers ergibt sich schon aus der Gefahr, daß das Gericht sich in Zukunft bei anderen Verfahren ihm gegenüber mangels Zuverlässigkeit nicht absprachebereit zeigen wird. Sicherlich kann der (notwendige) Schutz des Angeklagten vor unseriöser Verteidigerberatung nicht allein schon die grundsätzliche Unzulässigkeit einer Rechtsmittelverzichtszusage begründen,[1168] jedoch kommen zu dem Verteidigungsinteresse noch kumulativ andere Faktoren, wie das hohe Interesse von Staatsanwaltschaft und Gericht an einer Zusage auf Rechtsmittel zu verzichten, oder gar das Scheitern der gesamten Absprache, bei fehlender Zusage auf

[1163] *Grunst*, Prozeßhandlungen, S. 384.

[1164] *Erb*, GA 2000, 511(513); *Herrmann*, JuS 1999, 1162(1166), „ohne Verzicht würde es in aller Regel nicht zu einer Absprache kommen“.

[1165] Siehe *Schünemann*, NJW 1989, 1895(1901).

[1166] Wie der dem *1. Senat* zu Grunde liegende Fall (BGH wistra 2001, 470, vgl. oben S.209) nur allzu deutlich gezeigt hat. Die fehlende Kooperationsbereitschaft der Angeklagten bezüglich des Rechtsmittelverzichts wurde mit einer Verweigerung des angekündigten Strafrabattes in Höhe von 6 Monaten gerügt. Der relativ weite Spielraum in der Urteilsbegründung wird dem Gericht nur allzu oft die Möglichkeit „für bisher nicht bekannte strafrelevante Umstände“ eröffnen.

[1167] Vgl. *Bömeke*, Rechtfolgen fehlgeschlagener Absprachen, S. 134; *F. Meyer*, Willensmängel beim Rechtsmittelverzicht, S. 292; *Rieß*, FS-Meyer-Goßner, S. 645(651), „Reputation des Verteidigers“.

[1168] Insofern zutreffend *Weider*, FS-Lüderssen, S. 773(782).

Rechtsmittel zu verzichten, hinzu, so daß entgegen *Weider*[1169] grundsätzlich von einem faktischen Druck ausgegangen werden muß.[1170]
Wie hoch das Interesse an einer Zusage eines Rechtsmittelverzichts sein kann, hat sich beispielsweise sehr deutlich bei der Staatsanwältin gezeigt, die im Rahmen der – letztendlich gescheiterten – Abspracheverhandlungen[1171] den Verteidiger um die Abgabe eines Ehrenwortes gebeten hat, kein Rechtsmittel einzulegen, obwohl der Verteidiger explizit zutreffend daraufhingewiesen hatte, daß weder Ehrenwort noch Zusage auf Verzicht von Rechtsmitteln eine rechtliche Relevanz hätten.

Schließlich sprechen auch allgemeine Rechtsgedanken gegen die Zulässigkeit einer absprachegemäßen Verknüpfung des Rechtsmittelverzichts. Stellt man sich beispielsweise die Gegenfrage, im Rahmen welcher Ermessensentscheidungen das Gericht die Tatsache eines zukünftigen Verzichts auf Rechtsmittel denn berücksichtigen solle, so sucht man vergeblich. Die Strafprozeßordnung sieht in § 267 Abs. 4 lediglich die Möglichkeit einer Erleichterung der Urteilsbegründung bei tatsächlichem Rechtsmittelverzicht vor. Die Ankündigung der Abgabe eines Rechtsmittelverzichts muß für die Bewertung des Gerichts neutral sein. Es kann kein sachbezogenes Kriterium im Rahmen einer Ermessensentscheidung sein. So stellt eine direkte Verknüpfung von Strafmaß und Rechtsmittelverzicht denn auch einen Verstoß gegen das Strafzumessungsrecht dar.[1172] Ein Verzicht auf Rechtsmittel kann unter keinen Gesichtspunkten die Strafzumessungsschuld beeinflussen. Es würde einen eklatanten Widerspruch darstellen, wenn man wegen des Verzichts auf Rechtsmittel Rückschlüsse auf die Präventionsbedürftigkeit des Angeklagten ziehen würde; denn die Rechtsordnung stellt dem Angeklagten ja gerade die Möglichkeit eines Rechtsmittels zur Verfügung. Würde man den kooperativen Rechtsmittelverzicht als „Einsicht" bewerten und damit eine geringere Präventionsbedürftigkeit bei der Strafzumessung veranschlagen, liefe es im Umkehrschluß darauf hinaus, daß dem Rechtsmittel Einlegenden mittelbar eine höhere Strafe angedroht würde. Dies wäre ein Rückschritt in Richtung Inquisitionsprozeß. Auch eröffnen die im Katalog des § 46 Abs. 2 StGB aufgeführten Strafzumessungsgründe an keiner Stelle die Möglichkeit, den vom Angeklagten auszusprechenden Rechtsmittelverzicht im Urteil in irgendeiner Weise strafmildernd zu berücksichtigen.[1173]

1169 *Weider*, FS-Lüderssen, S. 773(782).

1170 So auch *Rieß*, FS-Meyer-Goßner, S. 645(650).

1171 Diese Abspracheverhandlungen waren dann auch später Gegenstand der Entscheidung des *1. Senats*, BGH wistra 2001, 470, siehe oben S. 209ff.

1172 *Kuckein/Pfister*, FG-Wissenschaft 50 Jahre BGH, S. 641(655); *Rönnau*, wistra 1998, 49(50); vgl. S. 179ff.

1173 *Rönnau*, wistra 1998, 49(50); vgl. S. 181ff.

Von den Befürwortern einer Absprache wird neben den dogmatischen Bedenken noch ein ganz anderes Argument angebracht: Der Rechtsmittelverzicht schade dem Image der Absprache. Denn indem die offenkundige „Furcht vor einer Überprüfung im Rechtsmittelverfahren" durch einen Rechtsmittelverzicht überwunden wird, wird gleichzeitig die Vermutung einer „Mauschelei" bei Absprachen genährt.[1174]

Auch kommt noch ein weiterer Aspekt hinzu, der gegen einen absprachegemäßen Rechtsmittelverzicht spricht. Mit der Disposition über das Rechtsmittel geht bei einer Absprache auch die Disposition über die materielle Wahrheit zumindest teilweise einher. Denn wird ein Rechtsmittelverzicht absprachegemäß erklärt, besteht kein Interesse an der Erforschung der materiellen Wahrheit mehr.[1175] Das Gericht weiß schon zu einem Zeitpunk, daß seine Urteilsausführungen keiner weiteren gerichtlichen Überprüfung unterliegen, zu dem die aus § 244 Abs. 2 StPO resultierende Pflicht der Erforschung der materiellen Wahrheit üblicherweise noch längst nicht abgeschlossen worden ist. Damit ist das Gericht geradezu verleitet, die Erforschung auf ein Minimum – das Geständnis des Angeklagten – zu reduzieren. Mit einem absprachegemäßen Rechtsmittelverzicht erhöht sich daher auch die Gefahr der Verletzung des Amtsermittlungsgrundsatzes – oder anders ausgedrückt, ist es gerade auch Sinn und Zweck des Rechtsmittelverzichts, einen etwaigen Verstoß gegen § 244 Abs. 2 StPO zu verschleiern.

c. Zwischenergebnis

Zusammenfassend kann daher festgehalten werden, daß mindestens zwei Gründe gegen die Zulässigkeit der Vereinbarung eines Rechtsmittelverzichts im Rahmen einer Absprache sprechen. Zum einen kann zum Zeitpunkt einer Absprache, also vor Urteilsverkündung, noch kein Rechtsmittelverzicht abgegeben werden, da der Angeklagte eben das Urteil, gegen welches er auf Rechtsmittel verzichtet, noch gar nicht kennt. Es besteht damit noch gar keine Rechtsmittelbefugnis. Von wesentlich größerer Bedeutung ist aber, daß zum anderen auch die Fälle, in denen man diese Absprache nur als „Versprechen" der Abgabe eines Rechtmittelverzichts sehen will, auch dieses „Versprechen" nicht Gegenstand einer Absprache sein kann, insbesondere nicht, wenn es mit einem Strafnachlaß durch das Gericht honoriert wird.

Dem *4. Senat* ist insoweit zuzustimmen, daß ein Rechtsmittelverzicht nicht Gegenstand einer Absprache sein kann und insbesondere eine Verknüpfung von Rechtsmittelverzicht und Strafhöhe unzulässig ist. Zu erweitern ist die Regelung des *4. Senats* zum Rechtsmittelverzicht jedoch an Deutlichkeit, da jede Art

[1174] Vgl. *Rieß*, FS-Meyer-Goßner, S. 645(651f.).
[1175] Vgl. *Volk*, FS-Salger, S. 411(418).

von Verknüpfung zwischen Rechtsmittelverzicht des Angeklagten und Gegenleistung des Gerichts unzulässig ist. Schließlich ist auch darauf hinzuweisen, daß das Gericht durch den absprachegemäßen Rechtsmittelverzicht geradezu verleitet wird, den Amtsermittlungsgrundsatz zu verletzen. Im Ergebnis ist daher die Vereinbarung eines absprachegemäßen Rechtsmittelverzichts unzulässig.

2. Zulässigkeit der absprachegemäßen Erklärung des Rechtsmittelverzichts

Nach dem bereits oben Gesagten ist die Beantwortung der Zulässigkeit einer – späteren – absprachegemäßen Erklärung eines Verzichts auf Rechtsmittel schon mitbeantwortet.[1176] Denn wenn die Absprache als solche unzulässig ist, muß auch deren Umsetzung unzulässig sein.

Entscheidend für die Unzulässigkeit ist – wie aufgezeigt – die Verknüpfung von absprachegemäßen Leistungen mit der Disposition über Rechtsmittel.[1177] Diese Unzulässigkeit wirkt bei der eigentlichen Erklärung fort. Weder die zeitliche Zäsur zwischen Absprache und Verzichtserklärung, die mitunter nicht sehr groß sein wird, noch eine etwaige spätere qualifizierte Belehrung[1178] ändert etwas an der Unzulässigkeit der Verknüpfung. Auch bleibt die im Rahmen einer Absprache bestehende Drucksituation bei der eigentlichen Erklärung noch bestehen.[1179]

3. Wirksamkeit eines unzulässigen Rechtsmittelverzichts

Mit der Feststellung der Unzulässigkeit eines absprachegemäßen Rechtsmittelverzichts ist aber „noch nicht viel gewonnen“, denn fraglich bleibt, inwieweit diese den Rechtsmittelverzicht berührt, da grundsätzlich auch ein unzulässiger Rechtsmittelverzicht Wirksamkeit entfalten kann.

Es gilt nun zu klären, wie sich diese Unzulässigkeit von Absprache und Rechtsmittelverzicht auf die Wirksamkeit des Rechtsmittelverzichts auswirkt. Entfaltet der auf Grund der Verzichtszusage dann tatsächlich erklärte Rechtsmittelverzicht Wirksamkeit oder nicht?

Wie anfangs schon erwähnt, regelt die Strafprozeßordnung weder die Wirksamkeit des Rechtsmittelverzichts im besonderen, noch die der Prozeßhandlungen im allgemeinen. Der wirksame Rechtsmittelverzicht löst unmittelbar Rechtsfolgen öffentlich-rechtlicher Art aus. So treten die formelle und damit auch die materielle Rechtskraft des Urteils ein. Die formelle Rechtskraft ist unter anderem Voraussetzung für die Vollstreckung, § 449 StPO und für die Eintragung in das Zentralregister strafgerichtlicher Entscheidungen, § 4 Nr. 1 BZRG. Mit der

---

1176 Vgl. oben, S. 212ff.

1177 Vgl. oben, S. 208ff.

1178 Auf die qualifizierte Belehrung wird noch im Rahmen der Frage der Wirksamkeit des Verzichts eingegangen, vgl. dazu S. 232ff.

1179 Auch dazu bereits oben, S. 212ff.

materiellen Rechtskraft tritt die sogenannte Sperrwirkung[1180] ein, die Tat darf also nicht noch einmal Gegenstand eines Strafverfahrens sein. Wegen der Auslösung dieser Rechtsfolgen läßt sich ein erhöhtes Bedürfnis an der Bestandskraft und damit an der Wirksamkeit des Rechtsmittelverzichts ableiten.
Auch aus den Regelungen über die Wiederaufnahme des Verfahrens, §§ 359ff. StPO, und der restriktiven Regelung einer Wiedereinsetzung in den vorigen Stand, § 44ff. StPO, lassen sich Rückschlüsse auf das Verhältnis von Unzulässigkeit und Unwirksamkeit eines Rechtsmittelverzichts ziehen. So wie nicht schon jegliche Rechtsverletzung zu einer Wiederaufnahme des Verfahrens führt, also die Rechtssicherheit unter Umständen dem Gebot der Gerechtigkeit überwiegt, impliziert nicht jede Unzulässigkeit eine Unwirksamkeit eines Rechtsmittelverzichts.
Eine Abwägung zwischen der Rechtssicherheit auf der einen Seite und dem Gebot der Gerechtigkeit auf der anderen Seite kommt damit auch im Rahmen der Beantwortung der Frage der Wirksamkeit des Rechtsmittelverzichts in Betracht. Verbunden damit ist die Frage, ob ein unzulässiger Rechtsmittelverzicht wegen seiner Rechtsfolgen öffentlichrechtlicher Art Bestandskraft entfalten soll, so wie ein rechtswidriger Verwaltungsakt auch grundsätzlich bindend ist, oder ob der in einer Absprache angekündigte und dann später erklärte Rechtsmittelverzicht nichtig und damit unwirksam sein soll.
Im letzteren Falle hätte dies unter Umständen erhebliche praktische Relevanz,[1181] da eine Wiedereinsetzung in den vorigen Stand im Sinne der §§ 44ff. StPO denkbar wäre, denn die Kenntnis der Unwirksamkeit des Rechtsmittelverzichts kann möglicherweise als Wegfall des Hindernisses im Sinne des § 45 Abs. 1 S. 1 StPO gesehen werden.[1182] Auf diesem Wege könnte der status quo ante wieder hergestellt und die unzulässige Absprache beseitigt werden.
Nicht zuletzt deswegen ist die Frage, inwieweit ein unzulässiger Rechtsmittelverzicht auch zur Unwirksamkeit führt, äußerst problematisch. Die Rechtsprechung hat eine Vielzahl von Einzelfällen zur Unwirksamkeit eines Rechtsmittelverzichts entschieden, anhand derer sich Fallgruppen herausbilden lassen. Darunter fallen schwerwiegende Willensmängel[1183] und Umstände der Art und Weise des Zustandekommens[1184]. Die Diskussion, ob und wann ein absprachegemäßer Rechtsmittelverzicht unwirksam sein soll, ist noch in vollem Gange.[1185]

1180 *Beulke*, Strafprozeßrecht, Rn. 503.

1181 *Herrmann*, JuS 1999, 1162(1166); *Satzger*, JuS 2000, 1157(1158).

1182 Vgl. *Rieß*, FS-Meyer-Goßner, S. 645(658).

1183 Jedoch nur in Ausnahmefällen, vgl. BGHSt 17, 14(18). Es ist daher auch keine Anfechtung wegen Irrtums im Sinne der §§ 119ff. BGB möglich, vgl. BGH StV 1999, 411.

1184 Beispielsweise BGHSt 18, 257(260) für die fehlende Beratung durch den Verteidiger bei Abgabe des Rechtsmittelverzichts oder BGHSt 47, 238 für die Mitwirkung eines nicht zugelassenen Scheinverteidigers im Fall einer notwendigen Verteidigung.

1185 Vgl. auch die Darstellungen bei *F. Meyer*, Willenmängel beim Rechtsmittelverzicht, S.

Hinsichtlich der Frage der Wirksamkeit eines absprachegemäß erklärten Rechtsmittelverzichts bestehen sogar Differenzen zwischen den einzelnen Senaten des *Bundesgerichtshofes.*

a. Stand der Diskussion in der Rechtsprechung
Der *4. Senat* hat in seiner Grundsatzentscheidung lediglich herausgestellt, daß die Vereinbarung eines Rechtsmittelverzichts unzulässig ist.[1186] Ungeklärt ließ er aber zunächst, ob ein daraufhin tatsächlich erklärter Rechtsmittelverzicht gleichzeitig unwirksam sein soll. Nur knapp zwei Monate vor der Grundsatzentscheidung des *4. Senats* hatte der *2. Senat* in einem Beschluß erklärt, daß die Unzulässigkeit einer Absprache über das Verfahrensergebnis nicht die Wirksamkeit eines absprachegemäß erklärten Rechtsmittelverzichts berühre.[1187]

Der *5. Senat* hat mit seiner Entscheidung vom 21.04.99[1188] erstmals nach der Grundsatzentscheidung des *4. Senats* zum Rechtsmittelverzicht bei Absprachen Stellung bezogen, und zwar teilweise gegen die Grundsatzentscheidung des *4. Senats*. Gegenstand der Entscheidung des *5. Senats* war eine offensichtlich gescheiterte Absprache.

Im Rahmen von Absprachevérhandlungen hatte der Vater eines 26jährigen Angeklagten von dem Gericht und der Staatsanwaltschaft gefordert, daß sein Sohn Haftverschonung bekomme und keine Strafe mehr verbüßen müsse; im Gegenzug solle ein Rechtsmittelverzicht seines Sohnes erfolgen. Daraufhin hatte der Sohn nach der Haftprüfung, bei der er anwaltlich nicht vertreten war, erklärt, daß er im Falle einer Haftverschonung auf Rechtsmittel verzichte. Das Tatgericht erließ – entgegen dem Antrag der Staatsanwaltschaft – einen Haftverschonungsbeschluß. Dieser wurde aber zwei Tage später aufgrund der Beschwerde der Staatsanwaltschaft durch das *Kammergericht* aufgehoben. Der Angeklagte hatte seinen Rechtsmittelverzicht jedoch bereits erklärt.

Der 5. *Senat*[1189] hält einen Rechtsmittelverzicht im Rahmen einer Absprache für grundsätzlich zulässig und wirksam, und zwar auch im Falle einer unzulässigen[1190] Absprache, da diese anderen Beurteilungsmaßstäben unterliege. Der *5. Senat* äußert sich nicht dazu, wie dies mit der Auffassung des *4. Senats* zu vereinbaren sei, der einen absprachegemäßen Verzicht auf Rechtsmittel für un-

---

308ff.; *Schröder*, StraFo 2003, 412ff.

1186 BGHSt 43, 195(204f.).

1187 BGH NStZ 1997, 611. Siehe auch S. 50. Im Gegensatz zu der bereits 1995 erlassenen Entscheidung des *3. Senats*, BGH NStZ 1995, 556, siehe auch oben, S. 47.

1188 BGHSt 45, 51.

1189 BGHSt 45, 51(53).

1190 Was nach Ansicht des *4. Senats* ja stets der Fall sein muß, da ein Rechtsmittelverzicht gerade kein Gegenstand einer Absprache sein kann.

zulässig erklärt hatte. Auch nach Ansicht des *5. Senats* können jedoch in besonderen Fällen schwerwiegende Willensmängel dazu führen, daß eine Verzichtserklärung von Anfang an unwirksam ist.
Ein Rechtsmittelverzicht könne demnach im Rahmen einer Absprache dann unwirksam sein, wenn „diejenigen Gründe, die – allgemein oder im Einzelfall – der Zulässigkeit einer solchen Absprache entgegenstehen, zugleich auch zur rechtlichen Mißbilligung des abgesprochenen Rechtsmittelverzichts führen würden".[1191] Dies ist dann der Fall, wenn neben der Absprache noch eine von denen in der Rechtsprechung anerkannten Unwirksamkeitskonstellationen vorliegt; die Absprache als solche stellt aber gerade keine neue Unwirksamkeitsgruppe dar. Eine Verbindung des Rechtsmittelverzichts mit der Strafvollstreckung macht ersteren jedoch unwirksam. Zu weiteren Verknüpfungen, wie beispielsweise mit dem Strafmaß oder einer Aussetzung zur Bewährung, äußert sich der *5. Senat* nicht.
Im konkret zu entscheidenden Fall fanden die Grundsätze zur Wirksamkeit eines Rechtsmittelverzichts bei einer Absprache nach Ansicht des *5. Senats* keine Anwendung, da gerade keine Absprache zustande gekommen sei.[1192] Insoweit sind die Ausführungen lediglich ein obiter dictum. Im Ergebnis kommt der *5. Senat* aber wegen der Art und Weise des Zustandekommens des Rechtsmittelverzichts zu dessen Unwirksamkeit. Eine Anhäufung verschiedener Ereignisse habe zur Unwirksamkeit des Rechtsmittelverzichts geführt. Teilweise greift der *5. Senat* bei der Begründung jedoch wiederum auf die Verfahrensgrundsätze zum Zustandekommen einer Absprache zurück. So seien die Verständigungsgespräche nicht in der Hauptverhandlung und nur einzeln mit den Angeklagten geführt worden.[1193] Ferner sei die prozessuale Fürsorgepflicht verletzt worden, da dem Angeklagten vor dem Rechtsmittelverzicht keine Gelegenheit gegeben wurde, sich mit seinem Verteidiger zu besprechen.[1194]
Die Entscheidung hat zur Klärung der Regelung eines absprachegemäßen Rechtsmittelverzichts für eine Verfahrensordnung für Absprachen des *Bundesgerichtshofes* trotz der im Detail fehlenden Klarheit Bedeutung, da nach Ansicht des *5. Senats* entgegen der Rechtsprechung des *4. Senats* ein wirksamer Rechtsmittelverzicht auch im Rahmen einer Absprache möglich ist.

[1191] BGHSt 45, 51(53). Bestätigung der Entscheidung des *2. Senats* aus dem Jahre 1997, vgl. dazu BGH NJW 1997, 2691(2692) und siehe oben S. 50.

[1192] BGHSt 45, 51(55).

[1193] BGHSt 45, 51(56), unter Bezugnahme auf BGHSt 43, 195.

[1194] BGHSt 45, 51(56). Konkret stand der Angeklagte in einem psychischen Konflikt. Vor Gericht war ihm vor Augen geführt worden, daß einem möglichen sofortigen Vorteil in Form der Haftverschonung bis zum Strafantritt der endgültige Verlust der Überprüfbarkeit und Abänderbarkeit der Verurteilung gegenübersteht. Die Entscheidung für den sofortigen Vorteil ist zwar irrational, aber psychologisch nachvollziehbar. Vgl. dazu auch *Peglau*, JA 2000, 405(406).

Mit Beschluß vom 19.10.1999[1195] erging eine weitere Entscheidung des *4. Senats* zum Rechtsmittelverzicht bei Absprachen. In dem Beschluß versuchte der *4. Senat* „den Spagat“ zwischen seiner bisherigen Rechtsprechung und eben der Entscheidung des *5. Senats*[1196] und der früheren Entscheidung des *2. Senats*[1197].

Grundlage der Entscheidung war eine Absprache zwischen allen Prozeßbeteiligten, die zum Gegenstand hatte, daß der Angeklagte zwei der gegen ihn erhobenen Vorwürfe einräumte und auf Rechtsmittel verzichtete, im Gegenzug dazu eine mildere Strafe erging und eine Teileinstellung gemäß § 154 Abs. 2 StPO für den verbleibenden Anklagepunkt. Der – nicht ins Protokoll aufgenommenen – Absprache[1198] lag jedoch ein Dissens zu Grunde: Angeklagter und Verteidigerin gingen von der Einstellung aller bei der Staatsanwaltschaft anhängigen Verfahren aus, die Staatsanwaltschaft jedoch nur von der Einstellung des in der Hauptverhandlung erörterten Anklagepunktes.

Der *4. Senat* erachtete den vereinbarten Rechtsmittelverzicht für unwirksam und gewährte eine Wiedereinsetzung in den vorigen Stand.[1199] Nach seiner bisherigen Rechtsprechung hatte der *4. Senat* den Rechtsmittelverzicht lediglich für unzulässig erklärt, wenn er Gegenstand der Absprache war. Die Auffassung wird vom *4. Senat* an dieser Stelle bestätigt und zugleich ergänzt.[1200]
Bestätigt wird die Auffassung insofern, als eine Verknüpfung von Strafhöhe und Rechtsmittelverzicht für unzulässig erachtet wird. Ergänzend fügt der *4. Senat* nun weiter – unter Bezugnahme auf die Entscheidung des *3. Senats*[1201] aus dem Jahre 1995 – hinzu, daß eine solche Unzulässigkeit auch zur Unwirksamkeit führen müsse.[1202] Es werden keine allgemeinen Grundsätze zur Unwirksamkeit aufgestellt, sondern nur fallbezogen die Unwirksamkeit in concreto herausgestellt. Begründet wird die Unwirksamkeit dieses Rechtsmittelverzichts damit, daß dieser nicht nur absprachegemäß erklärt worden war, sondern dar-

---

1195 BGHSt 45, 227, vgl. S. 209.

1196 Siehe oben.

1197 Die Entscheidung des *2. Senats* war kurz vor der Grundsatzentscheidung des *4. Senats* ergangen, BGH NJW 1997, 2691, vgl. dazu S. 50.

1198 Die Absprache stand in mehreren Punkten (punktgenaue Strafankündigung, fehlende Protokollierung, Rechtsmittelverzicht) im Widerspruch zu der Grundsatzentscheidung des *4. Senats* vom 28.08.1997. Vgl. auch *Rieß*, NStZ 2000, 98(99).

1199 Die Wochenfrist für die Wiedereinsetzung, § 45 Abs. 1 S. 1 StPO, beginn nach Ansicht des *Senats* in diesem Fall mit Kenntnis der Unwirksamkeit des Rechtsmittelverzichts zu laufen. Diese wiederum soll hier im Zeitpunkt der Kenntnis des Scheiterns der Absprache liegen. Vgl. auch S. 258.

1200 BGHSt 45, 227(230, 232).

1201 BGH StV 1995, 395, vgl. S. 47.

1202 BGHSt 45, 227(230f).

über hinaus die Absprache außerhalb der öffentlichen Hauptverhandlung stattgefunden habe und ihr Ergebnis nicht protokolliert worden sei.[1203] Die Unwirksamkeit des Rechtsmittelverzichts wird aber nicht nur durch die unzulässige Absprache begründet. So ergänzt der *4. Senat*, daß durch die fehlende Protokollierung die Gefahr von Mißverständnissen und Unklarheiten über die Reichweite seitens des Gerichts erhöht worden sei. Das Gericht habe insofern „das Risiko, daß der Angeklagte und seine Verteidiger die prozessuale Lage falsch einschätzten, durch das von ihm gewählte heimliche, nicht protokollierte Vorgehen entscheidend erhöht".[1204] Die Kumulation der Mängel führte nunmehr auch zur Unwirksamkeit des Rechtsmittelverzichts.
Insofern vermeidet der *4. Senat* im Ergebnis einen Widerspruch zu der kurz vor der Grundsatzentscheidung ergangenen Entscheidung des *2. Senats*[1205] und der Entscheidung des *5. Senats*[1206] vom 21.04.1999. Dies gelingt ihm, indem er in dem zu Grunde gelegten Fall weitere einzelfallbezogene Gründe der Unwirksamkeit aufzeigt. Ein vorab zugesagter Rechtsmittelverzicht ist in diesem Fall nicht allein wegen einer solchen Zusage unwirksam, wohl aber weil noch weitere Verstöße hinzukommen, unter anderem gegen die vom *4. Senat* aufgestellten Grundsätze für Absprachen. Damit werden aber Tendenzen deutlich, daß sich die Unzulässigkeit, die sich aus der absprachegemäßen Verknüpfung ergibt, auch Auswirkungen auf die spätere Erklärung und damit auf die Wirksamkeit des Rechtsmittelverzichts haben soll. Der *4. Senat* ist dabei aber um eine „vermittelnde Entscheidung" bezüglich der Rechtsprechung des *2.* und *5. Senats* bemüht. Die Ursache für diese „vermittelnde Entscheidung" des *4. Senats* wurde in der Literatur einhellig darin gesehen, daß der *4. Senat* ein Antragsverfahren gemäß § 132 Abs. 3 GVG oder die Vorlage an den *Großen Senat* gemäß § 132 Abs. 2, 4 GVG vermeiden wollte.[1207] Unstreitig zwischen den *Senaten* ist die in der Entscheidung des *4. Senats* herausgestellte Ansicht, daß sich eine Unwirksamkeit noch nicht aus „enttäuschten Erwartungen" ergebe.[1208]

1203 BGHSt 45, 227(230ff.), insofern bestätigte er seine Entscheidung in BGHSt 43, 195(204f.).

1204 BGHSt 45, 227(233).

1205 BGH NJW 1997, 2691, vgl. S. 50.

1206 BGHSt 45, 21. Danach könne von der Unwirksamkeit der Absprache nicht per se auf die des Rechtsmittelverzichts geschlossen werden.

1207 *Bömeke*, Rechtfolgen fehlgeschlagener Absprachen, S. 132; *F. Meyer*, Willensmängel beim Rechtsmittelverzicht, S. 319; *Rönnau*, JR 2001, 31; *Rieß*, NStZ 2000, 98(99); *Satzger* JuS 2000, 1157(1160); *Weigend*, StV 2000, 63 „offensichtlich scheute der *4. Senat*, den offen zutage liegenden Konflikt zwischen seiner Auffassung und derjenigen der beiden anderen *Senate* dem *Großen Senat* zu unterbreiten."

1208 So auch schon BGH StV 1994, 64; BGH wistra 1994, 197; OLG *Frankfurt/Main* StV 1987, 289.

Diese Auffassung hat der *1. Senat* in seinen Entscheidungen vom 24.05.2000[1209], 9.11.2000[1210] und 5.12.2001[1211] bestätigt.
Offengelassen hat der *4. Senat* schließlich die Frage, ob eine sogenannte „qualifizierte" Belehrung, die sich dadurch auszeichnet, daß das Gericht dem Angeklagten erläutert, daß dieser trotz des im Rahmen der Absprache versprochenen Rechtsmittelverzichts nach wie vor die Möglichkeit hat, innerhalb der gesetzlichen Frist Rechtsmittel einzulegen, die Möglichkeit eines wirksamen Rechtsmittelverzichts in der Absprache eröffnet. Der *4. Senat* brauchte auf die Frage nicht einzugehen, da eine solche „qualifizierte" Belehrung von Seiten des Tatgerichts nicht erfolgt war.

In weiteren Entscheidungen des *1.*, *2.* und *5. Senats* wird ein absprachegemäßer Rechtsmittelverzicht für wirksam erachtet: So hat der *2. Senat* am 11.06.2001 seine Ansicht aus dem Jahre 1997 bekräftigt, daß es auf die Wirksamkeit des Rechtsmittelverzichts keine Auswirkung hat, wenn dieser Gegenstand einer Absprache war.[1212] Der *2. Senat* bestätigte seine kurz vor der Grundsatzentscheidung des *4. Senats* getroffene Ansicht und versagte eine Wiedereinsetzung in den vorherigen Stand bei einem Rechtsmittelverzicht im Rahmen einer Absprache.
Der *1. Senat*[1213] hat sich mit Beschluß vom 8.3.2000 der Auffassung des *2.* und *5. Senats* angeschlossen. Auch der *1. Senat* mußte über die Wirksamkeit eines Rechtmittelverzichts entscheiden, der Gegenstand einer Absprache war. Darüber hinaus wies die Absprache verfahrensrechtliche Mängel auf; zumindest – insoweit unstreitig – wurde das Ergebnis der Absprache nicht in öffentlicher Hauptverhandlung erörtert.

1209 BGH Beschluß vom 24.05.2000 – 1 StR 110/00 = StV 2000, 542. Der Angeklagte ging von einer Absprache mit der Staatsanwaltschaft und dem Gericht aus, daß zum Halbstrafenzeitpunkt von der Möglichkeit des § 456a StPO (Absehen der Vollstreckung bei Auslieferung) Gebrauch gemacht werde. Eine Absprache ist aber nach Aussage des vorsitzenden Richters und sitzungsanwesenden Staatsanwaltes nicht zu Stande gekommen. Der *Senat* ließ alleine den in einer solchen Erwartung abgegebenen Rechtsmittelverzicht für eine Unzulässigkeit nicht ausreichen. Vgl. aber SK-*Schlüchter*, vor § 213, Rn. 52.

1210 BGH Beschluß vom 9.11.2000 – 1 StR 379/00 = NStZ 2001, 220. Der Fall ist ähnlich gelagert, wie der vom 24.05.2000. Hier behauptete der Angeklagte jedoch keine feste Zusage zur Anwendung des § 456a StPO.

1211 BGH, Beschluß vom 5.12.2001 – 1 StR 482/01 = wistra 2002, 108 = NStZ RR 2002, 114.

1212 BGH, Beschluß vom 11.06.2001 – 2 StR 223/01 = StV 2001, 557 = NStZ-RR 2001, 334. Vergleiche die Entscheidung des *Senats* aus dem Jahre 1997, BGH NJW 1997, 2691, dazu S. 50.

1213 BGH, Beschluß vom 8.3.2000 – 1 StR 607/99 = StV 2000, 237.

Unter Bezugnahme auf jene Entscheidung des *2. Senats*[1214] aus dem Jahre 1997 kam nunmehr auch der *1. Senat* zu dem Ergebnis, daß die Unzulässigkeit einer Absprache nicht die Wirksamkeit eines absprachegemäß erklärten Rechtsmittelverzichts berühre, sofern nicht darüber hinaus Gründe vorliegen, die zu einer rechtlichen Mißbilligung des Rechtsmittelverzichts führen. Der Verfahrensmangel, so der *1. Senat*, müsse zu einer unzulässigen Willensbeeinflussung bei der Abgabe des Verzichts des Rechtsmittels durch den Angeklagten geführt haben, damit der Rechtsmittelverzicht unwirksam werde. Der Angeklagte könne nämlich ungeachtet von Mängeln im Absprachevertahren seine Interessen unbeeinflußt und sachgerecht bezüglich des Rechtsmittelverzichts wahrgenommen haben. Ist die freie Willensbildung des Angeklagten nicht beeinträchtigt, so kann dieser auch vor Ablauf der Revisionseinlegungsfrist einen wirksamen Rechtsmittelverzicht abgeben. Der *1. Senat* verweist bezüglich der Feststellung der Freiheit der Willensbildung auf die allgemein durch die Rechtsprechung anerkannten Gründe für die Unwirksamkeit eines Rechtsmittelverzichts bei Täuschung und Drohung. Der *1. Senat* betont, daß in der Entscheidung des *4. Senats*[1215] im Einzelfall Gründe vorlagen,[1216] die über denen eines absprachegemäßen Rechtsmittelverzichts hinausgingen und damit zu Unwirksamkeit des absprachegemäß erklärten Rechtsmittelverzichts führten.

Als Zwischenergebnis kann festgehalten werden, daß nunmehr auch nach Ansicht des *1. Senats* eine unzulässige Absprache grundsätzlich nicht der Wirksamkeit eines Rechtsmittelverzichts entgegensteht, wobei nach der – sukzessiv ergänzten[1217] – Ansicht des *4. Senats* eine Absprache gerade schon wegen des Rechtsmittelverzichts unzulässig und letzterer damit auch unwirksam wäre.

Es folgten im Jahre 2001 noch zwei weitere Entscheidungen des *1. Senats* zu dem Problemkreis Rechtsmittelverzicht und Absprache. In der Sache haben aber beide Entscheidungen keine neue Erkenntnis gebracht.
In der ersten Entscheidung vom 27.06.2001[1218] ging es um die Frage, ob in der tatgerichtlichen Absprache überhaupt ein Rechtsmittelverzicht vorlag. Deutlich macht diese Entscheidung aber vielleicht die durch die uneinheitliche Rechtsprechung hervorgerufene Rechtsunsicherheit, da der Angeklagte vorgetragen hat, daß seinem Verteidiger „bis zu dessen Lektüre des Karlsruher Kommentars zur StPO die sich abzeichnende neue Rechtsprechung des Bundesgerichthofs zur möglichen Unwirksamkeit eines Rechtsmittelverzichts bei Willensmängeln

---

1214 BGH NJW 1997, 2691, vgl. S. 50.
1215 BGHSt 45, 227 Vgl. auch S. 209f.
1216 Der *4. Senat* hatte einen absprachegemäßen Rechtsmittelverzicht für unwirksam erklärt. Vgl. BGHSt 45, 227 und oben S. 209f.
1217 BGHSt 45, 227.
1218 BGH, Beschluß vom 27.06.2001 – 1 StR 210/01 = NStZ-RR 2002, 66.

des Angeklagten, insbesondere bei einer vorherigen Absprache, nicht bekannt gewesen sei." Der *1. Senat* hat den Antrag auf Wiedereinsetzung in den vorherigen Stand abgelehnt, da sich keine Anhaltspunkte ergaben, aus denen hervorging, daß auch ein Rechtsmittelverzicht Gegenstand der tatgerichtlichen Absprache war.
In der zweiten Entscheidung vom 26.09.2001 ging es aber nicht um Fragen der Wirksamkeit, sondern – wie bereits dargestellt – um Probleme einer gescheiterten Absprache und die Zulässigkeit von einer Verknüpfung von Strafmaß und Rechtsmittelverzicht.[1219]

In einer Entscheidung aus dem Jahre 2002 bemühte sich der *5. Senat*, seine Auffassung zur Wirksamkeit eines absprachegemäß versprochenen Rechtsmittelverzichts aufrecht zu erhalten.[1220]

> Anknüpfungspunkt der Entscheidung war die Ermächtigung des Verteidigers zum Rechtsmittelverzicht, da am Ende der Verhandlung der Angeklagte lediglich zu dem von seinem Verteidiger zu Protokoll erklärten Rechtsmittelverzicht zustimmend nickte. Der eigentlichen Absprache soll jedoch kein Rechtsmittelverzicht zu Grunde gelegen haben. Lediglich im Rahmen eines Vorgesprächs, das zunächst ohne den Vertreter der Staatsanwaltschaft geführt worden war, sei ein Rechtsmittelverzicht „verabredet" worden.

Nach Ansicht des *5. Senats* widersprächen weder die vorherige Absprache noch etwaige Bedenken hinsichtlich der Ermächtigung zum Rechtsmittelverzicht gegen dessen Wirksamkeit.[1221] Diese Absprachenkonstellation hier sei nach Ansicht des *5. Senats* so unterschiedlich zu denen, worüber der *4. Senat* befunden habe, so daß er es „dahinstehen lassen" könne, ob dem *4. Senat* zu folgen sei.[1222] Anstatt die Gelegenheit zur Klärung zu nutzen, sucht der *5. Senat* nach Unterschieden im tatsächlichen Bereich. Hier habe nur eine „vage Übereinkunft im Sinne einer Inaussicht-Stellung" vorgelegen.[1223] Insoweit leistet er keinen Beitrag in Richtung einer einheitlichen Verfahrensordnung für Absprachen durch den *Bundesgerichtshof*. Gerade die so wichtige Frage des absprachegemäß erklärten[1224] Rechtsmittelverzichts bleibt auch damit zwischen den Senaten unge-

---

1219 BGH Beschluß vom 26.09.2001 – 1 StR 147/01 = wistra 2001, 470 = NStZ 2002, 219, vgl. oben S. 209.
1220 BGH, Beschluß vom 20.03.2002 – 5 StR 1/02 = StV 02, 354 = NStZ 2002, 496 = JA 2003, 11; vgl. dazu auch *Fahl*, JA 2003, 11.
1221 BGH NStZ 2002, 496.
1222 BGH NStZ 2002, 496.
1223 BGH NStZ 2002, 496. Leider gibt der *5. Senat* nicht an, anhand welcher Kriterien eine „vage Übereinkunft" in Form der Verabredung zu einem Rechtsmittelverzicht von einem „Versprechenlassen" abgegrenzt werden soll.
1224 Bemerkenswert ist die Begrifflichkeit in der Rechtsprechung. So wird von einem abspra-

klärt. Auch die nur kurz danach obiter dictu gemachten Äußerungen des *5. Senats* sorgten insofern nicht für eine Klarstellung.[1225]

Der *3. Senat* hat Ende Juli 2003 ein Antragsverfahren gemäß § 132 Abs. 3 GVG eingeleitet.[1226] Damit eröffnet der *3. Senat* die Möglichkeit einer Entscheidung gemäß § 132 Abs. 2 GVG des *Großen Senats in Strafsachen*. Die Entscheidung des *3. Senats* ist zu begrüßen. Ihm blieb aber auch wohl kaum eine andere Möglichkeit, denn er beabsichtigt folgendes zu entscheiden:
Die Erklärung des Angeklagten, auf Rechtsmittel zu verzichten, ist unwirksam, wenn ihr eine Urteilsabsprache vorausgegangen ist, in der unzulässigerweise ein Rechtsmittelverzicht versprochen worden ist. Dies gilt auch für den Rechtsmittelverzicht, auf den das Gericht, ohne ihn sich im Rahmen der Absprache unzulässigerweise versprechen zu lassen, lediglich hingewirkt hat. Der Entscheidung des *3. Senats* liegen zwei Revisionsverfahren zu Grunde.

Zum einen die absprachegemäße Entscheidung des LG *Duisburg*.[1227] Die Kammer sicherte dem wegen des Verstoßes gegen das BtMG Angeklagten bereits vor Verlesung des Anklagesatzes eine Freiheitsstrafe von höchstens 4 Jahren und 9 Monaten bei Rechtsmittelverzicht zu. Alle Prozeßbeteiligten stimmten daraufhin der Absprache zu. Nach der Verlesung der Anklage gab der Verteidiger eine Erklärung des Angeklagten ab, in der „die Anklagevorwürfe als richtig zugestanden" wurden.[1228] Die Kammer verurteilte den Angeklagte zu einer Freiheitsstrafe von 4 Jahren und 6 Monaten und hielt damit ihre Zusicherung ein. Unmittelbar danach verzichteten der Angeklagte, sein Verteidiger und der Sitzungsvertreter der Staatsanwaltschaft auf Rechtsmittel.
Dem anderen Verfahren liegt ein absprachegemäßes Urteil des LG *Lüneburg* zu Grunde.[1229] Der ebenso wegen Verstößen gegen das BtMG Angeklagten wurde von der Kammer ein Vorschlag dahingehend gemacht, daß sie im Falle eines Geständnisses zu einer Gesamtfreiheitsstrafe von höchstens 8 Jahren und 6 Monaten verurteilt werden würde. Die Kammer „brachte dabei zum Ausdruck, daß ein

---

chegemäß „erklärten", „verabredeten", „vorbesprochenen" oder „angekündigten" Rechtsmittelverzicht gesprochen.

1225 BGH Beschluß vom 05.02.2002, 5 StR 617/01 = BGHSt 47,238.

1226 BGH, Anfragebeschluß vom 24.07.2003 – 3 StR 368/02 und 3 StR 415/02 = StV 2003, 544. In dem Anfragebeschluß ist genau genommen auch eine Grundsatzvorlage gemäß § 132 Abs. 4 GVG enthalten, denn die Frage der Wirksamkeit eines Rechtsmittelverzicht, auf den das Gericht lediglich hingewirkt hat, ist eine bisher noch nicht höchstrichterlich entschiedene Frage und kann somit nicht Gegenstand einer Divergenzvorlage gemäß § 132 Abs. 3 GVG sein.

1227 Urteil des LG *Duisburg* vom 29.04.2002 – 3 StR 415/02.

1228 Es ist davon auszugehen, daß neben dem Rechtsmittelverzicht ebenso ein Geständnis Gegenstand der Absprache war. Wobei es sich hier in der Sache wohl eher um ein Anerkenntnis handelt.

1229 Urteil des LG *Lüneburg* vom 04.07.2002 – 3 StR 368/02.

Rechtsmittelverzicht wünschenswert sei". Die Angeklagte und der Verteidiger stimmten der Absprache zu.[1230] Danach erklärte der Verteidiger, daß die Anklagevorwürfe zuträfen. Die Angeklagte bestätigte dies. Nach dem absprachegemäßen Urteil erklärte zunächst der Verteidiger: „Wir verzichten auf Rechtsmittel." Auf Nachfrage des Gerichts bekundete die Anklagte nach kurzer Unterredung mit ihrem Verteidiger, daß auch sie auf Rechtsmittel gegen das soeben ergangene Urteil verzichte.

Der *3. Senat* hält in beiden Fällen den Rechtsmittelverzicht für unwirksam. Zunächst beleuchtet er die Gefahr, die im Falle eines wirksamen Verzichts bestehen würde, und geht sodann auf die Konsequenz der Auswirkungen ein, die der absprachegemäße Rechtsmittelverzichts auf die freie Willensentscheidung des Angeklagten hat.
Die Unwirksamkeit des Rechtsmittelverzichts sei eine zwangsläufige Folge des vorangegangenen Verstoßes gegen das Verbot, einen Rechtsmittelverzicht zum Bestandteil der dem Urteil vorausgehenden Absprache zu machen.[1231] Unter Bezugnahme zu den Ausführungen zur Unzulässigkeit[1232] des absprachegemäßen Rechtsmittelverzichts kommt der *3. Senat* zu der Erkenntnis, daß das Verbot eines absprachegemäßen Rechtsmittelverzichts eine unabweisbare Bedingung für eine Absprache sei, die rechtstaatlichen Anforderungen genügen soll. Ein Verstoß könne daher nicht sanktionslos hingenommen werden.[1233] Die einzige denkbare Sanktion sei aber die Unwirksamkeit des Verzichts. Nur im Falle der Annahme einer Unwirksamkeit könne die Kontrolle durch Rechtsmittelgerichte gewährleistet werden. Auch könne nur so der „Gefahr von Auswüchsen entgegengewirkt werden".[1234]
Weiter setzt sich der *3. Senat* mit der Frage auseinander, ob ein absprachegemäßer Rechtsmittelverzicht von einer freien Willensentscheidung des Angeklagten getragen ist. Nach seiner Auffassung ist dies nicht der Fall, da das Gericht, das sich einen Rechtsmittelverzicht versprechen lasse, in unzulässiger Weise auf die freie Willensentscheidung des Angeklagten über die Annahme oder Anfechtung des Urteils einwirke.[1235] Im nachhinein lasse sich kaum feststellen, ob der Rechtsmittelverzicht unbeeinflußt von der Absprache abgegeben wurde. Es bestünde generell die Gefahr, daß das Gericht und der Verteidiger – zumal dem Pflichtverteidiger, der auch in Zukunft in anderen Strafverfahren mit dem Ge-

---

[1230] Inwiefern die Staatsanwaltschaft an dieser Absprache beteiligt war, geht leider aus der veröffentlichten Entscheidung des *3. Senats*, StV 2003, 544, nicht hervor.
[1231] BGH StV 2003, 544(546).
[1232] Vgl. oben S. 211ff.
[1233] BGH StV 2003, 545(546).
[1234] BGH StV 2003, 544(546).
[1235] BGH StV 2003, 545(546).

richt Urteilsabsprachen treffen wolle – entscheidenden Einfluß auf die Willensentscheidung des Angeklagten ausübten.[1236]

In der – bis dato – letzten Entscheidung hat der *5. Senat* dem Tenor des Anfragebeschlusses unter Aufgabe seiner eigenen entgegenstehenden Rechtsprechung zugestimmt.[1237] Dabei geht der *5. Senat* wegen des „Bedürfnisses nach Sanktionierung der unzulässigen Absprachepraxis" und „aufgrund der Wahrscheinlichkeit einer Kausalität zwischen der fälschlichen Vermutung des Angeklagten, jene Absprache sei bindend", von einer Unwirksamkeit des absprachegemäßen Rechtsmittelverzichts aus. Im weiteren ist die Entscheidung von der Bemühung geprägt, den kleinst möglichen gemeinsamen Nenner mit dem Anfragebeschluß zu finden.
So führt der *5. Senat* obiter dictu aus, daß er für den Ausnahmefall einer „qualifizierten Belehrung" des Angeklagten ungeachtet der insoweit unzulässigen Absprache zu einer abweichenden Beurteilung neigt. Darüber hinaus gibt er zu bedenken, ob der absprachegemäße Rechtsmittelverzicht in Ausnahmefällen[1238] nicht zu billigen sein soll. Schließlich bleibt der *5. Senat* unter Bezugnahme auf seine Rechtsprechung bei seiner Auffassung, daß Absprachen häufig mit dem Bedürfnis der Verfahrensbeteiligten nach abschließender Erledigung des Strafverfahrens verbunden sind, und ausgehend davon, eine Frage des Gerichts nach einem Rechtsmittelverzicht unmittelbar nach Verkündung eines absprachegemäßen Urteils nicht etwa bereits als sachwidrig abzuqualifizieren sei. Allein daraus könne kein hinreichendes Indiz für die Behauptung eines Revisionsführers entnommen werden, das Gericht habe unzulässigerweise „informell" bereits im Rahmen der Absprache auf den späteren Rechtsmittelverzicht hingewirkt.

Über die „qualifizierte Belehrung" eröffnet der *5. Senat* damit auch weiterhin die Möglichkeit eines absprachegemäßen Rechtsmittelverzichts und zeigt darüber hinaus Möglichkeiten auf tatsächlicher Ebene auf, einen Verzicht auf Rechtsmittel neben der Absprache zu realisieren. Denn gerade wenn die Absprache kein hinreichendes Indiz für das unzulässige Hinwirken des Gerichts auf einen Rechtsmittelverzicht sein soll, besteht die Gefahr, daß die Beteiligten neben der Absprache „informell" einen Rechtsmittelverzicht vereinbaren. Die Annahme eines Verzichts auf Rechtsmittel, der gegen ein absprachegemäß erlassenes Urteil erklärt wird, aber dabei zugleich unabhängig von der Absprache erklärt sein soll, erscheint zudem äußerst fraglich.
Damit trägt die Entscheidung des *5. Senats* nur oberflächlich zu einer einheitlichen Regelung des *Bundesgerichtshofes* bei. Solche Einschränkungen vereiteln

---

[1236] BGH StV 2003, 545(546).
[1237] BGH Beschluß vom 29.10.2003 – 5 ARs 61/03, (noch) unveröffentlicht.
[1238] Als Beispiel wird u. a. eine Absprache genannt, die eine Verfahrensbeschränkung der Staatsanwaltschaft gemäß § 154 StPO zum Gegenstand hat.

den Versuch, den Rechtsmittelverzicht aus der Absprachenpraxis zu verbannen. Sie stellen „Schlupflöcher" und „Hintertürchen" dar, die auch weiterhin einen wirksamen Rechtsmittelverzicht im Rahmen einer Absprache ermöglichen.

Zusammenfassend ist daher festzuhalten, daß die Rechtsprechung des *Bundesgerichtshofes* zur Wirksamkeit eines absprachegemäß erklärten Rechtsmittelverzichts uneinheitlich ist.[1239] Während der *2.* und der *1. Senat* – bis dato – einen absprachegemäß erklärten Rechtsmittelverzicht für wirksam halten, sofern keine anderen, außerhalb der Absprache liegenden, wirksamkeitshemmenden Gründe vorliegen, halten der *4.*, *3.* und nunmehr - wenn auch mit Einschränkungen - auch der *5. Senat* einen absprachegemäßen Rechtsmittelverzicht für unzulässig und unwirksam. In Bezug auf die Wirksamkeit eines absprachegemäßen Rechtsmittelverzichts kann daher (noch) nicht von einer einheitlichen Verfahrensordnung für Absprachen durch den *Bundesgerichtshof* gesprochen werden. Während die *Senate* erkennbar darum bemüht waren, Differenzen im Detail eher herunterzuspielen oder zu überdecken, als das Risiko einzugehen, aus Anlaß eines Einzelproblems den insoweit unausgesprochenen Basiskonsens der Zulässigkeit von Absprachen im Strafverfahren durch Anrufung des *Großen Senats* zu gefährden,[1240] hat der *3. Senat* mit der Einleitung des Antragsverfahren gemäß § 132 Abs. 3 GVG zumindest einen wesentlichen Schritt in Richtung Einheitlichkeit der Rechtsprechung des *Bundesgerichtshofes* gemacht. Dabei besteht aber auch weiterhin die Gefahr, daß trotz des Antragsverfahrens im Detail wesentliche Unterschiede bestehen bleiben. Ob – und gegebenenfalls wie – der *Große Senat* über das Antragsverfahren entscheiden wird, bleibt abzuwarten.[1241]

b. Frage der Unwirksamkeit eines Rechtsmittelverzichts in der Literatur

Die Diskussion, wann ein unzulässiger Rechtsmittelverzicht keine Wirkung entfalten soll und damit unwirksam ist, ist in der Literatur kein Novum.[1242] Die Diskussion ist lediglich um den absprachegemäßen Rechtsmittelverzicht erwei-

---

1239 Zu diesem Ergebnis kommt die Literatur. Vgl. beispielsweise *Rieß*, FS-Meyer-Goßner, S. 645(653); *Erb*, GA 2000, 511(516ff.). Die Rechtsprechung ist bemüht, diese Differenz zu nivellieren, so beispielsweise der *1. Senat* in BGH StV 2000, 237 „Der *1. Senat* schließt sich den vom *2. Senat* festgelegten und vom *4.* und *5. Senat* nicht in Frage gestellten Grundsätzen [...]".

1240 So auch *Weigend*, FG-Wiss.-50-Jahre BGH, S. 1011(1029).

1241 *Meyer-Goßner*, StraFo 2003, 401(406) und *Schröder*, StraFo 2003, 412 gehen davon aus, daß der *1. Senat* an seiner Rechtsprechung zur Wirksamkeit des absprachegemäßen Rechtsmittelverzichts festhalten wird, und es deshalb zu einer Entscheidung des *Großen Senats* kommen wird.

1242 Vgl. beispielsweise bereits *Dencker*, Willensfehler bei Rechtsmittelverzicht und Rechtsmittelzurücknahme im Strafprozeß, 1972.

tert worden, wobei die Frage in der Absprachendiskussion erst spät an Bedeutung gewonnen hat.[1243]

Im Schrifttum werden in Bezug auf die Frage der Unwirksamkeit eines Rechtsmittelverzichts unterschiedliche Ansichten vertreten. Einigkeit besteht wohl, daß eine nachträgliche Beseitigung eines wirksamen Rechtsmittelverzichts nicht möglich ist.[1244] In bestimmten Fällen kann ein Rechtsmittelverzicht aber von Anfang an als unwirksam angesehen werden. Die Ansichten, wie ein solcher Fall zu bestimmen ist, gehen auseinander.

Die überwiegende Ansicht im Schrifttum, das sich mit der Absprachenproblematik auseinandersetzt, nimmt eine Unwirksamkeit des Rechtsmittelverzichts auf Basis des fair-trial-Grundsatzes für diejenigen Fälle an, bei denen dem Rechtsmittelverzicht eine Täuschung oder Drohung durch staatliche Organe zu Grunde liegt.[1245]
Der Angeklagte, der absprachegemäß auf Rechtsmittel verzichtet hat, treffe wegen der vorherigen Absprache und dem damit verbundenen mittelbaren Zwang keine freie Verfügung mehr über seine Entscheidung, ein Rechtsmittel einzulegen.[1246] Die Vereinbarung sei damit verfahrensfehlerhaft und deshalb unwirksam.[1247]

Auch losgelöst von der Frage der Wirksamkeit eines absprachegemäßen Rechtsmittelverzichts wurde im Schrifttum für vergleichbare gelagerte Fälle eine Unwirksamkeit des Rechtsmittelverzichts bejaht. So will eine ältere Auffassung die Frage der Unwirksamkeit eines Rechtsmittelverzichts in Anlehnung an § 123 BGB lösen.[1248] Damit verbunden ist die Frage, wann der Rechtsmittelverzicht durch arglistige Täuschung oder durch widerrechtliche Drohung zustandegekommen ist. Diese Frage muß sich auch eine andere Auffassung stellen. Denn sie nimmt eine analoge Anwendung des § 136a StPO an.[1249] Ein

1243 *Rieß*, FS-Meyer-Goßner, S. 645 „stiefmütterliche Behandlung des Problems".
1244 *Erb*, GA 2002, 511(519).
1245 KK-*Ruß*, § 302, Rn. 13; *F. Meyer*, Willensmängel beim Rechtsmittelverzicht, S. 305, sieht insofern keine Besonderheit beim absprachegemäßen Rechtsmittelverzicht. Auf Basis des fair-trial-Grundsatzes ermittelt er, wann ein für den Rechtsmittelverzicht bedeutsamer Willensmangel vorliegt, a.a.O, S. 104ff.
1246 *Grunst*, Prozeßhandlungen, S. 384; zustimmend *Meyer-Goßner*, StraFo 2003, 401(406).
1247 *Grunst*, Prozeßhandlungen, S. 384; zustimmend *Meyer-Goßner*, StraFo 2003, 401(406).
1248 Beispielsweise LR-*Sarstedt*, 21. Aufl., § 136a, Rn. 9.
1249 *Eb. Schmidt*, Lehrkommentar I, Rn. 209; *ders.* JZ 1955, 681; *Roxin*, Strafverfahrensrecht, § 22, Rn. 6; *Eschelbach*, JA 1999, 694(701). Teilweise wurde diese Ansicht auch von früherer Rechtsprechung vertreten. So OLG *Bremen*, JZ 1955, 680 und OLG *Düsseldorf* NJW 1960, 210. Seit der Vorlage des OLG *Düsseldorf* aus dem Jahre 1960 vor dem BGH ist diese Rechtsprechung aber aufgegeben worden, da BGHSt 17, 14 eindeutig eine

Rechtsmittelverzicht ist demnach analog eines Verwertungsverbotes gemäß § 136 Abs. 3 S. 2 StPO dann unwirksam, wenn er unter Verletzung des Abs. 1 zu Stande gekommen ist. Damit müßte wiederum geklärt werden, ob dem absprachegemäß erklärten Rechtsmittelverzicht eine Drohung zu Grunde liegt. Letztendlich wäre also dieselbe Diskussion wie in Bezug auf § 136a StPO zu führen; insbesondere ergäbe sich auch wiederum das Problem des Versprechens eines gesetzlich nicht vorgesehenen Vorteils für die Abgabe eines Rechtsmittelverzichts.[1250] Andere wollen den Verzichtenden unter den Voraussetzungen des § 44 StPO von seinem Verzicht abrücken lassen und eine Wiedereinsetzung in den vorigen Stand gewähren.[1251] Damit verbunden ist strenggenommen die Frage, wann der Angeklagte ohne Verschulden verhindert war, die Rechtsmittelfrist einzuhalten. Daher würde vorsätzliche oder fahrlässige Versäumung der Frist schon die Wiedereinsetzung ausschließen.[1252] So wird dann auch eingeräumt, daß „der Wortlaut nicht völlig paßt, aber der Grundgedanke zutrifft".[1253] Als Voraussetzung für eine Unwirksamkeit des Rechtmittelverzichts und damit verbunden einer Wiedereinsetzung gelten insofern auch die Täuschung oder die Drohung.
Auch wird der Gedanke der gerichtlichen Fürsorgepflicht in Zusammenhang mit einer analogen Anwendung von § 302 Abs. 2 StPO zur Abgrenzung der Unwirksamkeit des Rechtsmittelverzichts herangezogen. So wird die Unwirksamkeit damit begründet, daß das Gericht im Falle einer Annahme eines Rechtsmittelverzichts, der offensichtlich übereilt oder mit Willensmängeln – Täuschung oder Drohung – behaftet ist, seine „Fürsorgepflicht" verletzt und damit nicht zur Entgegennahme eines Rechtsmittelverzichts befugt ist, so daß aus § 302 Abs. 2 StPO analog eine Unwirksamkeit des Verzichts gefolgert werden könne, da das Gericht im Ergebnis wie ein nicht ermächtigter Verteidiger gehandelt habe.[1254]

Als Zwischenergebnis kann damit festgehalten werden, daß alle Ansichten im Ergebnis eine Unwirksamkeit des Rechtsmittelverzichts annehmen, sofern der Verzicht unter Anwendung von Drohung zu Stande gekommen ist.

Zu klären bleibt aber, welche Anforderungen an die Intensität der Drohung zu stellen sind. Es kann nicht schon jede Drohung für eine Unwirksamkeit des

---

analoge Anwendung des § 136a StPO abgelehnt hat; ebenso *F. Meyer*, Willensmängel beim Rechtsmittelverzicht, S. 91ff, 290.

1250 Vgl. dazu oben, S. 159ff.

1251 *Oehler*, JZ 1963, 227; *Schulze*, Einfluß von Willensmängeln auf Rechtsmittelverzichts, S. 163ff, S. 190ff.

1252 Vgl. KK-*Maul*, § 44, Rn. 16.

1253 *Oehler*, JZ 1963, 227(228).

1254 So *Schlüchter*, Strafverfahren, Rn. 650.

Rechtsmittelverzichts ausreichen, da auch trotz einer Drohung grundsätzlich ein auf freie Willensentscheidung basierender Verzicht des Angeklagten möglich erscheint.[1255] Auch wird dem Angeklagten beispielsweise gerade wegen der Rechtssicherheit zugemutet, daß er alle Mittel ausschöpft, um dem Druck auszuweichen, die Unwirksamkeit des Rechtsmittelverzichts soll ultima ratio sein.[1256]

Die Drucksituation und die Drohung als solche werden aber als Grund für die Unwirksamkeit eines Rechtsmittelverzichts nicht ausgeschlossen. Insofern ist eine Stellungnahme zu den einzelnen Begründungen der Unwirksamkeit entbehrlich. Entscheidungserheblich für die Wirksamkeit eines absprachegemäßen Rechtsmittelverzichts ist die Frage, ob der Rechtsmittelverzicht unter Ausübung von Druck auf den Verzichtenden zu Stande gekommen ist und ob ein solcher Druck tatsächlich die freie Willensentscheidung des Angeklagten beeinflußt hat.

c. Stellungnahme

In der Absprachendiskussion kommen diejenigen, die bei Absprachenverhandlungen keine Drucksituation für den Angeklagten annehmen, damit auch grundsätzlich zur Wirksamkeit des absprachegemäß erklärten Rechtsmittelverzichts.[1257] Daß jedoch eine Drucksituation für den Angeklagten zum Zeitpunkt der Absprache vorliegt, ist bereits im Rahmen der Erörterung der Unzulässigkeit eines absprachegemäßen Rechtsmittelverzichts gezeigt worden und korrespondiert mit dem zu § 136a StPO Gesagten.[1258] Diese Drucksituation ist auch nicht lediglich unerheblich, da dem Angeklagten während der mit der Hauptverhandlung verbundenen Anspannung keine vernünftige Abwägung „des angedrohten Übels" mit dem Rechtsmittelverzichts zugemutet werden kann.[1259] Sie beeinflußt den Angeklagten in der Freiheit seiner Willensentscheidung.[1260] Für eine Unwirksamkeit des Rechtsmittelverzichts muß diese Drucksituation, die ursprünglich bei der Absprache bestanden hat, aber noch in dem Zeitpunkt fortbestehen, in dem der Angeklagte den Rechtmittelverzicht abgibt.[1261] Treten keine weiteren Umstände hinzu wird dies regelmäßig der Fall sein und damit ist dem *4. Senat* – sowie jüngst dem *3. Senat* in seinem Anfragebeschluß – mit sei-

---

1255 Vgl. *F. Meyer*, Willensmängel beim Rechtsmittelverzicht, S. 130ff.

1256 Vgl. *Öhler*, JZ 1963, 227(228).

1257 So *Schmitt*, GA 2000, 411(424f.); *Weider*, FS-Lüderssen, S. 773 (781ff.).

1258 S. 166ff.

1259 Zu welchen irrationalen Entscheidungen es dabei kommen kann, zeigt der Fall BGHSt 45, 51 (vgl. oben S. 219f.). Der Angeklagte hatte auf Rechtsmittel verzichtet, damit ihm Haftverschonung gewährt wird.

1260 *Grunst*, Prozeßhandlungen, S. 384.

1261 Vgl. *Weigend*, StV 2000, 63(65).

ner Auffassung der Unwirksamkeit eines absprachegemäßen Rechtsmittelverzichts zuzustimmen.

Die Möglichkeit eines wirksamen Verzichts könnte nun aber dadurch erhalten werden, daß andere Umstände hinzutreten, die den Druck auf den Angeklagten kompensieren.

Einen Lösungsansatz für das Rechtsmittelproblem im Rahmen einer durch das Gericht initiierten Absprache hat *Erb* vorgestellt.[1262] Er vertritt eine vermittelnde Lösung zwischen den divergierenden Standpunkten der einzelnen Senate des *Bundesgerichtshofes*. Wird der unzulässigerweise absprachegemäße Rechtsmittelverzicht unmittelbar im Anschluß an die Urteilsverkündung erklärt, dann soll der Rechtsmittelverzicht unwirksam sein. Als Grund wird eine Umgehung des Schutzzweckes der Rechtsmittelfristen genannt, der bei einem „Herausfragen" des Rechtsmittelverzichts durch den Richter unterlaufen werde.[1263] Wirksam soll der absprachegemäß erklärte Rechtsmittelverzicht jedoch dann sein, wenn er erst am nächsten Tag schriftlich oder zu Protokoll der Geschäftsstelle erklärt wird.[1264]
Daneben wird in der Literatur auch die vom *4. Senat* angedachte[1265] Konstruktion einer „qualifizierten" Belehrung vertreten.[1266] Danach kann auch ein absprachegemäß erklärter Rechtsmittelverzicht wirksam sein, sofern das Gericht den Angeklagten über seine Freiheit belehrt, ungeachtet der Absprache innerhalb der gesetzlichen Frist Rechtsmittel einzulegen und keine sonstigen Gründe für eine Unwirksamkeit des Verzichts vorliegen. Als Argument wird dafür angeführt, daß man den Schutz des mündigen Angeklagten überdehnen würde, wenn man dem Rechtsmittelverzicht auch in diesem Falle die Freiwilligkeit abspräche.[1267]

Eine „qualifizierte" Belehrung entkräftet die besondere Drucksituation nicht. Da – wie bereits aufgezeigt – auch der Verteidiger ein nicht unerhebliches Interesse

---

[1262] *Erb*, GA 2000, 511(525).
[1263] *Erb*, GA 2000, 511(524).
[1264] *Erb*, GA 2000, 511(518), hält den Rechtsmittelverzicht für ein überflüssiges Institut und fordert de lege ferenda ein Abschaffung des Rechtsmittelverzichts oder zumindest eine gesetzliche Regelung, die einen Verzicht frühestens am Tage nach der Urteilsverkündigung zuläst.
[1265] Die mittlerweile auch von den anderen Senaten als Ausnahmefall angedacht wird, vgl. beispielsweise den *5. Senat* im Beschluß vom 29.10.2003 – 5 ARs 61/03.
[1266] So *Bömeke*, Rechtsfolgen fehlgeschlagener Absprachen, S. 134ff.; *Fahl*, JA 2003, 11(13); *Rieß*, FS-Meyer-Goßner, S. 645(660f.); *ders.*, NStZ 2000, 98(100); *Weider*, FS-Lüderssen, S. 773 (782).
[1267] *Bömeke*, Rechtsfolgen fehlgeschlagener Absprachen, S. 135. *Bömeke* fordert de lege ferenda eine gesetzliche Verankerung der qualifizierte Belehrung bei Absprachen.

an der Einhaltung des vereinbarten Rechtsmittelverzichts seines Mandanten hat, besteht die Gefahr, daß der Verteidiger eine solche „qualifizierte" Belehrung in der Praxis gegenüber seinem Mandanten als reine Formalie abwertet. Ebensowenig ist es wahrscheinlich, daß der Angeklagte durch Abgabe eines Rechtsmittelverzichts erst am nächsten Tage die Möglichkeit nutzen kann und auch wird, sich außenstehenden juristischen Rat zu holen. Dem kann entgegengehalten werden, daß dies letztendlich nur Vermutungen sind, die für die Entscheidung einer so wesentlichen Frage, wie sie sich hier stellt, nicht ausreichen dürfen. Es läßt sich aber nun weiter zeigen, daß selbst im Falle einer Kompensation des Druckes auf den Angeklagten die „qualifizierte" Belehrung nicht die Lösung ist. Beispielsweise in Fällen, in denen der Absprache ein Dissens zu Grunde liegt,[1268] zeigt sich, daß trotz einer „qualifizierten" Rechtsmittelbelehrung der Angeklagte bei einem absprachegemäßen Rechtsmittelverzicht in der schwächeren Position ist, sofern der Rechtsmittelverzicht Wirksamkeit entfaltet. Denn der Angeklagte ist es, der aufgrund seiner Vorleistung[1269] den „Preis" für die Rechtssicherheit zahlt. Dem Argument, daß der Angeklagte im Zeitpunkt des tatsächlichen Verzichts erfahre, ob sich das Gericht seinerseits an die Absprache halte,[1270] kann zumindest entgegengehalten werden, daß nicht zwingend alle „Absprachеleistungen" mit dem Urteil erfüllt sein müssen. Man denke beispielsweise nur an eine Einstellung gemäß § 154 StPO.[1271]
Aufgrund der kurzen Rechtsmittelfristen ist der Angeklagte zwar auch nicht umfassend vor „bösen Überraschungen" geschützt, doch sollte auch gerade wegen der schon kurz bemessenen Rechtsmittelfrist keine weitere Einschränkung vorgenommen werden. Denn den Rechtsmittelfristen kommt auch eine Schutzfunktion zu. Schließlich sieht das Gesetz gerade Rechtsmittelfristen vor, um dem Verurteilten eine Bedenkzeit zu geben.[1272] Dieser Schutzfunktion der Rechtsmittelfrist kommt gerade in Bezug auf eine Absprache besondere Bedeutung zu, da der Angeklagte gewöhnlich im Rahmen einer Absprache ihm zustehende Rechte preisgibt.
Es kann von dem Angeklagten aber keine unwiderrufliche Preisgabe verlangt werden, und zwar auch kein „Inaussicht-Stellen" einer unwiderruflichen Preis-

---

1268 Beispielsweise der Fall BGHSt 45, 227 (vgl. S. 209). Der Angeklagte ging von einer Einstellung gemäß § 154 Abs. 1 StPO in Bezug auf alle anhängigen Verfahren ein; die Staatsanwaltschaft hingegen nur von den Verfahren, die Gegenstand der Hauptverhandlung waren.

1269 Der überwiegende Teil der Absprachen hat ein (Teil-)Geständnis des Angeklagten zum Gegenstand. Dieses wird der Angeklagte zwingend vor Kenntnis des letztendlichen Strafmaßes abgeben. Insofern leistet der Angeklagte „vor". Vgl. auch *F. Meyer*, Willensmängel beim Rechtsmittelverzicht, S. 293.

1270 So beispielsweise *Schmitt*, GA 2000, 411(424).

1271 Vgl. *F. Meyer*, Willensmängel beim Rechtsmittelverzicht, S. 345ff.

1272 Vgl. *Erb*, GA 2000, 511(516f).

gabe. Der Rechtsmittelverzicht muß daher gänzlich aus der Absprache herausgenommen werden.[1273] Dem kann auch nicht entgegengehalten werden, daß eine grundsätzliche Unwirksamkeit des Rechtsmittelverzichts eine „übertriebene Bevormundung“ des Angeklagten ist, denn möglicherweise empfinde er die Drucksituation nicht als solche und der Verzicht auf Rechtsmittel basiere auf seiner freien Willensentscheidung.

Denn losgelöst von der Drucksituation kommt noch ein wesentliches zweites Argument für die Unwirksamkeit des unzulässigen Rechtsmittelverzichts hinzu. Durch die anschließende Abgabe eines vereinbarten Rechtsmittelverzichts wird faktisch die Verfahrensordnung für Absprachen durch Zweckentfremdung ihres eigenen Instrumentes ausgehebelt. Die verfahrensrechtliche Handhabe gegen rechtswidrige Absprachen wäre bei genereller Wirksamkeit vom absprachegemäßen erklärten Rechtsmittelverzicht auf ein Minimum reduziert. Es bliebe nur der enge Katalog der Wiederaufnahme gemäß §§ 359ff. StPO oder die Wiedereinsetzung in den vorigen Stand, §§ 44ff. StPO.
Dies wird deutlich, wenn man das Problem noch einmal in aller Deutlichkeit skizziert: Wäre ein Rechtsmittelverzicht im Rahmen einer Absprache stets wirksam, so hätten die Verfahrensbeteiligten bei Absprachen freie Hand, ihre eigene Verfahrensordnung für Absprachen zu praktizieren, so lange nur alle Beteiligten einen Konsens erzielen.[1274] Denn mit einem Rechtsmittelverzicht könnten sie jede noch so unzulässige Absprache vor obergerichtlicher Kontrolle absichern und auf diesem Wege sowohl Teile der Strafprozeßordnung wie auch die Anforderungen des *4. Senats* an Absprachen ad absurdum führen. Die Absprachenbeteiligten vereinbaren quasi die „Letztinstanzlichkeit“ ihrer Entscheidung.[1275] Eine solche Absprachenpraxis stellt eine Bedrohung für ein rechtstaatliches Strafverfahren dar. Eine Bedrohung ist insbesondere dann anzunehmen, wenn zu befürchten ist, daß sich die tatgerichtliche Absprachenpraxis bezüglich der Erforschung der materiellen Wahrheit oder des schuldangemessenen Strafens contra legem entwickelt.[1276] In der Praxis ist dies durchaus deutlich geworden, indem Absprachen teilweise offensichtlich unzulässige Leistungsverknüpfungen zum Gegenstand hatten.[1277]

1273 Was sich bei einer analogen Anwendung des § 136a StPO auf Willensmängel bei Abgabe eines Rechtsmittelverzichts schon aus § 136a Abs. 3 StPO ergeben würde.

1274 *Satzger*, JuS 2000, 1157(1158) „Beteiligte handeln somit ihr ‚eigenes' Strafprozeßrecht aus“.

1275 Plakativ *Satzger*, JuS 2000, 1157(1158).

1276 Nach Ansicht des *3. Senats* „hat die Praxis eine Entwicklung genommen, die besorgen läßt, daß die Grundprinzipien des Strafprozeßrechts [...] gefährdet sind.“, BGH StV 2003, 544(545) mit umfangreichen Nachweisen auf die Rechtsprechung der anderen Senate. Vgl. auch *Siolek*, FS-Rieß, S. 563(567ff.).

1277 Vgl. beispielsweise BGH NJW 2001, 2642, „Disposition der Anwendung von Jugend-

Es muß daher *stets* eine Unwirksamkeit bei einem absprachegemäß erklärten Rechtsmittelverzicht angenommen werden.[1278] Es kann dabei auch nicht derjenige Rechtsmittelverzicht ausgeklammert werden, der zwar in der Absprache vereinbart wurde, jedoch später nicht durch die unzulässige Vereinbarung motiviert wurde.[1279] Zum einen würde die Gerichte eine solche Ausklammerung vor immense praktische Schwierigkeiten stellen, da die Motivation letztendlich nicht überprüfbar sein wird, und zum anderen ist mit *Rieß* davon auszugehen, daß das Gericht durch seine Mitwirkung an der (rechtswidrigen) Absprache des Rechtsmittelverzichts die unklare Verfahrenslage (mit)verantwortet hat, sie also in die „Sphäre der Justiz" fällt.[1280]
Auch muß für denjenigen Rechtsmittelverzicht die Unwirksamkeit gelten, der im Rahmen von sogenannten Vorgesprächen „inzident" vereinbart wurde.[1281] Denn auch solche Vorzimmergespräche, in denen „konkludent" von der Endgültigkeit der späteren Absprache ausgegangen wird, sind nach der hier vertretenen Ansicht unzulässig. Solche Praktiken bergen zusätzlich die Gefahr in sich, daß abstrakt von einer Absprache getroffene Rechtsmittelverzichte, die grundsätzlich zulässig und wirksam sein können, mit der Absprache in Verbindung gebracht werden und nur schwer von einem (unzulässigen und unwirksamen) absprachegemäßen Rechtsmittelverzicht zu trennen sind. Mit anderen Worten, wenn die Verfahrenswirklichkeit tatsächlich so aussieht, daß mit einer Absprache generell konkludent ein beidseitiger Rechtsmittelverzicht abgegeben wird, und dieser später auch realisiert wird, dann verstößt diese Verfahrenswirklichkeit gegen geltendes Recht. Dieser Verstoß kann nicht durch eine „Flucht" in die Begrifflichkeit vermieden werden. Diese Gefahr besteht aber, wenn man – wie Teile der Rechtsprechung – beginnt, zwischen einer „eher vage Übereinkunft im Sinne einer Inaussicht-Stellung" und einem „Versprechen" zu differenzieren.[1282]

4. Folgen eines unwirksamen Rechtsmittelverzichts

Ist die Absprache zur Zufriedenheit aller Beteiligten abgelaufen, dann wirft der unwirksame Rechtsmittelverzicht jedoch kein Problem auf, da es nicht zur Einlegung eines Rechtsmittels kommen wird. Problematisch wird es hingegen,

---

strafrecht im Rahmen eine Absprache" oder BGH NStZ 1995, 556, „Zusage zur Strafvollstreckung".

1278 So auch *Weigend*, StV 2000, 63(64).

1279 *Rieß*, NStZ 2000, 98(99). Vgl. aber noch zuvor LR-*Rieß*, Einl. G, Rn. 86. „lediglich gewichtiges Indiz". So auch der *5. Senat* in Beschluß vom 29.10.2003 – 5 ARs 61/03.

1280 *Rieß*, NStZ 2000, 98(99).

1281 Der *5. Senat* hat dies jedoch in seinem Beschluß vom 20.03.2002, NStZ 2002, 496 (vgl. S. 225) für möglich erachtet, und im Rahmen des durch den *3. Senat* gemäß § 132 Abs. 3 GVG eingeleiteten Antragsverfahren bestätigt. Vgl. auch *Fahl*, JA 2003, 11(13).

1282 Vgl. dazu BGH NStZ 2002, 496.

wenn eine Absprache mit Rechtsmittelverzicht zustande gekommen ist, aber die Absprache nicht so durchgeführt worden ist, wie es die Beteiligten erwartet haben. Von praktischer Bedeutung ist die Frage nach der Wirksamkeit einer Verzichtserklärung daher nur für die Fälle einer fehlgeschlagenen Absprache. Dort stellt sich dann die Frage, ob es für die Rückabwicklung einer fehlgeschlagenen Absprache einen Unterschied darstellt, ob auf Rechtmittel verzichtet worden oder kein Rechtsmittel eingelegt worden ist und die Wochenfrist verstrichen ist.

Im Ergebnis ist damit dem *4. Senat*[1283] zuzustimmen. Ein Rechtsmittelverzicht kann nicht Gegenstand einer Absprache sein. Sollte es dennoch dazu kommen,[1284] sind Absprache und Rechtsmittelverzicht unzulässig mit der Folge, daß der abgegebene Rechtsmittelverzicht keine Wirksamkeit entfaltet.

E. Rückabwicklung fehlgeschlagener Absprachen

Ein Sonderproblem stellt die sogenannte[1285] fehlgeschlagene Absprache dar. Während diesem Problem zu Beginn der Absprachendiskussion nur relativ wenig Bedeutung beigemessen wurde,[1286] hat es in jüngerer Zeit vermehrte Aufmerksamkeit erfahren.[1287] Zu unterscheiden ist zunächst die fehlgeschlagene Absprache von der gescheiterten Absprache, die strenggenommen gar keine Absprache ist. Denn bei der gescheiterten Absprache kommt es wegen einer fehlenden Einigung nicht zu einer Absprache. Damit sind Fälle gemeint, bei denen beispielsweise der Verteidiger dem Gericht ein Geständnis seines Mandanten bei einem Strafmaß X anbietet, das Gericht sich jedoch nicht darauf einläßt. Bei einer fehlgeschlagenen Absprache kommt es hingegen zu einer Einigung, welche jedoch mit einem Mangel – welcher Art auch immer – behaftet ist.[1288] Dabei ist die fehlgeschlagene Absprache nicht gleichbedeutend mit der Rechtswidrigkeit einer Absprache. So kann eine rechtmäßige Absprache fehlschlagen, weil sich die Beteiligten nicht an die Vereinbarung halten oder die Vereinbarung auf einem Irrtum beziehungsweise Dissens beruhte. Eine rechtswidrige Absprache hingegen muß aber keinesfalls stets fehlschlagen. Denn ist eine Ab-

---

1283 Und damit auch dem Anfragebeschluß des *3. Senats*, BGH StV 2003, 544.

1284 Wovon nach der Auffassung von *Schmitt*, GA 2001, 411(424f.) wohl auszugehen ist. Ihm zustimmend auch *Schünemann*, ZStW 114(2002), 1(54).

1285 BGHSt 42, 191; *Beulke/Satzger*, JuS 1997, 1073; *Bömeke*, Rechtsfolgen fehlgeschlagener Absprachen, S. 109ff.; *Gerlach*, Absprache, S. 125ff.

1286 *Gerlach*, Absprache, S. 125, spricht von einer „stiefmütterlichen" Behandlung.

1287 Siehe beispielsweise die Monographie von *Bömeke*, Rechtsfolgen fehlgeschlagener Absprachen im deutschen und englischen Strafverfahren, 2000.

1288 Vgl. die Fallgruppen bei *Kuckein*, FS-Meyer-Goßner, S. 63(64), der zwischen Mängeln beim „Vertragsschluß" und Leistungsstörungen bei der Abwicklung der Absprache unterscheidet.

sprache zur Zufriedenheit aller Beteiligten abgelaufen, wird sie die Gerichte nicht weiter beschäftigen, unabhängig davon ob sie nun rechtswidrig oder rechtsmäßig war. Üblicherweise wird sie nicht einmal bekannt werden, da in Fällen, wo kein Beschwerdeführer vorhanden ist, auch keine Verfahrenskontrolle stattfindet.[1289]
Losgelöst von ihrer rechtlichen Beurteilung kann eine Absprache damit zur Unzufriedenheit eines oder mehrer Beteiligten ablaufen und damit fehlschlagen. Die Gründe für eine fehlgeschlagene Absprache können sehr unterschiedlich sein. Grundlegend kann aber zwischen zwei Ursachen unterschieden werden.
Zum einen ist die Gruppe fehlgeschlagener Absprachen zu nennen, bei denen die Ursache für den Fehlschlag in dem bewußten Verhalten eines Beteiligten liegt, indem sich dieser über die Vereinbarung hinwegsetzt. Hierbei handelt es sich um Fälle eines sogenannten Vereinbarungsbruchs.[1290] Beispielsweise gibt der Angeklagte das in Aussicht gestellte Geständnis nicht ab, die Staatsanwaltschaft stellt entgegen der Absprache eine Tat nicht ein,[1291] Beweisanträge werden trotz anderslautender Vereinbarungen gestellt oder das Gericht verhängt ein von der Absprache abweichendes Strafmaß.[1292]
Zum anderen kann eine Absprache wegen ihres konsensualen Elements fehlschlagen. Wie auch bei anderen konsensualen Handlungsformen, beispielsweise bei einem zivilrechtlichen Vertrag, kann es ebenso bei einer Absprache zu einem Dissens oder auch dem Wegfall der Geschäftsgrundlage kommen. So etwa, wenn die Beteiligten von einem unterschiedlichen Geständnisumfang ausgehen oder die Absprache für einen Beteiligten nicht mehr attraktiv ist, da sich die Prozeßsituation immens zu seinen Gunsten geändert hat.

Der *Bundesgerichtshof* hat sich bereits in zwei Fällen mit einer solchen dissensbehafteten Absprache beschäftigen müssen. Zunächst hat sich der *5. Senat* in seinem Urteil vom 17.07.1996[1293] mit dem Problem beschäftigen müssen.

> Die dem Urteil zu Grunde liegende Absprache sah die Abgabe eines Geständnisses im Gegenzug zur Strafermäßigung und Einstellung anderer Verfahren gemäß § 154 StPO vor. Während Verteidigung, Angeklagter und Kammervorsitzender von der Einstellung sämtlicher Verfahren ausgingen, ging die Sitzungsvertreterin

---

1289 *Bömeke*, Rechtsfolgen fehlgeschlagener Absprachen, S. 159; *Cramer*, FS-Rebmann, S. 145(150).

1290 Vgl. *Bömeke*, Rechtsfolgen fehlgeschlagener Absprachen, S. 109.

1291 So beispielsweise bei der Absprache über die in BGHSt 37, 10 entschieden wurde. Der sachbearbeitende Staatsanwalt hatte dem Angeklagten im Falle der Rücknahme seines Einspruchs gegen einen Strafbefehl eine Einstellung von weiteren Taten gemäß § 154 Abs. 1 StPO zugesagt. Der Nachfolger des an der Absprache beteiligten Staatsanwaltes hielt sich nicht an die Zusage seines Vorgängers.

1292 Vgl. auch Beispiele bei *Gerlach*, S. 163.

1293 BGHSt 42, 191, siehe auch oben, S. 49f.

der Staatsanwaltschaft lediglich von der Einstellung bezüglich der Straftaten aus, die den Gegenstand des vorliegenden Verfahrens bildeten. Der Dissens wurde zwar erst nach Geständnisabgabe, jedoch vor Urteilsverkündung bekannt.

Der *5. Senat* ist der Argumentation der Verteidigung, die wegen eines Dissens ein aus dem fair-trial-Grundsatz herzuleitendes Prozeßhindernis annehmen und das Verfahren daher einstellen wollte, nicht gefolgt, und hat die fehlgeschlagene Absprache über ein Verwertungsverbot des Geständnisses[1294] und eine Strafvergünstigung[1295] kompensiert. Die zweite Entscheidung des Bundesgerichtshofs umfaßt eine dem Beschluß des *4. Senats* vom 19.10.1999[1296] zu Grunde liegende Absprache.

In der Sache ging es wiederum um den Umfang der Einstellung aus § 154 StPO. Auch bei dieser Absprache gingen der Angeklagte und sein Verteidiger von der Einstellung aller bei der Staatsanwaltschaft anhängiger Verfahren aus, der Sitzungsvertreter der Staatsanwaltschaft jedoch nur von der Einstellung des in der Hauptverhandlung erörterten Anklagepunktes. Im Gegensatz zur Entscheidung des 5. Senats wurde in diesem Fall zusätzlich noch ein Rechtsmittelverzicht vereinbart. Der wesentliche Unterschied zwischen den beiden Absprachen ist aber, daß hier der Dissens erst bekannt wurde, nachdem das Urteil bereits verkündet und der Rechtsmittelverzicht absprachegemäß erklärt worden war.

Der *4. Senat* löste das Problem nur teilweise, da er eine Wiedereinsetzung in den vorigen Stand gewährte, und damit die Frage, was mit den Erkenntnissen aus der fehlgeschlagenen Absprache geschehen solle, dem Landgericht überließ.

Die beiden Entscheidungen zeigen damit schon das wesentliche Differenzierungskriterium für die Regelung von fehlgeschlagenen Absprachen, nämlich die Unterscheidung nach dem Verfahrensstadium, in dem die Absprache fehlschlägt beziehungsweise die fehlgeschlagene Absprache bekannt wird.[1297] Daher ist

---

[1294] Der *5. Senat*, BGHSt 42, 191(193), drückt sich dabei allerdings etwas vage aus, indem er schreibt, durch die Nichtverwertung des Geständnisses möge die Strafkammer des LG *Berlin* als Vorinstanz den Grundsätzen eines fairen Verfahrens entsprochen haben. Ein Rechtsfehler zum Nachteil des Angeklagten liege zumindest nicht vor. Die Entscheidung ist aber wohl so zu verstehen, daß regelmäßig ein Verwertungsverbot bei einer fehlgeschlagenen Absprache für das absprachegemäße Geständnis aus dem fair-trial-Grundsatz abzuleiten ist. Anders sieht aber *Meyer-Goßner*, StraFo 2003, 401(402), die Entscheidung. Danach hat der *5. Senat* die Ansicht des LG *Berlin* gerade nicht gebilligt.

[1295] Entgegen der Auffassung des LG *Berlin* als Tatgericht, BGHSt 42, 191(194).

[1296] BGHSt 45, 227, vgl. S. 209, 221f.

[1297] So auch *Bömeke*, Rechtsfolgen fehlgeschlagener Absprachen, S. 109; *Gerlach*, S. 164ff.; *Janke*, S. 220f. Vgl. auch *Küpper/Bode*, Jura 1999, 393(396).

zum einen die Situation während der Hauptverhandlung und zum anderen die danach zu untersuchen.

I. Möglichkeiten während der Hauptverhandlung

Das Strafprozeßrecht stellt eine Reihe von Möglichkeiten zur Kompensation von Verfahrensfehlern zur Verfügung. Die Spannweite geht von einem einfachen Widerruf der Prozeßhandlung bis zur Verwirkung des materiellen Strafanspruchs.

Am naheliegendsten ist zunächst der Gedanke, daß die absprachegemäß abgegebene Erklärung einfach von den Beteiligten widerrufen wird. Diese Möglichkeit besteht aber nur für einen Teil der abgesprochenen Leistungen und ist nicht immer das adäquate Mittel. So kann der Angeklagte zwar die für ihn bedeutendste Leistung, das Geständnis, jederzeit widerrufen, dieses kann dann aber grundsätzlich immer noch als Beweismittel verwertet werden.[1298]

Effektiv ist der Widerruf teilweise für Prozeßhandlungen. Ist eine Absprache beispielsweise fehlgeschlagen, weil ein Verfahrensbeteiligter abredewidrig einen Beweisantrag nicht zurücknimmt oder weitere Anträge stellt, so ist die Situation relativ unproblematisch.[1299] Beweisanträge gehören als Erwirkungshandlungen zu den nichttragenden Prozeßhandlungen und können einerseits jederzeit zurückgenommen werden, oder, sofern das Gericht ihnen bereits stattgegeben hat, kann deren Verzicht erklärt werden. Andererseits kann ein zurückgenommener Beweisantrag ebenso unverändert neu gestellt werden.[1300] Das Nicht-Stellen von Beweisanträgen nimmt jedoch nur einen äußerst geringen Stellenwert in der Absprachenpraxis ein. Darüber hinaus ist der Widerruf von Prozeßhandlungen in Form von sogenannten Bewirkungshandlungen problematisch. So ist der Rechtsmittelverzicht unwiderruflich.[1301] Die größte Verhandlungsmasse bietet dem Angeklagten ein Geständnis. Dieses kann – wie aufgezeigt – zwar grundsätzlich widerrufen werden, es ist damit aber noch nicht „aus der Welt".

Im Ergebnis ist der Widerruf daher für den überwiegenden Teil der fehlgeschlagenen Absprachen kein effektives Rechtsinstitut zur Kompensation des Fehlschlages.

[1298] BGHSt 21, 285(286f,); *Köbel*, NStZ 2003, 232; LR-*Gollwitzer*, § 261, Rn. 73; *Roxin*, Strafverfahrensrecht, § 15, Rn. 19. Die Möglichkeit des Widerrufs ergibt sich schon aus der Aussagefreiheit des Angeklagten. Zutreffend weist *Kuckein*, FS-Meyer-Goßner, S. 63(71) in diesem Zusammenhang darauf hin, daß das Gericht im Rahmen seiner Beweiswürdigung (§ 261 StPO) allerdings kritisch zu würdigen hat, daß dem Geständnis eine Absprache zugrunde lag.

[1299] Siehe dazu auch *Gerlach*, S. 163f.; *Schmidt-Hieber*, Verständigung, Rn. 247.

[1300] *Meyer-Goßner*, § 244, Rn. 37; LR-*Gollwitzer*, § 244, Rn. 139.

[1301] *F. Meyer*, Willensmängel beim Rechtsmittelverzicht, S. 35f, 356f.

Neben dem Widderruf bietet das Strafprozeßrecht weitere Möglichkeiten zur Kompensation von Verfahrensfehlern. Wie aufgezeigt, geht das Spektrum der Möglichkeiten von extremen Maßnahmen wie der Annahme eines Prozeßhindernisses mit der Verwirkung des Strafanspruches, also eines sofortigen Endes des Verfahrens, über Beweisverwertungsverbote oder Befangenheit, also dem Ausschluß von Beweismitteln oder Richtern, bis hin zur am wenigsten einschneidenden Maßnahme der Strafmilderung. Im Anschluß an der Entscheidung des *5. Senats*[1302] haben *Beulke/Satzger*[1303] eine Reihenfolge der Kompensationsmöglichkeiten für fehlgeschlagene Absprachen entwickelt.[1304]

1. Prozeßhindernis

Zunächst ist das Vorliegen eines Prozeßhindernisses zu erörtern. Denn für den Fall, daß der Fehlschlag einer Absprache zu einem Prozeßhindernis führt, werden die anderen Möglichkeiten obsolet.

Ein Prozeßhindernis ist eine negative Prozeßvoraussetzung, bei deren Vorliegen keine Entscheidung zur Sache ergehen darf, sondern vielmehr die Zulässigkeit des gesamten Verfahrens nicht mehr gewährleistet ist und das Verfahren daher anderweitig zu beenden ist.[1305] Als Beispiel für ein Prozeßhindernis kann die Verfolgungsverjährung aus § 78 Abs.1 S. 1 StGB genannt werden. Unter Umständen kann aber auch ein gravierender Verfahrensmangel als Prozeßhindernis in Betracht kommen, sofern dieser die Zulässigkeit des gesamten Verfahrens in Frage stellt.[1306] In der Regel wird das Verfahren bei einem Prozeßhindernis durch Einstellung in Form eines sogenannten Prozeßurteils beendet, welches lediglich das Bestehen eines Prozeßhindernisses feststellt.[1307] Ob ein Strafklageverbrauch eintritt, ist umstritten,[1308] braucht hier jedoch nicht geklärt zu werden, wenn die fehlgeschlagene Absprache kein Prozeßhindernis darstellt, wovon

---

1302 BGHSt 42, 191, vgl. auch oben S. 238.

1303 *Beulke/Satzger*, JuS 1997, 1072.

1304 Vgl. auch *Bömeke*, Rechtsfolgen fehlgeschlagener Absprachen, S. 109ff. sowie schon *Gerlach*, S. 164ff.

1305 *Beulke*, Strafverfahrensrecht, Rn. 273; *Meyer-Goßner*, Einl., Rn. 143.

1306 Der *3. Senat* geht in BGHSt 37, 10(13) davon aus, daß es für die Annahme eines Prozeßhindernisses noch nicht ausreicht, wenn der Nachfolger des absprachebeteiligten Staatsanwaltes sich nicht an die Zusage einer Einstellung nach § 154 StPO seines Vorgängers hält. Der *3. Senat* geht aber wegen Verstoßes gegen den fair-trial-Grundsatz von einer wesentlichen Strafmilderung aus. *Beulke/Satzger*, JuS 1997, 1072(1074) nennen das Fehlen einer wirksamen Anklage als Beispiel für ein Prozeßhindernis; vgl. auch LR-*Rieß*, § 206a, Rn. 22ff.

1307 *Meyer-Goßner*, § 260, Rn. 47.

1308 Bejahend *Roxin*, Strafverfahrensrecht, § 50, Rn. 20; ablehnend BGHSt 18, 1(5); *Meyer-Goßner*, Einl., Rn. 171.; offengelassen BGHSt 32, 209(210). Vgl. insgesamt zu dem Problemkreis LR-*Rieß*, Einl. J, Rn. 94ff.

auszugehen ist.[1309] Die Ableitung eines Prozeßhindernisses über die gesetzlich geregelten Fälle hinaus ist überhaupt problematisch, insbesondere ob eine Herleitung aus dem fair-trial-Grundsatz möglich ist.[1310] Bedenken gegen die Begründung eines Prozeßhindernisses aus dem fair-trial-Grundsatz müssen deswegen geäußert werden, da ein Prozeßhindernis klar zu bestimmen und einfach festzustellen sein muß, was bei der Weite und Unbestimmtheit des fair-trial-Grundsatzes gerade nicht der Fall ist, da dieser eine Abwägung und Wertung im Einzelfall notwendig macht.[1311] Hinzu kommt die Mannigfaltigkeit der Absprachen, so daß aufwendig festgestellt werden müßte, ob die Tatsache der fehlgeschlagenen Absprache in dem zu beurteilenden Einzelfall gerade so schwer wiegt, daß die Zulässigkeit des gesamten Verfahrens in Frage gestellt ist. Insofern bestehen aus Gründen der Rechtssicherheit Bedenken gegen die Annahme eines Prozeßhindernisses aus dem fair-trial-Grundsatz.
Berücksichtigt man darüber hinaus bei der Beantwortung der Frage, wie schwer eine fehlgeschlagene Absprache wiegt, die Wertung des § 136a StPO, wird man nicht zu dem Ergebnis kommen können, daß die fehlgeschlagene Absprache ein Prozeßhindernis darstellt.[1312] Denn selbst wenn beispielsweise der Absprache, über die der *5. Senat* zu entscheiden hatte,[1313] anstelle des Dissens eine Täuschung[1314] zu Grunde gelegen hätte, wäre es gerade nicht zu einem Prozeßhindernis gekommen, sondern zu einem Verwertungsverbot gemäß § 136a Abs. 3. S. 2 StPO.

Gegen die Annahme eines Prozeßhindernisses sprechen auch Defizite in der Wertungsparallele zu den anerkannten Prozeßhindernissen. Betrachtet man beispielsweise die Verjährung, so findet eine Verfolgung nicht mehr statt. Bei dem Strafklageverbrauch ist die Entscheidung schon[1315] getroffen worden. Es steht damit im Grunde schon fest, daß keine Entscheidung ergehen soll. Das Rechtsinstitut Prozeßhindernis wird damit lediglich als dogmatisches Instrument he-

---

1309 In BGHSt 37, 10(11f.) wurde bereits eine fehlgeschlagene Absprache als Prozeßhindernis abgelehnt, vgl. S. 42. Gegen ein Prozeßhindernis auch *Beulke/Satzger*, JuS 1997, 1072(1074); *Bömeke*, Rechtsfolgen fehlgeschlagener Absprachen, S. 110f.; *Gerlach*, S. 142ff., 195.

1310 BGHSt 32, 345(352); 41, 72(75); *Beulke/Satzger*, JuS 1997, 1072(1074); *Bömeke*, Rechtsfolgen fehlgeschlagener Absprachen, S. 110; *Gerlach*, S. 142ff., 195; *Meyer-Goßner*, Einl., Rn. 145.

1311 *Beulke/Satzger*, JuS 1997, 1072(1074).

1312 So auch der *5. Senat*, BGHSt 41, 191(193); *Beulke/Satzger*, JuS 1997, 1072(1074).

1313 BGHSt 42, 191, vgl. S. 49, 238.

1314 Dies wäre beispielsweise der Fall, wenn dem Angeklagten die Einstellung der anderen Verfahren nur in Aussicht gestellt worden wäre, damit er ein Geständnis abgibt, eine tatsächliche Einstellung aber zu keinem Zeitpunkt in Erwägung gezogen worden wäre.

1315 Beziehungsweise wird die Entscheidung in Kürze zu erwarten sein.

rangezogen, weil keine Sachentscheidung ergehen soll.[1316] Würde man aber ein Prozeßhindernis für die fehlgeschlagene Absprache aus dem fair-trial-Grundsatz ableiten, so hat man keine Wertungsäquivalenz, da das Prozeßhindernis in diesem Fall dazu genutzt würde, damit keine Sachentscheidung ergeht,[1317] denn eine Verletzung des fair-trial-Grundsatzes sagt gerade nicht, daß eine Verletzung nicht mehr stattfindet.

Im Ergebnis stellt damit das Fehlverhalten von Strafverfolgungsorganen bei Absprachen nie das „ob" des eingeleiteten oder noch einzuleitenden Verfahrens in Frage, sondern lediglich die Art seiner Durchführung.[1318] Mit der Annahme eines Prozeßhindernisses bei einer fehlgeschlagenen Absprache wäre der Angeklagte dann zumindest während der Hauptverhandlung überkompensiert, da die fehlgeschlagene Absprache noch im Verfahren oder durch ein anschließendes Revisionsverfahren ausgeglichen werden kann.[1319]

2. Beweisverwertungsverbot

Weiter gilt zu klären, ob die fehlgeschlagene Absprache nicht ein Beweisverwertungsverbot hinsichtlich der durch die Absprache erlangten Beweismittel begründet. Maßgebliches Beweismittel aus der Verhandlungsmasse des Angeklagten ist das Geständnis. Deshalb liegt das Kernproblem der fehlgeschlagenen Absprache in der Regel darin, daß der Angeklagte durch sein Geständnis bereits vorgeleistet hat und sich die Frage stellt, wie das Geständnis wieder aus der Welt zu schaffen ist. Zwar kann das Geständnis jederzeit widerrufen werden. Wie bereits erwähnt, kann es dann aber grundsätzlich immer noch als Beweismittel verwertet werden.[1320] Das absprachegemäß abgegebene Geständnis stellt insofern keine Besonderheit dar.

a. Rechtswidrige Absprache

Liegt der Absprache, wie in den Entscheidungen des *4.* und *5. Senats*, eine Einstellung gemäß § 154 StPO zu Grunde, und wurde das Opportunitätsermessen dahingehend ausgeübt, beim Angeklagten Geständnisbereitschaft zu wecken, ist die Antwort auf die Frage eines Beweisverwertungsverbotes aus dem oben im

---

[1316] Vgl. *Rieß*, JR 1985, 45(47).

[1317] Vgl. *Rieß*, a.a.O.

[1318] *Bömeke*, Rechtsfolgen fehlgeschlagener Absprachen, S. 111; *Rieß*, JR 1985, 45, der Anspruch auf ein faires Verfahren sei maximal nur vor *diesem* Gericht und unter Mitwirkung *dieses* Staatsanwaltes nicht mehr gewährleistet; *Steiner*, Fairneßprinzip, S. 200, der Fairneßgrundsatz schütze eben nicht vor, sondern in einem Verfahren.

[1319] *Bömeke*, Rechtsfolgen fehlgeschlagener Absprachen, S. 111f. Vgl. auch *Rieß*, JR 1985, 45(46).

[1320] Vgl. BGHSt 21, 285(286f.); LR-*Gollwitzer*, § 261, Rn. 73; *Moos*, Geständnis, S. 96; *Roxin*, Strafverfahrensrecht, § 15, Rn. 19.

Rahmen des Vorteilsversprechens bei § 136a StPO Gesagten zwingend vorgegeben.[1321] Es kommt zu einem absoluten gesetzlichen Beweisverwertungsverbot gemäß § 136a Abs. 3 S. 2 StPO.[1322] Ein solches Beweisverwertungsverbot besteht für alle Absprachen, die in irgendeiner Form gegen § 136a StPO verstoßen und fehlgeschlagen sind, da insoweit eine gesetzliche Regelung existiert.[1323]

In dem oben geschilderten Dissens widerspricht der *5. Senat* im Ergebnis einem Beweisverwertungsverbot für das Geständnis nicht, sieht das Verbot aber nicht in § 136a Abs. 3 S. 2 StPO sondern in dem fair-trial-Grundsatz verankert.[1324] Den Weg des Beweisverwertungsverbotes aus § 136a StPO konnte – oder wollte – der *5. Senat* nicht gehen, da damit auch eine andere Rechtsprechung zur Verletzung der Willensfreiheit bei Absprachen einhergehen müßte. Der *4. Senat* äußert sich nicht zur Verwertbarkeit des Geständnisses, sondern überließ dem Landgericht die Beantwortung, indem er eine Widereinsetzung in den vorigen Stand gewährte.[1325]

Im Ergebnis bleibt festzuhalten, daß bei einer Beeinträchtigung der Willensfreiheit, also auch bei einer Ausübung des Opportunitätsermessens der §§ 154f. StPO zur Erlangung der Geständnisbereitschaft, ein gesetzliches Beweisverwertungsverbot gemäß § 136a Abs. 3 S. 2 StPO besteht. Zu klären bleibt, inwieweit darüber hinaus sich ein Verwertungsverbot auf Basis des fair-trial-Grundsatzes ergeben kann.

Die Situation bei fehlgeschlagenen Absprachen, die zwar rechtswidrig sind, aber nicht gegen § 136a StPO verstoßen, ist weniger klar. Teilweise wird vertreten, daß ein Verwertungsverbot generell besteht, sofern die Absprache gegen die Grundsätze des *4. Senats* verstößt.[1326] Die Möglichkeit eines Beweisverwer-

---

1321 Siehe oben S. 159ff.

1322 In diesem Sinne auch OLG *Hamm*, StV 1984, 456; *Küpper/Bode*, Jura 1999, 393(397). Andere Ansicht diejenigen, die das Opportunitätsermessen als Verhandlungsmasse des Gerichts sehen. Beispielsweise *BGH* bei *Pfeiffer/Miebach*, NStZ, 1987, 217; *Beulke/Satzger*, JuS 1997, 1072(1075); *Bömeke*, Rechtsfolgen fehlgeschlagener Absprachen, S. 113; *Scheffler*, wistra 1990, 319(320); *Meyer-Goßner*, § 136a, Rn. 23.

1323 *Kuckein*, FS-Meyer-Goßner, S. 63(70); vgl. auch *Schlothauer*, StV 2003, 481 (482f.) zum Verwertungsverbot gemäß § 136a Abs. 3 S. 2 StPO bei einem absprachegemäßen Geständnis, das der Angeklagte in unzutreffender Annahme der Verbindlichkeit der Strafmaßzusage abgelegt hat. Ob allerdings eine Täuschung – und damit auch ein Verwertungsverbot – im Sinne von § 136a StPO auch bei nicht vorsätzlicher Irrtumserregung anzunehmen ist, erscheint fraglich. Vgl dazu unten, S. 245.

1324 BGHSt 42, 191(193).

1325 BGHSt 45, 227.

1326 So *Meyer-Goßner*, StraFo 2003, 401(405).

tungsverbotes wird aber auch abgelehnt.[1327] Diskutiert wird die Möglichkeit eines Beweisverwertungsverbotes einzig auf Grundlage des fair-trial-Grundsatzes.
Als Grund für die Ablehnung eines Beweisverwertungsverbotes wird angeführt, daß eine konsensuale Umgehung, die in Form der rechtswidrigen Absprache stattfinden solle, nicht durch die Annahme eines Beweisverwertungsverbotes indirekt gebilligt werden könne.[1328]
Zumindest für die Fälle, bei denen allen Beteiligten gemeinsam kollusiv gegen das Recht verstoßen, muß dem zugestimmt werden. Problematisch wird es aber, sobald den Beteiligten die Rechtwidrigkeit der Absprache gar nicht bewußt war, oder nicht alle das Recht bewußt umgehen wollten, insbesondere dann, wenn der Angeklagte von einer zulässigen Absprache ausging, die Absprache aber tatsächlich unzulässig war. Hier stellt sich das Problem, daß der Angeklagte wegen seiner Vorleistung durch das Geständnis das Risiko der Absprache tragen würde. Dem könnte mit einem Beweisverwertungsverbot wirksam entgegengetreten werden. Ein gesetzlich geregeltes Beweisverwertungsverbot kommt jedoch nicht in Betracht.

Gerlach[1329] und auch *Janke*[1330] ziehen daher eine analoge Anwendung von § 136a StPO in Erwägung, verneinen diese jedoch, da eine gescheiterte Absprache nicht denselben Unrechtsgehalt wie eine verbotene Vernehmungsmethode aufweist. Dem ist zuzustimmen und ergänzend anzumerken, daß gegen eine analoge Anwendung von § 136a StPO weiter spricht, daß auch eine rechtswidrige Absprache, die fehlgeschlagen ist, unter Umständen nur an relativ geringen Mängeln leiden kann.
Mit Skepsis ist in diesem Zusammenhang auch der Begründung eines gesetzlich nicht geregelten Beweisverwertungsverbotes aus der Tatsache heraus zu begegnen, daß regelmäßig Beweisschwierigkeiten beim Täuschungsvorsatz im Rahmen des § 136a StPO bestehen.[1331] Selbst wenn die Staatsanwaltschaft wegen der Beweisschwierigkeiten beim Täuschungsvorsatz grundsätzlich die Mög-

---

1327 So der *2. Senat* in BGHSt 38, 102(105). Der *3. Senat* hatte zuvor in BGHSt 37, 10 keine Stellung zum Verwertungsverbot bei einer fehlgeschlagenen Absprache bezogen, sondern ausschließlich die Fragen eines Prozeßhindernisses und einer Strafmilderung erörtert. Gegen ein Verwertungsverbot auch *Bömeke*, Rechtsfolgen fehlgeschlagener Absprachen, S. 113.

1328 *Bömeke*, Rechtsfolgen fehlgeschlagener Absprachen, S. 113.

1329 *Gerlach*, S. 167.

1330 *Janke*, S. 226.

1331 So aber *Bömeke*, Rechtsfolgen fehlgeschlagener Absprachen, S. 117, der mit diesem Argument die Annahme eines selbstständigen Beweisverwertungsverbotes (dazu unten) bei rechtswidrigen fehlgeschlagenen Absprachen stützt.

lichkeit hat, eine in Kauf genommene Täuschung als Dissens zu tarnen,[1332] ist dies noch kein Argument dafür, aus Praktikabilitätsgründen eine tatbestandliche Voraussetzung, die der Täuschungsvorsatz nach überwiegender Ansicht ist,[1333] zu umgehen.[1334] Die Frage des Beweisverwertungsverbotes ist daher unabhängig von etwaigen Beweisschwierigkeiten im Rahmen des § 136a StPO zu beantworten.

Damit ist aber nicht grundsätzlich die Möglichkeit eines gesetzlich nicht geregelten Beweisverwertungsverbotes ausgeschlossen. Gesetzlich nicht geregelte Beweisverwertungsverbote bestehen in der Form von selbständigen und unselbständigen Verwertungsverboten.[1335]
Ein unselbstständiges Verwertungsverbot liegt vor, wenn bereits die Beweiserhebung unzulässig war und dadurch die rechtsstaatlichen Grundlagen des Verfahrens bewußt umgangen worden sind.[1336] Der Gesetzesverstoß liegt also in der Beweiserhebung. In einem absprachegemäß abgegebenen Geständnis, das als Beweismittel dienen soll, wird teilweise noch keine unzulässige Beweiserhebung gesehen, so daß ein unselbstständiges Verwertungsverbot verneint wird.[1337] Die Beurteilung des Vorliegens eines unselbständigen Verwertungsverbotes wird aber davon abhängen, unter welchen Umständen das Gericht das absprachegemäße Geständnis zuläßt. Bei leichten Verstößen wird das absprachegemäße Geständnis in der Tat noch keinen Rechtsverstoß begründen. Ist die Initiierung allerdings mit schwerwiegenden Mängeln behaftet, so kann ein unselbstständiges Verwertungsverbot nicht von vornherein ausgeschlossen werden. Daß die Initiierung eines Geständnisses unzulässig sein kann, ist bereits aufgezeigt worden.[1338] Eine Abgrenzung kann daher nur im Einzelfall an Hand der Fallgruppen, die grundsätzlich für die Annahme eines unselbständigen Verwertungsverbotes entwickelt wurden,[1339] vorgenommen werden. Hier kommt dann insbesondere der fair-trial-Grundsatz zum Tragen. Es kann daher im Ein-

---

1332 Beispiel nach *Bömeke*, Rechtsfolgen fehlgeschlagener Absprachen, S. 117.

1333 BGHSt 31, 395(400); 35, 328(329); AK-*Gundlach*, § 136a, Rn. 38; *Beulke*, Strafprozeßrecht, Rn. 137; *Meyer-Goßner*, § 136a, Rn. 13; LR-*Hanack*, § 136a, Rn. 41; A.A *Eisenberg*, Beweisrecht, Rn. 664f., der wegen des Schutzzweckes des § 136a StPO auf den Erfolgsunwert abstellt, und daher auch eine fahrlässige Täuschungshandlung ausreichen läßt.

1334 Anders *Schlothauer*, StV 2003, 481(482), der auch bei einer nicht vorsätzlichen Irrtumserregung ein Verwertungsverbot aus § 136a StPO begründet sieht.

1335 *Eisenberg*, Beweisrecht, Rn 362ff.; *Roxin*, Strafverfahrensrecht, § 24, Rn. 23.

1336 BGHSt 34, 39 (heimliche Stimmaufnahmen eines die Aussage verweigernden Angeklagten); *Eisenberg*, Beweisrecht, Rn. 363; *Roxin*, Strafverfahrensrecht, § 24, Rn. 31.

1337 *Beulke/Satzger*, JuS 1997,1072(1075); *Kintzi*, FS-Hanack, S. 177(186).

1338 Vgl. oben S. 159ff.

1339 Vgl. Übersicht bei *Eisenberg*, Beweisrecht, Rn. 371ff. und *Roxin*, Strafverfahrensrecht, § 24, Rn. 31ff.

zelfall zu einem unselbstständigen Beweisverwertungsverbot kommen, wenn die Initiierung des Geständnisses beispielsweise massiv gegen den Nemo-tenetur-Grundsatz und die Unschuldsvermutung verstoßen hat, und der fair-trial-Grundsatz es dann gebietet, dieses Geständnis als Beweismittel nicht zu verwerten.
Dem fair-trial-Grundsatz kommt auch wesentliche Bedeutung zu, wenn man ein selbständiges Verwertungsverbot prüft. Dieses zeichnet sich dadurch aus, daß der Staat zwar nicht schon durch die Beweiserhebung gegen rechtsstaatliche Grundsätze verstoßen hat, aber die Verwertung als solche gegen Verfassungsgrundsätze verstoßen würde.[1340] Es ist also unabhängig von einem Verstoß gegen ein Beweiserhebungsverbot zu prüfen, ob das absprachegemäß abgegebene Beweismittel bei einer fehlgeschlagenen Absprache unverwertbar ist. Hier muß zwischen dem Strafverfolgungsinteresse und dem Schutz des Angeklagten abgewogen werden. Für die Absprachenpraxis stellt sich damit die Frage, ob es mit verfassungsrechtlichen Maßstäben vereinbar ist, bei einer rechtswidrigen Absprache, die gerade nicht die Möglichkeit eines Verwertungsverbotes aus der Strafprozeßordnung ermöglicht, dennoch ein Verwertungsverbot aus der Verfassung abzuleiten. Konkret läßt sich die Frage dahingehend reduzieren, ob in Fällen eines absprachegemäßen Geständnisses, in denen die Absprache fehlgeschlagen ist, das Geständnis aber nicht schon gemäß § 136a Abs. 3 S. 2 StPO unverwertbar ist, sich ein Verwertungsverbot aus den Grundsätzen der Verfassung, insbesondere dem fair-trial-Grundsatz, ergibt. Anhaltspunkt für die Überlegung ist die Tatsache, daß der Angeklagte mit dem absprachegemäßen Geständnis regelmäßig vorleistet. Fraglich ist nun, ob die fehlgeschlagene Absprache auch wie die gescheiterte[1341] in den Risikobereich des Angeklagten fallen soll.

Auf die Grundrechte zur Lösung dieses Problem greift *Köbel* zurück. Er sieht in dem Inaussichtstellen einer Strafmilderung bei absprachegemäßem Geständnis einen Grundrechtseingriff, da eine solche „Bonusofferte" unabhängig von § 136a StPO in die Selbstbelastungsfreiheit des Angeklagten eingreife.[1342] Der Eingriff sei lediglich bei einer gelungenen Absprache gerechtfertigt, bei einer unerkannt fehlgeschlagenen Absprache könne der Staat hingegen keinen legiti-

---

1340 BGHSt 14, 358; 19, 325(329); 31, 304(308); 36, 167; *Roxin*, Strafverfahrensrecht, § 24, Rn. 30.

1341 Bei der gescheiterten Absprache kommt es im Gegensatz zur fehlgeschlagenen Absprache gar nicht erst zu einer Absprache, weil keine Einigung erzielt werden konnte. Da keine Anspruch auf einen Abschluß einer Absprache besteht, ist es das Risiko des Angeklagten, wenn sich das Gericht oder die Staatsanwaltschaft nicht auf dessen Abspracheangebot einläßt.

1342 *Köbel*, NStZ 2003, 232(234f.).

mierenden Grund für diesen Grundrechtseingriff vorweisen.[1343] Der Folgenbeseitigungsanspruch bestehe darin, daß das Gericht die unzulässig hergestellte Informationslage nicht benutzen dürfe.[1344]
Eine weitere Möglichkeit zur Lösung der Frage der Risikoverteilung und damit auch der Verwertung des Geständnisses bietet ein aus dem fair-trial-Grundsatz abgeleitetes selbständiges Verwertungsverbot. Denn eine Risikoverteilung zu Lasten des Angeklagten könnte gegen die dem fair-trial-Grundsatz immanente „Waffengleichheit" verstoßen.
Die Fallgruppen, bei denen die Rechtsprechung[1345] ein selbständiges Verwertungsverbot entwickelt hat, weisen keinen Absprachenbezug auf, stellen aber auch keinen numerus clausus der selbständigen Verwertungsverbote dar.[1346] Prüfungsmaßstab für die Rechtsprechung ist – im wesentlichen – der fair-trial-Grundsatz,[1347] wobei sich dabei das Problem stellt, daß dieser wegen seiner generalklausigartigen Weite nicht sehr „griffig" ist.[1348] So hat auch das *Bundesverfassungsgericht* herausgestellt, daß der fair-trial-Grundsatz eine Konkretisierung je nach den sachlichen Gebieten bedürfe.[1349] Eine Verletzung des fair-trial-Grundsatzes liege erst dann vor, wenn eine Gesamtschau auf das Verfahrensrecht auch in seiner Auslegung und Anwendung durch die Gerichte ergebe, daß rechtsstaatliche zwingende Folgerungen nicht gezogen oder rechtsstaatlich Unverzichtbares preisgegeben worden sei.[1350] Es wird jedoch zu Recht festgestellt, daß die verfassungsrechtlichen Vorgaben des fair-trial-Grundsatzes vage sind.[1351] Die Möglichkeit eines selbstständigen Verwertungsverbotes besteht aber trotz dieser schwer faßbaren Vorgaben auch bei fehlgeschlagenen Absprachen.[1352]

1343 *Köbel*, NStZ 2003, 232(236).
1344 *Köbel*, NStZ 2003, 232(237).
1345 Da sind vor allem die Tagebuchentscheidungen zu nennen (BVerfGE 80, 367; BGHSt 19, 325; 34, 397), wobei in BGHSt 34, 397 wegen der schwere der Tat (§ 211 StGB in mehreren Fällen) im konkreten Fall eine Verwertbarkeit bejaht wurde, vgl. auch *Rogall*, ZStW 103(1991), 907(931).
1346 *Bömeke*, Rechtsfolgen fehlgeschlagener Absprachen, S. 114f.
1347 Beispielsweise BGHSt 31, 304(307) und 31, 296(297) zur alten Rechtslage bei heimlichen Tonbandaufnahmen.
1348 So auch *Bömeke*, Rechtsfolgen fehlgeschlagener Absprachen, S. 115.
1349 BVerfGE 57, 250(275f.); vgl. auch *Bömeke*, Rechtsfolgen fehlgeschlagener Absprachen, S. 115.
1350 BVerfGE 70, 297(308).
1351 So *Beulke/Satzger*, JuS 1997,1072(1075); *Bömeke*, Rechtsfolgen fehlgeschlagener Absprachen, S. 115.
1352 LG *Berlin* als Vorinstanz zu der Entscheidung des *5. Senats* in BGHSt 42, 191(193), vgl. auch oben, S. 238; *Beulke/Satzger*, JuS 1997, 1072(1075f.); FA Strafrecht-*Satzger*, Teil H, Kapitel 3, Rn. 2; *ders.*, JuS 2000, 1157(1161). Für die Fälle einer rechtmäßigen Absprache, die fehlgeschlagen ist *Bömeke*, Rechtsfolgen fehlgeschlagener Absprachen, S.

Beulke/Satzger[1353] kommen wegen der Risikoverteilung bei einer fehlgeschlagenen Absprache zwischen den Strafverfolgungsorganen einerseits und dem Angeklagten andererseits zu einem selbstständigen Verwertungsverbot.[1354] Betrachtet man auf der einen Seite die gescheiterte Absprache, bei der der Angeklagte vollständig das Risiko trägt, und auf der anderen Seite die auf einer Täuschung basierende – und damit gegen § 136a StPO verstoßende – Absprache, bei der der Angeklagte gerade nicht das Risiko trägt, so liegt die fehlgeschlagene Absprache näher an der Täuschung als an der gescheiterten Absprache. Denn bei einer fehlgeschlagenen Absprache trägt der Angeklagte gerade nicht bewußt das Risiko eines nicht offen zutage tretenden Mißverständnisses, da auch Staatsanwaltschaft und Gericht dazu beigetragen haben.[1355] Zieht man nun die aus dem fair-trial-Grundsatz abgeleiteten Aussagen zur „Waffengleichheit" hinzu, wonach für die Verfahrensbeteiligten möglichst eine ausgeglichene Stellung geschaffen werden muß,[1356] ist in einer Verwertung des Geständnisses bei einer fehlgeschlagenen Absprache ein Verstoß gegen diesen Grundsatz zu sehen.[1357] Ferner kommt noch hinzu, daß die Durchführung und Überwachung der Absprache dem Gericht obliegt. Es ist daher Aufgabe des Gerichts, Unklarheiten über den Umfang der Absprache zu vermeiden.[1358] Diese Aufgabe kann aus der dem Gericht obliegenden Protokollierungspflicht[1359] entnommen werden.[1360] Klärt das Gericht den abgesprochenen Sachverhalt nicht ausreichend auf, und es kommt dadurch beispielsweise zu einem Dissens, wäre es mißlich, diesen Umstand auf den Angeklagten abzuwälzen.[1361] Da gerade – wie aufgezeigt – kein Prozeßhindernis besteht, kann der status quo ante nach dem hier Gesagten bei einer fehlgeschlagenen Absprache mit absprachegemäß erklärtem Geständnis nur noch durch ein Verwertungsverbot erreicht werden.

115f.

1353 *Beulke/Satzger*, JuS 1997, 1072(1075); *Satzger* JuS 2000, 1157(1161).

1354 Ablehnend steht *Kintzi*, FS-Hanack, S. 177(186f.) einem selbständigen Verwertungsverbot bei einer fehlgeschlagenen Absprache gegenüber. Es lasse sich aus dem fair-trial-Grundsatz kein Verwertungsverbot konstruieren, da der Grundsatz lediglich als Auslegungsrichtlinie zu verstehen sei, die nicht an die Stelle von Vorschriften der StPO treten dürfe. Zudem werde das aus dem fair-trial-Grundsatz folgende Prinzip der Waffengleichheit nicht verletzt, da die Absprache gerade keine Rechtsposition für den Angeklagten begründe.

1355 *Beulke/Satzger*, JuS 1997, 1072(1076); *Satzger*, JuS 2000, 1157(1161).

1356 So beispielsweise *Roxin*, Strafverfahrensrecht, § 11, Rn. 13.

1357 *Beulke/Satzger*, JuS 1997, 1072(1076).

1358 *Bömeke*, Rechtsfolgen fehlgeschlagener Absprachen, S. 116; *Weigend*, StV 2000, 63(67).

1359 BGHSt 43, 195(205f.).

1360 *Bömeke*, Rechtfolgen fehlgeschlagener Absprachen, S. 116.

1361 *Bömeke*, Rechtsfolgen fehlgeschlagener Absprachen, S 116, wobei er die Situation noch einseitiger einstuft, da der Staat wegen der ressourcensparenden Wirkung von Absprachen der eigentlichen Nutznießer sei.

Im Ergebnis ist daher zuzustimmen, wenn bei einer fehlgeschlagenen Absprache ein aus dem fair-trial-Grundsatz hergeleitetes Verwertungsverbot für ein absprachegemäß abgegebenes Geständnis angenommen wird.[1362]

b. Rechtmäßige Absprache

Wie bereits erwähnt, kann sich das Problem der fehlgeschlagenen Absprache ebenso bei rechtmäßig durchgeführten Absprachen stellen. Hier ist dann um so mehr fraglich, ob auch ein Beweisverwertungsverbot entstehen kann, wenn das Beweismittel an sich nicht rechtswidrig erlangt wurde, der Verwertung aber anderweitige rechtsstaatliche Bedenken entgegenstehen.[1363] Nach der hier vertretenen Auffassung ist der praktisch relevante Fall des Dissens über den Umfang der Verfahrensbeschränkung gemäß §§ 154f. StPO bei Abgabe eines Geständnisses bereits ein Fall der verbotenen Vernehmungsmethoden, so daß der Frage eines Beweisverwertungsverbotes bei einer rechtmäßigen Absprache, die fehlgeschlagen ist, nur ein sehr schmalen Anwendungsbereich zukommt.

Daß bei einer rechtmäßigen Absprache, die später fehlgeschlagen ist, kein gesetzliches Beweisverwertungsverbot existiert, liegt auf der Hand. Der Anwendungsbereich des § 136a StPO ist gerade nicht eröffnet. Ebenso ist die Situation bei den gesetzlich nicht geregelten Beweisverwertungsverboten. Ein unselbständiges Verwertungsverbot scheidet aus, da gerade keine Rechtsverstöße im Vorfeld stattgefunden haben.

Anders ist hingegen die Situation bei einem selbstständigen Verwertungsverbot. Die Beurteilungssituation unterscheidet sich dort nicht grundsätzlich für die Fälle einer fehlgeschlagenen rechtswidrigen von einer rechtmäßigen Absprache. Denn auch bei einer fehlgeschlagenen rechtmäßigen Absprache besteht kein Grund dafür, die Risikoverteilung dem Angeklagten aufzulasten.[1364] Insofern kann auf die Ausführungen zum selbständigen Verwertungsverbot bei einer fehlgeschlagenen rechtswidrigen Absprache verwiesen werden.[1365]

1362 Etwas unklar leider der *5. Senat* in BGHSt 42, 191(193f.), der die zu Grunde liegende Absprache für unzulässig hielt, da sie beispielsweise nicht in der Hauptverhandlung stattfand, und der Annahme eines aus dem fair-trial-Grundsatz zu begründendes Verwertungsverbot des LG *Berlin* nicht widersprach. Der *5. Senat* mußte aber auch keine Stellung beziehen, da der Angeklagte durch die Rechtsansicht des LG *Berlin* insoweit nicht beschwert war. Die Möglichkeit der Verwertung des Geständnisses zu Gunsten des Täters bei der Strafzumessung bleibt von dem Beweisverwertungsverbot jedoch unberührt. Vgl. auch *Kuckein*, FS-Meyer-Goßner, S. 63(66f.).

1363 *Bömeke*, Rechtsfolgen fehlgeschlagener Absprachen, S. 114.

1364 In diesem Sinne auch *Beulke/Satzger*, JuS 1997, 1072(1075f.); *Bömeke*, Rechtsfolgen fehlgeschlagener Absprachen, S. 115ff. Anders aber *Meyer-Goßner*, StraFo 2003, 401(402f.).

1365 S. 243ff.

Zusammenfassend kann zum Beweisverwertungsverbot bei fehlgeschlagenen Absprachen festgehalten werden, daß für die Fälle der fehlgeschlagenen Absprache bereits ein gesetzliches Verwertungsverbot aus § 136a Abs. 3 S. 2 StPO besteht, sofern es zu einem abgesprochenen Geständnis kommt, da die wohl überwiegende Anzahl der Fälle eines abgesprochenen Geständnisses in der Praxis rechtswidrig sind.
Die Hauptursache für eine fehlgeschlagene Absprache wird aber in den Uneinigkeiten über den Umfang der abgesprochenen Verfahrensbeschränkung aus § 154f StPO zu sehen sein. Nach dem hier Gesagten liegt bei taktischem Einsatz des Opportunitätsermessens ein Versprechen eines gesetzlich nicht vorgesehenen Vorteils und mithin ein Verstoß gegen § 136a StPO vor, der ein gesetzliches Verwertungsverbot begründet.
Darüber hinaus läßt sich für andere Fälle einer fehlgeschlagenen Absprache ein selbständiges – bei krassen Verstößen bei der Beweiserhebung auch ein unselbständiges – Verwertungsverbot aus dem fair-trial-Grundsatz herleiten, da es wegen der Risikoverteilung, insbesondere im Hinblick auf ein bereits abgegebenes Geständnis, und der gerichtlichen Überwachungspflicht der Absprache unbillig wäre, dem Angeklagten alleine das Risiko der fehlgeschlagenen Absprache aufzubürden.
Dabei wird es Aufgabe der Rechtsprechung sein, Fallgruppen herauszuarbeiten, anhand derer die Sorgfaltspflicht näher zu bestimmen ist, die das Gericht bei der Führung der Abspracheverhandlungen und bei der Protokollierung ihrer Ergebnisse zu erfüllen hat.

3. Befangenheit

Allein aus der Tatsache heraus, daß die Absprache fehlgeschlagen ist, kann keine Befangenheit der absprachebeteiligten Richter gemäß § 24 Abs. 1 StPO, und damit ein absoluter Revisionsgrund im Sinne des § 338 Nr. 3 StPO, angenommen werden.[1366]
Eine rechtmäßige Absprache, die fehlgeschlagen ist, begründet grundsätzlich keine Befangenheit, selbst dann nicht, wenn ein etwaiges Geständnis wegen des Fehlschlages der Absprache aus den oben genannten Gründen anschließend nicht verwertet werden darf. Es ist vielmehr davon auszugehen, daß die Berufsrichter in ihrer Entscheidung nur verwertbare Beweisergebnisse zu Grunde legen. Für Schöffen kann wegen der prinzipiellen Gleichstellung nach § 30 Abs. 1 GVG nichts anderes gelten, zumal die Berufsrichter den Schöffen auch durch erläuternde Hinweise bei der Auswahl der Beweismittel zur Seite stehen kön-

---

[1366] Aus der Rechtsprechung beispielsweise BGHSt 37, 10 (14); 42, 191(193f.). Aus der Literatur beispielsweise *Beulke/Satzger*, JuS 1997, 1072(1076f.); anders aber die Rechtslage in Italien, wo der Richter bei gescheiterten Abspracheverhandlungen nach dem Urteil des *Corte Costituzionale* vom 19.10.1992, N. 399 wegen incompatibilità (Befangenheit) abzulehnen ist, vgl. Sinner, ZRP 1994, 479(480) mit weiteren Nachweisen.

nen.[1367] Eine Ausnahme von diesem Grundsatz stellen die – wohl eher theoretischen – Fälle dar, bei denen eine rechtmäßige Absprache fehlschlägt, weil sich das Gericht bewußt über die abgesprochene Vereinbarung hinwegsetzt.[1368]
Bei einer dissensbelasteten Absprache ist hingegen nicht von einer Befangenheit der Richter auszugehen.[1369] Wie oben dargestellt, besteht in solchen Fällen die Möglichkeit eines Verwertungsverbotes von durch die fehlgeschlagene Absprache erlangten Erkenntnissen. Es besteht daher kein Grund, zusätzlich die beteiligten Richter auszutauschen, da von diesen, inklusive der Schöffen, erwartet werden kann, daß sie nur zulässige Beweismittel verwerten.

Bei einer rechtswidrigen Absprache ist die Möglichkeit einer Befangenheit hingegen weitaus größer. Hier ist wiederholt eine Befangenheit angenommen worden.[1370] Danach besteht insbesondere bei zwei Varianten die Möglichkeit einer Befangenheit.
Zum einen ist es die bereits angesprochene Konstellation, daß das Gericht ein absprachegemäßes Geständnis initiiert.[1371] Schlägt eine solche Absprache zusätzlich fehl, ändert dies nichts an der Beurteilung der Befangenheit.[1372]
Ebenso ist die Situation, wenn das Gericht verbindliche Zusagen zum Strafmaß abgibt.[1373] Auch darin liegt ein Grund zur Annahme der Befangenheit. In diesem Zusammenhang ist auch die Grundsatzentscheidung des *4. Senats* einzuschränken,[1374] die grundsätzlich die Möglichkeit einer Bindungswirkung vorsieht.

1367 BGHSt 42, 191(193f.); *Beulke/Satzger*, JuS 1997, 1072(1077); *Meyer-Goßner*, § 30 GVG, Rn. 1f.

1368 Vgl. dazu *Gerlach*, S. 160f., der in einer Nichteinhaltung einer Absprache durch das Gericht einen Befangenheitsgrund i.S.d. § 24 Abs. 1 StPO sieht. Dem ist zuzustimmen, aber anzumerken, daß es sich dabei eigentlich nicht um eine Absprache im ursprünglichen Sinne handelt. Vielmehr handelt es sich dabei um Fälle einer Täuschung i.S.d. § 136a Abs. 1 StPO, sofern der vorgetäuschten Absprache ein Geständnis des Angeklagten zu Grunde liegt.

1369 Andere Ansicht *Bömeke*, Rechtsfolgen fehlgeschlagener Absprachen, S. 124f., der bei einer dissensbelasteten Absprache dem Angeklagten berechtigte Zweifel an der Unvoreingenommenheit der absprachebeteiligten Richter zusprechen will, da diese nicht ihrer Pflicht zur Vermeidung von Unklarheiten nachgekommen seien und damit der Angeklagte berechtigt befürchten könne, daß sich das Gericht nicht mehr von dem bereits Gesagten frei machen könne.

1370 BGHSt 37, 99; 37, 298; 38, 102; BGH StV 2003, 481 (fehlende Beteiligung); BGHSt 45, 312 (verbindliche Strafmaßzusage).

1371 Gegen eine gerichtliche Initiierung der Absprache auch *Dahs*, Handbuch, Rn. 168.

1372 Gegen eine Befangenheit *Bömeke*, Rechtsfolgen fehlgeschlagener Absprachen, S. 121; These 42, BRAK Schriftenreihe, Band 8, S. 72f.

1373 *Bömeke*, Rechtsfolgen fehlgeschlagener Absprachen, S. 122; *Landau/Eschelbach*, NJW 1999, 321(325); *Tscherwinka*, S. 76.

1374 Eine solche Einschränkung sehen auch der *2. Senat* in BGHSt 45, 312(315ff.), *Bömeke*, Rechtsfolgen fehlgeschlagener Absprachen, S. 122 und *Sinner*, StV 2000, 289(290).

Denn jede Strafmaßprognose, die befürchten läßt, daß das Gericht seiner Aufklärungspflicht nicht mehr in vollem Umfang nachkommen wird, kann die Besorgnis der Befangenheit begründen.
So hat der *2. Senat* herausgestellt, daß das Gericht buchstäblich befangen sei, wenn es den Eindruck erwecke, es habe sich durch die Absprache schon vorbehaltlos und endgültig festgelegt, es werde also ohne Rücksicht auf dagegen sprechende Umstände, die sich insbesondere aus dem Umfang des Geständnisses oder im weiteren Verlauf der Verhandlung ergeben könnten, die in der Absprache genannte Strafobergrenze auf keinen Fall überschreiten.[1375]
Als Grund für die Befangenheit nennt der *2. Senat* auch, daß die vom Vorsitzenden als Ergebnis der Vorberatung bezeichnete Obergrenze genau dem Höchstmaß entspreche, das der Verteidiger als kompromißlose Bedingung für ein Geständnis vorgegeben hatte.[1376]
Damit widerspricht der *2. Senat* sowohl der Grundsatzentscheidung des *4. Senats*[1377] als auch der kurz vor der Grundsatzentscheidung ergangenen Entscheidung des *5. Senats*[1378]. Wegen der Unzulässigkeit einer Bindung des Gerichts bei einer Absprache ist die Begründung der Annahme einer Befangenheit durch den *2. Senat* nur konsequent. Bedauerlicherweise hat der *2. Senat* es vermieden, gemäß § 132 Abs. 2, 3 GVG den *Großen Senat* anzurufen, da es nach Ansicht des *2. Senats* lediglich von Bedeutung gewesen sei, daß sich die Kammer durch die vom Verteidiger gestellten Bedingungen gedrängt sehen konnte, die bezeichnete Höchststrafe ohne deren Einhaltung ein Geständnis nicht zu erwarten gewesen wäre, keinesfalls zu überschreiten.[1379]

Im Ergebnis besteht damit bei einer Initiierung eines absprachegemäßen Geständnisses durch das Gericht und bei der verbindlichen Zusage zum Strafmaß Grund zu der Annahme, daß das Gericht befangen ist. Wegen der Mannigfaltigkeit der Absprachen können diese beiden Fallgruppen keineswegs abschließenden Charakter haben. In Einzelfällen können auch andere Befan-

---

1375 BGHSt 45, 312(316). Auch der *3. Senat* hatte bereits Bedenken geäußert, vgl. BGHSt 37, 298(303f.).

1376 BGHSt 45, 312(316f.).

1377 BGHSt 43, 195(208).

1378 BGHSt 42, 46(50) Eine Erklärung des Richters über die von ihm gehegte Straferwartung im Falle eines Geständnisses stelle lediglich eine Wissensäußerung dar, der nichts grundsätzlich Problematisches anhafte. Solche Prognosen seien üblich, etwa bei der Frage der sachlichen Zuständigkeit oder bei Haftentscheidungen. Weiter führt der *5. Senat* aus, daß „das Vorgehen auch nicht im Nachhinein dadurch bedenklich wird, daß die schließlich gefundene Strafe der Prognose entspricht". Diese Auffassung hat der *5. Senat* in einer späteren Entscheidung, BGH StV 2003, 481, bestätigt. Eine Befangenheit soll erst dann begründet sein, wenn „eine Täuschung eines Verfahrensbeteiligten über die Verbindlichkeit einer derart unwirksamen Zusage" vorliegt.

1379 BGHSt 45, 312(317).

genheitsgründe im Rahmen einer Absprache vorliegen. So beispielsweise, wenn das absprachegemäße Geständnis lediglich ein schlankes Geständnis in Form einer Anerkenntnis ist, und das Gericht keine weitere Sachverhaltsaufklärung betreibt.[1380] Grund zur Besorgnis der Befangenheit besteht auch regelmäßig für den an einer Absprache nicht Beteiligten,[1381] wobei auch hier wiederum keine Besonderheiten bei einer fehlgeschlagenen Ab-sprache gelten.
Für die fehlgeschlagene Absprache bedeutet dies, daß – sofern rechtzeitig ein Befangenheitsantrag gestellt wird – die Möglichkeit besteht, die absprachenbeteiligten Richter gemäß § 24 StPO abzulehnen und den Prozeß so zum „Platzen“ zu bringen. Ob in der Praxis von einem etwaigen Befangenheitsantrag Gebrauch gemacht wird, kann von dieser Stelle aus nicht beurteilt werden. Dagegen spricht zumindest die Gefahr, daß der Verteidiger in einigen Fällen versuchen wird, seinem Mandanten von einem aus einer Absprache heraus gestellten Befangenheitsantrag abzuraten, weil für den Verteidiger eine gewisse Hemmschwelle besteht, da er sich „in den Augen der Strafjustiz für immer disqualifizieren könnte“.[1382] Eine solche Gefahr des „Super-Schulterschlusses“ der beteiligten Juristen besteht bei einer Absprache jedoch generell.

In Bezug auf die Grundsatzentscheidung des *4. Senats* bleibt an dieser Stelle festzuhalten, daß die Angabe einer Strafobergrenze durch das Gericht in einer Absprache auch aus Gesichtspunkten der Befangenheit abzulehnen ist, was insofern aber auch nur die konsequente Folgerung aus der Verletzung des Unmittelbarkeitsgrundsatzes ist.

4. Strafmilderung

Schließlich bietet sich noch die Möglichkeit an, die fehlgeschlagene Absprache über die Strafzumessung zu kompensieren. Denkbar ist eine solche Möglichkeit in verschiedener Hinsicht.
Zum einen könnte man an eine Strafmilderung neben dem Ausgleich auf einer anderen Ebene denken. Dahinter verbirgt sich die Frage, ob dem Angeklagten neben dem Beweisverwertungsverbot noch eine Strafmilderung gewährt werden soll, sofern er ein absprachegemäßes Geständnis abgegeben hat, die Absprache aber fehlgeschlagen ist.
Zunächst ist dies nur in den Fällen problematisch, in denen der Angeklagte kein erneutes Geständnis ablegt. Daneben stellt sich die Frage, ob eine Strafmilderung für die fehlgeschlagenen Leistungen neben dem Geständnis gewährt werden kann. Schließlich gilt es zu klären, ob nicht die Tatsache der fehlgeschlagenen Absprache selbst schon eine Strafmilderung begründet.

[1380] Vgl. BGHSt 45, 312(319); *Sinner*, StV 2000, 289(291).

[1381] Dies gilt auch für den an der Absprache nicht beteiligten Nebenkläger, *Bömeke*, Rechtsfolgen fehlgeschlagener Absprachen, S. 122; *Rönnau*, wistra 1998, 49(51).

[1382] *Dahs*, Handbuch, Rn. 168.

a. Geständnisbedingte Strafmilderung

Wie bereits mehrfach erwähnt ist der problematischste Fall der fehlgeschlagenen Absprache derjenige, dem ein absprachegemäßes Geständnis zu Grunde liegt. Dies zeigt sich auch bei der Frage einer im Rahmen dieser Arbeit sowieso nur bedingt möglichen geständnisbedingten Strafmilderung.

Nach Ansicht des *5. Senats* besteht die Möglichkeit einer zusätzlichen Kompensation des Fehlschlages über die Strafmilderung.[1383] Neben einem Verwertungsverbot soll es weiter zu einer Strafmilderung auch für das nicht verwertete Geständnis kommen. Eine eigenständige Strafmilderung für die fehlgeschlagene Absprache besteht nach Ansicht des *5. Senats* hingegen nicht.[1384] Auch *Kintzi* will einem wegen Fehlschlags der Absprache widerrufenen Geständnis strafmildernde Wirkung zukommen lassen.[1385] Als Begründung gibt er an, daß der Widerruf nach fehlgeschlagener Absprache noch nicht den Beweis liefere, daß das Geständnis nur aus prozeßtaktischen Gründen abgelegt worden sei und somit man über die allgemeinen strafzumessungsrechtlichen Grundsätze für das Geständnis zu einer Strafmilderung komme.[1386]

Die Frage, ob das Geständnis, das der fehlgeschlagenen Absprache zu Grunde liegt, prozeßtaktisch motiviert war oder nicht, bedarf in Fällen des Fehlschlages der Absprach jedoch keiner Klärung. Eine strafmildernde Wirkung des Geständnisses scheidet hier schon aus einer anderen Überlegung heraus aus.

Bei der Bewältigung einer fehlgeschlagenen Absprache geht es darum, den status quo ante wieder herzustellen. Es stellt sich also die Frage, wie die Absprache wieder „aus der Welt zu schaffen" ist. Beinhaltet die Absprache nun ein Geständnis, so ist im Rahmen des Beweisverwertungsverbotes[1387] bereits herausgearbeitet worden, daß ein solches Verwertungsverbot die Absprache-Leistung Geständnis hinreichend kompensiert.[1388] Eine strafzumessungsrechtliche Berücksichtigung eines mit einem Beweisverwertungsverbot behafteten Geständnisses ist abzulehnen,[1389] da durch die Annahme des Verwertungsverbotes bereits der status quo ante wieder hergestellt ist.[1390] Es können von daher auch

---

1383 BGHSt 45, 191(194f.).

1384 BGHSt 45, 191(195), dazu unten S 257.

1385 *Kintzi*, FS-Hanack, S. 177(185).

1386 *Kintzi*, FS-Hanack, S. 177(185). Andere Ansicht *Bömeke*, Rechtsfolgen fehlgeschlagener Absprachen, S. 127, der ein prozeßtaktisches Geständnis annimmt, sofern der Angeklagte nach der fehlgeschlagenen Absprache nicht erneut gesteht.

1387 S. 243ff.

1388 So auch *Beulke/Satzger*, JuS 1997, 1072(1078).

1389 Wobei hier ausschließlich von einem Widerruf des Geständnisses des Angeklagten wegen der fehlgeschlagenen Absprache ausgegangen wird. Eine ganz andere Situation liegt natürlich dann vor, wenn der Angeklagte trotz der fehlgeschlagenen Absprache an seinem Geständnis festhält.

1390 Insofern ist die Annahme einer Strafmilderung von *Kintzi*, FS-Hanack, S. 177(186ff.), nur konsequent, da er einem Verwertungsverbot ablehnend gegenüber steht, vgl. S. 249.

keine Rückschlüsse gezogen werden, ob das zuvor abgelegte Geständnis nun prozeßtaktisch war oder nicht,[1391] denn de jure gab es gar kein Geständnis. Zudem würde eine neben dem Verwertungsverbot zusätzliche Kompensation über die Strafzumessung den Anschein erwecken, daß das Gericht das bereits vorgeleistete Geständnis gerade „nicht mehr aus seinem Kopf" bekommt. Eine solche Annahme stellt die Konstruktion eines Beweisverwertungsverbotes generell in Frage, und steht im Widerspruch zu den obigen Ausführungen zur Befangenheit bei einer fehlgeschlagenen Absprache.[1392]
Generell ist von einer logisch-hierarchischen Struktur[1393] bei den aufgezeigten Kompensationsmöglichkeiten einer fehlgeschlagenen Absprache auszugehen. Eine Korrektur auf der „unteren" Stufe bewirkt, daß sich ein Ausgleich auf der „höheren" Stufe erübrigt.[1394] Liegt also bereits ein Verwertungsverbot für das der fehlgeschlagenen Absprache zu Grunde liegende Geständnis vor, so ist kein Raum mehr für eine Strafmilderung.
Die logisch-hierarchische Struktur ergibt sich daraus, daß jede von den hier in Erwägung gezogenen Kompensationsmöglichkeiten bereits die Tatsache der fehlgeschlagenen Absprache vollständig behebt. So erübrigt sich bei Annahme eines Prozeßhindernisses jegliches Beweisverwertungsverbot, da die der fehlgeschlagenen Absprache zu Grunde liegende Tat überhaupt nicht mehr abgeurteilt wird. Nimmt man bezüglich des abgesprochenen Beweismittels ein Beweisverwertungsverbot an, so kann es wegen Kenntnis dieses Beweismittels nicht zu einer Befangenheit des Richters oder zu einer Strafmilderung kommen, da das Beweismittel nicht mehr Gegenstand des Urteils wird. Der Angeklagte steht damit genauso da, als hätte es die Absprache gar nicht gegeben.
Bei einer fehlgeschlagenen Absprache, die ein Geständnis zum Gegenstand hat, kommt damit wegen des bestehenden Beweisverwertungsverbotes darüber hinaus für das Geständnis entgegen der Entscheidung des *5. Senats*[1395] generell keine Strafmilderung in Betracht.

b. Strafmilderung für absprachegemäße Leistungen ohne Geständnisbezug

Ob bei fehlgeschlagenen Absprachen, die kein Beweisverwertungsverbot mit sich bringen, eine Strafmilderung möglich ist, wirft dieselben strafzumessungsrechtlichen Probleme auf, wie die Frage, ob bei Absprachen, bei denen das Beweisverwertungsverbot den Fehler nicht vollständig beseitigt, daneben noch Raum für eine Kompensation über die Strafzumessung für etwaige andere „Leistungen" des Angeklagten besteht. Damit sind fehlgeschlagene Absprachen ge-

---

[1391] So aber *Bömeke*, Rechtsfolgen fehlgeschlagener Absprachen, S. 127.
[1392] Es ist davon auszugehen, daß das Gericht seinem Urteil nur verwertbare Beweise zu Grunde legt, vgl. oben S. 251.
[1393] *Beulke/Satzger*, JuS 1997, 1072(1079).
[1394] *Beulke/Satzger*, JuS 1997, 1072(1079).
[1395] BGHSt 42, 191.

meint, die entweder kein Geständnis zum Gegenstand haben, oder aber neben dem Geständnis noch eine andere Zusage des Angeklagten beinhalten. Nach der hier vertretenen Auffassung ist das Spektrum der potentiellen „Leistungen“ des Angeklagten jedoch äußerst gering. So scheidet beispielsweise das neben dem Geständnis zahlreich in Erscheinung getretene In-Aussicht-Stellen eines Rechtsmittelverzichts aus der Verhandlungsmasse des Angeklagten aus,[1396] da dies ein Problempunkt der Rechtsmittelinstanz ist, denn der Angeklagte wird kaum in Kenntnis des Scheiterns der Absprache noch vereinbarungsgemäß auf Rechtsmittel verzichten. Es bleibt überhaupt nur ein relativ unbedeutender Teil der Verhandlungsmasse des Angeklagten übrig, nämlich das Absehen von anderweitigen Prozeßhandlungen in Form von Einwirkungshandlungen, beispielsweise das absprachegemäße Nicht-Stellen eines bestimmten Beweisantrages. Wie eingangs dargestellt, lassen sich aber gerade solche Zusagen einfach durch die (erneute) Vornahme der Prozeßhandlung beheben. Es kann mangels Anwendungsmöglichkeit damit dahingestellt bleiben, ob für das Fehlschlagen von absprachegemäßen Leistungen grundsätzlich die Möglichkeit einer Strafmilderung bei fehlgeschlagenen Absprachen besteht.[1397]

c. Milderung wegen der fehlgeschlagenen Absprache an sich

Schließlich ist noch denkbar, daß die fehlgeschlagene Absprache selbst als eigenständiger Strafmilderungsgrund in Betracht kommt. Der *5. Senat* hat dies zutreffend abgelehnt.[1398] Zwar hat der *Bundesgerichtshof* an anderer Stelle[1399] bereits wiederholt entschieden, daß eine Verletzung des fair-trial-Grundsatzes unter Umständen zu einer Strafmilderung führen kann, jedoch nur dann, wenn die Verletzung auf keine andere Art und Weise ausgeglichen werden kann. In-

---

1396 Das Inaussicht-Stellen eines Rechtsmittelverzichts kann nicht Gegenstand einer Absprache sein, vgl. S. 204ff. Und zwar auch dann nicht, wenn dem Angeklagten wie in der Absprache, über die der *3. Senat* in BGHSt 37, 10 (vgl. oben S. 42) zu entscheiden hatte, von der Staatsanwaltschaft die Zusage gemacht wird, eine bestimmte Tat nicht zu verfolgen, wenn er (der Angeklagte) sein Rechtsmittel unter Hinnahme einer empfindlichen Strafe in einer anderen Sache zurücknehme. Der *3. Senat* hatte in diesem Fall wegen des Scheiterns – die Staatsanwaltschaft hatte entgegen ihrer Zusage Anklage erhoben – eine Strafmilderung bejaht, BGHSt 37, 10(13), vgl. S. 42.

1397 Ablehnend der *5. Senat* in BGHSt 42, 191. Vgl. aber *Beulke/Satzger*, JuS 1997, 1072(1080), die eine Möglichkeit aus Aspekten der positiven Generalprävention, da zur Verteidigung der Rechtsordnung solche Strafen unzulässig sind, die der allgemeinen Überzeugung von der Richtigkeit des Rechts schaden würden, und dem fair-trial-Grundsatz sehen, sofern ein Verwertungsverbot die fehlgeschlagene Absprache nicht vollständig beseitigt. Offen bleibt jedoch, wann von einer nicht vollständigen Beseitigung auszugehen ist.

1398 BGHSt 42, 191(195).

1399 BGHSt 33, 283; 37, 10.

sofern ist der Weg über die Strafzumessung ultima ratio.[1400] Schon wegen des in § 46 Abs. 1 S. 1 StGB vorausgesetzten Bezuges zur Schuld im Rahmen der Strafzumessung ist eine restriktive Handhabung von schuldunabhängigen Kriterien bei der Strafzumessung geboten. Salopp ausgedrückt, hat die Schuld des Täters nichts mit einem Dissens, absprachewidrigem Verhalten von Justizorganen oder sonstigen Gründen, die zum Fehlschlag einer Absprache führen können, zu tun.[1401] Ebensowenig stellt die fehlgeschlagene Absprache einen der in § 46 Abs. 2 S. 2 StGB benannten Strafzumessungsfaktoren dar.
Da für die fehlgeschlagene Absprache bereits festgestellt worden ist, daß eine Kompensation auf anderem Wege möglich ist, scheidet insofern ein Rückgriff auf die Strafmilderung bei einer fehlgeschlagenen Absprache wegen ihrer selbst Willen aus.[1402]

Im Ergebnis bleibt festzuhalten, daß das Geständnis bei einer fehlgeschlagenen Absprache durch ein Beweisverwertungsverbot ausreichend kompensiert wird. Einer zusätzlichen Strafmilderung bedarf es nicht. Ebensowenig ist ein Anwendungsbereich für eine Strafmilderung wegen eines Fehlschlages anderer absprachegemäßer Leistungen des Angeklagten ersichtlich.

II. Möglichkeiten im Nachhinein

Wichtigstes Mittel zur nachträglichen Überprüfung einer Absprache ist das Rechtsmittel der Revision.[1403] Eine Revision ist aber generell nur dann überhaupt zulässig, sofern kein wirksamer Rechtsmittelverzicht entgegensteht.

1. Wiedereinsetzung bei abgesprochenem Rechtsmittelverzicht

Wie oben bereits aufgezeigt, ist ein absprachegemäßer Rechtsmittelverzicht unwirksam. Es besteht daher gemäß § 44 StPO die Möglichkeit der Wiedereinsetzung in den vorigen Stand, da die Fristversäumung im Falle eines abgesprochenen Rechtsmittelverzichts als schuldlos im Sinne des § 44 S. 1 StPO anzusehen ist.
Ein etwaiger Einwand, die Frist sei schon deshalb nicht unverschuldet versäumt, weil der Angeklagte in Kenntnis der Umstände auf Rechtsmittel verzichtet habe, wäre geradezu paradox, da die Unwirksamkeit des Rechtsmittelverzichts aus der absprachebedingten Drucksituation gefolgert wurde, und es hier insofern zu keinem anderen Ergebnis kommen kann. Der Angeklagte fühlt sich wegen der Absprache subjektiv an den Rechtsmittelverzicht gebunden. Er hat gerade keine Kenntnis von der Unwirksamkeit des Verzichts und läßt die Wochenfrist des § 45 StPO daher schuldlos verstreichen. Erst wenn er von der Un-

---

[1400] *Bömeke*, Rechtsfolgen fehlgeschlagener Absprachen, S. 128.
[1401] Vgl. *Scheffler*, wistra 1990, 319(320f.).
[1402] Vgl. auch *Beulke/Satzger*, JuS 1997, 1072(1079f.).
[1403] *Bömeke*, Rechtsfolgen fehlgeschlagener Absprachen, S. 137; LR-*Rieß*, Einl. G, Rn. 86ff.

wirksamkeit des Verzichts erfährt, kann er bewußt eine Frist verstreichen lassen. Ferner wird für ihn ein Rechtsmittel erst zu dem Zeitpunkt relevant werden, wenn die Absprache fehlgeschlagen ist und er Kenntnis davon hat.[1404]
Zu dem Argument der Drucksituation für das fehlende Verschulden der Fristversäumung kommt weiter hinzu, daß bei zu hohen Anforderungen an das Verschulden bei § 44 S. 1 StPO im Rahmen eines absprachegemäßen Rechtsmittelverzichts es der Verfahrensordnung für Absprachen an den notwendigen „Zähnen" fehlen würde, da etwaige Verstöße gegen diese ansonsten unter Umständen nicht überprüfbar wären.[1405] Der Bedarf der grundsätzlichen Möglichkeit Absprachen zu überprüfen muß aber doch auch gerade im Interesse der Absprachenbefürworter bestehen, da somit der Anschein der „Mauschelei" genommen werden kann.
Für die Praxis von erheblicher Relevanz ist die Bestimmung des Zeitpunktes, an dem das Hindernis am frühsten gemäß § 45 StPO als weggefallen anzusehen ist, da erst damit die Wochenfrist des § 45 StPO zu laufen beginnt. Nach Ansicht des *4. Senats* ist auf die Kenntnis der Unwirksamkeit des absprachegemäßen Rechtsmittelverzichts abzustellen.[1406] Dagegen hat *Rieß* Bedenken geäußert, weil somit dem Angeklagten faktisch eine „Anfechtungsmöglichkeit" des Rechtsmittelverzichts mit Hilfe der Wiedereinsetzung zugesprochen wird.[1407] Denn der Angeklagte könne die Wiedereinsetzung davon abhängig machen, ob etwaig abgesprochene Handlungen vorgenommen worden wurden oder nicht. Dies habe mit der Fristversäumung im Sinne der §§ 44ff. StPO nichts mehr zu tun.
Diese Bedenken können nicht geteilt werden. Grundsätzlich ist die Kenntnis des Angeklagten vom Wegfall des Hindernisses im Sinne von § 45 StPO maßgeblich.[1408] Diese Beurteilungsgrundlage ändert sich bei einem absprachegemäßen Rechtsmittelverzicht nicht. Ebenso wie die Konsequenz aus der Unzulässigkeit der absprachegemäßen Verknüpfung des Rechtsmittelverzichts dessen Unwirksamkeit sein muß,[1409] hat die Beurteilung des Wegfalles des Hindernisses im Sinne von § 45 StPO und damit der Lauf der Frist ausschließlich über die

---

[1404] *F. Meyer*, Willensmängel beim Rechtsmittelverzicht, S. 367.

[1405] So auch BGHSt 45, 227; vgl. auch *Bömeke*, Rechtsfolgen fehlgeschlagener Absprachen, S. 137, der wegen der mißbrauchsgefährdeten Absprachenpraxis eine „nachsichtige" Auslegung des § 45 StPO fordert, um dem anzuerkennenden Bedürfnis nach nachträgliche Rechtsmittelkontrolle gerecht zu werden.

[1406] So zumindest in dem konkreten Fall von BGHSt 45, 227, siehe oben, S. 209, 239.

[1407] *Rieß*, NStZ 2000, 98(100).

[1408] Vgl. BVerfG NJW 1994, 1856(1857); BGHSt 45, 227; *Bömeke*, Rechtsfolgen fehlgeschlagener Absprachen, S. 137; *Meyer-Goßner*, § 45, Rn. 3; *F. Meyer*, Willensmängel beim Rechtsmittelverzicht, S. 365ff., der zutreffend herausstellt, daß keine dogmatischen Bedenken gegen die subjektivierende Beurteilung der Wiedereinsetzung bestehen. Denn die Kenntnis der Unwirksamkeit hat auch zumindest eine faktische Komponente.

[1409] Vgl. oben S. 217ff.

Kenntnis des Angeklagten von der Unwirksamkeit zu erfolgen. Denn solange der Angeklagte keine Kenntnis der Unwirksamkeit des Rechtsmittelverzichts hatte, wirkt der Druck aus der Absprachensituation quasi noch fort. Der Angeklagte wird sich gerade regelmäßig keinen Rat eines an der Absprache unbeteiligten Juristen einholen.
Erst wenn der Angeklagte positive Kenntnis von der Unwirksamkeit des Rechtsmittelverzichts hat, ist dieser Druck vollständig kompensiert. Daß damit möglicherweise rein faktisch eine „Anfechtungsmöglichkeit" besteht, schadet insofern auch nicht, da nach der hier vertretenen Auffassung der Rechtsmittelverzicht generell unwirksam ist; rechtlich wird die Wiedereinsetzung damit aber nicht zu einem Instrument der Irrtumsanfechtung.[1410]

Eine andere Situation ergibt sich auch nicht für die Fälle, in denen das Gericht im Rahmen der Absprache eine qualifizierte Belehrung abgegeben hat. Denn durch die qualifizierte Belehrung wird nicht die Drucksituation für den Angeklagten entkräftet, sondern vielmehr wird eine „allseitige Umgehung der Verfahrensordnung vereinbart".

2. Revision

Der Normalfall einer Überprüfung von Absprachen ist das Rechtsmittel der Revision aus §§ 337ff. StPO. Liegt einem Urteil eine Absprache zu Grunde, so muß diese auch revisionsrechtlich überprüfbar sein, und zwar auch wenn die Absprache mit einem Rechtsmittelverzicht behaftet ist, da dieser stets unwirksam ist und dem Angeklagten mit Kenntnis der Unwirksamkeit die Möglichkeit der Widereinsetzung zusteht, im Rahmen derer er dann auch Revision einlegen kann.
Einzelne Revisionsgründe sollen hier nur in Kürze gezeigt werden.[1411] Wegen der Mannigfaltigkeit von Absprachen ist ebenso eine Vielfältigkeit von Revisionsgründen denkbar, inhaltlich ist aber zu den wesentlichen Problempunkten von Absprachen und damit auch Revisionsgründen im Rahmen dieser Untersuchung schon Stellung bezogen worden.

a. Absolute Revisionsgründe

Es ist zunächst an die absoluten Revisionsgründe aus §§ 338 Nr. 3 und Nr. 6 StPO zu denken. Der erstgenannte, die Befangenheitsrüge des § 338 Nr. 3 StPO, wird überwiegend bei gescheiterten Absprachen relevant sein, denn dazu müßte in der Hauptverhandlung ein Befangenheitsantrag nach § 24 StPO gegen einen Richter oder Schöffen gestellt, dieser unzulässig abgelehnt und dagegen

---

1410 So auch *F. Meyer*, Willensmängel beim Rechtsmittelverzicht, S. 369.
1411 Vgl. die Darstellung bei *Bömeke*, Rechtsfolgen fehlgeschlagener Absprachen, S. 137ff.

sofortige Beschwerde gemäß § 28 Abs. 2 StPO eingelegt worden sein.[1412] Wird vom Angeklagten ein Befangenheitsantrag gestellt, ist das Abspracheklima wohl regelmäßig als „vergiftet“ anzusehen und es wird damit gerade nicht mehr zu einer Absprache kommen.[1413]

Der *Bundesgerichtshof* hat sich im Zusammenhang von Absprachen mehrfach mit der Frage der Befangenheit auseinandersetzen müssen.[1414] Ein Richter oder Schöffe ist jedoch noch nicht als befangen anzusehen, nur weil er im Rahmen von Abspracheverhandlungen ein Geständnis vom Angeklagten gehört hat, und dieses Geständnis später nicht verwertbar ist.[1415] Nach dem hier Gesagten liegt stets der Revisionsgrund aus § 338 Nr. 6 StPO vor, sofern die Absprache außerhalb der Hauptverhandlung getroffen wurde, da darin eine Verletzung von § 169 GVG zu sehen ist.[1416] Die Möglichkeit einer Rüge aus § 338 Nr. 5 StPO wird bei einer Absprache nicht in Betracht kommen,[1417] da eine revisionsbegründende Abwesenheit[1418] nur dann vorliegt, wenn der Abwesende bei einem wesentlichen[1419] Teil der Hauptverhandlung nicht anwesend war.[1420] Eine außerhalb der Hauptverhandlung getroffene Absprache kann zwar durchaus ein „wesentlicher Teil“ für das Verfahren sein, ist jedoch gerade nicht Gegenstand der Hauptverhandlung. Dies ergibt sich schon aus der Konsequenz zu den Ausführungen zum Öffentlichkeitsgrundsatz,[1421] denn es greift ja gerade § 338 Nr. 6 StPO, wenn die Absprache außerhalb der Hauptverhandlung stattgefunden hat.

b. Relative Revisionsgründe

Ein relativer Revisionsgrund im Sinne des § 337 StPO ist dann gegeben, wenn ein Verfahrensverstoß vorliegt und das Urteil auf diesem Verstoß beruht. Zwischen Verfahrensfehler und Urteil muß daher ein Zusammenhang bestehen, wobei die bloße Möglichkeit genügt, daß das Urteil ohne Gesetzesverstoß anders

---

1412 Vgl. *Meyer-Goßner*, § 338, Rn. 23ff.; Dahs/*Dahs*, Revision, Rn. 161, „sachlich Beschwerde, formell aber Bestandteil der Revision“.

1413 Ist daher fraglich, ob die Befangenheitsrüge in typischen Absprachefällen häufig einschlägig sein wird, so aber *Bömeke*, Rechtsfolgen fehlgeschlagener Absprachen, S. 138.

1414 Vgl. beispielsweise BGHSt 37, 99; 37, 298 (jeweils Befangenheit wegen fehlender Beteiligung aller Verfahrensbeteiligten).

1415 Vgl. S. 251f.

1416 Wie hier auch *Bömeke*, Rechtsfolgen fehlgeschlagener Absprachen, S. 138ff.

1417 A. A. *Schünemann*, Gutachten, S. 127f., der sowohl § 338 Nr. 1 wie auch § 338 Nr. 5 StPO als verletzt ansieht.

1418 Diese kommt sowohl aus Sicht des Angeklagten, als auch aus Sicht der Staatsanwaltschaft in Betracht, und zwar auch dann.

1419 BGHSt 26, 84(91); 30, 74; kritisch zur Voraussetzung der Wesentlichkeit des verhandelten Punktes *Maiwald* JR 1982, 34(35).

1420 *Meyer-Goßner*, § 338, Rn 36.

1421 S. 151ff.

ausgefallen wäre.[1422] Ein kausaler Zusammenhang braucht daher nicht positiv festgestellt zu werden; es genügt, daß er nicht auszuschließen ist.[1423]
Hier kommen grundsätzlich alle bereits in Zusammenhang mit Absprachen angeführten Problempunkte in Betracht. Dabei kann zwischen einer Verfahrensrüge und einer Sachrüge unterschieden werden. Eine Verfahrensrüge kann bei Absprachen namentlich in Betracht kommen bei einem Verstoß gegen den fair-trial-Grundsatz, die Unschuldsvermutung, das rechtliche Gehör, das Legalitätsprinzip, den Amtsermittlungsgrundsatz, den Unmittelbarkeitsgrundsatz, den Mündlichkeitsgrundsatz oder die verbotenen Vernehmungsmethoden des § 136a StPO. Für die Frage, wann eine Verletzung vorliegt, sei nach oben verwiesen.
Die Sachrüge bietet die Möglichkeit einer begrenzten Nachprüfbarkeit der tatrichterlichen Beweiswürdigung, also ob die Urteilsgrundlage frei von Lücken, Widersprüchen und Verstößen gegen Denk- und Erfahrungssätzen ist.[1424] Somit ist im Rahmen der Revision auch mittelbar die „abgesprochene" Beweisgrundlage überprüfbar.[1425] Darüber hinaus kann im Rahmen der Sachrüge geprüft werden, ob rechtsfehlerhafte Strafzumessungserwägungen vorliegen.[1426] Dieser Möglichkeit kommt im Rahmen von Absprachen ein besonderer Stellenwert zu, da sich wohl gerade im Bereich der Tatgerichte eine extensive absprachegemäße Strafmilderung durchgesetzt hat.

3. Wiederaufnahme

Schließlich verbleibt dem Angeklagten der außerordentliche Rechtsbehelf der Wiedereinsetzung des Verfahrens gemäß §§ 359ff. StPO, wenn die Revision verfristet ist. Bei Absprachen ist insbesondere an eine Wiederaufnahme zugunsten des Angeklagten *propter nova* gemäß § 359 Nr. 5 StPO zu denken. So kann auch der Widerruf eines Geständnisses grundsätzlich ein Wiederaufnahmegrund sein, weil er die Möglichkeit einer neue Beweistatsache eröffnet, auch wenn das widerrufene Geständnis als solches seinen vormaligen Beweiswert behält.[1427]
Für die danach wesentliche Frage, ob der Geständniswiderruf zur Erreichung des Wiederaufnahmeziels *propter nova* ausreicht, bestehen strenge Anforderungen,[1428] wobei es insbesondere darauf ankommt, ob der Widerruf näher erläutert ist und das widerrufene Geständnis seinerseits nicht substantiiert oder durch

---

1422 Vgl *Sarstedt/Hamm*, Revision, Rn 482ff.; Dahs/*Dahs*, Revision, Rn. 458ff.

1423 BGHSt 29, 269(280); Dahs/*Dahs*, Revision, Rn. 458.

1424 Vgl. *Meyer-Goßner*, § 337, Rn. 20ff. mit weiteren Nachweisen.

1425 Vgl. auch *Bömeke*, Rechtsfolgen fehlgeschlagener Absprachen, S. 148ff.

1426 *Meyer-Goßner*, § 337, Rn. 35.

1427 BGH NJW 1977, 59; OLG *Celle*, JR 1967, 150; *Bömeke*, Rechtsfolgen fehlgeschlagener Absprachen, S. 153; *Dencker*/Hamm, Vergleich, S. 35; *Eschelbach*, JA 1999, 694(701); *Gerlach*, S. 206; *Meyer-Goßner*, § 359, Rn. 23; KK-*Schmidt*, § 359, Rn. 22.

1428 Vgl. *Meyer-Goßner*, § 359, Rn. 46f.

andere Beweise untermauert war.[1429] Dies wird im Rahmen einer Absprache aber zumindest bei einem schlanken Geständnis der Fall sein, sofern das Gericht keine weiteren Beweise als Urteilsgrundlage liefert.[1430]
In solchen Fällen kann dann bei einem absprachegemäßen Geständnis schon der Geständniswiderruf mit dem näher erläuterten Hinweis, daß das Geständnis nur aus taktischen Überlegungen heraus abgelegt worden sei, die Beweisgrundlage des angefochtenen Urteils ernsthaft erschüttern und so die Wiederaufnahme des Verfahrens ermöglichen.[1431] Aussicht auf Erfolg wird der Wiederaufnahmeantrag regelmäßig dann haben, wenn der Wiederaufnahmeführer darlegen kann, daß das Geständnis durch einen Verstoß gegen § 136a StPO Zustande gekommen ist,[1432] was nach der hier vertretenen Auffassung überwiegend der Fall sein wird.[1433]

Neben der Wiederaufnahmenmöglichkeit *propter nova* wird in der Literatur noch die Möglichkeit einer Wiederaufnahme wegen Amtspflichtsverletzung aus §§ 359 Nr. 3, 362 Nr. 3 StPO diskutiert.[1434] Eine Amtspflichtsverletzung im Rahmen von Absprachen ist denkbar, wird in der Praxis aber zumindest regelmäßig an dem Vorsatz beziehungsweise dem Nachweis dessen scheitern.
Im Zusammenhang der Wiederaufnahme nach einer absprachegemäßen Verurteilung weist *Dahs* wohl zutreffend auf Probleme hinsichtlich der Darlegungslast hin, sofern der Angeklagte angibt, das falsche Geständnis nur wegen der Absprache abgegeben zu haben, da damit in dem Wiederaufnahmeantrag zugleich Vorwürfe hinsichtlich der Absprachebeteiligten lägen – also auch gegenüber dem Gericht.[1435]

[1429] Vgl. *Eschelbach*, JA 1999, 694(701).

[1430] Vgl. *Rönnau*, Absprache, S. 263 „Es ist nahezu systemimmanent, daß insbesondere das in seinem Inhalt äußerst anpassungsfähige Geständnis, welches selten richtig überprüft wird, zumindest in Teilbereichen nicht der Wahrheit entspricht bzw. unvollständig ist, damit das gewünschte Ergebnis [*erg.* der Absprache] gegenüber der Öffentlichkeit in der Hauptverhandlung legitimiert werden kann." *Schünemann*, Gutachten, S. 129, sieht bei einem schlanken Geständnis nicht einmal die Notwendigkeit eines Widerrufs, da der Beweiswert eines solchen Geständnisses „gleich Null" sei.

[1431] OLG *Stuttgart*, NJW 1999, 375; *Bömeke*, Rechtsfolgen fehlgeschlagener Absprachen, S. 153; *Eschelbach*, JA 1999, 694(701).

[1432] *Schünemann*, Gutachten, S. 129. Ihm folgend *Bömeke*, Rechtsfolgen fehlgeschlagener Absprachen, S. 153; *Gerlach*, S. 207.

[1433] Vgl. S. 200ff.

[1434] *Bömeke*, Rechtsfolgen fehlgeschlagener Absprachen, S. 154ff.; *Rönnau*, Absprache, S. 257ff.

[1435] *Dahs*, Handbuch, Rn. 985.

Kapitel 5: Ergebnis

A. Nicht erfaßte Problemkreise der Grundsatzentscheidung

Unabhängig von der Frage, ob es Aufgabe des *Bundesgerichtshofes* ist, eine Verfahrensordnung für Absprachen zu „regeln", stellt sich bei einer Gesamtbetrachtung heraus, daß die Grundsatzentscheidung des *4. Senats* nicht sämtliche im Zusammenhang mit der Absprachenpraxis stehenden Probleme erfaßt hat.
So sind keine Aussagen zu einer etwaigen Strafbarkeit der an einer absprachegemäßen Verfahrenserledigung beteiligten Juristen gemacht worden. Auch fehlt es an einer Regelung des „Leistungsstörungsrechts" für Absprachen, da in der Grundsatzentscheidung BGHSt 43, 195 keine Aussagen über die Rückabwicklung fehlgeschlagener oder gescheiterter Absprachen gemacht wurden.
Eine explizite Beantwortung der Strafbarkeitsfrage ist nicht notwendig. Sie muß sich, insbesondere in Hinblick auf die Rechtsbeugung des § 339 StGB, aus einer Verfahrensordnung für Absprachen selbst ergeben. Eine Verfahrensordnung für Absprachen muß vorgeben, wann eine Absprache das Recht „beugt", also wann eine absprachegemäße Entscheidung nicht mehr vertretbar ist. In diesem Hinblick fehlt es der Rechtsprechung des *Bundesgerichtshofes* teilweise an Deutlichkeit. Hier seien nur beispielhaft die Ausführungen zum Öffentlichkeitsgrundsatz erwähnt. Es ist nur schwer zwischen noch zulässigem Vorgespräch und schon unzulässigem Verhandeln außerhalb der Hauptverhandlung zu unterscheiden.
Essentiell für eine Verfahrensordnung für Absprachen sind jedoch die Rechtsmittelproblematik sowie die Frage, wie gescheiterte und fehlgeschlagene Absprachen abzuwickeln sind.
Die Grundsatzentscheidung des *4. Senats* ist in Hinblick darauf durch spätere Entscheidungen sukzessive ergänzt worden. Gerade diesbezüglich bestehen teilweise aber erhebliche Differenzen zwischen den einzelnen *Senaten*, so daß schon insofern nicht von einer Verfahrensordnung für Absprachen durch den *Bundesgerichtshof* gesprochen werden kann. Eine baldige Klärung durch den *Großen Senat* erscheint daher erforderlich. Der Anfragebeschluß des *3. Senats*[1436] vom 24.07.2003 geht insoweit in die richtige Richtung.

B. Resümee der rechtlichen Würdigung

I. Frage der grundsätzlichen Zulässigkeit von Absprachen

Die Frage, ob Absprachen überhaupt zulässig sind, beantwortet die Verfahrensordnung des *Bundesgerichtshofes* nicht zufriedenstellend. Diese Frage ist an

1436 BGH StV 2003, 544.

sich aber auch schon falsch gestellt.[1437] Nach der Systematik des Strafverfahrensrechts müßte die Frage besser lauten, ob Absprachen unzulässig, also nicht mit der Strafprozeßordnung vereinbar sind. Allein schon wegen der Mannigfaltigkeit der Absprachen kann es keine pauschale Antwort geben. Darüber hinaus ist die Frage angesichts der Häufigkeit der Absprachen schon rein faktisch positiv beantwortet worden. Es ist daher nachvollziehbar, daß der *4. Senat* einer fundamentalen Stellungnahme bezüglich der Rechtmäßigkeit von Absprachen „aus dem Wege gegangen ist“, und diese Frage eher beiläufig beantwortet hat.

Dabei hat sich der *4. Senat* jedoch eines Vergleichs bedient, der nicht hingenommen werden kann. Um darzustellen, daß prozeßerledigende Absprachen dem deutschen Strafverfahren „nicht völlig fremd“ seien, verweist der *4. Senat* auf die Regelung des § 153a StPO.[1438] Eine Herleitung der Zulässigkeit von Absprachen über einen Vergleich mit § 153a StPO überzeugt nicht.[1439] Bei einem Vergleich der hier untersuchten Absprachenpraxis mit einer einvernehmlichen Vereinbarung über die Einstellung nach §§ 153ff. StPO mag man eine vergleichbare Intention feststellen können, es fehlt jedoch die gemeinsame Obergruppe, da weder die Vereinbarung im Vorfeld der Anwendung der §§ 153ff. StPO noch deren Anwendung selbst eine Absprache im engeren Sinne sind.

Das Ergebnis einer Verfahrensbeendigung durch eine Absprache – wie sie hier untersucht worden ist – und das einer Einstellung gemäß § 153a StPO ist grundverschieden. Am Ergebnis einer Absprache steht regelmäßig ein Urteil. Sicherlich kann es auch durch eine Absprache zu Einstellungen kommen, wie etwa durch eine Verfahrensbeschränkung gemäß § 154 StPO bei Abgabe eines Geständnisses. Solche Einstellungen sind im Rahmen einer Absprache aber nur „Nebenleistungen“. Im Vordergrund steht immer das Urteil. Im Rahmen von § 153a StPO wird aus Opportunitätsgründen ein Verfahren jedoch durch Beschluß eingestellt. Hier kommt es also gerade nicht zu einem Urteil.
Die Strafprozeßordnung stellt an ein Urteil ganz andere Anforderungen als an einen Einstellungsbeschluß. Ein Urteil basiert stets auf einer mündlichen Hauptverhandlung, die durch das Bemühen des Gerichts zur Erforschung der materiellen Wahrheit geprägt wurde und an deren Ende das Gericht die Schuld oder Nicht-Schuld des Angeklagten festgestellt hat. Bei der Regelung des § 153a StPO geht es gerade nicht primär um die Erforschung der Wahrheit, sondern aus Gründen der Zweckmäßigkeit wird von ihrer Erforschung abgesehen.

1437 *Weigend*, FG-Wiss.-50-Jahre BGH, S. 1011(1017).

1438 BGHSt 43, 195(203).

1439 Gegen eine dogmatische Begründung von Absprachen über § 153a StPO beispielsweise auch *Herrmann*, JuS 1999, 1162(1163f.); *Schünemann*, FS-Rieß, S. 525(536ff.); *Haas*, GS-Keller, S. 45(65).

Eine Einstellung geschieht aus Gründen der Opportunität, ein Urteil ist hingegen durch das Legalitätsprinzip geprägt. Im Ergebnis stehen sich damit zwei völlig unterschiedliche Entscheidungsarten gegenüber.[1440]
Hinzu kommt, daß sich bei genauerer Betrachtung die Struktur einer Einstellung nach § 153a StPO und die einer Absprache erheblich voneinander unterscheiden. So leistet im Gegensatz zur Absprache bei § 153a StPO nicht der Angeklagte mit Abgabe eines Geständnisses vor, sondern die Justiz in Form der vorläufigen Einstellung. Darüber hinaus liegen bei § 153a StPO die Zustimmungen zwar kumulativ vor, müssen sich aber nicht wie bei einer Absprache aufeinander beziehen müssen.[1441] Plastisch ausgedrückt besteht bei § 153a StPO kein Synallagma. Weiter wird bei einer Einstellung gemäß § 153a StPO von keiner Seite eine Zusage über ein bestimmtes Prozeßverhalten gemacht. Schließlich ist die Drucksituation bei § 153a StPO eine völlig andere. Der Beschuldigte entscheidet autonom, ob er die ihm gemachte Auflage erfüllt oder nicht.[1442] Bei einer Absprache im Rahmen von § 153a StPO werden die Beteiligten auf den Beschuldigten keinen der Absprache in der Hauptverhandlung vergleichbaren Druck ausüben. Denn eine Nicht-Einhaltung hat für sie nicht die Konsequenzen, wie eine „geplatzte" Absprache in der Hauptverhandlung. Die Nicht-Erfüllung einer Auflage durch den Beschuldigten, die ihm im Rahmen von § 153a StPO auferlegt wurde, stellt beispielsweise kein der geplatzten Absprache vergleichbaren Malus für die Reputation des Verteidigers dar. Auch erfaßt eine Einstellung nach § 153a StPO nur Vergehen und damit lediglich den Bereich der kleineren und mittleren Kriminalität.[1443] Absprachen finden aber auch im Bereich der schweren Kriminalität statt.[1444]
Mit Sicherheit ist es einfacher, eine dogmatische Herleitung der Zulässigkeit von Absprachen im Strafverfahren zu kritisieren, als sie zu liefern. Die Schwierigkeit zeigt sich schon darin, daß es eine fundierte Dogmatik zur Zulässigkeit von Absprachen letzten Endes bis dato nicht gibt. Es würde jedoch zu weit gehen, aus dieser Tatsache eine generelle Unzulässigkeit von Absprachen zu schließen.
Wie eingangs geschildert, ist die Frage nach der (expliziten) Zulässigkeit schon falsch gestellt. Nach der Systematik der Strafprozeßordnung ist die Frage vielmehr negativ zu formulieren: Sind Absprachen im Strafverfahren generell unzulässig? Auch diese Frage sollte aber nicht aus der Verfahrenswirklichkeit heraus

---

1440 Vgl. *Schünemann*, FS-Rieß, S. 525(537) „..., so regelt diese Vorschrift (*erg.* § 153a StPO) unter jedem denkbaren Aspekt den Antipoden zu den Urteilsabsprachen".

1441 *Friehe*, S. 329.

1442 *Herrmann*, JuS 1999, 1162(1164); *Schünemann*, FS-Rieß, S. 525(537); vgl. auch *Meyer-Goßner*, § 153a, Rn. 12.

1443 Wie beispielsweise auch bei dem „patteggiamento" in Italien, siehe oben S. 117ff.

1444 So lag der Absprachen-Entscheidung des *4. Senats* in BGHSt 43, 195 beispielsweise ein Raub zugrunde.

beantwortet werden, denn man würde lediglich vom Sein auf das Sollen schließen, ohne dabei eine Begründung zu liefern.
Eine Antwort auf die Frage der Zulässigkeit ist auch die ehemalige *Bundesjustizministerin* schuldig geblieben.[1445] Sie versucht diese Antwort zu umgehen, indem sie zunächst mit *Meurer*[1446] feststellt, daß sich Absprachen in der Verfahrenswirklichkeit fest etabliert hätten und daß die Verfahrenswirklichkeit die klassische und ausschließlich an den Text der Strafprozeßordnung gebundene reine Lehre überholt habe, und möchte sodann diese Verfahrenswirklichkeit in ein eine gesetzliche Form gießen.[1447] Damit setzt sie sich der Gefahr eines „naturalistischen Fehlschlusses" aus.[1448]

Die Antwort auf die Frage der grundsätzlichen Zulässigkeit von Absprachen liegt dabei gar nicht so fern. Sie ist bereits im Rahmen dieser Arbeit geliefert worden. Denn gelingt es den Beteiligten, alle Konflikt- und Kritikpunkte erfolgreich zu vermeiden, so ist eine Absprache nicht unzulässig.
Der These einer *generellen* Unzulässigkeit kann daher nicht gefolgt werden.[1449] Damit kommt man auch wieder in die Nähe der vorsichtigen Formulierung, daß Absprachen nicht grundsätzlich unzulässig sind, oder – wie es der *4. Senat* formuliert – daß Absprachen dem Strafverfahren nicht „völlig fremd" seien.

II. Die einzelnen Grundsätze

Dennoch kann nach dem hier Gesagten den einzelnen durch den *Bundesgerichtshof* aufgestellten Grundsätzen für eine Absprache nur sehr bedingt zugestimmt werden.

Eine Absprache kann entgegen der Grundsatzentscheidung des *4. Senats* keinerlei rechtliche Verbindlichkeit entfalten. Eine solche verstößt gegen § 261 StPO und wird § 46 StGB nicht gerecht. Auch eine verbindliche Zusage zum Strafobermaß ist unzulässig. Es besteht lediglich eine faktische Bindung, deren Intensität stark vom Einzelfall abhängt.
Der Amtsermittlungsgrundsatz muß auch bei einer Absprache beachtet werden. Dabei ist eine Disponibilität diesbezüglich durch die Beteiligten unzulässig. Auch bietet eine Differenzierung nach der Qualität des Geständnisses keine umfassende Lösung. Grundsätzlich wird ein „schlankes" Geständnis dem Amtsermittlungsgrundsatz jedoch nicht gerecht. Andererseits wird aber auch ein „qualifiziertes" Geständnis nicht automatisch dem Amtsermittlungsgrundsatz ge-

---

1445 *Däubler-Gmelin*, StV 2001, 359(362).
1446 *Meurer*, NJW 2000, 2936(2944).
1447 Vgl. *Däubler-Gmelin*, StV 2001, 359(362).
1448 Einen solchen wirft ihr beispielsweise *Schünemann*, ZStW 114(2002), 1(56) vor.
1449 So aber *Schünemann*, Gutachten, S. 28ff.; *ders.* ZStW 114(2002), 1(28), der den Versuch Absprachen in das geltende Recht einzufügen als (generell) gescheitert ansieht.

recht werden. Das Gericht muß vielmehr im Einzelfall entscheiden, ob der absprachegemäß ermittelte Sachverhalt dem Amtsermittlungsgrundsatz gerecht wird. Insoweit hat die Grundsatzentscheidung dem absprachebeteiligten Gericht ein zulässiges Maß an Flexibilität gewährt. Zu dessen Absicherung und der mit einer Verletzung des Amtsermittlungsgrundsatzes einhergehenden Gefahren wäre jedoch eine Regelung einer besonderen Begründungspflicht im Lichte des § 267 Abs. 1 S. 2 StPO wünschenswert.

Absprachen außerhalb der Hauptverhandlung sind ohne Rücksicht auf ihren Inhalt generell unzulässig. Die Absprache bleibt auch dann unzulässig, wenn nur ein Vorgespräch außerhalb der Hauptverhandlung stattgefunden hat, und dieses später in der Hauptverhandlung offengelegt wird. Insofern ist der Rechtsprechung des *Bundesgerichtshofes* zu widersprechen. Begrüßenswert ist jedoch die vom *4. Senat* aufgestellte Protokollierungspflicht von Absprachen.

Grundsätzliche Kritik ist in Hinblick auf die Wahrung der freien Willensbetätigung in Hinblick auf den absprachegemäß Verurteilten zu äußern. Absprachen verstoßen nicht lediglich gegen den Nemo-tenetur-Grundsatz und § 136a StPO, sofern sie Zusagen zum Strafvollzug und zur Anwendung des § 105 JGG beinhalten, sondern auch dann, wenn sie eine Verfahrensbeschränkung gemäß §§ 154, 154a StPO sowie eine ausschließlich absprachebezogene Strafmilderung zum Gegenstand haben. Ein Geständnis kann dem Angeklagten nicht pauschal wegen seines Beitrages zur Sachaufklärung und Verfahrensabkürzung zugute gehalten werden. Ein rein taktisches Geständnis hat für die Strafzumessung keine Relevanz.

Schließlich ist ein absprachegemäß erteilter Rechtsmittelverzicht unzulässig und unwirksam. Dies betrifft sowohl die Abgabe als auch das „Versprechen“ und „Inaussicht-Stellen“ eines absprachegemäßen Rechtsmittelverzichts. Eine Verknüpfung eines Rechtsmittelverzichts mit einer absprachegemäßen Gegenleistung, insbesondere – aber nicht ausschließlich – dem Geständnis, ist unzulässig und muß wegen der unzulässigen Verknüpfung, der Drucksituation und der Folge eines Rechtsmittelverzichts auch unwirksam sein. Ansonsten hätten die Absprachebeteiligten faktisch die Möglichkeit die „Letztinstanzlichkeit“ ihrer Entscheidung zu vereinbaren und jegliche Verfahrensordnung für Absprachen zu umgehen.

C. Fazit

Absprachen im Strafprozeß sind nicht generell unzulässig. Nach der in dieser Arbeit getroffenen Feststellung ist der verbleibende legale Bereich von Absprachen jedoch so gering, daß es faktisch zu einer Unzulässigkeit keinen erhebli-

chen Unterschied gibt. Dabei liegt die Hauptursache dafür jedoch nicht in der Strafprozeßordnung. Es ist keinesfalls notwendig, den wesentlichen Gedanken von 1877 den Rücken zu kehren und ein Weg in Richtung eines neuen Verfahrentypus mit Blick auf das common law zu beschreiten, um Absprachen aus prozeßrechtlicher Sicht gesetzlich zu etablieren. Sie sind jedoch nicht in einem so breiten Spektrum wie es der *Bundesgerichtshof* annimmt möglich.
Das eigentliche Problem liegt aber in der Strafzumessung und damit im materiellen Recht. Auf Basis des § 46 StGB hat das Gericht keine gesetzliche Handhabung für eine Absprachenpraxis wie sie die Grundsatzentscheidung des *4. Senats* vorsieht. Will man dem Gericht eine adäquate Verhandlungsmasse zur Verfügung stellen, muß der Prävention größere Bedeutung zu kommen.

Geht man auf Basis des Eckpunktepapiers zu einer Reform des Strafverfahren davon aus, daß der Gesetzgeber in Hinblick auf die Absprachenproblematik tätig werden möchte, so sollte er nicht einfach die Grundsatzentscheidung des *4. Senats* auf den Sockel eines formellen Gesetzes stellen. Vielmehr sollte er sich zunächst eingehend mit der Frage der Ausrichtung der Strafzumessung beschäftigen.

Damit steht der Gesetzgeber aber vor der immens schwierigen Aufgabe, die Antinomie der Strafzwecke – zumindest bezüglich eines absprachegemäßen Geständnisses – gesetzlich auszuloten. Dabei darf nicht aus den Augen verloren werden, daß die Schuld Grundlage jeglichen Strafens bleiben muß. Ansonsten besteht die Gefahr, daß der Täter zum Objekt des staatlichen Strafens wird. Vorsicht ist in diesem Zusammenhang auch vor einer Überbewertung der Knappheit staatlicher Rechtspflege-Ressourcen geboten. Auch wenn die Justiz an einer Überlastung leidet und der Staat diese nicht durch finanzielle Förderung kompensieren kann, darf er nicht die Verfahrensökonomie zum Beurteilungsmaßstab der Strafzumessung „befördern“. Darin liegt gerade keine ultima ratio, sondern der Beginn des Deals in Form eines „Handels mit Gerechtigkeit“.

Literaturverzeichnis

Alschuler, Albert W.: The Changing Plea Bargaining Debate, in: 69 California Law Review 1981, S. 652ff.

Amodio, Ennio: Das Modell des Anklageprozesses im neuen italienischen Strafverfahrensgesetzbuch, in: ZStW 102(1990), S. 171ff.

Baumann, Jürgen: Von der Grauzone zur rechtsstaatlichen Regelung, Ein Vorschlag zur Einführung des Rechtsgesprächs in § 265 StPO, in: NStZ 1987, S. 157ff.

Baumbach, Adolf / Lauterbach, Wolfgang / Albers, Jan / Hartmann, Peter: Zivilprozeßordnung, 60. Aufl., München 2002

Beling, Ernst: Die Lehre vom Verbrechen, Tübingen 1906 (*zitiert:* Lehre vom Verbrechen)

Beulke, Werner: Die Strafbarkeit des Verteidigers, Heidelberg, 1989 (*zitiert:* Strafbarkeit des Verteidigers)

ders.: Der Verteidiger im Strafverfahren, Frankfurt, 1980 (*zitiert:* Verteidiger im Strafverfahren)

ders.: Strafprozeßrecht, 5. Aufl., Heidelberg, 2001 (*zitiert:* Strafprozeßrecht)

Beulke, Werner / Satzger, Helmut: Der fehlgeschlagene Deal und seine prozessualen Folgen – BGHSt 42, 191, in: JuS 1997, 1072

Blumberg, Abraham S.: Lawyers with convictions, in: StV 1988, S. 79ff.

Bockemühl, Jan (Hrsg.): Handbuch des Fachanwalts Strafrecht, 2. Aufl., Neuwied 2002 (*zitiert*: FA Strafrecht-*Bearbeiter*)

Bode, Hans Jürgen: Verständigung im Strafprozeß, in: DRiZ 1988, S. 281ff

Bogner, Udo: Absprachen im deutschen und italienischen Strafprozeßrecht, Marburg, 2000

Bömeke, Patrick M.: Rechtsfolgen fehlgeschlagener Absprachen im deutschen und englischen Strafverfahren, Frankfurt u. a. 2001 (*zitiert:* Rechtsfolgen fehlgeschlagener Absprachen)

Böse, Martin: Die verfassungsrechtlichen Grundlagen des Satzes „nemo tenetur se ipsum accusare“, in: GA 2002, S. 98ff.

Böttcher, Reinhard: Der Deutsche Juristentag und die Absprache im Strafprozeßrecht, in: Strafverfahrensrecht in Theorie und Praxis, Festschrift für Lutz Meyer-Goßner zum 65. Geburtstag, S. 49ff., herausgegeben von Albin Eser, Jürgen Goydke, Kurt Rüdiger Maatz und Dieter Meurer, München 2001 (*zitiert:* FS-Meyer-Goßner)

ders.: Verhandlungen zum 58. deutschen Juristentag in München, Band II, L, München 1990

Böttcher, Reinhard / Widmaier, Gunter: Absprachen im Strafprozeß?, in: JR 1991, S. 353ff.

Bottke, Wilfried: Strafprozedurale Fairneß und Bindung an eine für den Fall des Geständnisses genannte Strafmaßobergrenze, S. 451ff., in: Gedächtnisschrift für Heinz Zipf, herausgegeben von Karl Heinz Gössel und Otto Triffterer, Heidelberg 1999 (*zitiert:* GS-Zipf)

Braun, Stefan: Die Absprache im deutschen Strafverfahren, Diss. Tübingen, 1998

Bruns, Hans-Jürgen: Das Recht der Strafzumessung, 2. Aufl. Köln u.a. 1985 (*zitiert:* Recht der Strafzumessung)

ders.: Leitfaden des Strafzumessungsrechts, Köln u.a. 1980 (*zitiert:* Leitfaden)

ders.: Strafzumessungsrecht – Gesamtdarstellung, 2. Aufl. Köln u.a. 1974 (*zitiert:* Strafzumessungsrecht)

Budde, Robert Vereinbarungen im italienischen Strafprozeßrecht, in: ZStW 102 (1990), S. 196

Busam, Gerhard: Das Geständnis im Strafverfahren, Lübeck 1983 (*zitiert:* Geständnis)

Callies, Rolf-Peter: Strafzwecke und Strafrecht, in: NJW 1989, S. 1338ff.

Cramer, Peter: Absprachen im Strafprozeß, S. 145ff, in: Festschrift für Kurt Rebmann zum 65. Geburtstag, herausgegeben von Heinz Eyrich u. a., München 1989 (*zitiert:* FS-Rebmann)

Dahs, Hans: Handbuch des Strafverteidigers, 6.Aufl., Köln 1999

ders.: Buchbesprechung zu: Verständigung im Strafverfahren, von Werner Schmidt-Hieber, München 1986, in: NJW 1987, S. 1318

ders.: Absprachen im Strafprozeß – Chancen und Risiken –, in: NStZ 1988, S. 153ff.

ders.: Das rechtliche Gehör im Strafverfahren, München 1965 (*zitiert:* Rechtliches Gehör)

Dahs, Hans / Dahs, Hans: Die Revision im Strafprozeß, 6. Aufl., München 2001 (*zitiert:* Revision)

Damaska, Mirjan: Der Austausch von Vorteilen im Strafverfahren: Plea bargaining und Absprachen, in: StV 1988, S. 398ff.

Däubler-Gmelin, Herta: Überlegungen zur Reform des Strafprozesses, in: StV 2001, S. 359ff.

Deal, Detlef: Der strafprozessuale Vergleich, in: StV 1982, S. 545ff. (Der Name *Detlef Deal* ist ein Pseudonym des Autors Hans-Joachim Weider)

Degener, Wilhelm: § 136a StPO und die Aussagefreiheit des Beschuldigten, in: GA 1992, S. 443ff.

Dencker, Friedrich: Zum Geständnis im Straf- und Strafprozeßrecht, in: ZStW 102 (1990), S. 51ff.

ders.: Willensfehler bei Rechtsmittelverzicht und Rechtsmittelzurücknahme im Strafprozeß, Diss., Bonn 1971 (*zitiert:* Willensfehler bei Rechtsmittelverzicht)

Dencker, Friedrich / Hamm, Rainer: Der Vergleich im Strafprozeß, Frankfurt 1988, (*zitiert:* Vergleich)

Dielmann, Heinz J.: „Guilty Plea" und „Plea Bargaining" im amerikanischen Strafverfahren – Möglichkeiten für den deutschen Strafprozeß?, in: GA 1981, S. 558ff.

Dölling, Dieter / Feltes, Thomas: Die Dauer von Strafverfahren vor den Landgerichten: Eine empirische Analyse zur Rechtswirklichkeit von Strafverfahren in der Bundesrepublik Deutschland, Köln, 2000

Dolzer, Rudolf (Hrsg.): Bonner Kommentar zum Grundgesetz, Heidelberg 1991 (*zitiert*: BK-*Bearbeiter*)

Dressler, Joshua: Understanding Criminal Procedure, New York 1995

Eisenberg, Ulrich: Beweisrecht der StPO, Spezialkommentar, 4. Aufl. München 2002 (*zitiert:* Beweisrecht)

ders.: Jugendgerichtsgesetz, 9 Aufl., München 2002 (*zitiert:* JGG)

Erb, Volker: Überlegungen zum Rechtsmittelverzicht des Angeklagten unmittelbar nach Urteilsverkündung, in: GA 2000, S. 511ff.

Erbs, Georg: Unzulässige Vernehmungsmethoden, in: NJW 1951, S. 386ff.

Eschelbach, Ralf: Absprachen in der strafrechtlichen Hauptverhandlung, in: JA 1999, S. 694ff.

Eser, Albin: Funktionswandel strafrechtlicher Prozeßmaximen: Auf dem Weg zur „Reprivatisierung" des Strafverfahrens?, in: ZStW 104 (1992), S. 361ff.

Eyermann, Erich: Verwaltungsgerichtsordnung, 11. Aufl., München 2002 (*zitiert:* Eyermann-*Bearbeiter*)

Fahl, Christian: Besprechung des Urteils des BGH vom 20.02.1996 – 5 StR 679/95, in: JA 1997, S. 272ff.

ders.: Besprechung des Beschlusses vom 20.03.2002 – 5 StR 1/02, in: JA 2003, S. 11ff.

Feeley, Malcolm M.: The process is the punishment, New York, 1979

Feuerbach, Anselm Ritter v.: Lehrbuch des in Deutschland gültigen peinlichen Rechts, 2. Aufl., Gießen 1803.

Fezer, Gerhard: Tatrichterlicher Erkenntnisprozeß – „Freiheit" der Beweiswürdigung –, in: StV 1995, S. 95ff.

Friehe, Sabine: Der Verzicht auf Entschädigungen für Straferfolgungsmaßnahmen, Berlin, 1997

Frohn, Hans-Georg: Strafverteidigung und rechtliches Gehör – verfassungsrechtliche Anmerkungen zur Strafverfahrensreform, in: GA 1984, S. 554ff.

Frowein, Jochen Abraham / Peukert, Wolfgang: Europäische Menschenrechtskonvention, 2. Aufl., Kehl 1996 (*zitiert:* Frowein/Peukert)

Gallandi, Volker: Anmerkung zum Beschluß des BVerfG vom 27.01.1987 – 2 BvR 1133/86, in: NStZ 1987, S. 420f.

ders.: Anmerkung zum Urteil des LG Kassel vom 12.06.1986 – 502 Js 31 281/83, in: StV 1987, S. 290f.

Gatzweiler, Norbert Die Verständigung im Strafprozeß – Standortbestimmung eines Strafverteidigers, in: NJW 1989, S. 1903ff.

Geppert, Klaus Zum „fair-trial-Prinzip" nach Art. 6 Abs. 1 S. 1 der Europäischen Menschenrechtskonvention, in: Jura 1992, S. 597ff.

ders.: Die Ahndung von Verkehrsverstößen durchreisender ausländischer Kraftfahrer, in: GA 1979, S. 281ff.

ders.: Der Grundsatz der Unmittelbarkeit im deutschen Strafverfahren, Berlin u.a., 1979 (*zitiert:* Unmittelbarkeit)

Gerlach, Götz: Absprachen im Strafverfahren, Frankfurt am Main u.a., 1992

Göppinger, Hans / Bock, Michael / Böhm, Alexander: Kriminologie, 5. Aufl., München, 1997

Gössel, Karl Heinz: Überlegungen zur Bedeutung des Legalitätsprinzips im rechtsstaatlichen Strafverfahren, S. 121ff., in: Festschrift für Hanns Dünnebier zum 75. Geburtstag 1975 am 12. Juni 1982, herausgegeben von Ernst-Walter Hanack, Peter Rieß und Günter Wendisch, Berlin u. a., 1982 (*zitiert:* FS-Dünnebier)

ders.: Gutachten C zum 60. deutschen Juristentag in Münster, Band I, München, 1994 (*zitiert:* Gutachten)

Grunst, Bettina: Prozeßhandlungen im Strafprozeß, Ebelsbach, 2002 (*zitiert:* Prozeßhandlungen)

Grünwald, Gerald: Menschenrechte im Strafprozeß, in: StV 1987, S. 453ff.

ders.: Zur Ankündigung von Strafmilderung für den Fall eines Geständnisses (zugleich Anmerkung zum Urteil des BGH vom 1.04.1960 – 4 StR 36/60), in: NJW 1960, S. 1941f.

Günter, Hans-Helmut: Der Gesetzgeber muß notfalls Konsequenzen ziehen – Unzulässige Absprachen ruinieren das Ansehen der Justiz – Für eine Rückbesinnung auf Buchstaben und Geist der StPO, in: DRiZ 1989, S. 151f.

Gutterer, Bernhardt: Zur verbindlichen Zusage des Gerichts in der Hauptverhandlung, eine bestimmte Verurteilung nach Geständnis des Angeklagten auszusprechen, Diss. Tübingen, 1991

Haas, Günter: Vereinbarungen im Strafverfahren – Ein Beitrag zur Lehre von den Prozeßhandlungen, in: NJW 1988, S. 1345ff.

Haas, Volker: Zur Verbindlichkeit und Zulässigkeit strafprozessualer Absprachen, in: Gedächnisschrift für Rolf Keller, herausgegeben von den Strafrechtsprofessoren der Tübinger Juristenfakultät und vom Justizministerium Baden-Württemberg, Tübingen 2003 (*zitiert:* GS-Keller)

Hamm, Rainer: Absprachen im Strafverfahren?, in: ZRP 1990, S. 337ff.

Hanack, Ernst-Walter: Vereinbarung im Strafprozeß, ein besseres Mittel zur Bewältigung von Großverfahren, in: StV 1987, S. 500ff.

ders.: Die Rechtsprechung des Bundesgerichtshofes zum Strafverfahrensrecht (Bd. 11 - 22 der Amtlichen Sammlung), in: JZ 1971, S. 168ff.

Hassemer, Raimund / Hippler, Gabriele: Informelle Absprachen in der Praxis des deutschen Strafverfahrens, in: StV 1986, S. 360ff.

Hassemer, Winfried: Pacta sunt servanda – auch im Strafprozeß? – BGH, NJW 1989, 2270, in: JuS 1989, S. 890ff.

ders.: Absprachen über Strafrahmen, in: Rechtsprechungsübersicht, in: JuS 1992, 527f.

Herdegen, Gerhard: Anmerkung zum Urteil des BGH vom 21.10.1994 – 2 StR 328/94 (BGHSt 40, 287), in: NStZ 1995, S. 202f.

ders.: Strafrechtliche Aufklärungspflicht und Beweiswürdigung, in: NJW 2003, S. 3513ff.

Herrmann, Joachim: Rechtliche Strukturen für Absprachen in der Hauptverhandlung: Die Richtlinienentscheidung des Bundesgerichtshofs – BGHSt 43, 195, in: JuS 1999, S. 1162ff.

ders.: Der amerikanische Strafprozeß, S. 133ff, in: Der Strafprozeß im Spiegel ausländischer Verfahrensordnungen, herausgegeben von Heike Jung, Berlin 1990 (*zitiert:* Der amerikanische Strafprozeß)

ders.: Ein neues Hauptverhandlungsmodell, in: ZStW 100(1988), S. 41ff.

Hertz, Thomas: Das Verhalten nach der Tat: ein Beitrag zu § 13 und zu den Straftheorien, Berlin u.a. 1973

Hirsch, Hans Joachim: Zur Behandlung der Bagatellkriminalität in der Bundesrepublik Deutschland – Unter besonderer Berücksichtigung der Staatsanwaltschaft –, in: ZStW 92 (1980), S. 218ff.

Hörnle, Tatjana: Tatproportionale Strafzumessung, Berlin 1999 (*zitiert:* Tatproportionale Strafzumessung)

Huber, Barbara: Funktion und Tätigkeit des Anklägers in England und Wales, S. 545ff. in: Funktion und Tätigkeit der Anklagebehörde im ausländischen Recht, herausgegeben von Hans-Heinrich Jescheck und Rudolf Leibinger, Baden Baden 1979 (*zitiert:* Funktion und Tätigkeit des Anklägers in England und Wales)

Hübner, Claudia: Allgemeine Verfahrensgrundsätze, Fürsorgepflicht oder fair trial? Tübingen, 1983

Ioakimidis, Ariadne: Die Rechtsnatur der Absprache im Strafverfahren, Frankfurt am Main u.a. 2001 (*zitiert:* Rechtsnatur)

Jähnke, Burkhard: Podiumsdiskussion zu: „Strafprozessuale Absprachen – Möglichkeiten und Grenzen", in: Absprachen im Strafprozeß – ein Handel mit der Gerechtigkeit?, Symposium am 20./21.11.1986 in Triberg, herausgegeben vom Ministerium für Justiz, Bundes- und Europaangelegenheiten Baden-Württemberg (*zitiert:* Triberg-Symposium)

Jähnke, Burkhard / Laufhütte, Heinrich Wilhelm / Odersky, Walter: Leipziger Kommentar zum Strafgesetzbuch, 11. Aufl., 42. Lieferung, Berlin u. a. 2002 (*zitiert*: LK-*Bearbeiter*)

Janke, Alexander: Verständigung und Absprachen im Strafverfahren, Diss. Jena, 1995

Jescheck, Hans-Heinrich: Grundgedanken der neuen italienischen Strafprozeßordnung in rechtsvergleichender Sicht, S. 659ff., in: Festschrift für Arthur Kaufmann, herausgegeben von Frifjof Haft, Winfried Hassemer, Ulfried Neumann, Wolfgang Schild und Ulrich Schroth, Heidelberg 1993. (*zitiert:* FS Arthur Kaufmann)

Jescheck, Hans-Heinrich / Weigend, Thomas: Lehrbuch des Strafrechts, Allgemeiner Teil, 5. Aufl., Berlin 1996 (*zitiert:* AT)

Joerden, Jan C.: Verbotene Vernehmungsmethoden – Grundfragen des § 136a StPO, in: JuS 1993, S. 926ff.

Kaetzler, Joachim: Absprachen im Strafverfahren und Bewährungsauflagen – Eine Anmerkung zu OLG Köln wistra 1998, 272, in: wistra 1999, S. 253ff.

Kaiser, Günther: Kriminologie, 3. Aufl., Heidelberg 1996

Kamisar, Yale / LaFave Wayne R. / Israel, Jerold H.: Modern Criminal Procedure – Cases – Comments – Questions, 7th edition, St. Paul, Minn. 1990 (*zitiert:* Modern Cirminal Procedure)

Kapahnke, Ulf: Opportunität und Legalität im Strafverfahren, Diss. Tübingen, 1982

Karl, Wolfram: Internationaler Kommentar zur Europäischen Menschenrechtskonvention, 5. Lieferung, Köln 2002 (*zitiert*: EMRK-*Bearbeiter*)

Katholnigg, Oskar: Strafgerichtsverfassungsrecht, Kommentar, 3.Aufl., Köln u.a. 1999

Kaufmann, Arthur: Das Schuldprinzip, Eine strafrechtlich-rechtsphilosophische Untersuchung, Heidelberg 1976 (*zitiert:* Das Schuldprinzip)

Kintzi, Heinrich: Verständigung im Strafrecht – Überlegungen zu den Thesen und dem Gutachten der Großen Strafrechtskommission –, in: JR 1990, S. 309ff.

ders.: Möglichkeiten der Vereinfachung und Beschleunigung von Strafverfahren de lege ferenda, in: DRiZ 1994, S. 325ff.

ders.: Verständigung im Strafverfahren – Eine unendliche und spannende Geschichte –, in: DRiZ 1992, S. 245ff.

ders.: Anmerkung zum Urteil des BGH vom 20.02.1996 – 5 StR 679/95 (BGHSt 42, 46), in: JR 1997, S. 78ff.

ders.: Anmerkung zum Urteil des BGH vom 28.08.1997 – 4 StR 240/97, in: JR 1998, S. 249ff.

ders:. Verständigung im Strafverfahren – steht die Diskussion vor dem Abschluß?, S. 177ff., in: Festschrift für Ernst-Walter Hanack zum70. Geburtstag am 30. August 1999, herausgegeben vom Udo Ebert, Peter Rieß, Claus Roxin und Eberhard Wahle, Berlin 1999 (*zitiert:* FS-Hanack)

Kleinknecht, Theodor: Das Legalitätsprinzip nach Abschluß des gerichtlichen Strafverfahrens, S. 475ff., in: Festschrift für Hans-Jürgen Bruns zum 70. Geburtstag, herausgegeben von Wolfgang Frisch und Werner Schmid, Köln u.a. 1980 (*zitiert:* FS-Bruns)

ders.: Die Anwendung unmittelbaren Zwangs bei der Blutentnahme nach § 81a StPO, in: NJW 1964, S. 2181ff.

Kleinknecht, Theodor / Müller, H. / Reitberger, L. / herausgegeben von / Heintschel-Heinegg, Bernd v. / Stockel, Heinz: KMR – Kommentar zur Strafprozeßordnung, 35. Lieferung, Neuwied 2003 (*zitiert*: KMR-*Bearbeiter*)

Köbel, Ralf: Bindungswirkung von Strafmaßabsprachen, in: NStZ 2002, S. 76ff.

ders.: Geständnisverwertung bei mißglückter Absprache, in: NStZ 2003, S. 232ff.

Kremer, Stefan Hubertus: Absprachen zwischen Gericht und Verfahrensbeteiligten im Strafprozeß, Diss. Bonn, 1994.

Kuckein, Jürgen: Zur Verwertbarkeit des Geständnisses bei einer gescheiterten Verständigung im Strafverfahren, in: Strafverfahrensrecht in Theorie und Praxis, Festschrift für Lutz Meyer-Goßner zum 65. Geburtstag, herausgegeben von Albin Eser, Jürgen Goydke, Kurt Rüdiger Maatz und Dieter Meurer, München 2001 (*zitiert:* FS-Meyer-Goßner)

Kuckein, Jürgen / Pfister, Wolfgang: Verständigung im Strafverfahren – Bestandaufnahme und Perspektiven, S. 641ff. in: Festschrift aus Anlaß des fünfzigjährigen Bestehens von Bundesgerichtshof, Bundesanwaltschaft und Rechtsanwaltschaft beim BGH, herausgegeben von Karlmann Geiß, Kay Nehm, Erich Brandner, Horst Hagen, Köln u. a., 2000. (*zitiert:* FS-50-Jahre BGH)

Kudlich, Hans: Unzulässigkeit eines mißbräuchlichen Hilfsbeweisantrags – BGHSt 40, 287, in: JuS 1997, S. 507ff.

Kühl, Kristian: Unschuldsvermutung, Freispruch und Einstellung, Köln u.a. 1983 (*zitiert:* Unschuldsvermutung)

ders.: Freie Beweiswürdigung des Schweigens des Angeklagten und der Untersuchungsverweigerung eines angehörigen Zeugen – BGHSt 32, 140, in: JuS 1986, S. 115ff.

Kühne, Hans-Heiner: Strafprozeßrecht, 5. Aufl., Heidelberg 1999

Kunert, Karl Heinz: Same Observations on the Origin and Structure of Evidence Rules under the Common Law System and the Civil Law System of „Free Proof" in the German Code of Criminal Procedure, in: Buffalo Law Review 1966, S. 122ff.

Küpper, Georg / Bode, Karl Christoph: Absprachen im Strafverfahren – Bilanz einer zehnjährigen Diskussion –, in: Jura 1999, S. 351ff, S. 393ff.

Kurth, Hans-J.: Beschränkung des Prozeßstoffs und Einführung des Tonbandprotokolls durch das Strafverfahrensänderungsgesetz 1979, in: NJW 1978, S. 2481ff.

Lackner, Karl / Kühl, Kristian: Strafgesetzbuch mit Erläuterungen, 24. Aufl., München 2001

Landau, Herbert / Eschelbach, Ralf: Absprachen zur strafrechtlichen Hauptverhandlung, in: NJW 1999, S. 321ff.

Lang-Hinrichsen, Dietrich: Bemerkungen zum Begriff der „Tat" im Strafrecht unter besonderer Berücksichtigung der Strafzumessung, des Rücktritts und der tätigen Reue beim Versuch und der Teilnahme, S. 353ff., in: Festschrift für Karl Engisch zum 70. Geburtstag, herausgegeben von Paul Bockelmann, Arthur Kaufmann und Ulrich Klug, Frankfurt am Main 1969 (*zitiert:* FS-Engisch)

Löwe, Ewald / Rosenberg, Werner: Die Strafprozeßordnung und das Gerichtsverfassungsgesetz, Großkommentar, herausgegeben von Peter Rieß, 24. Aufl., Berlin, New-York, 1984ff, 25. Aufl. Berlin, New-York, 1999 (*zitiert:* LR-*Bearbeiter*)

Lüdemann, Christian / Bußmann, Kai-D.: Diversionschancen der Mächtigen? Eine empirische Studie über Absprachen im Strafprozeß, in: KrimJ 1989, S. 54ff.

Maiwald, Manfred: Zur gerichtlichen Fürsorgepflicht im Strafprozeß und ihren Grenzen, S. 745ff., in: Festschrift für Richard Lange zum 70. Geburtstag, herausgegeben von Günter Warda, Heribert Waider, Reinhard von Hippel und Dieter Meurer, Berlin u.a., 1976 (*zitiert:* FS-Lange)

ders.: Die Amtsdelikte, Probleme der Neuregelung des 28. Abschnitts des StGB, in: JuS 1977, S. 353ff.

ders.: Moderne Entwicklung der Auffassung vom Zwecke der Strafe, S. 291ff., in: Rechtswissenschaft und Rechtsentwicklung, herausgegeben von Ulrich Immenga, Göttingen, 1980 (*zitiert:* Rechtswissenschaft und Rechtsentwicklung)

ders.: Anmerkung zum Urteil des BGH 01.04.1981 (BGHSt 26, 84), in: JR 1982, S. 34ff.

Maiwald, Manfred / Ippoliti, Alessandra: Eine neue Strafprozeßordnung für Italien, in: JZ 1989, S. 874ff.

Mangoldt, Herrmann, v. / Klein, Friedrich / Starck, Christian: Das Bonner Grundgesetz, Kommentar, Band 1, 4. Aufl., München 1999

Marquardt, Hanno: Die Entwicklung des Legalitätsprinzips, Diss Mannheim, 1982

Marx, Claudius / Grilli, Antonio: Der neue italienische Strafprozeß, in: GA 1990, S. 495ff.

Massaro, Toni M.: Das amerikanische Plea-Bargaining System: Staatsanwaltschaftliches Ermessen bei der Strafverfolgung, in: StV 1989, S. 454ff.

Maunz, Theodor / Dürig, Günter / Herzog, Roman / Scholz, Rupert: Grundgesetz, Band I – V, 40 Lieferung, München 2002 (*zitiert:* Maunz/Dürig-*Bearbeiter*)

Maurach, Reinhart / Gössel, Karl Heinz / Zipf, Heinz: Strafrecht Allgemeiner Teil, Teilband 2, Erscheinungsformen des Verbrechen und Rechtsfolgen der Tat, 7. Aufl. Heidelberg 1989 (*zitiert:* AT II)

Maurach, Reinhart / Schroeder, Friedrich-Christian / Maiwald, Manfred: Strafrecht Besonderer Teil, Teilband 2, Straftaten gegen Gemeinschaftswerte, 8. Aufl., Heidelberg 1999 (*zitiert:* BT II)

Meier, Bernd-Dieter: Strafrechtliche Sanktionen, Berlin u. a. 2001 (*zitiert:* Strafrechtliche Sanktionen)

Meyer, Frank: Willensmängel beim Rechtsmittelverzicht des Angeklagten im Strafverfahren, Berlin, 2003 (*zitiert*: Willensmängel beim Rechtsmittelverzicht)

Meyer-Goßner, Lutz: Strafprozeßordnung, 46. Aufl., München, 2003

ders.: Der gescheiterte Deal, in: StraFo 2003, S. 401ff.

Momsen, Carsten / Moldenhauer, Gerwin: Absprachen aus revisionsrechtlicher Sicht, in: JA 2002, S. 415ff.

Moos, Ruth: Das Geständnis im Strafverfahren und in der Strafzumessung, Diss. Göttingen, 1983 (*zitiert*: Geständnis)

Nestler-Tremel, Cornelius: Der „Deal" aus der Perspektive des Beschuldigten, in: KritJ 1989, S. 448ff.

ders.: Der Handel um die Funktionstüchtigkeit der Strafrechtspflege, in: DRiZ 1988, S. 288ff.

Niemöller, Martin Absprachen im Strafprozeßrecht, in: StV 1990, S. 34ff.

Noak, Torsten: Urteilsabsprachen im Jugendstrafrecht – Besprechung vom Beschl. des BGH vom 15.03.2001 – 3 StR 61/01, in: StV 2002, S. 45ff.

Oehler, Dietrich: Anmerkung zum Urteil des BGH vom 06.12.1961, in: JZ 1963, S. 227f.

Ostendorf, Heribert: Strafvereitelung durch Strafverteidigung, in: NJW 1978, S. 1345ff.

Peglau, Jens: Wirksamkeit eines Rechtsmittelverzichts in Strafsachen – Zwei neuere BGH-Entscheidungen, in: JA 2000, S. 405ff.

Peters, Karl: Fehlerquellen im Strafprozeß, 3. Band Wiederaufnahmerecht, Karlsruhe 1974 (*zitiert:* Fehlerquellen im Strafprozeß, Bd. 3)

ders.: Fehlerquellen im Strafprozeß, 2. Band Systematische Untersuchungen und Folgerungen, Karlsruhe 1972 (*zitiert*: Fehlerquellen im Strafprozeß, Bd. 2)

Pfeiffer, Gerd: Karlsruher Kommentar zur Strafprozeßordnung, 5. Aufl., München, 2003. (*zitiert:* KK-*Bearbeiter*)

ders.: Strafprozeßordnung, Kommentar, 2. Aufl., München 1999.

ders.. Strafprozeßordnung, Kommentar, 4. Aufl., München 2002 (*zitiert:* StPO)

Pfeiffer, Gerd / Fischer, Thomas: Strafprozeßordnung, Kommentar, 1. Aufl., München 1995

Pförtner: Betrifft Justiz 1987, S. 16ff.

Pieroth, Bodo / Schlink, Bernhard: Grundrechte Staatsrecht II, 17. Aufl., Heidelberg, 2001.

Plötz, Winfried: Die gerichtliche Fürsorgepflicht im Strafverfahren, Lübeck, 1980.

Ranft, Otfried: Strafprozeßrecht, 2.Aufl., Stuttgart u. a. 1995

Rex, Erhard: Verständigung im Strafverfahren – Gutachten der Großen Strafrechtskommission des DRB, in: DRiZ 1991, S. 31f.

Rieß, Peter: Verfahrenshindernisse von Verfassungs wegen, in: JR 1985, S. 45ff.

ders.: Anmerkung zum Beschluß des BGH vom 19.10.1999 – 4 StR 86/99, in: NStZ 2000, S. 98ff.

ders.: Der vereinbarte Rechtsmittelverzicht, S. 645ff. in: Strafverfahrensrecht in Theorie und Praxis, Festschrift für Lutz Meyer-Goßner zum 65. Geburtstag, herausgegeben von Albin Eser, Jürgen Goydke, Kurt Rüdiger Maatz und Dieter Meurer, München 2001 (*zitiert:* FS-Meyer-Goßner)

Rogall, Klaus: Der Beschuldigte als Beweismittel gegen sich selbst, Ein Beitrag zur Geltung des Satzes „Nemo tenetur seipsum prodere" im Strafprozeß, Berlin 1977 (*zitiert*: Der Beschuldigte als Beweismittel gegen sich selbst)

ders.: Informationseingriff und Gesetzesvorbehalt im Strafprozeß, in: ZStW 103(1991), S. 907ff.

Rönnau, Thomas: Die Absprache im Strafprozeß, Baden-Baden, 1990 (*zitiert:* Absprache)

ders.: Die neue Verbindlichkeit bei den strafprozessualen Absprachen, Anmerkung zum Urteil des BGH vom 28.08.1997 – 4 StR 240/97, in: wistra 1998, S. 49ff.

ders: Anmerkung zum Beschluß des BGH vom 18.10.1999 – 4 StR 86/99 (BGHSt 45, 227), in: JR 2001, S. 31ff.

Roxin, Claus: Strafverfahrensrecht, 25. Aufl., München 1998

Rückel, Christoph: Verteidigertaktik bei Verständigung und Vereinbarung im Strafverfahren, in: NStZ 1987, S. 297ff.

Rudolph, Kurt: Prozeßflut und Erledigungsdruck, in: DRiZ 1992, S. 6ff.

Rudolphi, Hans-Joachim: Zum Wesen der Rechtsbeugung, in: ZStW 82(1970), S. 610ff.

ders. (Gesamtredaktion) / Frisch, Wolfgang / Paeffgen, Hans-Ullrich / Rogall, Klaus / Schlüchter, Ellen / Wolter, Jürgen: Systematischer Kommentar zur Strafprozeßordnung und zum Gerichtsverfassungsgesetz, Stand der 26. Aufbaulieferung, Neuwied, 2002 (*zitiert*: SK-*Bearbeiter)*

ders. (Gesamtredaktion) / Horn, Eckhard / Samson, Erich / Günther, Hans Ludwig: Systematischer Kommentar zum Strafgesetzbuch, 8, Aufl., 51 Lieferung, Neuwied 2002 (*zitiert*: SK/StGB-*Bearbeiter*)

Sarstedt, Werner: Fragen zur Rechtsbeugung, S. 427ff, in: Festschrift für Ernst Heinitz zum 70. Geburtstag am 1. Januar 1972, herausgegeben von Hans Lüttger, Berlin 1972 (*zitiert*: FS-Heinitz)

Satzger, Helmut: Zulässigkeit von Absprachen im Strafprozeßrecht, in: JA 1998, S. 98ff.

ders.: Die Unwirksamkeit eines „ausgehandelten" Rechtsmittelverzichts – BGH 45, 227, in: JuS 2000, S. 1157ff.

Schäfer, Gerhard: Podiumsdiskussion zu: „Strafprozessuale Absprachen – Möglichkeiten und Grenzen", abgedruckt in: Absprachen im Strafprozeß – ein Handel mit der Gerechtigkeit?, Symposium am 20./21.11.1986 in Triberg, herausgegeben vom Ministerium für Justiz, Bundes- und Europaangelegenheiten Baden-Württemberg (*zitiert:* Triberg-Symposium)

ders.: Praxis der Strafzumessung, 2. Aufl., München 1995 (*zitiert:* Praxis der Strafzumessung)

Schaffstein, Friedrich: Spielraum-Theorie, Schuldbegriff und Strafzumessung nach den Strafrechtsreformgesetzen, S. 99ff., in: Festschrift für Wilhelm Gallas zum 70. Geburtstag am 22. Juli 1973, herausgegeben von Karl Lackner, Heinz Leferenz, Eberhard Schmidt, Jürgen Welp und Ernst Amadeus Wolff, Berlin u.a. 1973 (*zitiert:* FS-Gallas)

Schaffstein, Friedrich / Beulke, Werner: Jugendstrafrecht, 13. Aufl., Stuttgart u. a. 1998

Scheffler: wistra 1990, S. 191ff.

Schlothauer, Reinhold: Anmerkung zum Urteil des BGH vom 07.05.2003 – 5 StR 556/02, in: StV 2003, S. 481ff.

Schlüchter, Ellen: Zur Relativierung der gerichtlichen Aufklärungspflicht durch Verständigung im Strafverfahren, S. 737ff., in: Festschrift für Günter Spendel zum 70. Geburtstag am 11. Juli 1992, herausgegeben von Manfred Seebode, Berlin u. a. 1992 (*zitiert:* FS-Spendel)

dies.: Das Strafverfahren, 2. Aufl. Köln u. a. 1983 (*zitiert:* Strafverfahren)

Schmid, Niklaus: Das amerikanische Strafverfahren, 2. Aufl., Heidelberg 1996

Schmidhäuser, Eberhard: Strafrecht Allgemeiner Teil, Lehrbuch, 2. Aufl., Tübingen 1975 (*zitiert:* AT)

Schmidt, Eberhard: Lehrkommentar zur Strafprozeßordnung und zum Gerichtsverfassungsgesetz, Teil I, Die rechtstheoretischen und die rechtspolitischen Grundlagen des Strafverfahrensrechts, 2. Aufl., Göttingen 1964 (*zitiert:* Lehrkommentar I)

ders.: Lehrkommentar zur Strafprozeßordnung und zum Gerichtsverfassungsgesetz, Teil II, Erläuterungen zur Strafprozeßordnung und zum Einführungsgesetz zur Strafprozeßordnung, Göttingen 1957 (*zitiert:* Lehrkommentar II)

ders.: Anmerkung zum Urteil des BGH vom 1.04.1960 – 4 StR 36/60, in: JR 1961, S. 71f.

ders.: Anmerkung zum Beschluß des hans. OLG Bremen vom 10.09.1954 Ws 215/54, in: JZ 1955, S. 681f.

Schmidt-Bleibtreu Bruno / Klein, Franz: Kommentar zum Grundgesetz, 9. Aufl., Neuwied 1999

Schmidt-Hieber, Werner: Vereinbarungen im Strafverfahren, in: NJW 1982, S. 1017f.

ders.: Die gescheiterte Verständigung, in: NStZ 1988, S. 302ff.

ders.: Hinweise auf die strafmildernden Wirkungen eines Geständnisses, S. 995ff. in: Festschrift für Rudolf Wassermann, herausgegeben von Christian Broda u. a., Darmstadt 1985 (*zitiert:* FS-Wassermann) *ders.:* Verständigung im Strafverfahren, S. 50ff., in: Absprachen im Strafprozeß – ein Handel mit der Gerechtigkeit?, Symposium am 20./21.11.1986 in Triberg, herausgegeben vom Ministerium für Justiz, Bundes- und Europaangelegenheiten Baden-Württemberg (*zitiert:* Triberg-Symposium)

ders.: Verständigung im Strafverfahren, München 1986 (*zitiert:* Verständigung).

ders.: Der strafprozessuale „Vergleich" – eine illegale Kungelei?, in: StV 1986, S. 355ff.

Schmitt, Bertram: Zu Rechtsprechung und Rechtswirklichkeit verfahrensbeendender Absprachen im Strafprozeß, in: GA 2001, S. 411ff.

Schönke, Adolf / Schröder, Horst: Kommentar zum Strafgesetzbuch, 26. Aufl., München 2001 (*zitiert:* Sch/Sch-*Bearbeiter*)

Schroeder, Friedrich-Christian: Grenzen der Rationalisierung des Strafverfahrens, in: NJW 1983, S. 137ff.

Schröder, Olaf: Der abgesprochene Rechtsmittelverzicht in der Rechtsprechung des BGH, in: StraFo 2003, S. 412ff.

Schulze, Burkhard: Der Einfluß von Willensmängeln auf den Bestand des Rechtsmittelverzichts des Beschuldigten, Diss. Regensburg 1973 (*zitiert:* Einfluß von Willensmängeln auf den Rechtsmittelverzicht)

Schumann, Karl F.: Der Handel mit der Gerechtigkeit, Frankfurt am Main 1977

Schünemann, Bernd: Wetterzeichen einer untergehenden Strafprozeßkultur? Wider die falsche Prophetie des Absprachenelysiums, in: StV 1993, S. 657ff.

ders.: Die Absprachen im Strafverfahren, von ihrer Gesetz- und Verfassungswidrigkeit, von der ihrem Versuchungen erliegenden Praxis und vom dogmatisch gescheiterten Versuch des 4. Strafsenats des BGH, sie im geltenden Strafprozeßrecht zu verankern, S. 525ff., in: Festschrift für Peter Rieß zum 70. Geburtstag am 4. Juni 2002, herausgegeben von Ernst-Walter Hanack, Hans Hilger, Volkmar Mehle und Gunter Widmaier, Berlin u. a. 2002 (*zitiert:* FS-Rieß) *ders.:* Absprachen im Strafverfahren? Grundlagen, Gegenstände und Grenzen, Gutachten B zum 58. Deutschen Juristentag 1990 in München, Band I, München 1990 (*zitiert:* Gutachten)

ders.: Die Verständigung im Strafprozeß – Wunderwaffe oder Bankrotterklärung der Verteidigung?, in: NJW 1989, S. 1895ff.

ders.: Prozeßrechtliche Vorgaben für die Kommunikation im Strafprozeß, in: Absprachen im Strafprozeß – ein Handel mit der Gerechtigkeit?, Symposium am 20./21.11.1986 in Triberg, herausgegeben vom Ministerium für Justiz, Bundes- und Europaangelegenheiten Baden Württemberg (*zitiert:* Triberg-Symposium)

ders.: Plädoyer für eine neue Theorie der Strafzumessung, S. 209ff, in: Neuere Tendenzen der Kriminalpolitik, herausgegeben von Albin Eser und Karin Cornils, Freiburg 1987 (*zitiert:* Theorie der Strafzumessung)

ders.: Wohin treibt der deutsche Strafprozeß?, in: ZStW 114(2002), S. 1ff.

Seier, Jürgen: Der strafprozessuale Vergleich im Lichte des § 136a StPO, in: JZ 1988, S. 683ff.

Sendra, Gimeno Vicente: Absprachen im spanischen Strafverfahren, in: ZStW 104 (1992), S. 223ff.

Sinner, Stefan: Anmerkung zum Urteil des BGH vom 17.11.1999 – 2 StR 313/99, in: StV 2000, S. 289ff.

ders.: Der Vergleich im neuen italienischen Strafverfahren und die deutsche Diskussion um Absprachen, ZRP 1994, S. 478ff.

ders.: Vertragsgedanke im Strafprozeßrecht, Frankfurt am Main u.a., 1999 (*zitiert:* Vertragsgedanke)

Siolek, Wolfgang: Verständigung in der Hauptverhandlung, Baden-Baden, 1993 (*zitiert:* Verständigung)

ders.: Zur Fehlentwicklung strafprozessualer Absprachen, S. 563ff. in: Festschrift für Peter Rieß zum 70. Geburtstag am 4. Juni 2002, herausgegeben von Ernst-Walter Hanack, Volkmar Mehle und Gunter Widmaier, Berlin, New York, 2002 (*zitiert:* FS-Rieß) *ders.:* Verständigung im Strafverfahren – eine verfassungswidrige Praxis!, in: DRiZ 1989, S. 321ff

ders.: Neues zum Thema Verständigung im Strafverfahren, in: DRiZ 1993, S. 422ff.

Spendel, Günter: Zur Lehre vom Strafmaß, Frankfurt am Main 1954 (*zitiert:* Lehre vom Strafmaß)

ders.: Die Begründung des richterlichen Strafmaßes, in: NJW 1964, S. 1758ff.

Steiner, Dirk: Das Fairneßprinzip im Strafprozeß, Frankfurt am Main u. a. 1995 (*zitiert:* Fairneßprinzip)

Strate, Gerhard: Anmerkung zum Urteil des BGH vom 7.6.1989 – 2 StR 66/89 (BGHSt 36, 210), in: NStZ 1989, S. 439f.

Streng, Franz: Strafrechtliche Sanktionen – Grundlagen und Anwendung –, Stuttgart u. a. 1991 (*zitiert:* Strafrechtliche Sanktionen)

Sutherland, Edwin H.: The Problem of White Collar Crime, New York u.a. 1968

Sutherland, Edwin H. / Cressey, Donald R.: Principles of Criminology, 6th edition, Chicago u. a. 1968

Torka, Roland: Nachtatverhalten und Nemo tenetur: Eine Untersuchung über die Grenzen „zulässiger Verteidigung" und die Relevanz des Nemo-tenetur-Prinzips bei der Strafzumessung selbstbegünstigenden Nachtatverhaltens gem. § 46 II StGB, Berlin 2000 (*zitiert:* Nachtatverhalten und Nemo tenetur)

Tscherwinka, Ralf: Absprachen im Strafprozeß, Frankfurt am Main u. a., 1995

Volk, Klaus: Kronzeugen praeter legem?, in: NJW 1996, S. 879ff.

ders.: Diverse Wahrheiten, S. 411ff., in: Straf- und Strafverfahrensrecht, Recht und Verkehr, Recht und Medizin, Festschrift für Hannskarl Salger zum Abschied aus dem Amt als Vizepräsident des Bundesgerichtshofes, herausgegeben von Albin Eser, Hans Josef Kullmann, Lutz Meyer-Goßner, Walter Odersky, Rainer Voss, Köln u.a. 1995 (*zitiert:* FS-Salger)

Volkmann-Schluck, Thomas: Der spanische Strafprozeß zwischen Inquisitions- und Parteiverfahren, Baden-Baden 1979

Wabnitz, Heinz-Bernd / Janovsky, Thomas: Handbuch des Wirtschafts- und Steuerstrafrechts, 2. Aufl., München 2004 (*zitiert*: Hdb. Wirtschafts- und Steuerstrafrecht).

Wagner, Heinz: Amtsverbrechen, Berlin 1975

ders.: Das einvernehmliche Verfahren, S. 585ff. in: Festschrift für Karl Heinz Gössel zum 70. Geburtstag am 16.10.2002, herausgegeben von Dieter Dölling und Volker Erb, Heidelberg 2002 (*zitiert*: FS-Gössel)

Wagner, Heinz / Rönnau, Thomas: Die Absprachen im Strafprozeß, Ein Beitrag zur Gesamtreform des Strafverfahrens mit Gesetzesvorschlägen, in: GA 1990, S. 387ff.

Wassermann, Rudolf: Kommentar zur Strafprozeßordnung, Reihe Alternativkommentare, Neuwied 1988 (*zitiert:* AK-*Bearbeiter*)

Weider, Hans-Joachim: Rechtsmittelverzicht und Absprache, S. 773 in: Festschrift für Klaus Lüderssen zum 70. Geburtstag am 02. Mai 2002, herausgegeben von Cornelius Prittwitz, Michael Baurmann, Klaus Günther, Lothar Kuhlen, Reinhard Merkel, Cornelius Nestler, Lorenz Schulz, Baden-Baden 2002 (*zitiert:* FS-Lüderssen)

ders.: Anmerkung zum Urteil des BGH vom 23.1.1991 – 3 StR 365/91 (BGHSt 37, 298), in: StV 1991, S. 241ff.

ders.: Vom Dealen mit Drogen und Gerechtigkeit, Mönchengladbach, 2000 (*zitiert*: Dealen)

ders.: Revisionsrechtliche Kontrolle bei gescheiterter Absprache? – Zugleich Anmerkung zu BGH, Beschluß vom 26.09.2001, in: StV 2002, S. 174ff.

ders.: Anmerkung zum BGH Beschluß vom 15.01.2003 – 1 StR 464/02, in: StV 2003, S. 266ff.

ders.: Der aufgezwungene Deal, in: StraFo 2003, S. 406ff.

Weigend, Thomas: Eine Prozeßordnung für abgesprochene Urteile? Anmerkungen zu den Entscheidungen BGHSt 43, 195 und BGH NStZ 1999, 92, in: NStZ 1999, S. 57ff.

ders.: Der BGH vor der Herausforderung der Absprachenpraxis, S. 1011ff., in 50 Jahre Bundesgerichtshof, Festgabe aus der Wissenschaft, Band IV., Strafrecht, Strafprozeßrecht, herausgegeben von Claus Roxin und Gunter Widmaier, München 2000 (*zitiert:* FG-Wiss.-50-Jahre BGH)

ders.: Abgesprochene Gerechtigkeit, in: JZ 1990, S. 774ff.

ders.: Absprachen in ausländischen Strafverfahren, in: Beiträge und Materialien aus dem Max-Planck-Institut für ausländisches und internationales Strafrecht, Band S 19, Freiburg, 1990 (*zitiert*: Absprachen)

ders.: Strafzumessung durch die Parteien – Das Verfahren des plea bargaining im amerikanischen Recht –, in: ZStW 94(1982), S. 200ff.

ders.: Abgesprochene Gerechtigkeit – Effizienz durch Kooperation im Strafverfahren? –, in: JZ 1990, S. 775

ders.: Funktion und Tätigkeit der Staatsanwaltschaft in den U.S.A., S. 587ff. in: Funktion und Tätigkeit der Anklagebehörde im ausländischen Recht, herausgegeben von Hans-Heinrich Jescheck und Rudolf Leibinger, Baden Baden 1979 (*zitiert:* Staatsanwaltschaft in den Vereinigten Staaten)

ders.: Anmerkung zum Beschluß des BGH vom 19.10.1999 – 4 StR 86/99, in: StV 2000, S. 63ff.

Wessels, Johannes: Schweigen und Leugnen im Strafverfahren, in: JuS 1966, S. 169ff.

Widmaier, Gunter: Referat für die strafrechtliche Abteilung des 58. Deutschen Juristentag am 19.9.1990 in München, in : Verhandlungen des 58. Deutschen Juristentages München 1990, Band II (Sitzungsberichte) Teil L, L 33ff. (*zitiert:* Referat L)

ders.: Der strafprozessuale Vergleich, in: StV 1986, S. 357ff.

Wimmer, August: Gestehen und Leugnen im Strafprozeß, in; ZStW 50, 538ff.

Wolfslast, Gabriele: Absprachen im Strafprozeß, in: NStZ 1990, S. 409ff.

Zierl, Gerhard: Der Vergleich im Strafverfahren – Oder „Tausche Geständnis gegen Bewährung“, in: Anwbl. 1985, S. 505

Zipf, Heinz: Strafmaßrevision, München, 1969

Zschockelt, Alfons: Die Urteilsabsprache in der Rechtsprechung des BVerfG und des BGH, in: NStZ 1991, S. 305ff.

ders.: Anmerkung zum Urteil des BGH vom 20.02. 1996 – 5 StR 679/95 (BGHSt 42, 46), in: NStZ 1996, S. 449

Zuck, Rüdiger: Der Deal, in: MDR 1990, S. 18ff.

SCHRIFTEN ZUM STRAFRECHT UND STRAFPROZESSRECHT

Herausgegeben von Manfred Maiwald

Band 1 Christian-Peter Frees: Die steuerrechtliche Selbstanzeige. Zur kriminalpolitischen Zweckmäßigkeit des § 371 AO. 1991.

Band 2 Norbert Joachim: Der Hörensagenbeweis im Strafverfahren. 1991.

Band 3 Alfred A. Göbel: Die Einwilligung im Strafrecht als Ausprägung des Selbstbestimmungsrechts. 1991.

Band 4 Karl-Heinz Vehling: Die Abgrenzung von Vorbereitung und Versuch. 1991.

Band 5 Heiko Hartmut Lesch: Das Problem der sukzessiven Beihilfe. 1992.

Band 6 Dirk Schwerdtfeger: Besondere persönliche Unrechtsmerkmale. 1992.

Band 7 Stefan Göhring: Polizeiliche Kontrollstellen und Datenverarbeitung. § 163 d StPO und novellierte Polizeigesetze der Länder zwischen Strafverfolgung, Gefahrenabwehr und vorbeugender Straftatenbekämpfung. 1992.

Band 8 Werner Kemper: Horizontale Teilrechtskraft des Schuldspruchs und Bindungswirkung im tatrichterlichen Verfahren nach der Zurückverweisung. §§ 353, 354 Abs. 2 StPO. 1993.

Band 9 Ovvadias Namias: Die Zurechnung von Folgeschäden im Strafrecht. 1993.

Band 10 Jan Zopfs: Unfallflucht bei eindeutiger Haftungslage? Unverzüglichkeitsgebot und Wahlmöglichkeit in § 142 Abs. 2 und 3 StGB. 1993.

Band 11 Stefan Hiebl: Ausgewählte Probleme des Akteneinsichtsrechts nach § 147 StPO. 1994.

Band 12 Ralf Krack: List als Straftatbestandsmerkmal. Zugleich ein Beitrag zu Täuschung und Irrtum beim Betrug. 1994.

Band 13 Henning Radtke: Zur Systematik des Strafklageverbrauchs verfahrenserledigender Entscheidungen im Strafprozeß. 1994.

Band 14 Bernd J. A. Müssig: Schutz abstrakter Rechtsgüter und abstrakter Rechtsgüterschutz. Zu den materiellen Konstitutionskriterien sog. Universalrechtsgüter und deren normentheoretischem Fundament – am Beispiel der Rechtsgutsbestimmung für die §§ 129, 129a und 324 StGB. 1994.

Band 15 Heinz Koriath: Über Beweisverbote im Strafprozeß. 1994.

Band 16 Burkhard Niepoth: Der untaugliche Versuch beim unechten Unterlassungsdelikt. 1994.

Band 17 Karsten Altenhain: Die Strafbarkeit des Teilnehmers beim Exzeß. 1994.

Band 18 Ina Walbaum: Schuldspruch in der Revisionsinstanz nach freisprechendem Urteil des Tatgerichts. 1996.

Band 19 Birgit Dalbkermeyer: Der Schutz des Beschuldigten vor identifizierenden und tendenziösen Pressemitteilungen der Ermittlungsbehörden. 1994.

Band 20 Thomas Hackner: Der befangene Staatsanwalt im deutschen Strafverfahrensrecht. 1995.

Band 21 Hartmut Loritz: Kritische Betrachtungen zum Wert des strafprozessualen Zwischenverfahrens. 1996.

Band 22 Heinz-Hermann Berghof: Therapie und Strafe im Betäubungsmittelrecht. Recht und Wirklichkeit der Behandlung Drogenabhängiger unter besonderer Berücksichtigung der §§ 35 ff BtMG. 1995.

Band 23 Oliver Mertens: Strafprozessuale Grundrechtseingriffe und Bindung an den Wortsinn der ermächtigenden Norm. 1996.

Band 24 Sönke Bahnsen: Das Akteneinsichtsrecht der Verteidigung im Strafverfahren. Dogmatische Grundlagen und Einzelprobleme im Lichte einer rechtsstaatlichen Verfahrensgestaltung. 1996.

Band 25 Dirk Schwieger: Der Vorteilsbegriff in den Bestechungsdelikten des StGB. 1996.

Band 26 Stephanie Meinecke: Die Auswirkungen von Verfahrensfehlern auf die Strafbarkeit nach den Aussagedelikten. 1996.

Band 27 Ute Lambrecht: Strafrecht und Disziplinarrecht. Abhängigkeiten und Überschneidungen. 1997.

Band 28 Carsten Momsen: Verfahrensfehler und Rügeberechtigung im Strafprozeß. Die Strukturen der Revisionsberechtigung unter besonderer Berücksichtigung des Begriffs "Rechtsnormen, die lediglich zugunsten des Angeklagten gegeben sind" in § 339 StPO. 1997.

Band 29 Ursula Epp: Die Abgeordnetenbestechung – § 108 e StGB. 1997.

Band 30 Bernd Scheiff: Wann beginnt der Strafrechtsschutz gegen kriminelle Vereinigungen (§ 129 StGB)? 1997.

Band 31 Ulrike Fontaine: Max Grünhut (1893-1964). Leben und wissenschaftliches Wirken eines deutschen Strafrechtlers jüdischer Herkunft. 1998.

Band 32 Claudia Keiser: Das Kindeswohl im Strafverfahren. Zur Notwendigkeit eines am Kindeswohl orientierten Umgangs mit minderjährigen Opfern und Zeugen, den Möglichkeiten de lege lata und den Erfordernissen de lege ferenda. 1998.

Band 33 Wiebke Schürer-Mohr: Erlaubte Risiken. Grundfragen des "erlaubten Risikos" im Bereich der Fahrlässigkeitsdogmatik. 1998.

Band 34 Stephan Voigtel: Zum Freibeweis bei Entscheidungen der Strafvollstreckungskammer. Eine Untersuchung zu ausgewählten Fragen des Beweisrechts im gerichtlichen Verfahren in Strafvollstreckungs- und Strafvollzugssachen. 1998.

Band 35 Volkmar Wißgott: Das Beweisantragsrecht im Strafverfahren als Kompensation der richterlichen Inquisitionsmaxime. Die Judikatur des Reichsgerichts zum strafprozessualen Beweisrecht. 1998.

Band 36 Susanne Merz: Strafrechtlicher Ehrenschutz und Meinungsfreiheit. 1998.

Band 37 Uwe Schlömer: Der elektronisch überwachte Hausarrest. Eine Untersuchung der ausländischen Erfahrungen und der Anwendbarkeit in der Bundesrepublik Deutschland. 1998.

Band 38 Michael Liedke: Die Vermögensstrafe gemäß § 43a StGB in ihrer kriminalpolitischen Bedeutung. 1999.

Band 39 Danja Domeier: Gesundheitsschutz und Lebensmittelstrafrecht. Zur Konkretisierung der Verkehrspflichten und ihrer Strafbewehrung, insbesondere mit Blick auf §§ 8 ff. LMBG. 1999.

Band 40 Ritva Westendorf: Die Pflicht zur Verhinderung geplanter Straftaten durch Anzeige. Eine kritische Betrachtung der §§ 138, 139 StGB im Kontext der Unterlassungsdelikte. 1999.

Band 41 Hans Theile: Tatkonkretisierung und Gehilfenvorsatz. 1999.

Band 42 Nicole Lange: Vorermittlungen. Die Behandlung des staatsanwaltschaftlichen Vorermittlungsverfahrens unter besonderer Berücksichtigung von Abgeordneten, Politikern und Prominenten. 1999.

Band 43 Tanja Gunder: Der Umgang mit Kindern im Strafverfahren. Eine empirische Untersuchung zur Strafverfolgung bei Sexualdelinquenz. 1999.

Band 44 Sven-Markus Thiel: Die Konkurrenz von Rechtfertigungsgründen. 2000.

Band 45 Jan Schlüter: Die Strafbarkeit von Unternehmen in einer prozessualen Betrachtung nach dem geltenden Strafprozeßrecht. 2000.

Band 46 Detlef Heise: Der Insiderhandel an der Börse und dessen strafrechtliche Bedeutung. Eine Untersuchung des neuen deutschen Insiderrechts speziell unter Bezugnahme auf die strafrechtstheoretischen und strafrechtsdogmatischen Grundlagen. 2000.

Band 47 Hermann Wichmann: Das Berufsgeheimnis als Grenze des Zeugenbeweises. Ein Beitrag zur Lehre von den Beweisverboten. 2000.

Band 48 Rainer T. Cherkeh: Betrug (§ 263 StGB), verübt durch Doping im Sport. 2000.

Band 49 Kristian Hohn: Die Zulässigkeit materieller Beweiserleichterungen im Strafrecht. Eine Untersuchung über Erscheinungsformen und Grenzen der Lösung beweisrechtlicher Probleme im materiellen Strafrecht. 2000.

Band 50 Malte Rabe von Kühlewein: Der Richtervorbehalt im Polizei- und Strafprozeßrecht. 2001.

Band 51 Donata Meinecke: Die Gesetzgebungssystematik der Versuchsstrafbarkeit von Verbrechen und Vergehen im StGB. 2001.

Band 52 Joachim Bock: Begriff, Inhalt und Zulässigkeit der Beweislastumkehr im materiellen Strafrecht. 2001.

Band 53 Gabriele Rose: Grenzen der journalistischen Recherche im Strafrecht und Strafverfahrensrecht. 2001.

Band 54 Wiebke Reitemeier: Täuschungen vor Abschluß von Arbeitsverträgen. Zum Verhältnis zwischen dem Straftatbestand des Betrugs und dem Anfechtungsrecht wegen arglistiger Täuschung (§§ 263 Abs. 1 StGB, 123 Abs. 1 Alt. 1 BGB). 2001.

Band 55 Peter Rackow: Das DNA-Identitätsfeststellungsgesetz und seine Probleme. 2001.

Band 56 Frank Zschieschack: Geiselnahme und erpresserischer Menschenraub (§§ 239a, 239b StGB) im Zwei-Personen-Verhältnis. 2001.

Band 57 Natascha Sëyfi: Das Sicherungsverfahren (§§ 413 - 416 StPO). 2002.

Band 58 Dirk Seiler: Die *Sperrwirkung* im Strafrecht. 2002.

Band 59 Dorothee Sydow: Die actio libera in causa nach dem Rechtsprechungswandel des Bundesgerichtshofs. 2002.

Band 60 Inga Metrikat: Die Unterbringung in einer Entziehungsanstalt nach § 64 StGB – Eine Maßregel im Wandel? Eine vergleichende, empirische Untersuchung zur Entscheidung des Bundesverfassungsgerichts vom 16.03.1994, BVerfGE 91, 1 ff. 2002.

Band 61 Sabine Caroline Bechtoldt: Die Erledigungserklärung im Maßregelvollzug des § 63 StGB. Eine empirische Untersuchung der Erledigungserklärung und zugleich rechtsdogmatische Erörterung ihrer Rechtskraftproblematik. 2002.

Band 62 Sandra Schulte-Nover: Strafrichter in Deutschland und England. Ein systematischer Rechtsvergleich im Hinblick auf die richterlichen Kompetenzen im Strafverfahren. 2003.

Band 63 Tim Schurig: Belehrung und Beratung des Beschuldigten über sein Aussageverhalten. Eine gemeinsame Aufgabe von Gericht und Verteidigung? 2003.

Band 64 Markus Laski: Die strafrechtlichen Bezüge des Bundes-Bodenschutzgesetzes. 2003.

Band 65 Gunnar Lüer: Die Versäumung im Berufungsverfahren. Das strafprozessuale Anwesenheitsprinzip im Spannungsfeld von autonomer Subjektstellung und öffentlichen Interessen am Beispiel des § 329 Abs. 1,2 StPO. 2003.

Band 66 Thomas Grützner: Die Sanktionierung von Submissionsabsprachen. Eine Untersuchung der bestehenden Möglichkeiten einer Bekämpfung von Submissionsabsprachen unter besonderer Berücksichtigung des § 298 StGB. 2003.

Band 67 Bettina Noltenius: Kriterien der Abgrenzung von Anstiftung und mittelbarer Täterschaft. Ein Beitrag auf der Grundlage einer personalen Handlungslehre. 2003.

Band 68 Bettina Kraft: Tendenzen in der Entwicklung des Jugendstrafrechts seit der Jugendgerichtsbewegung. 2004.

Band 69 Jessica Däbritz: Die Bestimmung strafbaren fahrlässigen Verhaltens in der Forschung am Beispiel ärztlicher Humanerprobungen. Ein Beitrag zur methodischen Ermittlung und inhaltlichen Bestimmung von Sorgfaltspflichten in der Humanforschung. 2004.

Band 70 Maike Steenbock: Über die Unfallflucht als Straftat. Eine kritische Untersuchung zum Zusammenhang der Strafbarkeit der Unfallflucht mit den Besonderheiten des Straßenverkehrs. 2004.

Band 71 Holger Mann: Beschleunigungspotential im Jugendstrafverfahren. 2004.

Band 72 Dorothee Krutisch: Strafbarkeit des unberechtigten Zugangs zu Computerdaten und -systemen. 2004.

Band 73 Heinz-Helmut Fuhrmann: Das Begehen der Straftat gem. § 25 Abs. 1 StGB. Unter besonderer Berücksichtigung der sogenannten "eigenhändigen" Delikte. 2004.

Band 74 Gerwin M. Moldenhauer: Eine Verfahrensordnung für Absprachen im Strafverfahren durch den Bundesgerichtshof? 2004.

www.ingramcontent.com/pod-product-compliance
Ingram Content Group UK Ltd.
Pitfield, Milton Keynes, MK11 3LW, UK
UKHW021913290926
8980IPUK00015B/1230

9 783631 522790